【北京社科名家文库】

艰辛的开拓

BEIJING SHEKE MINGJIA WENKU

石仲泉自选集

石仲泉◎著

首都师范大学出版社
CAPITAL NORMAL UNIVERSITY PRESS

图书在版编目(CIP)数据

艰辛的开拓：石仲泉自选集/石仲泉著．—北京：首都师范大学出版社，2009.12

ISBN 978-7-81119-840-9

Ⅰ.①艰…　Ⅱ.①石…　Ⅲ.①中国共产党—党史—文集　Ⅳ.①D23—53

中国版本图书馆 CIP 数据核字(2009)第 232683 号

北京社科名家文库
JIANXIN DE KAITUO
艰辛的开拓
石仲泉自选集
石仲泉　著

项目统筹：杨林玉　　责任编辑：张成水
责任设计：王征发　　封面绘画：王征发
责任校对：王亚利　　责任印制：沈　露

首都师范大学出版社出版发行
地　址　北京西三环北路 105 号
邮　编　100048
电　话　68418523(总编室)　68982468(发行部)
网　址　www.cnupn.com.cn
北京嘉实印刷有限公司印刷
全国新华书店发行
版　次　2009 年 12 月第 1 版
印　次　2009 年 12 月第 1 次印刷
开　本　787mm×1 092mm　1/16
印　张　32.5　　插页　1
字　数　384 千
定　价　68.00 元

《北京社科名家文库》编委会

出版说明

1978年，中国改革开放的元年。自那一年开始，中国已经走过了波澜壮阔的30年。这是伟大的30年，是改变中国的30年，是震惊世界的30年，也是哲学社会科学蓬勃发展的30年。

在哲学社会科学这30年的辉煌成就里，浸透着为新中国哲学社会科学奠基的老一辈专家呕心沥血的求索，也镌刻着寻着他们足迹的后来者追求真理的步伐。“学之大者，国之重器”。我们有责任将这些“大者”潜心研究的成果，重新编辑出版以飨读者。为此，北京市社会科学界联合会和首都师范大学出版社将这一套《北京社科名家文库》奉献给读者。她以自选集的体例形式，每年推出一批，争取在几年内达到百种以上。《北京社科名家文库》将系统展示当代哲学社会科学名家学者30年来的学思精华，展示他们的学术探索历程和风采。同时，为使这套《北京社科名家文库》更加丰富，编委会决定在首都师范大学出版社已出版的《当代著名学者自选集》中挑选符合体例的图书，编辑成《北京社科名家文库·纪念辑》，这将更完整地反映北京学人在学术风范和学术使命上的历史延续。

我们相信，《北京社科名家文库》将能够成为具有文化传承价值的经典性大型出版工程，成为集中展示首都哲学社会科学重要成果的一个窗口。由于我们水平所限，定有不足之处，希望读者和同仁给予批评指正。

编　委　会

2009年11月

石仲泉先生

目录

北京社科名家文库

学术小传

对于我们这一代人，真正的学术生涯是从党的十一届三中全会后开始的。就我个人言，由于工作关系，从此走上学术与政治相结合，理论与党史互贯通的学术道路。如果说在我作研究生时，导师冯定的教导对我起了学术研究的启蒙作用，那么在我重新踏上学术探索历程时，有相当好的大环境，又有较好的小环境，方方面面的前辈、领导、师友、同事，使我获得不少教益。但影响更大的，不能不说是“两胡加一龚”。

“两胡”即胡乔木、胡绳同志。我对乔木同志的敬仰是在高中读了他的《中国共产党的三十年》，准备高考还背过它的主要内容。我调至中央文献研究室工作时，虽然他是主任。但真正聆听他的教诲是在1979年底参加《关于建国以来党的若干历史问题的决议》起草组工作以后。他对《历史决议》稿谋篇布局的设计、主要观点的把握和理论问题的辨析，令我叹服不已。每次听他讲话，都感到他文思泉涌，学识渊博，论理深邃，新见迭出。他为“决议”稿殚精竭虑，费尽心机。邓小平是总设计师，他是总工程师。不过，我对他真正零距离的接触，还是1989年1月始，间或帮他作点文字工作。1990年春后，我参与负责帮他写《回忆毛泽东》的班子，聆听他讲话的次数更多了，且直接在他指导下写稿子，直至1992年9月。这前后三年多的耳提面命，终身受益。

对胡绳同志也是一样，先接触到他的书，在高中读过他的《帝国主义与中国政治》。首次见到他，是在1965年他到马列主义研究院去作关于形而上学的学术报告。我直接在他手下工作的时间有两段。一是1979年初至1981年底，他将我从北京市委宣传部调到中央文献研究室，参加整理《从鸦片战争到五四运动》书稿。这时，他已有初稿，我们根据他谈的意见逐章修改，直到1981年该书出版。二是1995年初，中央党史研究室要写新中国建国后的党史，调我去协助他负责编写。在他的直接领导下，经过4年艰苦奋斗，到1999年初终于写就了经他审定的《中国共产党历史》中卷稿。跟他接触前后20多年，他那善于分析说理的抽象思维能力，那闪烁着具有智慧的新论卓识，那讲究义理、考据和辞章的缜密的文字功夫，令我钦佩。他的道德文章，对于我的学术道路有重要影响。他实际上是我没有拜师的导师。

“一龚”即龚育之。我长时期直接在他手下工作。从中央文献研究室到党史研究室；从参加《历史决议》起草小组，到协助乔木同志整理《回忆毛泽东》；从参与主持《中国共产党历史》中卷稿的编写，到负责《马克思主义中国化的历史进程和基本经验》项目，我与他共事近30年。我的成长，无论是从事理论研究还是党史研究，无论是研究思路还是治学态度，既受到他学养的巨大影响，更与他的直接领导和具体帮助密不可分。他的人品和文品，给我以潜移默化的渗透。

我这个人有时有点倔劲，不盲从，不逐流，不追风，个人学术成就主要在以下几个方面：

一、中国共产党的理论研究。主要有这样一些观点：一是关于党的指导思想的创新定位：认为毛泽东思想的核心理论是新民主主义论，主要实现了革命和革命转变理论的创新；邓小平理论建构的新社会主义观，将科学社会主义理论由原创形态发展为当代形态，实现了对社会主义理论的创新；“三个代表”重要思想关于党的先进性的新理念，主要实现了对执政党建设理论的创新；科学发展观主要实现了从以社会为本到以人为本的发展观的创新。二是关于政策与理论的关系，提出“政策是理论与实践之间的双向中介”观点，阐述中国共产党的理论特点，破除单纯从理论的思辨性来理解理论的思维定势，有助于强化党的指导思想的马克思主义理论定位的科学论证。三是关于指导理论的某些特点，认为社会主义从空想到科学是个历史过程，十一届三中全会后的拨乱反正，有对社会主义的部分认识从空想再走向科学的意义；提出毛泽东哲学思想是中国特色社会主义理论的重要哲学基础；十一届三中全会以来的创新理论都可归并为中国特色社会主义理论系统，邓小平理论是中国特色社会主义的本源理论；毛泽东的历史遗产，应包括“大跃进”和“文化大革命”这些属于负面的理论和实践，也是十六大以来党中央提出科学发展观和构建社会主义和谐社会两大战略思想的历史教训依据。

二、中国共产党的人物研究。一是着重个人特质研究，二是着重思想比较研究，三是着重人物关系研究。对毛泽东的著述和思想的研究比较多一些，提出的个人看法也多一些。对周恩来，根据传统的“三不朽”标准，提出他是20世纪中华民族的又一历史伟人的观点，还提出“周恩来精神”，获得社会普遍认同；针对海外媒体贬损周恩来所写的《为周恩来辩护》长文，深化了学界对周恩来的研究。对邓小平与毛泽东间的哲学关系的比较研究，认为邓小平哲学思想与毛泽东哲学思想属于同一个哲学理论体系（即同属于毛泽东哲学思想体系）、两个应用发展阶段（邓小平哲学在应用过程中是一个同毛泽东哲学有明显区别的新阶段），邓小平哲学在实践中对马克思主义哲学有很大的丰富和发展。通过对胡乔木和胡绳的研究，认为在党史理论研究领域存在一个以胡乔木为首，包括胡绳在内的将学术与政治、理论与历史相结合，着力研究、阐发和宣传马克思主义理论的学派。

三是中国共产党的历史研究。在中央党史研究室负责主持《中国共产党历史》上卷(民主革命时期)的修订和中卷(从新中国成立到党的十一届三中全会)的撰写。在党史研究中，坚持“以史鉴今，资政育人”的治史方向；求索政治性与学术性、宣传性与科学性、理论性与实证性、历史性与现实性、创新性与求是性的统一；遵循秉笔直书讲辩证，追求真理乃过程的写史原则；注意逻辑的严谨和文字的生动。站在党史研究前沿的不少文章，具有自己的视角，即力求有厚重的历史感和丰富的哲理性。2000 年以来，逐渐萌生“走走党史”理念，认为对党的历史缺乏实际体验的党史工作者，应尽量走出“书斋”作党史专题考察，去感受和体验某些重要的党史问题，努力掌握第一手原始的实际的可靠材料，由概念党史经过体验党史，形成形象党史，再来叙述和理论党史。个人践行“走走党史”，首先考察了三大主力红军的长征路，撰写出版《长征行》一书，努力实现从概念党史到形象党史和从宏观党史到微观党史的转变，将学术研究与实际考察相结合，熔见闻、知识、论理于一炉。这算是对新的研究路径的一种探索吧。

由于自己对各个时期的党史问题都有一定兴趣，近些年来，在努力锻炼总揽和驾驭党的历史、理论和人物的综合研究能力。关于民主革命，对大革命时期陈独秀的历史定位、中华苏维埃共和国历史作用的评价、中央苏区的历史地位和苏区精神的概括、红军长征历史的阶段划分、红四方面军的历史贡献、抗日战争党的统一战线思想的发展、中国革命的胜利和革命转变理论等问题，都提出了一些新的观点。对社会主义时期的党史，在关于建设新民主主义与过渡时期总路线思路的比较、关于社会主义改造的历史评价与总结经验教训的两个标准、关于八大与党领导的二十世纪中国的两次伟大革命、关于“文革”前十年党的探索历程、关于十一届三中全会是社会主义新时期的历史起点、关于探索中国建设社会主义的理论认识之链等问题上也提出了一些新的观点，虽然不能妄说有多大的学术价值，但至少有助于开阔党史研究的视野。

胡绳说过，他一生所写的文章，虽然有一些可以说有或多或少的学术性，但总的说都与一定的时政相关，“纯学术性”的文章几乎没有，但是对此“并不后悔”。作为学生辈，也是从事这方面的研究，走的这种学术道路，尽管达不到他那样的造诣，但少讲空话、套话，使政治宣传文章多些学术含量，将时论当史论作，还是努力为之的。

人各有志，对于人生道路的选择应允许多元。就做学问言，不同的要求和兴趣，也有各种各样的做法，不必强求一律。我对此生所走的学术道路，如胡绳说也不后悔。这里收入的有的文章有个别修改，引文也改用新的版本，并增补了一些引文的出处，特此说明。

指导理论

马克思主义的调查研究与中国革命*

中国共产党之所以能够领导中国人民取得一个又一个的伟大胜利，就理论认识言，根本在于把马克思主义的普遍真理同中国革命的具体实际结合起来。这是中国革命胜利的基本经验，也是马克思主义在中国胜利的基本经验。在马列主义普遍真理与中国革命实际相结合的过程中，马克思主义的调查研究方法起了十分重要的作用。没有毛泽东和中国共产党对中国社会的历史和现状的调查研究，马

---

* 这是作者1983年为参加中宣部召开的全国纪念马克思逝世100周年学术讨论会而写的论文。本文主要讲马克思主义的调查研究在中国革命中的作用以及毛泽东对马克思主义调查研究理论的贡献。着重讲了：（一）调查研究是使马列主义与中国实际相结合的根本方法，强调它不仅仅是进行科学研究的认识方法，更重要的还是无产阶级政党进行革命斗争的方法。（二）毛泽东是中国共产党大兴社会实际调查研究的开创者，他的调查研究活动对中国革命理论的形成起了异常重要的作用。（三）毛泽东对马克思主义调查研究思想有三大贡献，一是认为调查研究既是马克思主义的方法论，也是马克思主义的认识论；二是把调查研究与群众路线相统一，赋予群众路线以认识论的基础；三是认为调查研究是转变党的作风的重要环节，因而也是党的建设的重要内容。主要内容载于《马克思主义研究》1983年创刊号。收入本书，有个别修改。

列主义是很难引导中国革命取得胜利的。在纪念马克思逝世100周年的时候，回顾马克思主义的调查研究在中国革命中的作用以及毛泽东对马克思主义调查研究理论的贡献，对于追思革命导师的功业，使后来人从中汲取智慧和力量，是很有裨益的。

一、调查研究是使马列主义与中国实际相结合的根本方法

认识社会要进行调查研究。马克思一生非常重视调查研究。他最早的调查研究还可以说是从农民问题开始的。1842年到1843年，莱茵省议会关于林木盗窃、酿造葡萄酒农民状况等问题的辩论，使他第一次去接触社会问题。而对于故乡摩塞尔河沿岸地区贫苦农民物质利益的考察，则成了他转向研究经济问题的最初动因，不仅对他的科学研究工作，也对他的世界观的转变发生了深刻的影响。他也注重对工人阶级的状况进行实际调查，不仅高度地评价了恩格斯所写的《英国工人阶级状况》一书，而且1866年，他曾拟定过关于各国工人阶级状况的统计调查大纲，指示国际工人协会的各个支部按照大纲进行调查统计；1880年，他提出过一张《工人调查表》，列举有关工人的生产、工作日、工资所得、工场劳动环境、身体健康状况、家庭经济条件以及反对资本家的斗争等方面的99个问题，对于全面调查资本主义社会的工人阶级状况具有重要的指导作用。特别应当指出的是，他在被贫困和疾病压得喘不过气来的艰难条件下，花费40年的心血创作《资本论》的过程，实际上是他在科学史上进行调查研究的一次前所未有的壮举。他搜集和阅览了浩瀚的经济文献和统计资料，包括那些被英国议员们用作手枪射击靶子的工厂视察员报告；考察和研究了农业化学、农艺学、实用工艺学、实用经济学、地质学、货币史、技术史等

一切与政治经济学有关的学科；研究并做过笔记，摘录的书就有1500多种，写的各种手稿、摘录、提纲和札记至少有100多本；此外，还密切地注视着各资本主义国家特别是英国的政治和经济生活中所发生的一切重大变化。他对资本主义关系的缜密、彻底的考察和研究，使他“在整个世界史观上实现了变革”①，发现了决定人类历史运动的基本规律和资本主义发生、发展、灭亡的规律，从而使社会主义、共产主义理论奠定在坚实的科学基础之上。他的战友恩格斯以及后来的列宁，也是对社会状况和在科学研究领域进行调查研究的典范。

提倡调查研究当然不是从马克思主义始。在无产阶级登上政治舞台以前，西方发达国家的资产阶级对于社会历史情况也作过大量的调查，积累了许多统计资料和其他材料。这才使马克思、恩格斯有可能利用他们的调查资料以及他们的理论成果，在总结无产阶级革命斗争经验的基础上，来为创立无产阶级的革命理论服务。但是马克思、恩格斯的调查研究同资产阶级的调查研究有着根本区别。这个区别不仅表现在调查者的阶级立场、政治目的不同，而且调查方法也是不同的。马克思、恩格斯把调查研究置于他们所创立的辩证唯物主义和历史唯物主义的基础上，使之成为一种科学的认识方法。马克思说：“研究必须充分地占有材料，分析它的各种发展形式，探寻这些形式的内在联系。”②恩格斯说：“原则不是研究的出发点，而是它的最终结果”③。列宁提出“考察的客观性(不是实例，不是枝节之论，而是自在之物本身)”的思想，要求“从事实的整体上，从它们的联系中去

① 《马克思恩格斯全集》第25卷，北京：人民出版社2001年版，第134页。
② 《马克思恩格斯选集》第2卷，北京：人民出版社1995年版，第111页。
③ 《马克思恩格斯选集》第3卷，北京：人民出版社1995年版，第374页。

掌握事实”①。他们所阐述的这些原则是马克思主义的调查研究方法的基本要求。

马克思主义的调查研究方法，不仅仅是进行科学研究的认识方法，更重要的，还是无产阶级政党进行革命斗争的方法。正如马克思本人指出的，从前的“哲学家们只是用不同的方式解释世界，而问题在于改变世界”②。调查研究是根据对于客观世界的规律性认识去改变世界的一种方法。中国共产党和毛泽东的一个伟大贡献正在于，把马克思、恩格斯创立的辩证唯物主义哲学，包括调查研究，运用于无产阶级政党的全部工作，使之成为指导革命、教育干部的方法。在中国现代革命史上，调查研究使马列主义与中国革命实际相结合，是中国革命经历艰难困苦走向胜利的方法。

马列主义作为无产阶级和劳动人民争取解放的科学，为各国的无产阶级提供的只能是一般的指导原则，而不可能是包医百病的万应灵丹。各国的革命者都必须从本国的具体情况出发来运用马列主义的基本原理。马克思早在青年时代就说过：“正确的理论必须结合具体情况并根据现存条件加以阐明和发挥”。③ 以后他还指出：“一个不了解社会现状的人，更不会了解力求推翻这个社会的运动和这个革命运动在文献上的表现。”④恩格斯对马克思的这个基本思想作了进一步概括。他在 1885 年致查苏利奇的信中回答俄国革命问题时指出：“马克思的历史理论是任何坚定不移和始终一贯的革命策略的基本条件；为

---

① 《列宁全集》第 55 卷，北京：人民出版社 1990 年版，第 190 页；第 28 卷，第 364 页。

② 《马克思恩格斯选集》第 1 卷，北京：人民出版社 1995 年版，第 57 页。

③ 《马克思恩格斯全集》第 47 卷，北京：人民出版社 2004 年版，第 35 页。

④ 《马克思恩格斯选集》第 4 卷，北京：人民出版社 1995 年版，第 541 页。

了找到这种策略，需要的只是把这一理论应用于本国的经济条件和政治条件”，“但是，要做到这一点，就必须了解这些条件”①。

中国是一个有着悠久文化历史、但在近代变成半殖民地半封建社会的落后国家，跟欧洲发达的资本主义国家相比有很大不同。一方面，它幅员广大，人口众多，广大劳动人民遭受帝国主义、封建主义和官僚资本主义残酷的剥削和压迫；另一方面，外国帝国主义和本国封建主义相勾结，民族矛盾和阶级矛盾相交织，革命的敌人异常强大和残暴，革命的力量没有取得民主的手段进行革命斗争的任何可能。在这样一个社会条件极其特殊、革命过程极其复杂的国家里进行革命，正如列宁所说的，这是“全世界共产党人所没有遇到过的一个任务”，“无论在哪一部共产主义书本里都是找不到的”，只能“根据自己的经验来解决这种任务”。②

中国共产党从一开始就致力于解决这个任务。但是，这并非轻而易举。怎样才能把马列主义的普遍真理应用于中国革命的具体实际呢？这就需要通过调查研究，了解中国的国情，找出中国革命的规律。毛泽东指出，马克思主义教导我们，“应当从客观存在着的实际事物出发，从其中引出规律，作为我们行动的向导。为此目的，就要像马克思所说的详细地占有材料，加以科学的分析和综合的研究”。③又说：“中国革命也需要作调查研究工作，首先就要了解中国是个什么东西(中国的过去、现在及将来)。”④调查研究，了解情况，是理论与实际相通的桥梁，是马列主义普遍真理与中国革命实际相结合的基

① 《马克思恩格斯选集》第 4 卷，北京：人民出版社 1995 年版，第 669 页。
② 《列宁全集》第 37 卷，北京：人民出版社 1986 年版，第 323、324 页。
③ 《毛泽东选集》第 3 卷，北京：人民出版社 1991 年版，第 799 页。
④ 《毛泽东农村调查文集》，北京：人民出版社 1982 年版，第 21 页。

本环节。没有调查研究，理论对于实践就不可能有正确的指导，路线、政策就不可能符合中国革命的实际。这就是说，不仅革命理论的创造需要通过调查研究来进行，把革命理论运用于实际也需要通过调查研究来实现。但是，在一段相当长的时间内，特别是在 20 世纪 20 年代和 30 年代前期，许多同志不懂得这个道理。他们对于中国这个客观实际不做或者很少做调查研究。当然，对于中国革命的认识，任何人都有一个过程，中国革命同任何事物的发展一样，不可能一帆风顺地夺取胜利。但是，如果有了一定的马列主义水平，自觉地运用马列主义的立场、观点、方法进行调查研究(即马克思主义的调查研究)，那么，对于中国革命的认识过程就会缩短。中国共产党在民主革命时期经历的严重挫折，固然反映了全党当时的幼稚状况，但是，就造成挫折的主要领导人的思想根源来看，一个重要方面就在于不做马克思主义的调查研究，不了解中国的社会历史和现状，因而不能把马列主义与中国革命实际相结合。

这里就讲王明吧。他这个人很聪明，但投身革命后没做过地方工作，缺乏实际工作经验，对中国社会的实际状况没去进行认真的调查研究。这从他的简历看得清楚。1924 年大革命运动初起时，他刚考入湖北武昌商业大学预科。1925 年秋，入莫斯科中山大学学习。1929 年 4 月回国后，既不愿意到展现革命希望的农村根据地去，也不愿意到劳动条件艰苦的基层工作。从 1931 年 1 月的六届四中全会担任党中央领导职务，直到 1937 年 12 月从莫斯科回到延安的近 7 年间，他在国内只待了 9 个月。从他 1925 年加入中国共产党算起，在这 12 年间，国内生活的时间总共也只有 3 年左右。他脱离中国实际，却把自己打扮成“马列主义的理论家”，唬了不少人。据说，他把一些“本本”背诵得烂熟，曾狂妄地认为：半部论语能治天下，读了这么多马列主义书，还不能领导中国？表面看来，他很乖巧，实际上目空一切到了极点，张口闭口引经据典，咬文嚼字。这不能使他把马列主义理论与中国革命实际结合起来。因为他没有从事过任何实际斗争，没有进行过任何调查研究，根本不了解自己的祖国。像他这样对于“中国是个什么东西”根本不懂得，也不愿意通过调查研究来懂得的人，怎么能够领导中国革命呢？怎么谈得上把马列主义运用于中国实际呢？毛泽东说得好，“这种人十个有十个要失败”①。

与王明这些人不同，毛泽东非常注重研究中国社会的实际，这是他的同时代的人都不能与之相比的一个显著优点。还在求学期间，他就利用假期，步行千里，“游学”农村，做社会考察。他生平的第一次调查活动使他对自己国家的状况产生了浓厚的研究兴趣。他送走一批又一批学友旅欧勤工俭学，自己却执拗地要留在国内。他觉得对自己的国家了解得很不够，作为中国人，要在现今的世界上尽点力，不可不对中国这个地盘的情形，“加以实地的调查，及研究”②。在他接受马克思主义，投身中国革命运动以后，更是致力于用马克思主义的立场、观点和方法来进行这种实地的调查和研究。他说过，在他早年读到的马克思主义的书上，并没有中国的湖南、湖北，也没有中国的蒋介石和陈独秀，但是他能运用书中的道理，老老实实地研究中国的实际的阶级斗争。从1921年参加建党到1934年参加二万五千里长征之前的13年间，在他先后从事工人运动、农民运动和军事运动的时候，几乎每年都用时间或到工人群众，或到农民群众，或到红军战士中间

① 《毛泽东农村调查文集》，北京：人民出版社1982年版，第17页。

② 中共中央文献研究室、中共湖南省委：《毛泽东早期文稿》编辑组编：《毛泽东早期文稿》，长沙：湖南出版社1995年版，第474页。

进行调查研究。他考察过湖南、广东、福建、江西等省几十个县的农村，他的调查对象除工人、农民外，还包括穷酸秀才、钱粮师爷、县衙狱吏、商会会长、破产地主、学校教员等各色各样的人物。他的调查报告和材料仅保存下来的就有 10 多篇，达 20 多万字。这些调查涉及政治制度、经济关系、阶级状况、土地历史、商业交通、文化教育、宗祠族权、家庭伦理、世俗习尚、风土民情等社会生活的各个方面。在中国共产党的领导人中间，像毛泽东进行了时间这样长久，次数这样频繁，规模这样宏大，内容这样广泛的社会调查，是极其罕见的。

毛泽东是党内大兴社会实际调查研究的开创者，但也很重视对于马列主义理论的学习研究。即使在偏僻的山沟里开辟革命根据地，在戎马倥偬、战火纷飞的动乱的条件下，他都尽可能地搜集马列著作阅读。1929 年 11 月底，他在汀州给中央的信中说，“我们望得书报如饥似渴”，要求赶紧寄来“列宁主义概论，俄国革命运动史等”①出版物。到达延安后，更是通过各种渠道购买马列著作和社会科学读物，刻苦奋发地研究马克思主义。他所进行的实际的社会调查和多方面的实践活动，再加上这样坚毅的理论准备，使他能够对中国社会的历史和现状进行科学的分析，制定出正确的路线和政策，从而实现马列主义理论与中国革命实际相结合这个艰难任务。中国共产党的其他许多卓越领导人也都是这样通过对社会实际的调查研究，把马列主义与中国革命实际结合起来，为中国革命的胜利含辛茹苦的奋斗着。

当然，深入实际的社会调查不是调查研究的全部，但是现在所说的调查研究，首先是指这种深入实际的调查研究。对于革命工作来

① 《毛泽东书信选集》，北京：人民出版社 1983 年版，第 27、26 页。

说，这是最具有决定意义的。毛泽东不仅自己注重社会调查，而且号召全党开展社会调查。地方工作要做社会调查，军队工作也要做社会调查。无论在井冈山时期，江西中央苏区时期，还是延安时期，他都十分强调这一点。在他和其他领导人的带动下，各级党组织进行了很有成效的调查研究工作，广大干部逐渐养成了做调查研究的优良作风。特别是经过延安整风，大力提倡调查研究，全党的马列主义理论水平有显著提高，解决中国革命问题的能力得到很大增强，为党夺取全国革命的胜利做了重要准备。

新中国成立后，中国共产党取得的社会主义革命和建设的伟大胜利，也与注重调查研究有着十分密切的联系。面对着腐败的国民党留下的破烂摊子，百废待兴，百业待举。党的许多领导人率领各条战线、各个方面的负责干部进行大量艰苦的调查研究工作，不仅制定出一系列切合实际的方针、政策，迅速扭转了国民经济的混乱局面，使经济恢复工作取得显著成绩；而且探索出一条适合我国特点的社会主义改造道路，比较顺利地实现了农业、手工业和资本主义工商业的社会主义改造。特别是采取一系列从低级到高级的国家资本主义过渡形式，实现了马克思和列宁曾经设想过的对资产阶级的和平赎买，这是通过调查研究使马列主义与中国社会主义革命实际相结合的一个伟大创造。对于社会主义建设，中国共产党也进行了一定的调查研究，努力摸索中国建设社会主义的道路。1956 年 4 月，毛泽东发表的《论十大关系》；1960 年冬以后，党中央在调整国民经济过程中陆续制定的农村人民公社工作条例草案和有关工业、商业、教育、科学、文艺等方面的工作条例草案，都凝聚了全党通过调查研究把马列主义与中国社会主义建设实际相结合的智慧。但是，同民主革命时期所经历的情况相似，党在一段时期犯了严重错误，其中的一个重要原因就是很少进行马克思主义的调查研究，使党的指导思想严重脱离我国社会主义的客观实际。在历史上开创了调查研究传统的毛泽东，在这个时期一度丢掉了这个传统。他在1961年1月的中央工作会议上进行自我批评说：我们党是有实事求是传统的，就是把马克思列宁主义的普遍真理同中国的实际相结合。但是，解放以来，特别是最近几年，我们调查做得少了，不大摸底了，大概是官做大了。我这个人就是官做大了，从前在江西那样的调查研究，现在就做得少了。1958年搞"大跃进"犯错误是这样，发动"文化大革命"运动犯错误的原因之一，也是缺乏马克思主义的调查研究，对当时我国阶级形势以及党和国家的政治状况作了完全错误的估计。十一届三中全会以后，党中央拨乱反正，重新提倡调查研究，实事求是，恢复了马克思主义的思想路线，制定出一系列符合我国社会主义实际情况的方针、政策，在政治体制、农业经营管理制度、组织干部制度、行政管理制度等方面进行了许多具有战略意义的重大改革，使我们国家实现了又一次历史性的伟大转变，出现了中兴繁荣的局面。正反两方面的历史经验证明，要使马列主义与中国实际相结合，夺取革命和建设事业的胜利，必须进行马克思主义的调查研究。这是一个颠扑不破的真理。

二、毛泽东的调查研究活动与中国革命理论的形成

毛泽东说过："马克思在实际斗争中进行了详细的调查研究，概括了各种东西，得到的结论又拿到实际斗争中去加以证明，这样的工作就叫做理论工作。"①马克思主义理论的产生和它的每一步发展，都离不开革命实践，离不开对于社会实际情况的调查研究。以毛泽东为

① 《毛泽东选集》第3卷，北京：人民出版社1991年版，第817页。

代表的中国共产党人所提出的关于中国革命的理论，就它的形成和发展来说也是这样，这是毫无疑问的。但是如前所述，毛泽东进行的调查研究与马克思进行的调查研究毕竟又有不同的一面。这种不同不仅表现于，在马克思那里，调查研究主要是个人用于进行理论创造，毛泽东则把调查研究进一步用于无产阶级政党的实际工作，倡导全党进行调查研究；而且在于马克思主要是通过对各种文献资料和统计材料之类进行研究来形成革命理论，如列宁所说的，“把堆积如山的实际材料总结为几点概括性的、彼此紧相联系的思想”①。就毛泽东开辟中国自己的道路这方面的理论来看，则主要是通过对社会实际情况的亲自调查，即社会调查而形成起来的。因为在中国，如他本人所说，没有“关于社会情况的较完备的甚至起码的材料”，“我们自己非做搜集材料的工作不可”。② 这是毛泽东的调查研究的一个重要特点，也是他的关于中国革命理论的形成方法的一个重要特点。

(一)关于农民问题

在马列著作里，对于农民作为无产阶级革命的同盟军和在夺取政权后要建立巩固的工农联盟等问题，有许多深刻的论述。但是，在中国这样以农民人口为主体的国家里，进行无产阶级领导的资产阶级民主革命，应当怎样充分认识农民问题的重要意义呢？怎样具体分析农村各个阶级和不同阶层农民的经济地位和政治态度，从而确定革命的依靠力量、团结力量和打击对象呢？这就不仅需要深入研究马列主义理论和关于中国农民的各种文献资料，更需要对中国农民的实际状况进行深入调查。毛泽东出身农民家庭，长在农村，对农民问题有着特

① 《列宁选集》第1卷，北京：人民出版社1995年版，第9～10页。

② 《毛泽东农村调查文集》，北京：人民出版社1982年版，第17页。

殊的敏感性。他在15岁阅读中国的文史书籍时，就发现书里没有写种田的农民。在他信仰马克思主义以后，即使在开始从事工人运动的时候，也没有忽视对于农民问题的关注，没有间断对于农民问题的实际调查。1925年他回家乡韶山从事农民运动，对农民问题进行专门研究，了解到农村阶级斗争的激烈程度，发现贫苦农民“非常富有战斗性”①。1926年在广州主持农民运动讲习所期间，不仅讲授中国农民问题课，还把学员按不同省籍，组成各省农民问题研究会，提出租率、利率、工价、田赋、主佃关系、厘金杂税、农产价格、抗租减租、抗粮情况、地主之来源，直至民歌、成语等等36个调查项目，引导学员研究各省农村的阶级斗争情况和农民运动情况。他还组织学员到广东海丰、韶关等地农村进行社会调查，并把学员们写的调查材料加以编选，收集在他出版的我国第一部用马克思主义观点研究农民问题的历史文献——《农民问题丛刊》之中。他在《丛刊》序言中说：这些调查“所述只属大略”，“我们应该拿了这一点大略，在不久的时期内从各地的实际工作实际考察中引出一个详细的具体的全国调查来”。②

1926年秋，毛泽东在中央主管农民运动后，更是把精力倾注于农民问题的调查研究。当蓬勃高涨的广东、湖南、湖北等地的农民运动遭到国民党右派势力的污蔑和党内右倾机会主义的责难后，他毅然回到湖南走访了5个县，做了32天的实际考察，成为中国共产党内当时唯一全面调查过农民运动真实情况的领导人。通过实地调查，他

① [美]埃德加·斯诺著，董乐山译：《西行漫记》，北京：三联书店1979年版，第135页。

② 《毛泽东文集》第1卷，北京：人民出版社1993年版，第40页。

深深地感受到了农民革命兴起的必然性和正确性，同时也认识到了党中央指导思想上的错误。他在 1927 年 2 月 16 日给中央的报告中说："在各县乡下所见所闻与在汉口在长沙所见所闻几乎完全不同，始发现从前我们对农运政策上处置上几个颇大的错误点。"在 8 月 7 日中央紧急会议上的发言中也说："当我未到长沙之先，对党完全站在地主方面的决议无由反对，及到长沙后仍无法答复此问题。直到在湖南住了三十多天才完全改变了我的态度。"①又说："广大的党内党外的群众要革命，党的指导却不革命，实在有点反革命的嫌疑。这个意见是农民指挥着我成立的。"②这次调查，不仅对他形成关于农民革命的理论，而且对他一生的实践和理论活动都发生了巨大的影响。

在中国共产党内，毛泽东不是第一个研究农民问题的，但是由于他对农民问题进行了这样长期的实际调查和研究，对于农民革命斗争有这样深切的了解和感受，因而在他当时发表的《中国社会各阶级的分析》、《中国农民中各阶级的分析及其对于革命的态度》、《国民革命与农民运动》和《湖南农民运动考察报告》等著作中，能够最鲜明地论述无产阶级领导农民斗争的极端重要性以及在这个问题上存在的右倾危险。他根据正在蓬勃高涨的农民运动需要加强领导的客观情况，针对党内出现的放弃无产阶级对农民革命运动领导的错误倾向，明确地指出："进步的工人阶级尤其是一切革命阶级的领导"，"农民问题乃国民革命的中心问题，农民不起来参加并拥护国民革命，国民革命不会成功；农民运动不赶速地做起来，农民问题不会解决；农民问题不

---

① 《毛泽东文集》第 1 卷，北京：人民出版社 1993 年版，第 46～47 页。

② 参见《毛泽东年谱》(1893～1949)，上卷，北京：人民出版社，中央文献出版社，1993 年版，第 181 页。

在现在的革命运动中得到相当的解决，农民不会拥护这个革命。”但是，当时党的主要领导人却不懂得这一点。他们不明白“经济落后之半殖民地革命最大的对象是乡村宗法封建阶级(地主阶级)”，不明白国外帝国主义和国内统治阶级“压迫榨取的对象主要是农民”。毛泽东认为，在经济落后的半殖民地的中国，农村封建地主阶级，乃是“国内统治阶级国外帝国主义之唯一坚实的基础，不动摇这个基础，便万万不能动摇这个基础的上层建筑物”。然而要动摇这个基础，“若无农民从乡村中奋起打倒宗法封建的地主阶级之特权，则军阀与帝国主义势力总不会根本倒塌”①。在这些论述里，毛泽东不是一般地承认农民运动的重要性，而是通过分析中国农民在中国社会中的地位，得出农民问题是中国革命的中心问题的结论；不是笼统地把不同阶层的农民看作无产阶级的可靠同盟军，而是通过对各阶层农民进行分析，提出无产阶级应当以依靠贫农、团结中农为基础建立巩固的工农联盟；不是抽象地说明农民革命斗争的重大作用，而是着重从推翻反动政权，建立革命政权的重要性中论述中国农民是民主革命的主力军，从而丰富和发展了无产阶级在资产阶级民主革命中对农民的领导权思想，奠定了中国共产党关于农民问题理论的基础。

(二)关于工农武装割据问题

在无产阶级革命史上，从巴黎公社到十月革命，都是通过组织城市工人发动武装起义来夺取政权的。在革命导师的著作中也找不到其他的道路。中国共产党建立之后，同样是首先集中主要精力开展城市工人运动。北伐战争开始后，党才比较多地注重农民运动。然而，这时并没有明确要在农村开展土地革命，建立革命政权。蒋介石、汪精

① 《毛泽东文集》第1卷，北京：人民出版社1993年版，第37、39页。

卫叛变革命，党组织武装的反抗，先后领导的南昌起义、秋收起义和广州起义，揭开了独立领导革命武装斗争的光辉篇章，但在党的指导思想上还是把革命重心放在城市而不是农村。在农村建立革命根据地，这是革命实践提出来的，也是全党所进行的伟大探索。就毛泽东来说，率领秋收起义部队向井冈山进军，首先实行工农武装割据，这又不能不归功于他在革命实践中对于实际情况调查的注重。八七会议后，他在回长沙领导秋收起义的途中，曾翻山越岭，过平江，到修水一带调查访问，了解当地农民和党组织的情况，为发动秋收起义准备了第一手材料。在部署秋收起义的安源张家湾军事会议上，他了解到井冈山地区有袁文才、王佐两支地方武装，便对那里的情况发生浓厚兴趣。这些情况帮助他在浏阳文家市决定秋收起义部队的去向时，正确地分析当时的革命形势，指出：大城市不是我们立脚的地方，我们要找一个群众基础好，地势条件好，几万敌人也无奈我何的地方。到达宁冈后，经过分兵转战湘东、湘南以及对湘赣边区各处的实地调查和比较，认为井冈山地势复杂险恶，周旋余地大，敌人统治力量弱，再加上有群众基础和地方党的组织，实行武装割据是有条件的。在《井冈山的斗争》一文中，毛泽东谈到这个情况说："广东北部沿湖南江西两省边界至湖北南部，都属罗霄山脉区域。整个的罗霄山脉我们都走遍了；各部分比较起来，以宁冈为中心的罗霄山脉的中段，最利于我们的军事割据。"①

实行工农武装割据，就要在农村开展游击战争。共产党怎样打游击？书本上没有，外国经验没有，北伐战争也是正规战。只有在实践斗争中学，通过调查研究来学。上井冈山之后，毛泽东和朱德在王

① 《毛泽东选集》第1卷，北京：人民出版社1991年版，第79页。

佐、袁文才那里了解到井冈山过去有个“山大王”叫朱聋子，地主武装围剿他几十年，也没有打垮他。他所以站住脚，只有一条经验：就是不要会打仗，只要会打圈。这个故事给他们很大启发。毛泽东说：我们可以把朱聋子的办法改一下，不但要会打仗，还要会打圈。朱德过去在滇军有过这方面的实践。在新的战争实践中，红军战士不断总结经验，逐步地创造了开展游击战的许多战术。例如，著名的“十六字诀”：“敌进我退，敌驻我扰，敌疲我打，敌退我追”；“分兵以发动群众，集中以应付敌人”；“固定区域的割据，用波浪式的推进政策。强敌跟追，用盘旋式的打圈子政策”等等。这些战术远远超过了朱聋子的“打圈”战术。毛泽东、朱德把这些战术加以总结，并把游击战提高到战略地位，从而形成了关于游击战争战略战术的完整理论。

(三)关于土地革命的路线和政策

在大革命后期，共产国际提出了开展土地革命的主张。八七会议也讨论了这个问题，但是如何革法？没有形成结论。在外国，只有苏联实行过，这就是没收一切土地归苏维埃国有，消灭地主富农。共产国际代表主张中国也实行土地国有。“左”倾错误领导不问中国的具体国情，教条主义地生搬外国经验，提出没收“一切私有土地完全归组织成苏维埃国家的劳动平民所公有”①。毛泽东关于土地革命的路线和政策开始并不是十分明确的，但是通过不断的调查研究，使错误的认识不断得到纠正，最后日趋完善。

在八七会议后的湖南省委第一次会议上，毛泽东曾经表示过只没收地主阶级的土地的意见，但是两天以后，在致中央的信中也提出了

① 中央档案馆编：《中共中央文件选集》第3册，北京：中共中央党校出版社1989年版，第501页。

“没收一切土地，包括小地主自耕农在内，归之公有”的主张。上井冈山后，土地政策成为十分尖锐的现实问题。为了制定具体的土地政策，毛泽东上山不久就进行了永新调查和宁冈调查。通过这两个调查，初步地了解到了湘赣边界的阶级关系和土地占有情况。他在1928年11月给中央的报告总结一年来土地斗争的经验认为，按照中央的规定，没收一切土地重新分配，虽然能得到大多数人的拥护，但是对于中间阶级的打击“过重”了；他们反叛革命，依附豪绅阶级，使贫农陷于孤立，于革命斗争不利。毛泽东说，“此问题实在严重得很”。鉴于这种情况，他提出可以考虑“向自耕农让步问题”，但由于没有讨论研究，“此间仍照中央办法执行”。[①] 一个月后发布的井冈山《土地法》，就是根据中央办法规定了“没收一切土地”的条文。1929年初，红四军转战闽西赣南，党的“六大”决议传达下来。毛泽东根据闽西调查和兴国调查了解到的情况，改变了上述规定。这年4月颁布的兴国县《土地法》，明确指出“没收一切公共土地及地主阶级的土地”。同年7月，毛泽东为了帮助开好中共闽西第一次代表大会，率领红四军前委派来的同志向代表们就土地政策等方面的问题进行调查。在他的指导下，这次代表大会，提出“自耕农的田地不没收”；对富农在革命初期“不没收其田地”，也“不派款”，争取“中立”；对小地主“没收其土地，废除其债务，但不要派款及其他过分打击”，并肯定了以原耕为基础，抽多补少的分配土地办法和实行给地主及其家属以生活出路政策。[②] 这些规定大大地限制了没收范围，缩小波及面，减少了土地分

① 《毛泽东选集》第1卷，北京：人民出版社1991年版，第70～71页。

② 中央档案馆编：《中共中央文件选集》第5册，北京：中共中央党校出版社1990年版，第715～716、720页。

配斗争中的阻力。井冈山、兴国县的两个《土地法》和闽西的土地政策，在实践中为正确解决中国农民的土地问题迈出了可贵的第一步，表明了党对于土地问题认识的发展过程。

寻乌调查和兴国调查是毛泽东发展土地革命政策的两个十分重要的调查。这两个调查内容丰富，解决的问题也较多。首先是关于工商业问题。当时有的地区还有“使小资产阶级变为无产”的“左”的影响，对中小商人和工商业兼地主的工商业部分实行没收政策，党对于工商业问题也未做过认真的调查。毛泽东说：“对于商业的内幕始终是门外汉的人，要决定对待商业资产阶级和争取城市贫民群众的策略，是非错不可的”，即使能规定某些正确的原则，也“不能把具体工作方法指示出来”。[①] 因此，他在 1930 年 5 月“下大力”进行了寻乌调查，系统地了解了这个地区的商业、手工业、旧有土地关系和土地斗争的情况，写下了 8 万多字的调查材料。其中“寻乌的商业”一章，长达 3 万余字，是他进行城镇调查唯一系统的材料。这次调查使他了解了手工业商品和资本主义商品“交战表演”的剧烈情况。这次调查之后，保护工商业的问题得到一定程度的解决。其次，关于富农问题，这是土地政策中影响较大的一个问题。在政策的制定上，党既有一个认识过程，也有一个变化过程。“左”的或右的错误倾向，在这个问题上都有明显表现。寻乌调查之前，对待富农只规定抽多补少的原则已反映出缺点。在寻乌调查中，毛泽东认为富农在抽多补少时只拿坏田，不抽好田，这种“肥瘦分配的斗争”，既是“富农与贫农的斗争”，也是“土地斗争的中心”问题，于是决定“解决富农问题的办法，不仅要抽多补

① 《毛泽东农村调查文集》，北京：人民出版社 1982 年版，第 56 页。

少，而且要抽肥补瘦”。[①] 这项原则进一步限制了富农，有利于贫农，正确地引导了土地革命的深入展开。寻乌调查尽管还没有把富农与地主、富农与富裕中农严格区别开来，也不可能不受共产国际根据苏联经验提出的“加紧反对富农”指示的影响，但总的说来，对富农的政策还是比较适当的。1931 年王明路线贯彻到中央苏区后，以毛泽东为代表的正确主张被扣上了“富农路线”的帽子。他们实行“地主不分田，富农分坏田”的政策，从肉体上消灭地主，从经济上消灭富农，使土地革命斗争出现了较大反复。1933 年的查田运动，也不可能没有“左”的指导思想，但毛泽东在实际工作中尽力对“左”的倾向加以限制。他深入调查研究搞试点，根据土地革命斗争正反两方面的经验教训，提出了“削弱富农”的政策。他说：富农与地主有区别，富农是半封建剥削者，“消灭富农的倾向是错误的”，“对地主取消灭的政策，对富农则取削弱的政策”。为了巩固地联合中农、不侵犯中农的利益，首次提出了“富裕中农”概念，以稳定富农与中农交界的那一层人，使他们“脱离地主富农的影响，团结在贫农周围，一致向地主作斗争”[②]。接着在 10 月颁布的《关于土地斗争中的一些问题的决定》，又规定了区别地主与富农的具体标准，以及从剥削时间和剥削分量上区别富农与富裕中农的数量界限。所有这些都在一定程度上遏制了“左”的错误的发展。第三，在寻乌调查和兴国调查中，毛泽东还深入地了解了农村的剥削状况。在寻乌地区，地租剥削、高利剥削和税捐剥削的方式竟达 20 多种。毛泽东说，他历来疑心书上记载的“卖妻鬻子”

① 《毛泽东农村调查文集》，北京：人民出版社 1982 年版，第 174、22 页。

② 1933 年 6 月 14 日在八县查田运动大会上的报告，载 1933 年 10 月《斗争》第 32 期。

的话，这回特别过细地作了调查，结果几个村子确有其事，说明“旧的社会关系，就是吃人关系。”在兴国调查中，继续了解农村的剥削状况，以及各阶级在土地斗争中的表现。通过这些调查了解，使他逐渐形成了关于中国农村土地关系的基本概念：一方面，地主、富农以百分之六的人口占有百分之八十的土地；另一方面，贫农和中农以百分之八十的人口仅占百分之二十的土地，“因此得出的结论，只有两个字：革命。因而也益增革命的信心，相信这个革命是能获得百分之八十以上人民的拥护和赞助的”。①

这个时期，毛泽东还作了一系列土地问题调查，使以乡为单位，按人口平均分配，在原耕基础上抽多补少，抽肥补瘦，给富农以经济出路，给地主以生活出路的一套没收和分配土地的正确办法不断完善起来。在调查中，他发现到处存在的“荒田现象”与土地所有权不明确有关，提出：过去分好了的田即算分定，得田的人即由他管所分得的田，这田由他私有，别人不得侵犯。这就彻底纠正了“土地国有”的规定。1932年，他根据长期土地革命斗争的丰富经验，在调查研究的基础上写的《怎样分析农村阶级》、《关于土地斗争中一些问题的决定》，对于农村的各个阶级、阶层划分的标准作了明确的政策规定，解决了党长期没有解决的许多重大问题。这样，经过前后六七年的调查研究，按照毛泽东自己的说法，才算认识了中国农村。他和其他同志一起，为党制定了一条基本上适合我国情况的土地革命路线，即依靠贫雇农、联合中农、限制富农、保护中小工商业者、消灭地主阶级。以后党的政策虽经几次变化，但基本上没有离开这条基本的路线。

---

① 《毛泽东农村调查文集》，北京：人民出版社1982年版，第153、26页。

(四)关于根据地建设

这是工农武装割据之后出现的新问题，也是与历史上的农民革命军相区别的一个根本问题。毛泽东对于中国历史上的农民革命战争十分熟悉，深知建设根据地的重要。他率领部队上井冈山的时候说：李自成为什么失败了？很重要的一个原因，就是没有巩固的根据地。他还让部队讨论，王佐、袁文才的武装在井冈山能够长期存在，我们有党，有革命武装，有正确的政策和策略，为什么不能存在呢？军阀能割据，为什么我们不能割据？[①] 开展游击战争，实行武装割据就要有根据地作为依托。怎样建设根据地呢？没有任何经验可以遵循。毛泽东在进行实际调查时，也把根据地建设问题列为重要内容。

根据地建设，首先是政权建设。在井冈山调查时期，毛泽东发现在根据地的政权建设中没有解决好民主政治问题。各级革命政权建立了，但由于社会历史的原因和宣传教育的缺乏，还不习惯使用民主权利。一方面，执行机关代行权力机关的职权，工农兵政府权力独揽，由群众选举产生的工农兵代表大会形同虚设；另一方面，党组织包办政府工作，直接发号施令，把政府机关搁在一边。根据这种情况，他提出了要把民主作为一种“新的政治制度”来建设的思想，指出要加强“民主集中主义的制度”，“使群众了解它是最能发动群众力量和最利于斗争的”；党的领导要避免“国民党直接向政府下命令的错误办法”。[②] 到了中央苏区，他也很重视苏维埃政权的民主政治建设。特别是在受到了“左”倾错误领导的排挤之后，他的工作主要在苏维埃政

① 参见谭震林：《井冈山斗争的实践与毛泽东思想的发展》，载《红旗》1978年第12期。

② 《毛泽东选集》第1卷，北京：人民出版社1991年版，第72～73页。

府方面，使他比过去有更多的时间研究政权建设问题。通过一系列社会调查，特别是兴国长冈乡调查和上杭才溪乡调查，他认为民主政治建设的关键是解决政府与群众的关系问题。官僚主义者脱离群众，除了工作方法外，有些人还不懂得苏维埃政权与国民党政权的根本区别。因此，他在《今年的选举》、《关心群众生活，注意工作方法》、《乡苏怎样工作?》等文章中，强调苏维埃政权的性质是群众自己建设和管理自己生活的工具；苏维埃政权的宗旨是，“应该朝着最能够接近广大群众，最能够发挥群众的积极性与创造性，最能够动员群众执行苏维埃任务，并且最能够争取任务完成的速度，使苏维埃工作与革命战争、群众生活的需要完全配合起来”①；苏维埃政权的工作方法，应该是与群众建立最密切的联系，既要用全力去从政治上动员群众，用极大的耐心去说服群众，又要用尽一切努力解决群众的问题，切切实实地改良群众生活。这就是说，苏维埃政权应当既是革命战争的领导者、组织者，又是群众生活的领导者、组织者。他认为，尽管苏维埃的中心任务是动员广大群众参加革命战争，但是，如果单单动员人民进行战争，不注意群众的一切实际生活问题，那么，扩大红军，动员支前等工作都是搞不好的；长冈乡、才溪乡的工作人员所以“创造了第一等的工作”，是“苏维埃工作的模范”，就是因为他们懂得苏维埃政权的任务，创造了一套发动群众、组织群众的成功的工作经验，以高度的革命责任感，“最具体最实际地解决群众中的每一个困难”②，使群众认识到苏维埃政府是代表他们的利益的，是同他们呼吸相通的。因此，他提出，苏维埃政权的一切工作人员都应当向长冈

① 《毛泽东文集》第1卷，北京：人民出版社1993年版，第343页。
② 《毛泽东农村调查文集》，北京：人民出版社1982年版，第323页。

乡、才溪乡学习，真心实意地去解决群众的生产和生活问题，从组织犁牛合作社到老婆生孩子，都要关心。这样做了，“广大群众就必定拥护我们，把革命当作他们的生命，把革命当作他们无上光荣的旗帜”，从而形成任何力量打不破的“真正的铜墙铁壁”。①

根据地建设，除了政权建设外，还包括军事建设、经济建设、文化建设等多方面的任务。在中央苏区，为了解决经济方面的问题，毛泽东除进行长冈乡、才溪乡调查外，还利用养病休息期间在长汀和瑞金等地进行了调查。《必须注意经济工作》、《我们的经济政策》等文章，就是在这些调查的基础上写成的。通过这些调查，他着重解决了两个问题。一是革命战争和经济建设的关系。对这个问题，当时有不同的认识。有的认为在战争环境中，没有进行经济建设的可能，等战争胜利了，有了和平环境再搞；也有的把经济建设看成压倒一切任务的中心，忽视了革命战争的环境。毛泽东认为，把经济建设和革命战争对立起来是没有事实根据的。在调查中了解到的许多生动事例表明，在革命战争的环境下，进行必要的经济建设，既能使革命战争得到相当的物质基础，又能激发人民群众参加革命战争的积极性。因此，他提出：“我们的经济政策的原则，是进行一切可能的和必须的经济方面的建设，集中经济力量供给战争，同时极力改良民众的生活，巩固工农在经济方面的联合，保证无产阶级对于农民的领导，争取国营经济对私人经济的领导，造成将来发展到社会主义的前提。”②二是三种经济成分的关系。根据地的国民经济当时由国营事业、合作社事业和私人事业三方面组成。国营经济力量较小，合作社经济在不

---

① 《毛泽东选集》第1卷，北京：人民出版社1991年版，第138～139页。

② 《毛泽东选集》第1卷，北京：人民出版社1991年版，第130页。

断发展，私人经济占绝对优势。毛泽东认为，这个情况不可能迅速改变，提出苏维埃政权对于这三种经济成分采取的方针，应当是：尽可能地发展国营经济和大规模地发展合作社经济，与奖励私人经济发展同时并进。他说："我们对于私人经济，只要不出于政府法律范围之外，不但不加阻止，而且加以提倡和奖励。因为目前私人经济的发展，是国家的利益和人民的利益所需要的。"①毛泽东所规定的这些经济政策，不仅指导了中央苏区的经济建设，也成了以后抗战时期和解放战争时期党领导的根据地经济建设的指导方针，为把根据地建设成为争取革命在全国胜利的坚强的前进阵地发挥了重要作用。

毛泽东基于社会实际的调查研究提出的上述理论思想，当然不能囊括毛泽东关于中国革命的全部理论，但是，不难看出，上述的理论思想在他的民主革命时期的理论思想中占有显著重要地位。当时提出的这些理论思想还有待于后来丰富发展、系统总结和进一步理论概括，但是却已经构成了关于中国革命道路的理论的基本内容。这些理论思想创造性解决了主要群众是农民、主要任务是土地革命、主要斗争方式是工农武装割据这样一些为全世界的共产主义者所没有遇到过的问题，丰富和发展了马克思列宁主义的革命理论。

三、毛泽东对马克思主义调查研究思想的贡献

毛泽东进行的大量调查研究活动，一方面，形成了关于中国革命的许多重要理论，另一方面，通过对于调查研究实践的总结，大大地丰富和发展了马克思主义的调查研究思想，使之成为有丰富思想内容的科学理论。这是毛泽东对于马克思主义的又一个重大贡献。

---

① 《毛泽东选集》第1卷，北京：人民出版社1991年版，第133页。

(一)认为调查研究既是马克思主义的方法论，也是马克思主义的认识论

这也就是说，把调查研究方法提到认识论高度来认识。方法论和认识论是统一的，方法论是由认识论派生出来的。在马克思、恩格斯的著作里，尽管使调查研究具有辩证唯物主义的哲学基础，但是他们论述调查研究的作用时，仍然把它作为进行科学研究的一种方法来看待。毛泽东把调查研究引向广阔的社会实践领域，与进行改造世界的革命斗争直接联系着，对它的作用的认识有了发展。毛泽东使调查研究成为一种理论，首先就在于从哲学上论证了调查研究是取得正确认识的基础，是形成党的正确的思想路线的前提。他强调一切从实际出发，按客观情况办事，就是要求经过系统周密的调查研究，使主观符合客观，获得正确的认识，从而在这个基础上来制定党的方针政策。早在古田会议决议中，他就把调查研究看成是一个认识论的问题了。他提出党的思想路线问题就同对于调查研究的这个新认识密切联系着。他说，是否注意社会经济的调查和研究，对于党的斗争策略和工作方法有决定意义，“离开了实际情况的调查，就要堕入空想和盲动的深坑”①。在这里，既深刻地指出了机会主义和盲动主义产生的认识论根源，又在实际上提出了解决思想路线问题是解决政治路线问题的基础的思想。1930 年 5 月写的《反对本本主义》，是毛泽东第一篇论述马克思主义认识论的哲学论文，也是第一次明确地提出思想路线问题的历史文献。正是在这篇著作里，毛泽东专门论述了调查研究在马克思主义认识论中的作用，鲜明地提出“没有调查研究就没有发言权”这个著名口号。这个口号是毛泽东对自己多年从事和倡导的实际调查

① 《毛泽东选集》第 1 卷，北京：人民出版社 1991 年版，第 92 页。

工作的深切体会的理论概括；也是对那些不做调查研究，致使中国革命遭受挫折的严重教训的深刻总结。它反对了当时党内和红军内的把理论与实践相脱离的错误思想路线，代表了把马克思主义认识论运用于党的实际工作的正确思想路线，即文章中所说的“共产党人从斗争中创造新局面的思想路线”。一年以后，他在为中央革命军事委员会总政治部所起草的《关于调查人口和土地状况的通知》中，又提出“不做正确的调查同样没有发言权”的口号，对“不做调查没有发言权”的口号作了补充和发展，使之更加周密和完备。这两个口号就其是对马克思主义认识论的生动表述而言，说明调查研究已经不能仅仅看成是个工作方法问题，而应当被看成是马克思主义认识论的基本问题。

但是，“左”倾错误领导却没有接受这个马克思主义的口号，并且在1931年11月召开的中央苏区党的第一次代表大会(即赣南会议)上，还把它斥为“否认理论否认政治的狭隘的经验论的落后思想”。“左”倾错误领导反对调查研究，实际上是违背马克思主义的认识论，说明他们并没有把马克思主义弄懂弄通。1941年3月，毛泽东在《农村调查》的序言中批判“左”倾错误领导时指出：“‘没有调查就没有发言权’，这句话，虽然曾经被人讥为‘狭隘经验论’的，我却至今不悔；不但不悔，我仍然坚持没有调查是不可能有发言权的。……斯大林的话说得对：‘理论若不和革命实践联系起来，就会变成无对象的理论。’……除了盲目的、无前途的、无远见的实际家，是不能叫做‘狭隘经验论’的。”①他还明确提出：“要了解情况，唯一的方法是向社会作调查”，用马克思主义的基本观点，作几次周密的调查，“乃是了解

① 《毛泽东农村调查文集》，北京：人民出版社1982年版，第17～18页。

情况的最基本的方法”①。同年8月，中共中央关于调查研究的决定，以党的文件形式肯定“没有调查就没有发言权”这个口号说明了马克思主义认识论的真理，并指出：“系统的周密的社会调查是决定政策的基础”。在1961年，党中央重新提倡调查研究的时候，毛泽东在中央转发邓子恢的调查报告写的批语中进一步指出：“认真调查研究，对具体问题作出具体的分析，而不是抽象的主观主义的分析，这是马克思主义的灵魂。”1963年5月，党中央在《关于目前农村工作中若干问题的决定(草案)》中提出：“用马克思主义的科学方法进行调查研究”，是坚持“马克思主义的科学的革命的认识论”问题，号召各级党委深入进行调查研究，学习马克思主义的认识论。党中央和毛泽东的这些论述，把调查研究的意义提到了过去从来未有人讲过的理论高度。在中国现代革命史上，调查研究事实上成了无产阶级的“伟大的认识工具”②。

(二)把调查研究与群众路线相统一，赋予群众路线以认识论的基础

党把调查研究作为思想认识路线问题提出，跟党使用群众路线的概念大致在同一时期。1929年9月，周恩来主持起草的《中央给红四军前委的指示信》(“九月来信”)，既强调了红四军的调查工作“对于了解中国农村实际生活及帮助土地革命策略之决定有重大意义”，同时在论述红军的工作方法时接连三处谈到要经过“群众路线”的问题③。这是党最早明确使用“群众路线”概念的文献之一。在随后的古田会议决议中，毛泽东在强调调查研究的认识论意义的时候，也提出了“一

① 《毛泽东农村调查文集》，北京：人民出版社1982年版，第15页。

② 《列宁选集》第2卷，北京：人民出版社1995年版，第311页。

③ 《周恩来选集》上卷，北京：人民出版社1984年版，第36、39页。

切工作，在党的讨论和决议之后，再经过群众路线去执行”的思想①。调查研究作为思想认识路线与群众路线这个概念几乎同时提出，这难道是纯粹偶然的巧合吗？恩格斯说过，某些必然的东西总是在表面看来是偶然性在起作用的地方隐蔽地存在着②。在提出者那里，尽管当时可能没有意识到调查研究的过程与实行群众路线的过程，实际上是同一个过程；但是，向社会实际做调查就是向群众做调查这一点是明确的。陈毅当时向中央报告红四军的历史及其状况时，特地将“调查工作”列为红四军的群众工作的第一项。在周恩来主持写的“九月来信”中也是将切实做调查工作列为红军的群众工作的第一条。毛泽东以后在讲调查研究的时候，也总是强调“到群众中作实际调查去”。经过 10 多年的思想孕育，到 1943 年，毛泽东在《关于领导方法的若干问题》一文中，便将这两个过程的实际上的统一关系，从理论上作了精辟的阐发，深刻地说明了马克思主义的认识论。这样，群众路线的理论，也可以说，就是调查研究的认识论。这样说，不仅因为群众路线的工作对象和调查研究的调查对象是同一的，而且因为在党的革命实践活动中，将群众分散的无系统的意见集中起来，经过研究，化为集中的系统的意见的过程，实际上就是调查和研究的过程。一次又一次地“从群众中集中起来，再到群众中坚持下去”，除了要贯彻党的方针、政策，完成党的工作任务外，从认识论上来说，就是通过调查研究了解情况，又通过调查研究来检验认识是否正确的过程。

说这两个过程是同一个过程，不仅是说的同一个工作过程，还是说的同一个认识过程。在 1958 年 1 月写的《工作方法六十条》草案中，

① 《毛泽东选集》第 1 卷，北京：人民出版社 1991 年版，第 88 页。

② 《马克思恩格斯选集》第 4 卷，北京：人民出版社 1995 年版，第 247 页。

毛泽东明确地论述了这个问题。他说：概念的形成过程，判断的过程，推理的过程，就是调查和研究的过程，就是思维的过程。人脑是能够反映客观世界的，但是要反映得正确很不容易。要经过反复的考察，才能反映得比较正确，比较接近客观实际。有了正确的观点和正确的思想，还要有比较恰当的表达方法告诉别人。概念、判断的形成过程，推理的过程，就是"从群众中来"的过程；把自己的观点和思想传达给别人的过程，就是"到群众中去"的过程。毛泽东通过阐述调查研究与群众路线在党的实际工作中的统一性，使群众路线具有认识论的意义，并且把调查研究的认识论当作群众路线的认识论基础，这是把马克思、恩格斯创立的辩证唯物主义理论应用于党的实际工作的重大发展。它表明党坚持群众路线，一方面是由于中国共产党人代表人民群众的利益，另一方面也是由于它体现了马克思主义的认识路线，从而，在理论上说明了实行群众路线，乃是革命过程中主观与客观相符合、理论与实践相统一的重要保证。

（三）认为调查研究是转变党的作风的重要环节，因而也是党的建设的重要内容

党的建设既有思想建设，也包括有作风建设。调查研究既是党的思想路线问题，也是党的作风问题。毛泽东虽然在20年代末期就把调查研究看成是党的正确的思想路线的重要内容，但是由于"左"倾错误领导的思想路线没有得到清算，直到40年代初期，在党内还存在着缺乏调查研究客观实际状况的浓厚空气。许多同志不愿意迈开他们的双脚到社会实际和人民群众中去，不愿意作系统的、周密的调查和研究，满足于一知半解，夸夸其谈；坐在机关里想当然地发号施令。有的人工作了三年五载，不仅对于国内外、省内外、县内外状况全然不了解，就是对于所在单位的"下情"，也若明若暗。毛泽东指出，

“不注重研究现状，不注重研究历史，不注重马克思列宁主义的应用。这些都是极坏的作风。这种作风传播出去，害了我们的许多同志。”①他在列举主观主义的表现时，把不做调查研究列为主观主义第一条。党中央关于调查研究的决定也把这种作风看成是党性不纯的第一个表现。因此，延安整风，首先就是整顿这种主观主义的坏作风，并把提倡调查研究看成是加强党的建设的基本环节。毛泽东指出：“在全党推行调查研究的计划，是转变党的作风的基础一环。”②由于党中央和毛泽东大力提倡，调查研究在全党蔚然成为一派新风，并有力地推动了其他作风的转变，使延安时代成为党的历史上党风最好的时期之一。人们常说的“延安作风”，一个根本的内容就是指实事求是，而没有调查研究就没有实事求是。

新中国成立以后，在1958年的“大跃进”时期，这个好的党风遭到了严重破坏。代之而起的，是作为它的对立物出现的“浮夸风”、“瞎指挥风”等等。1961年党中央和毛泽东重新提倡调查研究，也包括有重新整顿党的作风的意思。“大兴调查研究之风”的口号的提出，从党的建设的意义上来说，就是要恢复和发扬历史上实行调查研究的好的党风。毛泽东指出：“各级党委，不许不作调查研究工作。绝对禁止党委少数人不作调查，不同群众商量，关在房子里，作出害死人的主观主义的所谓政策。”③他在给邓小平的一封信中，还要求参加中央工作会议讨论农村人民公社条例的同志做出榜样，在开会之前，对农村中的若干关键问题“进行重点调查，下十天至十五天苦工夫，向

① 《毛泽东选集》第3卷，北京：人民出版社1991年版，第797页。
② 《毛泽东选集》第3卷，北京：人民出版社1991年版，第802页。
③ 《毛泽东书信选集》，北京：中央文献出版社2003年版，第538页。

群众寻求真理”。① 党中央在关于认真进行调查研究工作问题给中央局，各省、市、区党委的一封信中也指出：县级以上党委领导人员，首先是第一书记，要把深入基层，亲自进行有系统的典型调查，当作领导工作的首要任务，并且定出制度，造成风气，使调查研究、一切从实际出发，“成为全党干部的思想和行动的首要准则”。并且说：“只要在全党坚持这种调查研究、实事求是的作风，我们目前所遇到的问题就一定能够比较顺利地得到解决，我们的各方面工作就一定能够得到迅速的进步。”②事实正是这样，1961 年重新提倡调查研究之后，在某些方面，党的思想路线有了一定程度的端正，党的作风也有较大的转变。到 1965 年底，基本上扭转了国民经济的困难局面，使党的经济工作重新走上了健康发展的轨道。

(四)丰富了关于调查研究的态度和方法的内容

如前所述，马克思、恩格斯和列宁都十分强调调查研究要有科学的态度。他们对研究工作所持的严谨态度，成为科学研究工作者的一代楷模。以毛泽东为代表的中国共产党人在进行社会实际的调查研究时，坚持了他们主张的科学态度，明确地提出调查研究要实事求是，在客观事实面前采取老老实实的态度，既不夸大，也不缩小，从客观事实本身中引出结论。1961 年 3 月，党中央关于调查研究的那封信中指出：“调查是为了解决问题，不是为了调查而调查；调查应该采取客观态度，不应该抱定一种成见下去专替自己找证据；应该发现事物的真相，不要为各种假象所蒙蔽；应该对调查材料作全面的综合和分

---

① 《毛泽东文集》第 8 卷，北京：人民出版社 1999 年版，第 268 页。

② 《建国以来重要文献选编》第 14 册，北京：中央文献出版社 1997 年版，第 226 页。

析，不要满足于孤立的、片面的、看不到事物发展规律的观察。在调查的时候，不要怕听言之有物的不同意见，更不要怕实际检验推翻了已经作出的判断和决定”。[①] 这是对实际工作中调查研究的教训的深刻总结，也发展了马克思主义关于调查研究的基本要求，并使马克思主义的调查研究同形形色色的主观主义的调查研究从根本上区别开来。

毛泽东还提出了要甘当群众的小学生，眼睛向下，虚心向群众学习的态度问题。在无产阶级革命导师中，恩格斯不仅是进行理论的调查研究的楷模，而且是深入到工人群众中进行社会实际的调查研究的榜样。他对英国工人的苦难和斗争，对他们的希望和要求，进行了21个月的全面的详尽的调查研究。他写的《英国工人阶级状况》是社会主义文献中绝无仅有的调查报告的杰作，被列宁称之为“是对现代无产阶级状况的最好描述”[②]。恩格斯能获得这样的成功，与他对工人群众怀有满腔的热忱，把自己毫无保留地置身于工人群众之中的革命精神是分不开的。他自己说过：“我抛弃了社交活动和宴会，抛弃了资产阶级的葡萄牙红葡萄酒和香槟酒，把自己的空闲时间几乎都用来和普通的工人交往；对此我感到高兴和骄傲。”[③]恩格斯是这样地做了，他的这种虚心向劳苦群众学习的调查态度开了无产阶级革命者的先河。毛泽东经过大量调查研究的亲身体验．把对待劳动群众的态度问题不仅作为世界观问题提出来，而且看成是调查研究的态度问题。他明确指出，只有放下臭架子，甘当群众小学生的精神，才能做好社会

① 《建国以来重要文献选编》第14册，北京：中央文献出版社1997年版，第226页。

② 《列宁选集》第1卷，北京：人民出版社1995年版，第92页。

③ 《马克思恩格斯全集》第2卷，北京：人民出版社1961年版，第273页。

的实际调查研究。他每次做调查研究都把被调查的群众当做“可敬爱的先生”，采取“恭谨勤劳”的谦虚态度，因而获得了“很多闻所未闻的知识”①。他要求做实际调查的同志都能采取这样的态度。在1963年5月关于农村工作的若干问题的那个文件中，党中央肯定了毛泽东的这个思想，指出：“没有满腔的热忱，没有眼睛向下的决心，没有求知的渴望，没有放下臭架子、甘当小学生的精神”，“就不会做、也不会做好什么调查研究工作”。② 毛泽东的这个思想使马克思主义关于调查研究的态度的思想增加了新的内容，对于党的调查研究活动开展起了非常有益的作用。

对于进行社会实际调查的具体方法，毛泽东提出了：“走马观花”，四处巡视，做了解全局的面上调查；“下马观花”，深入基层，做“解剖麻雀”的典型调查。并用这两种方法，可以使一般与个别相结合，对于全面深入地了解情况很有帮助。在这两种方法中，毛泽东认为“下马观花”，深入基层的方法更为重要。因为“拼着精力把一个地方研究透彻，然后于研究别个地方，于明了一般情况，便都很容易了”③。毛泽东还提倡“开调查会”，这是调查者跟被调查的群众直接讨论问题的一种好方法，对于深入实际了解情况，有时能发挥某种特殊的作用。这些方法，既是他个人进行实际调查的经验总结，也是经过全党实践反复检验过的行之有效的方法。

马克思主义的调查研究思想是无产阶级认识世界和改造世界的锐利武器。以毛泽东为代表的中国共产党人把马克思主义哲学原理运用

① 《毛泽东农村调查文集》，北京：人民出版社1982年版，第16页。

② 《建国以来重要文献选编》第16册，北京：中央文献出版社1997年版，第326～327页。

③ 《毛泽东农村调查文集》，北京：人民出版社1982年版，第56页。

于无产阶级政党的全部工作，使调查研究的思想在中国的土地上大放异彩，成为绚丽璀璨的奇花。马克思在《〈黑格尔法哲学批判〉导言》一文中指出："理论在一个国家的实现程度，总是决定于理论满足这个国家的需要的程度。"①中国现代革命的历史经验证明，马克思主义的调查研究思想对于共产党是如同布、帛、菽、粟一样地不可以须臾离开的东西。在民主革命时期，党努力通过它使马列主义理论与半殖民地、半封建的中国社会实际相结合，探索出了具有中国特色的民主革命的道路。在社会主义时期，党通过它使马列主义理论与中国的社会主义革命和社会主义建设相结合，取得了任何人都无可否认的成就。但是，正如毛泽东所指出的，"对于建设社会主义的规律的认识，必须有一个过程"②。从中国的国情出发，进行社会主义现代化建设，对于中国共产党来说，在许多方面，还是一个"未被认识的必然王国"，还缺乏实际经验，还不可能完全避免盲目性。对客观事物的认识是无止境的，调查研究也是没有止境的过程。在新的历史时期里，党还将通过它使马列主义理论与中国社会主义现代化建设的实际相结合，努力探索具有中国特色的社会主义现代化建设道路，全面开创社会主义现代化建设的新局面。

当然，现在的情况跟过去战争年代有了很大不同。中国共产党成了执政党，工作的范围由局部地区转向了全国，革命的任务由进行大规模的激烈的阶级斗争转向进入社会主义现代化建设，所处的历史环境由落后的、单一的、个体的农业手工业生产状态进到拥有相当水平

---

① 《马克思恩格斯全集》第3卷，北京：人民出版社2002年版，第209页。

② 中共中央文献研究室编：《毛泽东文集》第8卷，北京：人民出版社1999年版，第300页。

的社会化生产、拥有最先进的科学技术的时代，因此进行社会实际调查的方法和手段也会有很大不同。思想观念和观察视野完全不变地继续停留在一个世纪或者半个世纪以前，这不是无产阶级革命导师们要求的；仅仅满足于过去调查研究取得的某些具体经验，也是与新的历史条件不相适应的或者不完全适应的。特别是我们国家目前正面临着各项改革的艰巨任务，不进行系统周密的调查研究，是很难获得成效的。正如党要坚持马克思主义、发展马克思主义一样，新的历史条件也要求党不仅坚持马克思主义的调查研究，还要发展马克思主义的调查研究，把毛泽东为党所开创的调查研究传统和发展了马克思主义的调查研究理论继续推向前进。我们相信，只要坚定地继承和学习马克思列宁主义、毛泽东思想的立场、观点和方法，深入各个领域的实际，采取一切先进手段和现代化的方法进行调查研究，那么，就一定能够实现这个任务。同时，通过对马克思主义调查研究的发展，也一定能够使马列主义理论与中国社会主义现代化建设的实际很好地结合起来，完成人类历史上最伟大的创造性工程之一，把我们的国家建设成为现代化的社会主义伟大强国。

马克思所说的“资产阶级权利”和毛泽东对它的误解①

一、马克思所说的“资产阶级权利”

把按劳分配中的等量劳动相交换的原则叫做“资产阶级权利”（“文化大革命”前翻译为“资产阶级法权”），是马克思

① 这是1982年作者负责编写《关于建国以来党的若干历史问题的决议注释本》时写的一个注释条目。本文讲了三个问题：（一）马克思所说的“资产阶级权利”，即把按劳分配中的等量劳动相交换的原则叫做“资产阶级权利”，是在完全抽象的意义上说的。它既撇开了社会主义按劳分配同资本主义商品交换各不相同的特殊性质，也撇开了它们各自从属的不同的生产关系。（二）列宁对“资产阶级权利”理解的变化，一方面，明确地把按劳分配中的“资产阶级权利”同本来意义上的资产阶级权利加以区别；另一方面，又不像马克思那样，主要在等量劳动相交换原则所表现的形式上的平等的意义上来使用“资产阶级权利”的概念，而比较多地阐述“资产阶级权利所体现的事实上的不平等”的含义。（三）毛泽东对“资产阶级权利”的误解，主要表现在：把按劳分配中等量劳动交换原则体现的“资产阶级权利”，误解为似乎按劳分配本身就是带有资产阶级性质的权利；把消费资料的分配中存在的“资产阶级权利”，误解为几乎全部经济关系和社会关系中都存在“资产阶级权利”；把对于共产主义社会来说应当否定的按劳分配所体现的“资产阶级权利”，误解为是社会主义社会就应该破除的弊病。本文曾在中国中共党史学会举办的纪念中国共产党成立70周年党史优秀论文评奖活动中获一等奖，收入拙著《毛泽东的艰辛开拓》时加了文内标题。

在《哥达纲领批判》中最早提出来的。

1875年春天，德国工人运动中的两个派别——爱森纳赫和拉萨尔派计划合并为一个统一的政党。由于爱森纳赫领导人起草的统一党的纲领草案，在许多地方采纳了拉萨尔派的机会主义观点，马克思随即写了《对于德国工人党纲领的几点意见》(通称《哥达纲领批判》)，对纲领草案的错误进行了严厉批评。在这本书中，马克思在批判拉萨尔鼓吹的“不折不扣的劳动所得”、“公平的分配”、“平等的权利”等含混不清的空话时，谈到了未来社会的消费资料的分配原则。他指出，在共产主义第一阶段，不可能有对于消费品的完全公平的分配；对“社会一切成员”在消费品分配方面的“平等的权利”，则在任何时候都是不可能的。因为各个人(例如老人和小孩)的需要不可能“平等”。就消费资料在各个劳动者中间的分配而言，在共产主义第一阶段通行的是等量劳动相交换的原则，即“每一个生产者，在作了各项扣除以后，从社会领回的，正好是他给予社会的”，“一种形式的一定量劳动同另一种形式的同量劳动相交换”。马克思把这种等量劳动相交换的原则，叫做资产阶级式的“平等的权利”。他说：“这个平等的权利总还是被限制在一个资产阶级的框框里。生产者的权利是同他们提供的劳动成比例的”。① 当时，马克思还没有把共产主义第一阶段称为社会主义(列宁在《国家与革命》一书中开始把共产主义和社会主义明确区分，以后在全世界的马克思主义者中通用了)，也没有使用按劳分配这个词。但正是在这里第一次明确地提出了社会主义社会的按劳分配思想。

马克思为什么把按劳分配中的等量劳动相交换的原则，称为“资

① 《马克思恩格斯选集》第3卷，北京：人民出版社1995年版，第304页。

产阶级权利"呢？是不是他认为这个原则具有资产阶级的剥削属性呢？不是的。因为马克思设想的共产主义社会第一阶段，已经不存在商品生产、货币交换和阶级差别，既然这样，他所说的"资产阶级权利"也就不可能是资产者或其他剥削者的权利。马克思所以把按劳分配中的等量劳动交换原则称为"资产阶级权利"，是因为这个原则和资本主义商品的等价交换中的等量劳动决定等量价值的原则是同一个原则，它们都体现了交换双方的平等权利。就资本主义商品交换来说，一切商品所有者都适用同样的价值尺度，因此他们在价值尺度面前是平等的；就按劳分配来说，在劳动尺度面前，交换的双方也是平等的。正是在这个意义上，马克思认为，在共产主义社会第一阶段，等量劳动相交换的原则，性质改变了，但形式还存在。

当然，等量劳动相交换，并不是资本主义社会所特有的。它是商品交换的一般原则，是和商品同时出现的。到了资本主义社会，在资产阶级手里，这个原则发展到了顶点，成为普遍的原则，并且把劳动力也作为商品，因而掩盖了资产阶级对于劳动者的剩余价值的剥削。当劳动者把他的劳动力作为商品出卖的时候，在形式上同资本家是平等的交换关系。这个平等的原则虽然只存在于流通领域(在生产领域内是对于剩余劳动力的残酷剥削)，但资产阶级正是用这个原则所体现的商品所有者之间的平等权利，取代了封建制度中的等级特权，使平等权利成了资产阶级权利的标志。恩格斯说："权利的公平和平等，是十八、十九世纪的资产者打算在封建制的不公平、不平等和特权的废墟上建立他们的社会大厦的基石"①，这就是资产阶级为什么把自

① 《马克思恩格斯全集》第 21 卷，北京：人民出版社 1965 年版，第 210 页。

由、平等、博爱当作他们的政治口号的原因。到了社会主义社会，一方面，劳动力不再是商品；另方面，劳动还是交换的对象，还不能和报酬脱离关系，也就是说，劳动者从社会取得的报酬，原则上是同他的劳动成比例的，还不能不保留资本主义社会的形式上平等的等量劳动交换的关系。因此，马克思将社会主义的按劳分配同资本主义的商品交换加以比较时，便把按劳分配中等量劳动相交换的原则体现的平等权利，叫做“资产阶级权利”。这就深刻地揭示了所谓“平等的权利”的历史根源和历史局限，从本质上说明了它不是共产主义高级阶段的理想，不能作为共产主义高级阶段的纲领。

马克思还指出，按劳分配等量劳动的交换体现的“资产阶级权利”，包含着在劳动者中间存在的事实上的不平等。以劳动为共同尺度来分配消费资料这种“平等的权利”，对于不同的劳动者来说则是不平等的权利。它既默认了劳动者的不同等的工作能力，也默认了劳动者的不同等的家庭负担。劳动者体力强弱不同，智力高低不同，赡养人口不同，因而在劳动成果相同、从社会消费资料中领得的份额相同的情况下，这一个劳动者所得到的，事实上就会比另一个劳动者多些或少些，其生活水平就会比另一个劳动者高些或低些。因此，马克思讲，这种“平等的权利”，“像一切权利一样是一种不平等的权利”。这种事实上的不平等的权利，在社会主义社会是不可能避免的，也是不可能消除的。只有到了共产主义的高级阶段实现按需分配的时候，才能“完全超出资产阶级权利的狭隘眼界”。

应当指出的是，马克思在《哥达纲领批判》中，把按劳分配中的等量劳动相交换的原则，叫做“资产阶级权利”，完全是在抽象的意义上说的。它既撇开了社会主义按劳分配同资本主义商品交换各不相同的特殊性质，也撇开了它们各自从属的不同的生产关系。如果要用抽象的概念来分析具体事物，就必须回到被撇开了的现实的社会关系中来；也就是说，如果运用“资产阶级权利”这个抽象概念来分析按劳分配时，就必须重新回到社会主义生产关系的基础上来。只有这样，才能分清社会主义按劳分配和资本主义商品交换的本质区别。马克思使用“资产阶级权利”这个概念，既没有否认按劳分配的社会主义性质，也没有把社会主义按劳分配与资本主义商品交换混为一谈。

二、列宁对“资产阶级权利”理解的变化

列宁在《国家与革命》中，在向前发展马克思、恩格斯的科学社会主义理论的同时，对于“资产阶级权利”概念的理解开始发生了变化。一方面，他正确指出了资本主义社会本来意义上的资产阶级权利的内容，明确地把按劳分配中的“资产阶级权利”同本来意义上的资产阶级权利加以区别。他说：“‘资产阶级权利’承认生产资料是个人的私有财产。”列宁指出这一点，就说明了资本主义制度下的资产阶级权利，是以生产资料私人占有为基础的。在劳动力买卖平等的幌子下掩盖着对雇佣工人残酷剥削的权利。这是真正的资产阶级权利，本来意义上的资产阶级权利。与此不同，按劳分配中存在的“资产阶级权利”，则是以劳动者共同占有生产资料为基础的，在这里，人们除了自己的劳动，谁都不能提供其他任何东西。劳动者的权利只和他们提供的劳动成正比，多劳多得，少劳少得，不劳不得。这种所谓的“资产阶级权利”是对资本主义剥削制度的否定，与反映资本主义生产关系的本来意义上的资产阶级权利有着根本的区别。

另一方面，列宁又不像马克思那样，主要在等量劳动相交换原则所表现的形式上的平等的意义上来使用“资产阶级权利”的概念，而比较多地阐述“资产阶级权利所体现的事实上的不平等”的含义。在马克

思那里，“资产阶级权利”的特征包含着形式上的平等和事实上的不平等两个方面。马克思使用这个概念，侧重于说明它是形式上的平等这一面，因而，从等量劳动相交换的原则这一点来加以定义，并以此把它同封建特权这样彻头彻尾的、从形式到内容都是不平等的权利加以区别。列宁在《国家与革命》中的许多地方使用这个概念时，则主要论述了它是事实上的不平等这一方面。例如，他说，在社会主义社会，既然只能消灭私人占有生产资料这一不公平现象，而不能立即消灭按劳分配消费品这一不公平现象，这就表明“资产阶级权利”没有完全取消，只是部分的取消。就生产资料由个人的私有财产变为公有财产这一点来讲，“资产阶级权利”已不存在；就消费资料实行等量劳动交换原则来讲，在不同等的人身上体现的“‘资产阶级权利’的不平等”没有取消。在这里，列宁使用“资产阶级权利”的概念，其侧重点已与马克思的原意不同了。他没有更多地去强调“资产阶级权利”的形式上的平等这一面，而着意突出了“‘资产阶级权利’的不平等”这一面。

列宁还把“资产阶级权利”同国家问题联系在一起，提出社会主义国家是“没有资产阶级的资产阶级国家”的论断。他说：由于社会主义社会在经济上还不够“完全成熟”，没有完全摆脱资本主义的传统或痕迹，人们不可能立即学会不需要任何权利规范而为社会进行劳动，在消费品的分配方面，除了“资产阶级权利”以外没有其他规范，因而需要国家机构，一方面保卫生产资料公有制；另方面“保卫劳动的平等和产品分配的平等”，“保卫那个确认事实上的不平等的‘资产阶级权利’”。[①] 这就是说，要通过行政手段来强迫人们共同遵守“资产阶级权利”，以便维持这个社会的正常秩序。列宁的这个思想，一方面发

① 《列宁选集》第3卷，北京：人民出版社1995年版，第196页。

展了马克思的社会主义理论，指出了社会主义历史阶段，“国家”继续存在的历史必然性；另方面，又使“资产阶级权利”这个本来从纯经济的意义上提出的概念，具有了政治色彩。列宁还根据马克思的没有资产阶级的“资产阶级权利”的思想，提出了“没有资产阶级的资产阶级国家”的概念，并说：“和(半资产阶级的)法权一起，(半资产阶级的)国家也还不能完全消失”①。这里的“(半资产阶级的)权利”，无疑是对“资产阶级权利”的泛用。这样，就使这个在马克思那里本来有确定含义的概念变为不确定、不清晰，从而，使本来就比较复杂的理论问题变得更加费解。这个变化情况对毛泽东有较大的影响，他对“资产阶级权利”的解释比列宁离开马克思的原意更远得多了。

三、毛泽东对“资产阶级权利”的误解

毛泽东谈论“资产阶级权利”(他在世时翻译为“资产阶级法权”)，始于1958年“大跃进”和人民公社化运动兴起之时。“文化大革命”期间也讲了不少。从这两段时间比较集中的论述来看，他对“资产阶级权利”的看法是含混不清的，离开了马克思的原意的客观性，而把它变为可以任意取舍的主观的价值判断或政策措施。他对“资产阶级权利”的误解，主要表现在：

第一，把按劳分配中等量劳动交换原则体现的“资产阶级权利”，误解为似乎按劳分配本身就是带有资产阶级性质的权利，把马克思在特定的抽象意义上使用的、不反映资本主义生产关系的“资产阶级权利”同反映资本主义生产关系的本来意义上的资产阶级权利混为一谈，从而模糊了社会主义的分配制度同资本主义的分配制度的本质区别。

---

① 《马克思主义论国家》，北京：人民出版社1964年版，第33页。

例如，毛泽东在 1974 年 10 月 20 日会见丹麦首相保罗·哈特林时说：八级工资制，按劳分配，货币交换，这些跟旧社会没有多少差别。在 1975 年底到 1976 年初的一系列谈话，他又重申了这一观点，认为分等级，有八级工资，按劳分配，等价交换，跟旧社会差不多。在这里，毛泽东虽然也说了所不同的是所有制变更了之类的话，但是他却忽视了所有制的变化对分配关系性质会发生决定性影响，在一定程度上把社会主义的按劳分配，八级工资制混同于旧社会的分配制度。这是对“资产阶级权利”最明显的误解。“四人帮”正是利用了毛泽东的这种误解，大肆制造舆论，全盘否定按劳分配的社会主义性质，声称社会主义的按劳分配是资本主义因素，是在社会主义社会中产生资本主义和资产阶级的经济基础和条件。

毛泽东始终担心按劳分配带来的劳动报酬的差别，会导致贫富悬殊，两极分化，甚至产生特权阶层。这是把按劳分配的等量劳动交换原则所体现的正常的不平等，同在执行过程中对这个原则破坏所出现的不正常的不平等情况混淆了。因为按劳分配的本质是反对剥削的，实行不劳动者不得食的原则，是防止新的剥削阶级产生的重要条件之一。不仅如此，这个原则的强制性，还有助于把绝大多数的剥削者改造成为自食其力的劳动者。贯彻多劳多得的原则，能够激发广大劳动者积极地创造性地为社会劳动，努力提高劳动生产率，不断地扩大社会财富。因此，在消灭了资本主义剥削的基础上，真正的按劳分配产生的劳动报酬的差别，是劳动群众在共同富裕的发展道路上的差别。随着生产的发展和劳动者科学文化水平、劳动技能的普遍提高，这种差别最后逐渐缩小(当然，如马克思所正确指出的，在消费品分配上的人为的“完全平等”是不可能的，那只是平均主义者的幻想)。

坚持按劳分配原则不会造成新的阶级分化，并不是说，在社会主义社会中不可能通过别的渠道产生大量占有他人劳动的不法行为。譬如，投机诈骗，走私贩私，贪污盗窃，或者依仗权势侵吞集体的或他人的财产而成为暴发户，无一不是对于按劳分配原则的践踏和破坏。这就必须通过国家采取法律和行政手段来保卫按劳分配原则，堵塞破坏这个原则的各种渠道。

第二，把消费资料的分配中存在的“资产阶级权利”，误解为几乎全部经济关系和社会关系中都存在“资产阶级权利”。前面已经指出，马克思是在非常严格的意义上使用“资产阶级权利”的概念的。列宁也认为“资产阶级权利”只存在于分配领域之内，即“就产品‘按劳动’分配这一点说，‘资产阶级权利’仍然占着统治地位”。但是，毛泽东却把“资产阶级权利”的范围扩大到分配关系以外。1958 年，他曾列举过“资产阶级权利”在我们国家现实生活中的种种表现，除了列举薪金制、工资等级制、计件工资等属于分配关系的以外，还在人与人之间关系上列举了许多。例如，他说：等级森严，居高临下，脱离群众，以不平等态度待人，不是靠工作能力吃饭，而是靠资格，靠权力。在有的讲话中，又把三风五气(三风指官僚主义、宗派主义、主观主义，五气指官气、暮气、阔气、骄气、娇气)，猫鼠关系(不平等的上下级关系)，老爷态度，官僚主义，军衔制，等等，也说成是“资产阶级权利”。这就是说，凡是社会主义社会生活领域中存在的一切不平等现象甚至一切不合理现象，几乎都被认为是“资产阶级权利”。这样，他就误解了马克思所讲的等量劳动交换原则所体现的事实上的不平等的含义，把“资产阶级权利”的概念用滥了。

应当指出，社会主义社会的人与人的关系是一个十分重要的问题。由于剥削阶级思想和其他旧的传统习俗的影响，这方面确实存在一些必须纠正的不良现象。毛泽东敏锐地觉察到了这些现象，并指出它的危害，这是很值得重视的。但是他把这方面的问题一概地都说成“资产阶级权利”，这就把不同范围和性质的问题混淆了。

第三，把对于共产主义社会来说应当否定的按劳分配所体现的“资产阶级权利”，误解为是社会主义社会就应该破除的弊病。1958年秋天，毛泽东提出讨论“资产阶级权利”问题，就产生了要破除“资产阶级权利”的意向。他认为过去战争年代实行的供给制是先进的，具有共产主义性质。过供给制生活是马克思主义作风；而体现按劳分配的工资制有很大的弊病，在社会主义社会不是非要实行不可的制度。进城以后，改供给制为工资制是一个倒退，是向资产阶级让步。因而，一度主张废除工资制，恢复供给制。同年第一次郑州会议前夕，他的思想逐渐有所变化。在10月中旬的一次谈话中，开始提出了“对于资产阶级法权，应该采取逐步破的方针”。11月19日，在郑州会议上的一次讲话中，又将“资产阶级权利”分为两部分，认为属于人与人的关系方面的，要坚决破除，天天破除；对于工资制，要适当的保留，保留一些必要的差别，保留一部分多劳多得。11月23日，在武昌中央工作会议期间，他也说对于“资产阶级权利”要有分析，应破者破，有用者要保护，使一部分有用的为社会主义服务。把它打得体无完肤，会有一天，我们要陷于被动，要承认错误，要“向有用的资产阶级法权道歉”。在这里，他对“资产阶级权利”的分析，比最初企图全面破除“资产阶级权利”的思想虽然有了改变，但是把“资产阶级权利”区分为有用的，无用的；一部分保护，一部分破除，显然是违背社会主义社会发展的客观规律的。这些话表明，他把具有客观确定性的“资产阶级权利”，变成了有相当大的主观随意性的政策措施。

到了“文化大革命”期间，毛泽东又一再提出批判“资产阶级权利”的问题。他在1969年4月13日九大开会期间的一次谈话中说：你们抓几个工厂试试看，所有制没有解决。形式上解决了，形“左”实右，权实际上还在资产阶级手里，当然有共产党了，但是走资派搞物质刺激，利润挂帅，奖金挂帅，搞了管、卡、扣、罚，管是管工人阶级。我看所有制没有解决，至少是大部分，不讲全体的话。4月28日在九届一中全会上又说：我们这个基础不稳固，据我观察，不讲全体，也不讲绝大多数，恐怕是相当大的一个多数的工厂里头，领导权不在真正的马克思主义者、不在工厂群众手里。并且指出：领导工厂的党委书记、副书记，搞物质刺激，利润挂帅，奖金等等，是修正主义路线。在这里，毛泽东虽然没有直接使用“资产阶级权利”的说法，但是，这里所论及的问题，不仅被他视为“资产阶级权利”的重要内容（连劳动者的个人物质利益也被认为是“资产阶级权利”了），而且还把对待这类“资产阶级权利”的态度，看成了区别马克思主义还是修正主义，划分是不是“走资派”的一个重要标志。在他看来，既然所有制问题没有解决，许多单位的领导权实际上掌握在资产阶级手里，“走资派”大搞“物质刺激”、“奖金挂帅”等等“资产阶级权利”，从经济基础到上层建筑都存在资本主义的关系，那么发动“文化大革命”，开展夺权斗争，就成为十分必要的了。所以，他在分析了上述的情况之后，得出结论说：“看来，无产阶级文化大革命不搞是不行的。”1975年初，毛泽东发表关于理论问题的指示的主要内容，也是要批判“资产阶级权利”。尽管他表示过批判资产阶级法权不能过急这样的意思，但在他的心目中，“资产阶级权利”仍然被看成是社会主义社会应予消除的弊病。所谓要“在无产阶级专政下加以限制”的说法，正是这种思想的反映。因此，在他提出了“关于理论问题的指示”之后，在全国范围内掀起了批判“资产阶级权利”的高潮。1976年初，为了“反击”所谓“右倾翻案风”，他又指责老干部们的思想“还停止在资产阶级民主革命阶段，对社会主义革命不理解、有抵触，甚至反对”，“批资产阶级法权他们有反感”等等，不仅把对“资产阶级权利”的态度问题看成是由“民主派”转变为“走资派”的一个重要条件，而且再一次地从批判“资产阶级权利”这个方面，论证了“文化大革命”的必要性。

毛泽东对按劳分配中的“资产阶级权利”的误解，在理论上和实践上都造成了严重后果。从上述分析中，可以看到他对“资产阶级权利”的错误认识，怎样导致了他在经济上推行一系列“左”倾错误政策，并成为他在政治上发动“文化大革命”的一个思想的、理论的根源。

马克思在《哥达纲领批判》中早就讲过：“权利永远不能超出社会的经济结构以及由经济结构所制约的社会的文化发展。”在社会主义阶段，存在按劳分配这样的“资产阶级权利”（假如我们一定要继续使用这个普通人难以理解、马克思只在《哥达纲领批判》这一篇文章中使用过的概念的话），是和这个时期的生产力发展水平相适应的，这样的分配制度尽管还不是按个人需要来分配消费资料，还没有消灭劳动者之间存在的事实上的不平等现象，但是它消灭了几千年来人对人的剥削，同以往的私有制社会的分配制度相比较，是人类历史上分配制度的深刻革命。在社会主义社会不可能也不应当否定按劳分配这样的“资产阶级权利”。

当然，强调社会主义社会实行按劳分配的原则，并不意味着共产党人把按劳分配原则当成革命的最终目标，也不是要放弃对共产主义思想的宣传。中国共产党人是以实现共产主义为崇高理想，而不是为了换取社会给他个人的报酬。作为人类社会发展最高境界的共产主义制度，虽然要经过非常漫长的艰苦奋斗才能实现，但共产党人所进行的一切革命工作都是在共产主义思想指导下进行的，归根结底，是伟大的共产主义运动的一部分。对于共产党员和先进分子来说，提倡共产主义劳动态度，发扬共产主义精神，既是共产主义事业所要求的，也是实行按劳分配原则不可缺少的。因为按劳分配原则也是共产主义思想体系的一部分，只有站在共产主义思想的高度，才能深刻理解和正确地执行按劳分配的政策。这两者并行不悖、相辅相成，既都是为了实现共产主义高级阶段的理想，又都是为了更好地建设共产主义的低级阶段——社会主义社会。因此，一方面要理直气壮地宣传共产主义思想；另一方面，又要坚定不移地执行按劳分配政策，保证社会主义现代化建设沿着正确方向前进。

毛泽东的“三论”：中国特色社会主义理论的重要哲学基础[①]

胡锦涛最近发表的讲话再次突出中国特色社会主义这个主题，号召全党必须毫不动摇地坚持和发展中国特色社会主义。这对于在新的历史起点上，开创中国特色社会主义事业新局面具有十分重要的指导意义。我们学会在这里纪念《实践论》《矛盾论》发表70周年和《关于正确处理人民内部矛盾的问题》发表50周年之际，我想就这“三论”与中国特色社会主义理论的哲学关系谈点看法。

一、毛泽东的“三论”与中国特色社会主义理论

在中国共产党80多年波澜壮阔的历史上实现了马克思主义与中国实践相结合的两次历史性飞跃。从实践层面言，

① 为纪念毛泽东的《实践论》《矛盾论》发表70周年和《关于正确处理人民内部矛盾的问题》发表50周年，2007年8月21日至24日，全国毛泽东哲学思想研究会和山东省委党校、山东大学马克思主义学院联合召开第14届全国毛泽东哲学思想学术研讨会。这是作者在会上的主题报告，发表于《湘潭大学学报》2007年第5期。

这就是探索到了两条中国特色的成功道路，一是中国特色的新民主主义革命道路，二是中国特色的社会主义道路。从理论层面言，反映在党的指导思想上是形成毛泽东思想、邓小平理论和“三个代表”重要思想三大理论成果。对于后者，如果从理论与实践的对应关系言，这三大理论成果也可以做另一种概括：即一是作为中国特色新民主主义革命道路的理论——新民主主义理论；二是作为中国特色的社会主义道路的理论——中国特色社会主义理论。这种概括的优点是：讲“新民主主义理论”，鲜明地突出了毛泽东思想的核心理论；讲“中国特色社会主义理论”，十分简捷地说明了改革开放近30年来的一个又一个的理论体系创新。能否做这样的概括呢？我以为是可以的，这在我的其他文章中已有论述。

其理由简单地说：一是从逻辑上讲，既然党领导全国人民进行改革开放的实践可以统称为探索中国特色社会主义的道路，那么作为反映这条道路经验的理论成果当然可以统称为中国特色社会主义理论，这应当是不言而喻的。二是从理论概括的渊源上讲，十三大在首次概括我们党实现的两次历史性飞跃时，对探索出“建设有中国特色的社会主义道路”在理论上的概括，已使用了“建设有中国特色的社会主义理论”概念。尽管十四大和十五大是将此概括用来说明邓小平理论的，但在那时这两者是等值的。三是从近30年来一个又一个伟大理论成果的关系看，邓小平理论是中国特色社会主义理论的原创理论，此后的一个个新的理论都是对它的继承和发展，即它的衍生态。它们是本源理论和派生理论的关系。既然如此，完全可以用“中国特色社会主义理论”一言以蔽之。四是从中国特色社会主义事业的发展看，实践的发展和创新没有止境，理论的发展和创新也会没有止境。作为阶段性成果可以是一个又一个的具体理论形态，用这样那样的称谓都可以，但作为中国特色社会主义实践创新的总的理论成果，则可以用“中国特色社会主义理论”来称谓。五是胡锦涛“6·25讲话”也开宗明义地突出了“中国特色社会主义理论”这个主题，强调“我们必须始终不渝地坚持以邓小平理论和‘三个代表’重要思想为指导，深入贯彻落实科学发展观，毫不动摇地坚持和发展中国特色社会主义。”

既然改革开放近30年来的理论可以统称为“中国特色社会主义理论”，那么它的哲学基础是什么呢？一般地说，是马克思主义哲学，即辩证唯物主义和历史唯物主义；特殊地说，是以毛泽东的《实践论》《矛盾论》和《正处论》(即《关于正确处理人民内部矛盾的问题》，我将它简称为此名)三论为代表的哲学理论——毛泽东哲学思想。将辩证唯物主义和历史唯物主义，视为中国特色社会主义理论的哲学基础，不会有任何疑义。因为中国共产党的初始指导思想就是马克思主义。作为其核心组成部分的马克思主义哲学，自然成为中国共产党指导思想的哲学基础。

为什么说以毛泽东的《实践论》《矛盾论》和《正处论》(以下简称“三论”)为代表的哲学理论——毛泽东哲学思想，也是中国特色社会主义理论的哲学基础呢？我在近10年前曾对邓小平哲学与毛泽东哲学的关系讲了一个观点：毛泽东对马克思主义哲学的创造性发展，使中国共产党有了自己的哲学理论体系，毛泽东哲学思想是马克思主义哲学在中国发展的主要载体。改革开放以来的邓小平，虽然也有自己的哲学思想，但他所用的哲学基本概念、范畴来自毛泽东；分析问题的哲学思路与毛泽东一脉相承；其哲学思想的基本结构和主要方面，没有超出毛泽东哲学思想的大框架。事实上，就连我们现在普遍使用的“中国特色社会主义”这个科学称谓的初始表达方式，也是毛泽东式的——“把马克思主义的普遍真理同我国的具体实际结合起来，走自己的道路，建设有中国特色的社会主义”；我们要坚持马克思主义，走社会主义道路，“但是，马克思主义必须是同中国实际相结合的马克思主义，社会主义必须是切合中国实际的有中国特色的社会主义”。[①] 就此而言，在哲学理论上，邓小平哲学与毛泽东哲学同属于马克思主义哲学在中国发展主要载体的毛泽东哲学思想体系。所以会如此，是因为当代中国历史发展提出的主要任务，不是去创造一个有别于毛泽东哲学思想的新的哲学体系，而是要用毛泽东哲学思想的基本理论、原则、方法来解决在中国怎样建设社会主义的问题，总结历史曲折发展的经验教训来重新认识什么是社会主义的问题。如邓小平本人所言：“从许多方面来说，现在我们还是把毛泽东同志已经提出、但是没有做的事情做起来，把他反对错了的改正过来，把他没有做好的事情做好。今后相当长的时期，还是做这件事。”[②]邓小平的这个说法，就对中国特色社会主义的实践发展来讲，现在的实践已经远远超出当初讲这个问题时的情况；但是，若从中国马克思主义哲学理论的实际情况看，它却仍然适用。据此，我认为在哲学理论上，邓小平哲学还属于毛泽东哲学思想体系。

基于这个认识，在去年8月的毛泽东哲学思想研讨会上，我又提出一个看法：不仅邓小平的哲学思想(延伸而言，邓小平理论的哲学基础)，从根本上说属于毛泽东哲学思想体系，而且邓小平后的其他领导人的哲学思想(实际上可作同样延伸，“三个代表”重要思想等理论的哲学基础)，也属于毛泽东哲学思想体系。这就是说，毛泽东哲学思想是当代中国共产党人的一个又一个指导思想的哲学理论基础。

---

① 《邓小平文选》第3卷，北京：人民出版社1993年版，第3、63页。

② 《邓小平文选》第2卷，北京：人民出版社1994年版，第300页。

这个论断，乍听起来，不易理解，稍许一想，逻辑使然，无甚奇怪。因为作为中国特色社会主义理论的本源理论——邓小平理论，都以毛泽东哲学思想体系为其哲学基础，而后邓小平理论作为其衍生理论，自然应以毛泽东哲学思想体系为其哲学基础了。在那次会上，为了释惑，我还说明了这样讲与党的指导思想的提法的不对称关系。我说：这是两个问题，不能混为一谈。党的指导思想是政治理论，许多具体结论会与时俱进、不断更新。而哲学作为研究世界根本规律的科学会比较稳定。马克思主义哲学作为科学的世界观和方法论，具有很高的概括性和很大的普遍性，也会比较稳定。毛泽东哲学思想作为马克思主义哲学中国化的主要载体，是认识和改造中国的科学的世界观和方法论(尽管毛泽东哲学内有偏颇的某些观点，但在总体上不失为科学的哲学理论)，是根据中国革命经验对最基本的哲学规律的阐发，其“管用”的历史跨度时间会长些，比毛泽东的许多政治理论要稳定得多，不会在短时间丧失其真理性。这里无须有对应关系。不能因为党的指导思想的不断增加，就去生硬地“制造”出与之相对应的哲学理论体系。

讲毛泽东哲学思想为什么要突出《实践论》《矛盾论》和《正处论》三本著作呢？熟悉毛泽东著作的人们都知道，毛泽东的著作很多，比较能反映其哲学思想的著作也不少，但专讲哲学理论的成熟的著作并不很多。这里，首推《实践论》《矛盾论》。也许有同志说，在革命战争年代，还有《反对本本主义》《中国革命战争的战略问题》《论持久战》等。我以为，《反对本本主义》的哲学思想，在《实践论》中可以包括；至于后两篇，则更多地可看作军事哲学著作，还不属于讲哲学理论的著作。在社会主义时期，应首推《正处论》，尽管它的主题是正确处理人民内部矛盾问题，它不算纯哲学著作，但它对这个主题的阐发是从哲学上讲人类社会的基本矛盾和社会主义社会的基本矛盾来立论的，也可以说讲哲学理论的矛盾问题是它的纲，因而它被称之为社会主义的矛盾论著作。就此而言，当然可将其视为毛泽东哲学思想的代表作之一。为什么不列入《论十大关系》呢？这也是讲社会主义矛盾问题的，但其哲学理论的阐发相对地少些，没有达到《正处论》的哲学高度。至于《在扩大的中央工作会议上的讲话》，其中有讲哲学的内容，但它既非从哲学上来立论，也没有超越《正处论》的哲学高度。《人的正确思想是从哪里来的？》虽算哲学著作，但是个讲认识论的短篇，可由《实践论》作代表。人们还可论列其他一些著作，但从哲学上说，都不可能超过《实践论》《矛盾论》和《正处论》。这“三论”是毛泽东的最重量级的哲学著作。再则，今年又是毛泽东写作《实践论》《矛盾论》70周年，发表《正处论》50周年。故讲毛泽东哲学思想以《实践论》《矛盾论》和《正处论》为代表，本文也以这“三论”来命题。

我国的哲学界正在重构马克思主义哲学理论体系，各种方案精彩纷呈。不管最后优选哪个方案，但认识论、辩证法和唯物史观这三大板块的思想内容是少不了的，尽管不以传统的三大板块的形式出现。因此，这里还是按照传统的三大板块来讲毛泽东的“三论”与中国特色社会主义理论的哲学关系。

二、毛泽东的实践认识论：中国特色社会主义理论的“开山斧”

中国乒乓球队常胜不衰，获得难以计数的世界冠军的取胜之道不少，其中一个重要秘诀：狠打前三板，即“三板斧”。十一届三中全会以后，打开中国特色社会主义之门也有“三板斧”。这就是用毛泽东的实践认识论，进行思想路线、政治路线和经济发展方针的三大拨乱反正，实现了由“两个凡是”到实事求是的转变、由以阶级斗争为纲到以经济建设为中心的转变和由僵化封闭到改革开放的转变。在三大转变过程中，创立社会主义初级阶段理论，明确了党在社会主义初级阶段的基本路线，由此探索出中国特色的社会主义道路，开创了中国特色社会主义事业新局面。在我看来，中国特色的社会主义道路的开辟，犹如新的愚公移山，因此，将这“三板斧”定名为“开山斧”。

近30年来，党是怎样用毛泽东的实践认识论作为中国特色社会主义理论的“开山斧”去披荆斩棘，开辟中国特色的社会主义道路的呢?

(一)思想路线的拨乱反正和党的马克思主义思想路线内涵的丰富

“文化大革命”10年浩劫。粉碎“四人帮”后全国人民欢欣鼓舞，迫切要求对包括天安门事件在内的冤假错案平反，让被打倒的邓小平出来工作。但是，这些要求被当时的主要领导以“两个凡是”的指导方针——“凡是毛主席作出的决策，我们都坚决维护，凡是毛主席的指示，我们都始终不渝地遵循”，没有立马解决。是继续“两个凡是”，还是坚持实事求是?这就出现了关于实践是真理标准的大讨论。本来这是毛泽东在《实践论》中已阐明了的问题。在延安整风期间，“实事求是”事实上已被确立为党的思想路线。1963年11月，毛泽东在修改一篇文章时还亲笔加写了“社会实践是检验真理的唯一标准”①一语，对马克思主义认识论的基本观点作了最明确的表述。但是，随着指导思想“左”的错误的发展，“文化大革命”期间制造的个人崇拜达到极致，致使人们思想混乱、是非错位。

① 《对五评苏共中央公开改稿的批语和修改》，《建国以来毛泽东文稿》第10册，北京：中央文献出版社1996年版，第414页。

怎样来纠正这样的错误？还是要用毛泽东的实践论来拨乱反正，正本清源。邓小平坚决主张以实践作为检验真理的唯一标准。他多次表示：要“准确的完整的”对待毛泽东思想；“两个凡是”不行。他在1978年6月全军政治工作会议上讲话指出：我们有一些同志天天讲毛泽东思想，却往往忘记、抛弃甚至反对毛泽东同志的实事求是、一切从实际出发、理论与实践相结合的这样一个马克思主义的根本观点，根本方法。不但如此，有的人还认为谁要是坚持实事求是，从实际出发，理论和实践相结合，谁就是犯了弥天大罪。这涉及怎么看待马列主义、毛泽东思想的问题。“我们一定要肃清林彪、‘四人帮’的流毒，拨乱反正，打破精神枷锁，使我们的思想来个大解放”。① 随后在被视为十一届三中全会的主题报告中，他还指出：“一个党，一个国家，一个民族，如果一切从本本出发，思想僵化，迷信盛行，那它就不能前进，它的生机就停止了，就要亡党亡国。”“只有解放思想，坚持实事求是，一切从实际出发，理论联系实际，我们的社会主义现代化建设才能顺利进行”。② 十一届三中全会批判“两个凡是”的错误方针，高度评价真理标准问题讨论，重新明确了马克思主义的思想路线。在1980年2月的十一届五中全会上，邓小平对党的思想路线作了精辟的表述。他说：“三中全会确立了，准确地说是重申了党的马克思主义的思想路线。马克思、恩格斯创立了辩证唯物主义和历史唯物主义的思想路线，毛泽东同志用中国语言概括为‘实事求是’四个大字。实事求是，一切从实际出发，理论联系实际，坚持实践是检验真理的标准，这就是我们党的思想路线。”③

---

① 《邓小平文选》第2卷，北京：人民出版社1994年版，第119页。
② 《邓小平文选》第2卷，北京：人民出版社1994年版，第143页。
③ 《邓小平文选》第2卷，北京：人民出版社1994年版，第278页。

邓小平在用毛泽东的实践认识论恢复马克思主义思想路线的同时，还丰富和发展了马克思主义思想路线的内涵。这主要表现为两个方面。

一是提升了“实事求是”思想在马克思主义理论和毛泽东思想中的地位。他从三个层面论述了这个问题。(1)从毛泽东哲学思想层面，提出实事求是是毛泽东哲学思想的精髓。(2)从毛泽东思想层面，指出实事求是是毛泽东思想的精髓，是毛泽东思想的出发点、根本点；毛泽东所以伟大，“能把中国革命引导到胜利，归根到底，就是靠这个”。① (3)从马克思主义理论层面，认为实事求是是无产阶级世界观的基础和马克思主义的思想基础，因而是“马克思主义的精髓。要提倡这个，不要提倡本本”。② 邓小平将马克思主义、毛泽东思想、毛泽东哲学思想的精髓，统统归结为“实事求是”，从而将“实事求是”提升到过去从未有过的高度。他这样看重“实事求是”，并在“南方谈话”中说：“我读的书并不多，就是一条，相信毛主席讲的实事求是。过去我们打仗靠这个，现在搞建设、搞改革也靠这个。”③这又从一个侧面说明，邓小平没有去创造一个有别于毛泽东哲学思想的新的哲学体系，他的哲学思想仍属于毛泽东哲学思想体系。

二是将解放思想与实事求是联在一起，丰富了党的马克思主义思想路线的内涵。解放思想、实事求是这两个概念，原本都是毛泽东提出的，但却没有把两者联在一起，对解放思想也没有进行科学定义。邓小平针对“两个凡是”造成的思想禁锢，面对世界发生的巨大变化和

① 《邓小平文选》第2卷，北京：人民出版社1994年版，第126页。

② 《邓小平文选》第3卷，北京：人民出版社1994年版，第382页。

③ 《邓小平文选》第3卷，北京：人民出版社1994年版，第382页。

我们国家进入新时期面临的新情况新任务，十分强调解放思想，勇于探索，勇于创新。他为十一届三中全会作的那个主题报告的题目就是《解放思想，实事求是，团结一致向前看》。在前面提到的十一届五中全会讲话中，他界定解放思想说："什么叫解放思想？我们讲解放思想，是指在马克思主义指导下打破习惯势力和主观偏见的束缚，研究新情况，解决新问题。"①随后，在一些讲话中，他进一步指出："解放思想，就是使思想和实际相符合，使主观和客观相符合，就是实事求是。今后，在一切工作中要真正坚持实事求是，就必须继续解放思想。"②"我们党的十一届三中全会的基本精神是解放思想，独立思考，从自己的实际出发来制定政策。因为在中国建设社会主义这样的事，马克思的本本上找不出来，列宁的本本上也找不出来，每个国家都有自己的情况，各自的经历也不同，所以要独立思考。"③这样，邓小平对解放思想的界定，与实事求是统一起来了。这就是说，他将解放思想作为实事求是的动态表现形式来认识，说明它们不是两个东西，而是同一个认识过程的不同视角。根据邓小平对解放思想与实事求是关系的论述，十四大报告讲到党在新时期的思想路线的内涵指出：十一届三中全会"重新确立了解放思想、实事求是的思想路线"。这个表述丰富了党的马克思主义思想路线的内涵。

以江泽民为核心的中央领导，面对时代环境的快速变化，一方面，更强调"与时俱进"；另一方面，对思想路线的表述还是坚持毛泽东讲的核心内容。2002 年 4 月，江泽民指出：解放思想、实事求是，

---

① 《邓小平文选》第 2 卷，北京：人民出版社 1994 年版，第 279 页。
② 《邓小平文选》第 2 卷，北京：人民出版社 1994 年版，第 364 页。
③ 《邓小平文选》第 3 卷，北京：人民出版社 1994 年版，第 260 页。

与时俱进、开拓创新，是马克思主义的活的灵魂，也是我们认识新事物、适应新形势、完成新任务的根本思想武器。随后的十六大报告也说：“坚持党的思想路线，解放思想、实事求是、与时俱进，是我们党坚持先进性和增强创造力的决定性因素。”①但是，十六大通过的《党章》，在讲党的建设必须坚持的四项基本要求时却是这样表述的：“第二，坚持解放思想，实事求是，与时俱进。党的思想路线是一切从实际出发，理论联系实际，实事求是，在实践中检验真理和发展真理。”这段文字，虽在标题上加了“与时俱进”一语，但讲“党的思想路线”内容时仍是十二大党章的表述，一个字没有改。此前三次党代会修改的党章也是这样。这种处理方式，在我看来，一是要使党章保持相对的稳定性；二是在阐发思想路线时可丰富它的内涵。这是原则性和灵活性相结合的体现，也说明实践论思想仍是中国特色社会主义理论的哲学基础。

(二)政治路线的拨乱反正与社会主义初级阶段理论的创立和丰富

正确认识国情，这是党的实事求是的思想路线的基本要求，也是制定党的政治路线和方针政策的根本基础。但在上个世纪的50年代中期以后的20年间，党不断犯“左”的错误，一个重要的认识论根源就在于对基本国情作了错误判断，对我国社会发展所处的历史方位缺乏正确把握。如邓小平指出的：“从一九五七年下半年开始，我们就犯了‘左’的错误。总的来说，就是对外封闭，对内以阶级斗争为纲，忽视发展生产力，制定的政策超越了社会主义的初级阶段。”②

---

① 《中国共产党第十六次全国代表大会文件汇编》，北京：人民出版社2002年版，第12页。

② 《邓小平文选》第3卷，北京：人民出版社1993年版，第269页。

随着思想路线的拨乱反正，十一届三中全会直面国家的政治动荡、经济滞后的现实状况，还是坚持毛泽东的实践认识论，决定停止使用“以阶级斗争为纲”的口号，作出工作重点转移的决策，以经济建设为中心，集中力量发展社会生产力，从而实现了政治路线最根本的拨乱反正。随着对我国社会主义和苏联、东欧社会主义国家曲折发展经验教训的进一步反思，以邓小平为核心的中央领导又从社会性质和社会发展阶段两个方面，作出了我国处于社会主义发展初级阶段的科学判断。邓小平讲：现在虽说我们也在搞社会主义，但事实上不够格。这是不发达的阶段。“一切都要从这个实际出发，根据这个实际来制订规划。”①十三大阐发邓小平的思想，对我国国情进行全面、深刻的分析，提出了社会主义初级阶段理论。所谓“社会主义初级阶段”，即这个阶段的社会主义不是马克思、恩格斯设想的原本意义上的社会主义形态，而是立足于我国已建立社会主义基本制度之后的实际情况提出的一个特殊阶段。如十三大指出的：这是特指我国在生产力落后商品经济不发达条件下建设社会主义必然要经历的特定阶段，要去实现别的许多国家在资本主义条件下实现的工业化和生产的商品化、社会化、现代化任务。这个阶段至少需要上百年时间。这是一个逐步摆脱贫穷和落后，由农业国变工业国，建立和发展充满活力的社会主义经济、政治、文化体制，初步实现中华民族伟大复兴的阶段。据此，十三大明确概括和展开论述了党在社会主义初级阶段的基本路线。这就是以经济建设为中心，坚持四项基本原则，坚持改革开放两个基本点，为把我国建设成为富强、民主、文明的社会主义现代化国家而奋斗。

---

① 《邓小平文选》第 3 卷，北京：人民出版社 1993 年版，第 252 页。

10年之后，党的十五大在进一步总结新中国成立近半个世纪建设社会主义的历史经验，特别是近20年改革开放和社会主义现代化建设的成功经验的基础上，面对改革攻坚和开创新局面的艰巨任务，认为必须对我们国家所处的基本国情要有统一认识和准确把握，因而要强化对社会主义初级阶段的认识，丰富社会主义初级阶段理论。十五大讲社会主义初级阶段，仍然遵循的是毛泽东的“从实际出发”的实践认识论。报告指出：我们讲一切从实际出发，最大的实际就是中国现在处于并将长期处于社会主义初级阶段。要在这个阶段去“实现工业化和经济的社会化、市场化、现代化”任务。据此，十五大对社会主义初级阶段的内涵作了新的界定，论述了这个阶段的总体特征，以及物质文明、精神文明和制度文明发展的特征，丰富了这个理论的内容。为了正确把握和全面贯彻党在现阶段的基本路线，十五大还依照毛泽东讲新民主主义论的思路，论述了什么是社会主义初级阶段有中国特色社会主义的经济、政治和文化，怎样建设这样的经济、政治和文化，提出了党在社会主义初级阶段的基本纲领，进一步丰富了党的基本路线内容。

2007年2月，温家宝发表《关于社会主义初级阶段的历史任务和我国对外政策的几个问题》，讲社会主义初级阶段的长期性与两大任务和两大改革，也是从深刻认识国情和我国所处的历史阶段出发来立论的，指出：这是我们党提出科学理论和制定正确路线方针政策的基本依据，也是做好各项工作的重要前提。这也说明毛泽东的实践认识论是当今中国特色社会主义理论的哲学基础。

(三)经济建设指导方针的拨乱反正与改革开放的全面展开

党的十一届三中全会在进行思想路线和政治路线拨乱反正的同时，作出实行改革的新决策，开始了从僵化半僵化到全面改革、从封闭半封闭到对外开放的历史性转变。这是经济建设指导方针的拨乱反正。

怎样改革开放？没有现成的经验，邓小平的指导思想，就是所谓"猫论"和"摸论"。所谓"猫论"，是他在1962年7月讲农村怎样克服由于"天灾"、"人祸"造成的严重经济困难时说的。针对一些地方提出能否实行包产到户，他表示：哪种形式在哪个地方比较容易比较快地恢复和发展农业生产，就采取哪种形式；群众愿意采取哪种形式，就应该采取哪种形式，不合法的使它合法起来。他引用了刘伯承常讲的话——"黄猫、黑猫，只要捉住老鼠就是好猫"。此后，这就被看成邓小平的"猫论"，在他被打倒的那段时间曾作为错误观点遭到批判。拨乱反正后，"猫论"不仅被恢复名誉，而且成为改革开放的一个事实上的指导思想。所谓"摸论"，是邓小平、陈云都讲过的"摸着石头过河"。① 这个思想被国务院写进了正式文件。1981年10月，国务院在批转国家经委、国务院体制改革办公室《关于实行工业生产经济责任制若干问题的意见》的通知中说："实行经济责任制，目前还处在探索阶段，各地区、各部门要加强领导，要摸着石头过河，水深水浅还不很清楚，要走一步看一步，两只脚搞得平衡一点，走错了收回来重走，不要摔到水里去。这样才能使经济责任制健康地向前发展。"②

在我看来，"猫论"和"摸论"实际上都是实践认识论的具体运用，

---

① 邓小平早在1951年9月初对进军西藏的第18军领导布置进藏工作时，指示说：西藏工作的基本方针是，应该紧紧抓住一个"稳"字。一切问题的处理必须稳步前进。就是说，要摸着石头过河，不要事事都想一下搞出伟大的成绩来。参见中共西藏自治区委员会党史研究室编著《中国共产党西藏历史大事记》第1卷，北京：中共党史出版社2005年版，第48页。

② 转引自中共中央文献研究室编：《陈云传》下卷，北京：中央文献出版社2005年版，第1636页。

没有什么错。这里讲的是从实际出发，在实践中摸索，是“很朴实的真理”。这与什么“实用主义”、“不要理论指导”之类不沾边。所以，邓小平表示，讲他有“猫论”，他不收回。陈云也说：“有人在报上批评‘摸着石头过河’这句话，但没有讲出道理来。‘九溪十八涧’，总得摸着石头过。‘摸着石头过河’这句话，我没有放弃。”①

十一届三中全会以来的改革开放，实际上就是这样依据实践论一步一步走过来的。先在农村允许农民实行包产到户，后来加以完善，普遍定型为家庭联产承包责任制。邓小平说得好：从中国的实际出发，首先解决农村问题，中国有百分之八十的人口住在农村。我们首先在农村实行搞活经济和开放政策，总的说就是搞责任制，给农民自主权，给基层自主权，他们的积极性就调动起来了，农村的面貌就改变了。“农村搞家庭联产承包，这个发明权是农民的。农村改革中的好多东西，都是基层创造出来，我们把它拿来加工提高作为全国的指导。”“农村改革的成功增加了我们的信心，我们把农村改革的经验运用到城市，进行以城市为重点的全面经济体制改革。”②如果说“摸论”，邓小平的这番话不就是典型的“摸论”——实践论的思想方法吗?!

再看对外开放，也是这样一曲“摸论”加“猫论”的变奏交响乐。怎么对外开放，打开由于各种原因造成的与外界隔绝、孤立状态？在拨乱反正、转变观念之后，那就是迅速走出国门，睁眼看世界，学习和借鉴各种不同国家的经济建设经验。仅 1978 年这一年的领导人出访，

---

① 《陈云传》下卷，北京：中央文献出版社 2005 年版，第 1789 页。

② 《邓小平文选》第 3 卷，北京：人民出版社 1993 年版，第 382 页，第 238～239 页。

属于副总理和副委员长以上的中央领导，就有 13 位、21 次率团，到 51 个国家出访。其中邓小平本人先后 4 次出访 8 个国家。邓小平到了日本，感到开了眼界，坐了新干线，一个“快”字了得，更加坚定了对外开放、学习人家先进经验、加速发展自己的思想。他对出访西欧的领导人交代说：详细地作一番调查研究，看看人家的现代工业发展到什么水平了，也看看他们的经济工作是怎么管的，资本主义的先进经验，我们应当把它学回来。① 这一年，我国同西方发达国家签订了 22 个成套引进项目的合同，包括上海宝山钢铁厂成套设备的引进。也正是在这一年大量组团到国外和港澳地区考察的启发下，广东省的党政领导在 1979 年向中央提出了在深圳、珠海、汕头试办出口特区的建议。邓小平听完汇报后表示：在你们广东划一块地出来，办一个特区，过去陕甘宁就是特区嘛，中央没有钱，你们自己去搞，杀出一条血路来！1980 年 5 月，中央决定在深圳、珠海、汕头和厦门四市试办经济特区。随后，中央不断加快对外开放的步伐。到上个世纪 90 年代，在全国范围内形成了“经济特区——沿海开放城市——沿海经济开发区——沿海和内陆开放城市——沿边开放城市”的全方位、多层次、宽领域的对外开放格局；在幅员辽阔的神州大地，一个辐射东、西、南、北、中的立体开放网络体系逐渐形成。随着“引进来”和“走出去”相结合的开放战略的实施，我国的开放型经济迅速发展，对外开放水平全面提升。曾几何时，一个闭关自守的贸易弱国，只经过 20 多年的努力，一跃跨越成为名列世界前茅的贸易大国。

这个巨大的变化，从哲学的指导思想而言，可以说就是曾被讥讽

① 参见中共中央文献研究室、中央电视台：《大型电视文献纪录片〈邓小平〉解说词》，北京：中央文献出版社 1997 年版，第 191 页。

为“摸论”和“猫论”，——实则是当代中国共产党人创造性地运用毛泽东的实践论的丰硕成果。

三、毛泽东的矛盾分析法：中国特色社会主义理论的“解剖刀”

前已交代，认识论、辩证法和唯物史观，乃传统的马克思主义哲学三大板块，也是毛泽东哲学思想的三大板块。这里按照“三大板块”分别论述毛泽东哲学思想怎样成为中国特色社会主义理论的哲学基础，并不是说被分别而论的那些中国特色社会主义理论内容，只能以这一“板块”而不能以那一“板块”来说明。那“三大板块”的每一“板块”都能说明中国特色社会主义理论的这个或那个内容。这里分别而论，只是为了将毛泽东哲学思想怎样成为中国特色社会主义理论的哲学基础这一问题说得更全面，更便于展现“三大板块”的各自特殊功能而已。

马克思主义唯物辩证法，按照传统说法是三大规律加一系列范畴。毛泽东哲学思想对马克思主义唯物辩证法的发展是全面的，但其最突出的贡献是在《矛盾论》等论著中，深刻地论述了作为唯物辩证法核心的对立统一规律，提出了对于客观事物进行研究的矛盾论系统，创立了独特的矛盾分析方法。毛泽东本人非常看重这个方法。他在1941年10月作思想方法问题报告时强调：对一切都要加以分析，这是一切工作的出发点。矛盾和统一，分析和综合，这叫做方法论，也叫做辩证法。我们的同志在观察与处理问题时，常常只看到一面，而把其他多方面丢掉。要反对主观主义，提倡唯物主义，从客观的物质条件出发，看现实的各方面，就不能只把一面当全面，而必须找出矛盾的对立，这就叫分析。在1943年10月的讲话中，他再次强调：马列主义的方法，基本的是分析的方法。改革开放以来，以邓小平为代表的中国共产党人创立的中国特色社会主义理论，正是创造性地运用毛泽东的矛盾分析法的巨大成果。

为什么说毛泽东的矛盾分析法是中国特色社会主义理论的"解剖刀"呢？这是因为矛盾分析法的一个基本特性，就是研究对立的事物怎样能够同一，又在怎样的条件之下互相转化，成为同一。简单地说，它既要一分为二、一分为三、一分为多；同时又能合二为一、合三为一、合多为一。"解剖刀"，就干这种分析、解剖和综合、统一之事。所以，以矛盾分析法为中国特色社会主义理论的"解剖刀"名之。这里，着重以中国特色社会主义的三个具体理论是怎样被创立的来加以说明。

(一)对资本主义市场经济加以"解剖"，创立社会主义市场经济论

毛泽东十分欣赏邓小平，一个重要原因是认为邓小平讲辩证法，思想方法正确。邓小平早在抗日战争时期就提出"要照辩证法办事"。以后，他经常强调这个说法。毛泽东对这句话非常赞赏，多次在党内加以倡导。在 1957 年 1 月的省市委书记会议上，毛泽东讲话结束时说："总之，要照辩证法办事。这是邓小平同志讲的。我看，全党要学习辩证法，提倡照辩证法办事。"①十一届三中全会以后，邓小平作为我们国家改革开放和社会主义现代化建设的总设计师，创造性地运用辩证法，披荆斩棘，开辟中国特色社会主义道路，提出一个又一个理论观点，丰富和发展了马克思主义。其中最具特色的首推社会主义市场经济理论。

长期以来，市场经济被天然地看成是资本主义的东西，社会主义

① 《毛泽东选集》第 5 卷，北京：人民出版社 1977 年版，第 361～362 页。

只能实行计划经济。但是随着社会主义的发展，计划经济的“利”日益萎缩，“弊”越来越凸显。相反，资本主义在经历一次又一次危机之后，市场经济机制配置资源的积极作用愈益显现。这不断引起一些有识之士的反思，试图对社会主义经济体制进行改革，都未获成功。在我们国家，有的经济学家也有过这方面的设想，但是在“左”的思想的禁锢下，被视为“异端”，不断地作为资产阶级自由化思想加以批判。因此，在相当长时间，“市场经济”四字是不能作为褒词见诸于报端的。

邓小平的伟大正在这里。他从十一届三中全会以后就在默默地思索和探讨这个问题。经济学界对社会主义能否实行市场经济这个问题一直有激烈争论，他很关注这些争论，广泛了解国内外的政治经济信息，不断地从世界眼光和战略高度来提出问题。自上个世纪80年代中期始，他一再指出：“社会主义和市场经济之间不存在根本矛盾”，“把计划经济和市场经济结合起来，就更能解放生产力”；“不要以为搞点市场经济就是资本主义道路，没有那么回事”；它“为社会主义服务，就是社会主义的”。① 到1992年“南方谈话”，他再次强调计划和市场“都是经济手段”，不是“社会主义与资本主义的本质区别”；并且指出：社会主义要大胆吸收和借鉴“当今世界各国包括资本主义发达国家的一切反映现代化社会化生产规律的先进经营方式、管理方法”。② 党的十四大在充分学习和讨论邓小平的“南方谈话”之后，完全赞同以江泽民为核心的党中央作出的由计划经济转变为社会主义市

① 《邓小平文选》第3卷，北京：人民出版社1993年版，第148～149页，364、203页。

② 《邓小平文选》第3卷，北京：人民出版社1993年版，第373页。

场经济体制的抉择，从而一个崭新的社会主义市场经济理论和体制开始创立起来。

社会主义市场经济理论能够诞生的关键，是邓小平表现的大智大勇。没有“南方谈话”，这个理论是难以呱呱落地于中华神州的。邓小平何以表现出这样的大智大勇？最根本的是他善于运用矛盾分析法这柄“解剖刀”，硬是把市场经济这种运行机制从资本主义制度之中剥离出来。他认为，市场经济不是天然地同资本主义联系在一起的。从哲学上讲，按照矛盾论来分析，任何事物都是普遍性与特殊性的统一，或一般与个别的统一。也就是说，任何事物都可以分解为普遍与特殊、一般与个别两个方面。对于“资本主义市场经济”这个事物也可以作这样的解剖，将其分解为矛盾的普遍性与特殊性或一般与个别的关系。其中，“市场经济”是普遍性，资本主义是“个别”、“特殊性”。决定事物根本性质的是矛盾的特殊性而不是普遍性，是个别而不是一般。“市场经济”或“计划经济”是什么？说白了，无论市场还是计划，都属于发展生产力的方法，配置资源的手段。本身不存在姓什么的问题，它跟谁结合就跟谁姓。“资本主义市场经济”所以姓“资”，不是采用市场经济这种运行机制本身的结果，而是资本主义的经济制度起的决定性作用(产生这种固定观念，也有历史渊源。因为“市场经济”是在资本主义制度下产生的，长期与资本主义制度紧紧地捆在一起，一直为资本主义发展生产服务。不运用矛盾分析法，是很难认识这个问题的)。邓小平拿起了这柄“解剖刀”，对“资本主义市场经济”作了一般人难以作的“剥离”工作，将“市场经济”与“资本主义”区别开来，让它同社会主义制度相结合，嫁接给社会主义，为社会主义服务，从而改姓“社”。这样，就创造出了一个世界上未曾有过的“社会主义市场经济”，破解了世界近现代历史上一个长期困扰多少英雄豪杰的最大的理论难题。10 多年来，以江泽民为核心的第三代领导和以胡锦涛为总书记的党中央在不断地丰富和完善这个理论。

(二)对中国社会主义初级阶段的现实加以“解剖”，重新审视社会主义与非社会主义乃至资本主义的关系，提出了事实上存在的“社会主义主体论”

在目前的正式文本和主流媒体对中国特色社会主义理论的宣传中，没有“社会主义主体论”一说。但我一直认为是存在的。我所以作这样的概括，源于邓小平对“一国两制”构想所受到的启发。邓小平说：中国现在实行对外开放、对内搞活经济的政策。我们对香港的政策长期不变，影响不了大陆的社会主义。“中国的主体必须是社会主义，但允许国内某些区域实行资本主义制度，比如香港、台湾。大陆开放一些城市，允许一些外资进入，这是作为社会主义经济的补充，有利于社会主义社会生产力的发展。比如外资到上海去，当然不是整个上海都实行资本主义制度。深圳也不是，还是实行社会主义制度。中国的主体是社会主义。”①

这里虽然讲的是“一国两制”问题，但“中国的主体是社会主义”这个思想却不仅仅是指港澳台地区。实际上，它展现我们国家的政治、经济、文化和社会的方方面面。

——在政治制度方面，根据“一国两制”构想，在大陆坚持社会主义，在少数特殊地区实行资本主义，两者将存在相当长的历史时期。有如上述，这是以社会主义制度为主体的，自不待言。

——在经济制度方面，由于我们国家将长期处于社会主义初级阶段，生产力不发达，自然经济半自然经济占很大比重，一些非社会主

① 《邓小平文选》第 3 卷，北京：人民出版社 1993 年版，第 59 页。

义的经济形式包括资本主义的成分仍未丧失其存在的历史理由。目前我国的基本经济制度是：实行以公有制为主体的多种所有制经济的共同发展，既毫不动摇地巩固和发展公有制经济，又毫不动摇地鼓励、支持和引导非公有制经济发展，坚持公有制为主体，各种所有制经济在市场竞争中发挥各自优势，相互促进，共同发展。

——在社会分配方面，与基本经济制度相适应，不断调整和规范国家、企业和个人的分配关系，确立劳动、资本、技术和管理等生产要素按贡献参与分配的原则，实行按劳分配为主体、多种分配方式并存的分配制度。

——在文化发展方面，承认文化的多层次性和多元化形态。在文学艺术发展上，既坚持反映社会主义的主旋律，又提倡多样化，努力吸收古今中外的优秀文化；在社会科学发展上，既坚持马克思主义指导思想的一元化，同时允许各种学说包括唯心主义进行争鸣。

如此等等。在我看来，都是社会主义主体论思想的多种表现形式。至于哪些方面的“主体”在宏观上达到什么程度，那是根据实际情况决定的一个具体问题，反正“中国的主体是社会主义”这个思想是必须坚持的底线。否则，既没有社会主义，也无中国特色可言了。

为什么要强调“主体论”呢？一是因为过去要建设纯而又纯的社会主义，即“社会主义纯粹论”对我们国家发展的影响太大了。它是针对“纯粹论”提出的。十一届三中全会以前的 20 年间所犯“左”的错误的历史证明，在社会主义初级阶段，要想建设纯而又纯的社会主义是完全不可能的。这就是十三大讲的超越发展阶段的“空想论”。邓小平正是在批判“空想论”、“纯粹论”的过程中形成“主体论”思想的。二是有利于改革开放坚持社会主义方向。改革开放是强国之路，但改革开放不是以这样那样的形式“改”掉社会主义，否则就走向了歧途。从这个意义上说，“主体论”又是坚持社会主义的“底线论”。至于是从“量”上还是从“质”的方面，或以其他维度来把握“主体”，那可以通过实践探索来确定，不宜作简单化地判决。近 30 年的鲜活实践证明，“主体论”是推进中国特色社会主义事业向前发展的科学理论。

社会主义主体论思想，从哲学上说，是坚持运用矛盾分析方法的巨大成果。毛泽东的《矛盾论》和其他著作分析矛盾问题的一个重要贡献，就是不但深刻论述对立面的斗争性与同一性的关系，又精辟地阐发矛盾的主要方面与非主要方面、一与多等多重关系。过去发生“左”的错误，在哲学上就是对于这个矛盾关系的认识有片面性，过分强调对立面的斗争，忽略了它们间的同一。这种片面性，表现在对于社会主义与非社会主义和资本主义之间的关系的认识上，比较强调它们的对抗性、排斥性，而对它们间的共存性、互补性则往往忽视、乃至抹杀。“主体论”思想，纠正了哲学认识上的这种片面性，以及对于社会主义与非社会主义和资本主义之间的关系认识的片面性。以邓小平为代表的中国共产党人，在充分认识两者的斗争性、对抗性、排斥性的前提下，又认真地看待两者的同一性，即共存性、渗透性、可转化性和互补性；并且对矛盾的主要方面与非主要方面、一与多等多重关系加以重新审视，将其正确地运用到中国特色社会主义实践中去。这样，社会主义主体论便产生了巨大的物质力量。以江泽民、胡锦涛为代表中国共产党人，实际上进一步丰富了社会主义主体论思想。它更加扩展在中国特色社会主义的诸多方面。

（三）对世界的形势格局进行“解剖”，提出“和平与发展”的时代主题论

对世界的形势怎么看，这既关系着国家的外交政策，也关系着国家的对内政策。而对世界形势的科学判断则来源于对影响世界发展方向的主要矛盾及其基本态势的正确认识。这就是我们常说的时代主题问题。一个时代的主题，它的内涵十分丰富，可以从不同层面来认识。若从战争与和平、革命与发展的角度作分析，在上个世纪的大半个世纪里，时代主题就是革命与战争。这是没有疑义的。但是，自上个世纪六七十年代以来，国际上发生的一些重大事件，不能不影响人们对时代主题的认识。在相当长时间里，众说纷纭。但在两个非常重要的历史关头，都是邓小平把握住了时代的脉搏，对世界形势发展的趋向作出了正确判断。

第一次是在十一届三中全会时期。还在20世纪六七十年代，以越南战争结束为标志，影响世界形势主要矛盾的力量发生变化没有，对时代的主题怎么看，这对许多国家的政治家都是一个考量。在我们国家，一个时期，对战争与和平的估计存在着偏差。十一届三中全会以后，邓小平通过对国际形势的深刻观察和长期思考，及时地改变过去对于战争与和平的认识，提出和平与发展是当代世界两大主题的著名论断，为确立党在新时期的中心任务和改革开放政策，为制定党在整个社会主义初级阶段的基本路线，从国际形势发生的新变化方面提供了理论依据。

邓小平为什么能作出这样的判断，提出新的时代主题论呢？这也根源于他能照辩证法办事，全面地观察国际形势，对世界主要矛盾的变化作出的正确分析。从哲学的指导思想言，是正确运用毛泽东的矛盾分析方法，紧紧地抓住规定或影响其他矛盾的主要矛盾的结果。邓小平在80年代中期多次说：这几年我们仔细地观察了国际形势，世界上“有两大问题非常突出，一个是和平问题，一个是南北问题。还有其他许多问题，但都不像这两个问题关系全局，带有全球性、战略性的意义。”①这就是说，当时世界的主要矛盾是和平与发展问题。这个主要矛盾影响着其他一切矛盾。基于对这个主要矛盾的认识，他很坦诚地指出：我们对国际形势的判断和对外政策有两个重要转变。第一个转变，是改变了原来认为战争的危险不可避免，且迫在眉睫的看法。现在看来，有资格打世界大战的两个超级大国都不敢打，谁也不敢先动手。尽管世界战争的危险还存在，但是世界和平力量的增长超过战争力量的增长。因此，维护世界和平是很有希望的。第二个转变，是改变了针对苏联霸权主义的“一条线”战略，既改善同美国的关系，也改善同苏联的关系，进一步确立中国是维护和平、制约战争的强大力量的形象。“只要坚持这样的判断和这样的政策，我们就能放胆地一心一意地好好地搞我们的四个现代化建设。”②邓小平提出的“和平与发展”的时代主题论，不仅是我们党制定内外政策的重要依据，而且对推动南北交流和南南合作，促进国际政治经济新秩序的建立产生了深远影响。

第二次是在上个世纪的 80 年代末和 90 年代初。国际风云骤变，苏联解体，东欧易帜，世界两极格局不再存在，不少国家和地区的民族矛盾、领土争端和宗教纷争尖锐起来，甚至酿成流血冲突和局部战争。西方国家在打一场没有硝烟的战争，对社会主义国家实行和平演变，对中国实行经济制裁，南北差距进一步加剧。面对急剧变幻的国际风云，世界的主要矛盾变化没有，还能说时代的主题是“和平与发展”吗？我们国家的对外政策要不要调整？在这样一个历史关头，邓小平表现了伟大政治家的智慧、胆识和经验，廓清重重迷误，指明正

① 《邓小平文选》第 3 卷，北京：人民出版社 1993 年版，第 96 页。

② 《邓小平文选》第 3 卷，北京：人民出版社 1993 年版，第 128 页。

确方向。他说：对世界形势的变化怎么看？国际上议论纷纷，国内也有各种意见。现在旧的格局在改变中，但实际上并没有结束，新的格局还没有形成。和平与发展这两大问题，至今一个也没有解决。他强调，要沉着应付，韬光养晦，善于守拙，绝不当头，抓住机遇，有所作为。“埋头实干，做好一件事，我们自己的事”；“只要中国不垮，世界上就有五分之一的人口在坚持社会主义。”①这就是说，既然世界的主要矛盾没有改变，我们国家的主要任务和既定的基本路线、基本的方针政策也不能改变。

江泽民、胡锦涛都坚持了邓小平的这个科学论断，认为历史进入新世纪迄今，尽管“国际局势发生了冷战结束以来最深刻的变化，不稳定因素增加。但从总体上看，和平与发展作为时代主题没有改变，世界多极化的趋势没有改变，我国面临的国际环境依然是机遇大于挑战。总体和平、局部战争，总体缓和、局部紧张，总体稳定、局部动荡，是当前和今后一个时期国际局势发展的基本态势。”②因此，我们国家仍然坚持邓小平制定的基本路线和内外政策不变。

这个基于对世界形势的主要矛盾的分析而提出的“和平与发展”的时代主题论，是战略性的，会长期起作用。

四、毛泽东的群众史观：中国特色社会主义理论的“奠基石”

毛泽东没有撰写论唯物史观的专门著作，但是他的唯物史观贯穿

① 《邓小平文选》第3卷，北京：人民出版社1993年版，第321页。

② 《江泽民论有中国特色社会主义（专题摘编）》，北京：中央文献出版社2002年版，第522页。

在其全部科学著作之中。《正处论》可视为比较集中地反映他的唯物史观的代表作。但是，对于他的唯物史观怎么认识，十一届三中全会以来，在学界一直有这样那样的看法。的确，在论述唯物史观方面，他的个别著名观点带有一定的偏颇性，有的说法不够准确、严谨、周全，乃至错误。但是就总体而论，毛泽东对唯物史观的把握是正确的，科学地阐发了马克思主义的历史唯物主义基本原理。他的唯物史观的内容很丰富，怎样纲举目张地进行概括呢？我以为，还是以坚持人民群众是历史的创造者，即群众史观来抓纲带目。"人民，只有人民，才是创造世界历史的动力"①这是他的唯物史观的核心，也是他的全部革命实践的基石。以人民群众历史观为基础，毛泽东将中国共产党建设成为一个具有广泛群众性的马克思主义的无产阶级政党。这个党以全心全意为人民服务为宗旨；以为最广大群众谋利益作为党的全部工作的出发点和归宿；以必须合乎最广大人民群众的最大利益和为最广大人民群众所拥护为最高标准；以直接依靠广大人民群众，坚持从群众中来和到群众中去的群众路线作为根本的工作路线。这样，在毛泽东的领导之下，不但夺取了新民主主义革命的胜利，建立了新中国，而且进行了适合中国情况的社会主义建设道路的艰辛探索，使一个初步具有社会主义基本制度的中国屹立在亚洲东方。

改革开放以来近 30 年间，以邓小平、江泽民、胡锦涛为主要代表的中国共产党人，始终坚持马克思主义唯物史观、也即毛泽东的人民群众历史观，不懈地开拓中国特色社会主义道路，创立、丰富和发展中国特色社会主义理论。所谓毛泽东的群众史观是中国特色社会主义理论的哲学基石，即是此意。

---

① 《毛泽东选集》第 3 卷，北京：人民出版社 1991 年版，第 1031 页。

那么，邓小平、江泽民、胡锦涛是怎样以毛泽东的群众史观作为哲学基石，来创立、丰富和发展中国特色社会主义理论的呢？

——首先看邓小平怎样以毛泽东的群众史观作为历史唯物主义基石，来创立中国特色社会主义理论的。邓小平有一个众所周知的座右铭：我是中国人民的儿子，我深情地爱着我的祖国和人民。对于信奉马克思主义的他来说，这个座右铭就是历史唯物主义的群众史观的形象表达。这也是他献身于中国人民的革命事业和社会主义事业的理论之根，是他三落三起的传奇人生的精神之本，是他创立中国特色社会主义理论的智慧之源。十一届三中全会以后，经历了十年浩劫、并在进行拨乱反正的中国，处在向何处去的重要历史关头。他作为第二代领导集体的领班人，事实上的"第一位的领导人"，① 在领导全党开拓中国特色社会主义新道路的征途上，总是尊重实践、尊重群众，时刻关注最广大人民的利益和愿望，一切以人民拥护不拥护、赞成不赞成、满意不满意作为制定党的路线、方针、政策的出发点和归宿；并且以是否有利于发展社会主义社会的生产力、是否有利于增强社会主义国家的综合国力、是否有利于提高人民的生活水平作为判断各方面工作是非得失的标准。经过集中全党和全国人民的智慧，遵循"中国的事情要按照中国的情况来办，要依靠中国人自己的力量来办"的原则，在不断总结中国特色社会主义实践经验的基础上，中国特色社会主义理论在上个世纪 90 年代中期，终于以比较完备的形态诞生了。它第一次比较系统地初步地解决了中国这样经济文化比较落后的国家如何建设社会主义、如何巩固和发展社会主义的一系列基本问题。

——再看江泽民怎样以毛泽东的群众史观作为哲学基石，来丰富

① 《陈云文选》第 3 卷，北京：人民出版社 1995 年版，第 360 页。

和发展中国特色社会主义理论的。江泽民高度评价毛泽东与人民群众的关系和他的群众史观，指出：毛泽东是从人民群众中成长起来的伟大领袖，永远属于人民。他把马克思列宁主义关于人民群众是历史的创造者的原理，系统地运用于党的全部活动。“我们党正是一切为了群众，相信群众，依靠群众，集中群众的智慧，把群众的力量组织起来，才战胜种种困难，创造出种种奇迹。”①江泽民坚持毛泽东的群众史观，强调我们党来自人民，植根于人民，服务于人民。党的全部任务和责任，就是为实现人民群众的根本利益而奋斗。党的全部工作的出发点和落脚点，就是不断实现好维护好发展好最广大人民的根本利益。党和国家的一切工作和方针政策，都要以是否符合最广大人民群众的利益为最高衡量标准。正是基于坚持这样的群众史观，他在2000年春天提出了“三个代表”重要思想。这“三个代表”——代表中国先进生产力的发展要求，代表中国先进文化的前进方向，代表中国最广大人民的根本利益，尽管是相互联系、相互促进的统一整体，但不断发展先进生产力和先进文化，归根到底都是为了满足人民群众日益增长的物质文化生活需要，不断实现最广大人民的根本利益。“三个代表”重要思想的基本点，尽管马克思主义经典作家都有论述，但把发展先进生产力和先进文化、实现最广大人民的根本利益，同坚持党的先进性联系在一起，上升到党的性质和宗旨的高度，这是理论上的重要创新。“三个代表”重要思想，在邓小平理论基础上，进一步回答了什么是社会主义和怎样建设社会主义的问题，创造性地回答了建设一个什么样的执政党和怎样建设执政党的问题，将党对共产党执政规律、社

① 中共中央文献研究室编：《十四大以来重要文献选编》上册，北京：人民出版社1996年版，第610页。

会主义建设规律和人类社会发展规律的认识提到了一个新高度，从而丰富和发展了中国特色社会主义理论。

——再看胡锦涛怎样以毛泽东的群众史观作为哲学基石，来丰富和发展中国特色社会主义理论的。胡锦涛作为中国共产党新一代的领导人，坚持以马克思列宁主义、毛泽东思想、邓小平理论和“三个代表”重要思想为党的指导思想，同样高度评价毛泽东的群众史观，强调“人民是创造历史的根本动力。中国最广大人民群众是建设中国特色社会主义事业的主体，是先进生产力和先进文化的创造者，是社会主义物质文明、政治文明和精神文明协调发展的推动者”，“始终保持同人民群众的血肉联系，是我们党的生命源泉，是我们党永远立于不败之地的根本保证。”还指出：“相信谁、依靠谁、为了谁，是否始终站在最广大人民的立场上，是区分唯物史观和唯心史观的分水岭，也是判断马克思主义政党的试金石。”对于马克思主义政党来说，它的一切理论和奋斗都应致力于实现最广大人民的根本利益。“坚持立党为公、执政为民，实现好、维护好、发展好最广大人民的根本利益，充分发挥全体人民的积极性来发展先进生产力和先进文化，始终是最紧要的。”①

基于这个理念，胡锦涛要求全党必须始终坚持人民的利益高于一切，一切为了群众、一切依靠群众，把维护和发展人民群众的根本利益作为一切改革的出发点和落脚点，做到心里装着群众，凡事想着群众，坚持“权为民所用、情为民所系、利为民所谋，始终做人民的公

---

① 中共中央文献研究室编：《十六大以来重要文献选编》上册，北京：中央文献出版社 2005 年版，第 646、653、364、369 页。

仆。”①也是基于这个理念，以胡锦涛为总书记的党中央提出了科学发展观和构建社会主义和谐社会的两大战略思想，从理论上实现了事实上的以社会为本到以人为本的转变，将坚持人民利益高于一切的理念和实现经济社会的全面、协调、可持续发展统一起来，努力改变社会分配悬殊的状况和缩小地域区位发展的差距，缓解新形势下的人民内部矛盾，减少社会主义建设的不和谐因素，使社会发展的总体布局更加完善，促进社会主义多元文明全面发展和中国特色社会主义事业健康发展。这两大战略思想的提出，标志着对社会主义现代化建设规律的认识更加深入，对人类未来发展的认识更加实际，从而也进一步丰富和发展了中国特色社会主义理论。

以毛泽东“三论”为代表的毛泽东哲学思想，是中国共产党的精神瑰宝，也是中华民族的形而上文化的明珠。她启迪了一代又一代中国共产党人的智慧，也哺育无数社会精英的成长。现在不是时兴讲“国学”吗？我以为，孔子的《论语》是国学，毛泽东的“三论”何尝不是国学！国学非仅指古代典籍，也应包括当代经典。若如此，毛泽东的“三论”可堪称国学精粹。中国特色社会主义事业道远任重，它极需理论指导，更需哲学点化。毛泽东的“三论”将继续为中国特色社会主义理论发挥其哲学指南作用。

---

① 中共中央文献研究室编：《十六大以来重要文献选编》上册，北京：中央文献出版社2005年版，第225页。

邓小平理论：科学社会主义理论发展的一个新形态[①]

一部人类文明史上下几千年，任何一个伟大的思想理论，都会有它的传承系统。它或与不同的民族文化相联系，或出于时代变革的某种需要，或根据不同的学理、从不同的视角作解读，就会产生不同的传脉。

马克思主义是人类文明史上一个伟大的思想理论。它具有与时俱进的理论品质，是一个随着实践、科技和时代的发展而发展的理论。它与不同的民族文化相联系，与不同国家的实际情况相结合，会产生不同的传脉。就马克思主义作为一个科学的世界观而言，放眼国际社会主义运动，根据中国共产党人的认知，马克思主义到列宁主义，再经过毛泽东思想到邓小平理论和“三个代表”重要思想，这是一个传脉。在这个传承系统里，如果讲科学社会主义理论的发展历程，马克思、恩格斯创立了科学社会主义观的原

① 这是作者2004年6月29日在全国副省级城市报刊理论研讨会上的讲话，8月，作为入选论文参加中央宣传部等单位为纪念邓小平诞辰100周年联合召开的邓小平生平和思想研讨会。主要内容先发表于2004年6月7日的《北京日报》，《新华文摘》全文转载。收入本书，有个别文字改动。

生形态，列宁主义、毛泽东思想对它的丰富和发展作出了巨大贡献。邓小平理论则将我们老祖宗创立的这个科学社会主义理论发展成为一个新的当代形态。

一、马克思恩格斯科学社会主义观的共性和个性

马克思、恩格斯创立的科学社会主义观，自《共产党宣言》以来迄今已有150多年的历史。人们都承认它在不断的丰富和发展。问题在于这是一种怎样的发展？怎样看待它的发展？只是原本理论的扩展、充实、深化、个别理论观点的创新，还是包括着理论形态的巨大变化？也就是说，是一个理论形态发展至今，还是在原本理论形态的基础上又会产生出新的理论形态？这涉及对马克思主义或科学社会主义理论本身怎么认识的问题。

按照老祖宗们的辩证法讲，任何事物都包含共性与个性、普遍性与特殊性两个方面。既然如此，对马克思主义的科学社会主义理论也应这样分解。不能说，在马克思主义的科学社会主义理论中只有共性而没有个性的东西，只具有普遍性而不存在特殊性。如果这样，就不是马克思主义的彻底的唯物主义。

马克思、恩格斯创立的科学社会主义理论(以及属于这个系列的即包括传脉发展的广义的、任何被称之为科学社会主义的理论)，应具有的共性内容有哪些？目前可以列举这么一些：如以唯物辩证法和唯物史观作为哲学基础；以剩余价值论来研究资本主义社会，承认资本主义必然要为社会主义所代替的客观历史规律；无产阶级担当实现社会主义的历史使命，无产阶级政党领导革命成功后要建立无产阶级领导的国家政权，工人阶级和劳动人民成为社会的主人，消灭剥削制度，生产资料公有制占主导地位，通过不断改革来发展生产力，社会

物质财富空前增长，传统观念得到根本改造，逐步实现人的自由而全面的发展；实现社会主义和发展社会主义的形式不是单一的，将有多种方式和多条道路；在资本主义社会和共产主义社会之间，有一个从前者变为后者的革命转变时期，与此相适应有一个政治上的过渡时期；这个时期的国家只能是无产阶级专政；未来新社会的诞生将经历两个大的发展阶段(其中会有许多小阶段)，由社会主义到共产主义是一个由低级到高级、由不完善到完善的长期发展过程，等等。

在马恩创立的社会主义理论中，在今天看来，属于他们“个性”特质形态的内容又有哪些呢？从宏观上论列，可以例举这么几点：如主要依靠无产阶级通过城市武装起义直接进行社会主义革命，社会主义将在主要发达资本主义国家同时胜利；在社会主义社会实行计划经济、国家统一管理全社会的生产和消费，消灭了商品和货币，各尽所能、通过劳动券按劳分配，等等。

应当指出的是，哲学意义上的共性与个性、普遍性与特殊性的区别，不是正确与错误的区别，而是绝对与相对的区别；这个区别是相对的，即对于不同的参照系，在此为共性者，在彼可能为个性也。就马恩立足于唯物辩证法创立科学社会主义理论时，他们没有也不可能作这样的解剖，将他们的理论观点区分为共性与个性两个部分。这里所说的属于共性的那些内容，与属于马恩他们“个性”特质形态的那些内容实际上是融为一体的，或者说，属于共性的那些内容，是寓于属于个性的、带有马恩特质的理论形态之中的。这里的区分，是根据后来社会主义的实践发展进行反思所作的纯理论的抽象分析，即从科学研究的角度所作的解析。科学研究的作用，就是要拿起辩证法这把解剖刀，排除各种表象情势对它进行理论分析。

马恩创立的科学社会主义理论，是我们今天称之为科学社会主义观的原生形态。根据上述共性与个性、普遍性与特殊性的分析，若要讲继承，就主要是将共性、普遍性的那些内容加以辩证地吸收，从而使后来的思想理论同此前的思想理论一脉相承。讲发展，则主要是将个性、特殊性的那些内容，根据社会历史情况的变化、革命实践的发展和科学技术的巨大进步进行改变，产生新的个性、特殊性，并与继承下来的共性、普遍性内容重新组合，从而形成一种新的特质形态。这就构成了马克思主义一个半世纪的理论传脉。

在中国共产党看来，马克思主义理论的“正宗”传脉，是列宁主义。还在恩格斯晚年，世界资本主义就开始了向帝国主义的转变，到二十世纪初，世界进入帝国主义和无产阶级革命阶段。由于俄国社会矛盾的急剧发展，并成为帝国主义时代各种矛盾的焦点，工人阶级的革命斗争和农民争取土地的斗争日益高涨，无产阶级革命的中心由德国东移至俄国。这样，俄国成了发展马克思主义的主要基地。

列宁基于资本主义已发展到帝国主义阶段的理论分析，从资本主义政治经济发展的不平衡规律出发，改变属于马恩特质理论形态中的社会主义在主要发达资本主义国家同时胜利的认识，提出了社会主义可以在资本主义链条的薄弱环节取得胜利的理论观点。俄国十月革命的成功和反对国际帝国主义武装干涉的胜利，又为提出社会主义在一国首先建成的理论提供了现实的依据。列宁提出的帝国主义时代殖民地和民族解放运动的理论，为殖民地人民革命斗争指明了方向。他丰富了无产阶级专政和无产阶级政党建设的理论，为后来许多社会主义国家的建立和共产党作为执政党的建设，提供了理论基础。特别是他关于建设社会主义的若干思想，包括如何利用资本主义来建设社会主义的思想，为社会主义国家的经济文化建设起了重要的理论指导作用。列宁主义对科学社会主义理论的发展是巨大的。

怎样认识列宁主义(也可视为列宁形态的科学社会主义)与马克思、恩格斯的学说(即马恩特质形态的科学社会主义)的发展关系呢?简单说来，有这样三层关系。一是深化内涵，将马克思、恩格斯学说中有的思想但无具体明晰的内容，大大地充实和具体展开地作了论述。二是扩展外延，将马恩学说中没有涉及的内容，作了许多新的添加。三是修正观点，将马恩学说中的某些思想论断作了改变，及至提出完全崭新的理论观点。所谓“创造性的发展”，往往是通过这一层发展关系展现出来的。我们讲这个那个“创造性的发展”，应当是指的这种发展关系，因而对这个提法应当慎用。

我们常说，马克思、恩格斯的伟大贡献，是使社会主义由空想变成科学，当然这不是一次性变革就能完成的，而是一个历史过程，直到现在也不能说完全完成了这个转变，但是毫无疑问地，马恩从根本上实现了这个转变。列宁主义的伟大功绩，是使社会主义由抽象的理论形态变成了活生生的现实制度。从这个意义上说，这是一个历史性的伟大飞跃。这也是我们讲的列宁主义是马克思主义发展的一个新阶段的基本根据。

但是，由此能否说列宁主义是科学社会主义发展的一个新形态呢？这有一个如何定义的问题，即从哪个意义上讲，在哪个层面说，相对于哪个参照系而言。如果像上面所指，也可说是新形态。但如果就对于要建立的社会主义是一个什么样形态的社会，即它的基本理念是什么而言，这又是一个参照系。若采用这个参照系来看列宁的社会主义观，还不好说列宁主义构建了科学社会主义的一个新形态。因为列宁主义的诸多发展创新并没有改变马恩科学社会主义观关于社会主义是一种什么样形态的社会的核心理念。比如，对所有制问题、分配问题、经济运行体制问题等的看法，基本上是沿袭马恩的。当然，结合苏联的实际情况也有某些改变。特别是实行新经济政策所发生的变化是巨大的。但是，新经济政策当时是作为权宜之计的政策措施提出的，后来情况有所好转，斯大林就取消了。随后形成的苏联社会主义的理论和实践，即苏联社会主义模式，虽对马恩特质理论形态有不少重要变化，有的还是重要发展，然而，列宁主义对社会主义经济制度和运行机制这样最根本问题的认识，并没有突破马恩科学社会主义观的原生形态。

毛泽东对科学社会主义理论也作了巨大贡献。他领导中国革命开辟的农村包围城市、武装夺取政权的民主革命道路，是殖民地半殖民地人民走向社会主义的一条特殊途径。他创立新民主主义理论，主张通过新民主主义转变为社会主义，强调对生产资料私有制进行社会主义改造、特别是对资本家实行赎买政策，从而在较短的时间建立起社会主义基本制度。他对在中国大地上如何建设社会主义进行了艰辛探索，无论在政治、经济、文化，还是党的建设、对外关系、国家安全等方面都提出了许多好的和比较好的思想与政策。这些作为毛泽东思想的社会主义理论，无疑是对马克思、恩格斯、列宁特质理论形态的重要发展。同列宁主义特质形态一样，如果就走向社会主义由一国道路变成多国道路，使社会主义具有了多种实现形式而言，对毛泽东思想也不是不可以说是一种新形态。但若就上述所讲的参照系而言，在毛泽东那个时代，对所有制问题、分配问题、经济运行体制问题等核心理念的认识，则未能对马恩科学社会主义观的原生形态有根本性突破。

不是说毛泽东的社会主义理论是要改变苏联的社会主义模式吗，怎么又说它还没有突破马恩科学社会主义观的原生形态呢？这是两个问题。的确，毛泽东对中国如何建设社会主义进行的艰辛探索，甚至在探索的道路上发生严重曲折和挫折，是源于要改变苏联的社会主义模式。无论在理论上还是实践中，中国共产党对社会主义的认识才有一些重大的改变。但是，在社会主义的所有制、分配制、经济运行体制等核心问题上，不能不说，并没有创新性的思维。第一代领导人对社会主义经济问题的最高成就，当数陈云提出并为党的八大认同的“三个主体、三个补充”的思想。① 这是对苏联的社会主义模式的重大突破，无疑要高度评价其理论意义和实践作用。但是，这个思想如同列宁的新经济政策思想一样，主要是在政策措施的层面，而不是在制度层面作为体制问题提出的。事实上，当时既不可能也不允许上升到制度问题提出。要求这样提出，是苛求于前人，不符合历史实际。既然如此，换个角度说，我们也就不应当对其作不符合历史的带有“拔苗助长”性的评价。至于毛泽东讲过的诸如消灭了资本主义还可以再搞资本主义，社会主义可能分为不发达的社会主义和比较发达的社会主义两个阶段，云云。这些好的思想都犹如划过天穹的流星闪亮即逝，或如罕见的昙花美丽一现。它们既没有作为一个成熟的思想被正式提出过，更没有作为实施的政策被慎重地研究过。因此，不好说已构成什么理论形态。至于毛泽东晚年自以为丰富和发展了科学社会主义观的诸如“文化大革命”理论，实际上却偏离和违背了科学社会主义观，就更不必提了。

---

① 这即是：国家经营和集体经营是工商业的主体，一定数量的个体经营是国家经营和集体经营的补充；计划生产是工农业生产的主体，按照市场变化而在国家计划许可范围内的自由生产是计划生产的补充；国家市场是主体，一定范围内领导的自由市场是国家市场的补充。

二、邓小平理论创立了科学社会主义观的一个新形态

马克思主义的理论传承在中国共产党有着光荣传统。党自创立以来，就致力于将马克思主义基本原理与中国具体实际相结合。这是丰富和发展科学社会主义观的正确途径，尽管其间发生过曲折和挫折，但党始终不渝地坚持这个科学原则。这正是党在第一次伟大革命中形成第一个伟大理论成果之后，经过拨乱反正，在第二次伟大革命中又形成第二个伟大理论成果邓小平理论的根本缘由。

怎么来评价邓小平理论在科学社会主义发展史上的地位呢？这就要首先放眼世界来看邓小平在领导中国共产党进行第二次伟大革命中所起的特殊作用。在 1976 年粉碎“四人帮”之后，中国面临着向何处去的历史抉择。摆在党面前可供选择的路虽有多条：(1)走历史老路，回到“文革”前去。但“文革”的劫难正是这条老路走下去的必然结果。“旧的那一套经过几十年的实践证明是不成功的”,① 这条老路不能走了。(2)走“全盘西化”的资本主义道路。但旧中国的历史证明，此路不能救中国，不能发展中国，不可取。(3)走东欧社会主义国家的改革之路。在粉碎“四人帮”之后直到 80 年代前期，党和政府不断派出代表团向正在实行改革的东欧国家“取经”。但毕竟国情不同，不能简单移植、“克隆”；何况这些国家的改革能否成功，还有待历史结论。这三条道路都非“灿烂阳光道”。(4)坚持“两个凡是”提出的“抓纲治国”之路。这条路虽然不同于“文革”的路，但继续“以阶级斗争为纲”是不能治好国的，按照十一大肯定“文革”和无产阶级专政下继续革命的理论的思路，它就会成为通往“文革”之路，因此也不能再走下去。

① 《邓小平文选》第 3 卷，北京：人民出版社 1993 年版，第 237 页。

(5)既然以上几条路都不能将中国引向富强。最后，还是邓小平作出伟大抉择："走自己的道路，建设有中国特色的社会主义"。这是在大千世界上本来没有的路，要靠中国共产党人去披荆斩棘，奋勇开辟。当然，"他山之石，可以攻玉"，一切外国好的东西，还有我们过去好的东西都可以学习、借鉴，但必须坚持从当今中国的实际出发，洋为中用，昔为今用。从此，"建设有中国特色的社会主义"成为凝聚全党和全国各族人民的共同理想和强大动力。

党的十一届三中全会实现了党和国家的指导思想、政治路线和组织路线的伟大转折。邓小平指出："如果现在再不实行改革，我们的现代化事业和社会主义事业就会被葬送"①。在我们国家进入新的发展时期后，以邓小平为核心的第二代中央领导集体，率领中国人民进行改革开放和现代化建设的新的伟大革命，努力探索中国特色社会主义的新道路。邓小平领导改革开放的指导思想非常明确，一方面反复强调：我们搞改革开放把工作重心放在经济建设上，没有丢马克思，没有丢列宁，没有丢毛泽东。老祖宗不能丢啊！另一方面不断指出：世界形势日新月异，特别是现代科学技术发展很快。现在的一年抵得上过去古老社会几十年、上百年甚至更长的时间。不以新的思想、观点去继承、发展马克思主义，不是真正的马克思主义者。

探索中国特色社会主义的新道路，犹如在茫茫大海中航行。邓小平作为改革开放和现代化建设总设计师实际上是新时期的"第一位的领导人"②。他领导改革的方针是："胆子要大，步子要稳，走一步，看一步"，中间会犯错误，"关键是要善于总结经验，哪一步走得不妥

① 《邓小平文选》第2卷，北京：人民出版社1994年版，第150页。

② 《陈云文选》第3卷，北京：人民出版社1995年版，第360页。

当，就赶快改”。① 这样，他牢牢地把握住了中国这艘改革巨轮前进的正确航向。1992年初，他发表的“南方谈话”，对改革开放和现代化建设的新鲜经验，对建国后艰辛探索社会主义建设道路的历史经验，以及苏联、东欧建设社会主义兴衰成败的正反两方面经验的总结，提出和深化了许多重要的理论观点，既深刻地回答了长期困扰和束缚人们思想的许多重大认识问题，又使建设有中国特色的社会主义理论形成了比较完备的形态。

1992年10月召开的党的十四大，以邓小平“南方谈话”为基础，概括了“邓小平同志建设有中国特色社会主义的理论”的主要内容，指出这个理论第一次比较系统地初步回答了中国这样经济文化落后的国家如何建设、巩固和发展社会主义的一系列根本问题，是毛泽东思想的继承和发展，是当代中国的马克思主义。大会实际确立了它在全党的指导方针地位，号召全党学习马列主义、毛泽东思想，中心内容是学习建设有中国特色的社会主义理论。以“南方谈话”和党的十四大为标志，我国社会主义改革开放和现代化建设事业进入新的发展阶段。与此同步，我们党对“邓小平同志建设有中国特色社会主义的理论”的认识又进入一个新境界。1997年10月召开的十五大，首次使用“邓小平理论”这个科学称谓，对它的认识提到了一个新的高度，正式确立为我们党的指导思想。

党的十一届三中全会以来，我们国家在各个方面发生了翻天覆地的巨大变化。从理论上说，这应归功于马克思主义与当代中国实践和时代特征相结合的邓小平理论。

邓小平理论对当代中国的贡献是异常巨大的。那么，怎样来评价

① 《邓小平文选》第3卷，北京：人民出版社1993年版，第113页。

它在科学社会主义发展史上的地位？为什么说它将马恩的科学社会主义理论发展成为当代形态，是科学社会主义观的一个新形态呢？

首先，这是对十五大高度评价邓小平理论的解读。十五大指出：邓小平理论“是贯通哲学、政治经济学、科学社会主义等领域，涵盖经济、政治、科技、教育、文化、民族、军事、外交、统一战线、党的建设等方面比较完备的科学体系”。还说：邓小平理论“坚持科学社会主义理论和实践的基本成果，抓住‘什么是社会主义、怎样建设社会主义’这个根本问题，深刻地揭示社会主义的本质，把对社会主义的认识提高到新的科学水平”，开拓了马克思主义的新境界，“是马克思主义在中国发展的新阶段”；在当代中国，只有邓小平理论，“而没有别的理论能够解决社会主义的前途和命运问题”。在中国共产党的文献中，对一个理论作这样高的评价是罕见的。党的七大对毛泽东思想的评价有这个意思，但没有直接明确的表述。① 党的九大，对作为毛泽东思想所谓“新发展”的“无产阶级专政下继续革命的理论”，倒是有很明白的表述，认为这个理论“是马克思主义发展到一个崭新阶段，即毛泽东思想阶段的一个极其重大的标志”，“在马克思主义发展史上，树立了第三个伟大的里程碑”，“具有划时代的意义”。② 但是，党的第二个《历史决议》已经彻底否定了“无产阶级专政下继续革命的理论”，因而也就否定了这个评价。因此，从党的文献研究角度看，

---

① 如说毛泽东思想是“中国的共产主义，中国的马克思主义”；“使马克思主义从欧洲形式变为中国形式”，是“马克思主义民族化的优秀典型”，是“中国民族智慧的最高表现和理论上的最高概括”，是“我们这个民族的特出的、完整的关于中国人民革命建国的正确理论”，等等。见《刘少奇选集》上卷，北京：人民出版社 1985 年版，第 333、335 页。

② 《中国共产党第九次全国代表大会文件汇编》，北京：人民出版社 1969 年版，第 21 页。

十五大认为邓小平理论“是马克思主义在中国发展的新阶段”的高度评价，是可以解读为它是科学社会主义观的新形态的一个参照的。

第二，邓小平理论作为发展中国家建设社会主义的理论模型，是可以视为科学社会主义观的一个新形态的。马克思、恩格斯创立的科学社会主义理论，是立足于当时比较发达的欧美国家来作分析的。尽管一个半世纪过去了，迄今还没有看到这些国家(比当时更发达多了)有爆发社会主义革命的情势，但我们不妨仍将马恩关于社会主义的那些设想，即马恩的科学社会主义观，姑且视为那个时代的发达国家建设社会主义的一种理论模型。

目前世界上的国家，按照经济发展水平来划分，除少数为发达国家外，绝大多数属于不发达国家或发展中国家。如果将马恩的科学社会主义观姑且视为发达国家建设社会主义的理论模型，那么邓小平理论则可视为发展中国家建设社会主义的理论模型。当然，对于不发达国家或发展中国家如何建设社会主义的探索，并非自邓小平始。应当说，列宁领导的俄国十月革命就开始了这条道路探索的艰难历程。不发达国家或发展中国家如何进行革命，并走向或转变为社会主义，这方面有十月革命、中国革命和其他一些国家革命胜利的成功经验。但如何建设社会主义，尽管苏联有四分之三世纪的历史，东欧国家有半个世纪的历史，最后还是“其亡也忽焉”。就我们国家言，尽管中国共产党的探索在党的八大前后有良好开端，以后也积累了不少好的和比较好的经验，但它经历了 20 年的曲折和挫折。从理论上说，其根本原因在于对“什么是社会主义和怎样建设社会主义”这个问题——其实，就是科学社会主义观的发展形态问题，没有完全搞清楚。目前世界上还有一些国家在坚持社会主义，也有自己的许多独特经验。但就建设社会主义所取得的成就而言，邓小平领导的中国被公认为赢得了最大的成就，是社会主义国家进行改革开放和现代化建设最成功的。

中国是社会主义大国，也是发展中的大国。作为发展中的大国建设社会主义实践经验的总结，邓小平理论的若干理论观点就不能不在发展中国家具有一定的普遍意义。邓小平本人说过：我们进行的改革开放，马克思没有讲过，我们的前人没有做过，其他社会主义国家没有干过，“是社会主义的新生事物”，“不仅影响中国，而且会影响世界”；“如果成功了，可以对世界上的社会主义事业和不发达国家的发展提供某些经验。”①就此而言，邓小平理论作为发展中国家建设社会主义的一种理论模型，是可以视为科学社会主义观的一个新形态的。

第三，邓小平理论的基本理论观点具有原创性，突破了马恩科学社会主义观的上述核心理念。这是邓小平理论成为科学社会主义观的新形态的最根本的理论依据。

邓小平理论按照十四大的概括有 9 个方面的内容，但在我看来，构成邓小平理论特质形态，能使邓小平理论称其为邓小平理论的，最基本的理论观点，是这么几个：

——社会主义初级阶段论。这是邓小平在十三大前已明确提出，在“南方谈话”中加以强调，并在后来又加以丰富了的一个重要理论。它从分析我国的国情出发，确认在生产力发展水平远远落后于发达国家的条件下建设社会主义，必须先解决工业化、经济的社会化、市场化、现代化的任务，时间至少在百年以上。这是不可逾越的一个相当长的历史阶段。这个理论是中国共产党为什么在现阶段必须实行“一个中心、两个基本点”的基本路线和基本政策而不能实行别的路线和

① 《邓小平文选》第 3 卷，北京：人民出版社 1993 年版，第 130、118、135 页。

政策的根据，有助于克服我们国家数十年都未能克服的超越历史阶段的“左”倾急性病，并为不发达国家的社会主义建设向发达阶段的社会主义建设(或者说马恩科学社会主义观关于发达国家建设社会主义的理论模型)的衔接开辟了新的途径。这个理论的创立，为构筑邓小平理论体系大厦奠定了第一块理论基石。

——社会主义市场经济论。关于计划和市场问题，这是上个世纪20年代以来世界上的共产党人和非共产党人就在研究、50年代以来的社会主义国家在进行探索的一个重大问题。但长期以来没能解决。邓小平自70年代后期开始作了长期思考和研究，认为社会主义和市场经济之间不存在根本矛盾，市场经济为社会主义服务就是社会主义的。在1992年“南方谈话”中再次强调：计划和市场都是经济手段，不是社会主义与资本主义的本质区别；并且要求社会主义应大胆吸收和借鉴当今世界各国包括资本主义发达国家的一切反映现代社会化生产规律的先进经营方式和管理方法。以邓小平对社会主义和市场经济关系的认识为基础，十四大正式提出社会主义市场经济理论。这个理论的创立是对马恩科学社会主义观的重大发展，也是邓小平理论构建成为一个新的理论形态的根本标志。

——社会主义主体论。既然我们国家处于社会主义初级阶段，生产力发展水平落后，其他非社会主义的经济形式，包括某些资本主义经济成分都未丧失其存在和发展的理由，那么我国社会主义的现实状况，就是以社会主义为主体、允许其他有助于社会主义发展的非社会主义形式共存并进。这表现在所有制结构上，实行社会主义公有制为主体、多种所有制经济共同发展的基本经济制度；在分配方式上，实行按劳分配为主体，允许和鼓励资本、技术、管理等生产要素参与收益分配的多种分配方式并存的制度。此外，在政治关系上，随着港澳回归祖国，我国的政治制度以社会主义为主体、在少数地区实行资本主义。这种状况会存在相当长时期。社会主义主体论是相对于纯而又纯的社会主义观而言的，这是邓小平理论又一个重大的理论创造。

——社会主义本质论。对于社会主义的本质，过去讲得较多的是，公有制、按劳分配、计划经济、无产阶级专政、马克思主义为指导等，尽管过去没有使用这样的概念，却往往是在这种意义上去认识。其实，这些并不属于科学社会主义理论的共性内容，许多是属于苏联社会主义模式特质的东西。再则，这样的认识并不符合唯物史观从生产力和生产关系矛盾运动的两个方面来界定社会形态的原理。邓小平在"南方谈话"中对社会主义本质的新界定，既纠正了过去长期的偏颇认识，也改变了苏联社会主义模式的特质内容。无论从科学社会主义观的共性要求来看，还是从中国建设社会主义的历史经验来说，邓小平的新论揭示了社会主义最本质的内涵。

其他像社会主义根本任务论、社会主义发展动力论、社会主义精神文明建设论等等，都给社会主义理论赋予了新质规定，成为科学社会主义观的新形态的重要内容。

以上几个理论观点表明，经过艰辛求索创立的邓小平理论，是一个区别于老祖宗们的社会主义观念的新理论形态。列宁晚年讲到实施新经济政策使社会主义观念发生的变化时，曾经指出："对俄国来说，根据书本争论社会主义纲领的时代已经过去了，我深信已经一去不复返了。今天只能根据经验来谈论社会主义。""我们不得不承认我们对社会主义的整个看法根本改变了"。[①] 如果说列宁那时对社会主义观

① 《列宁全集》第34卷，北京：人民出版社1985年版，第466页；《列宁选集》第4卷，北京：人民出版社1995年版，第773页。

念的改变，还属于个别的、暂时的，那么，在我国，经过这些年的理论建构、政策实施、实践检验，有的原本意义的社会主义观念确实“已经一去不复返了”，有的还待以后的实践来检验。就已经成为现实、并在不断展示勃勃生机的社会主义而言，邓小平理论是科学社会主义理论创立以来形成的同马恩特质形态很不一样的又一个理论形态。也可以说，邓小平理论建构起了既具有科学社会主义理论共性的，又同以往理论形态有重大区别的新社会主义观。

理论形态的发展，同任何事物的发展一样，会显现出不同质的阶段性或层次性。一个半世纪的科学社会主义发展史，按照我国理论界以往的习惯说法，有马克思主义阶段(狭义的，或称马恩阶段)、列宁主义阶段、毛泽东思想阶段、邓小平理论阶段，云云。根据上面的分析，这里首先需要明确参照系，就什么而言可以这样讲，相对于什么又不好简单地这么说。从哲学上讲，仅这样来划分，就会出现把阶段的层次性简单化问题。若对这几个阶段加以具体分析，其质的规定性是不一样的，或者说，其理论形态部分质变的大小是不同一的，因此不是处于同一般大小的阶段，或属于不同层次的发展阶段。也就是说，有的理论形态的发展构成了较大的阶段，有的发展则是一个较小的阶段。邓小平理论的发展，是构成了一个与传统认识很不一样的大阶段。正因为如此，才称之为新的社会主义观。

邓小平理论对科学社会主义的发展，为什么能构成一个大的阶段呢？归根结底，还是列宁说的：一切都在于实践。“理论在变为实践，理论由实践赋予活力，由实践来修正，由实践来检验”。① 马恩将社会主义由空想变为科学，创立的社会主义理论，更多的是基于他们所

① 《列宁选集》第3卷，北京：人民出版社1995年版，第381页。

创立的哲学和政治经济学的理论逻辑的推论。他们那时并没有建设社会主义的实践。他们的理论认识是否正确，要由社会主义的实践来判别。所以，他们自己也只是把那些认识视为对未来社会的一种设想，从不认为是现成的模式。他们的有的观点，经受住了实践的检验；有的认识，则由实践作了修正。列宁主义的发展，就是对马恩的社会主义理论观点的部分修正。但是，列宁过早地逝世了，经历的建设社会主义的时间比较短。毛泽东进行社会主义探索的时间虽然不短，但对在中国这样生产力发展水平落后的国家建设社会主义，带有极大的开拓性。既然如此，那就会有成功的经验，也会有不成功的教训。这些都是后来形成邓小平理论的宝贵财富。正因为有毛泽东的艰辛开拓作先导，有苏联以来 70 多年的国际社会主义实践经验的积累，再加上我们国家改革开放以来取得巨大成就的丰富经验，因此，邓小平理论就具备了能将科学社会主义理论推进到一个大的发展阶段，形成新的理论形态的历史条件。

对科学社会主义理论史的发展阶段作这样的区别，是否贬低了那些未构成大的发展阶段的理论形态的地位呢？我以为，不会。第一，这不是一个情感问题，而是一个理性问题。在科学研究的入口处，要抛弃任何情感好恶因素，只能用理性思维来衡量一切。历史是最终的裁决者。第二，历史伟人的历史作用是不一样的，依照历史所给予的条件，他们各有各的特殊建树。有的在这方面的贡献更突出，有的在别的方面的贡献更大。分析某个历史伟人在这一方面的贡献，丝毫不意味着贬低别的历史伟人在其他方面的贡献。第三，这里只是分析理论贡献，而不涉及对历史伟人的总体的、全面的评价。通过分析，得出邓小平理论对马恩创立的科学社会主义的发展构成为一个大的阶段，丝毫不存在扬谁抑谁的问题。

就毛泽东而言，他对现代中国革命所发挥的历史作用，对创建新中国的丰功伟绩，在中国共产党内无以出其右。还是邓小平说的：如果没有毛泽东同志，我们中国人民至少还要在黑暗中摸索更长的时间。我们要永远把毛泽东同志作为我们党和国家的缔造者来纪念。这一点，我在去年纪念毛泽东诞辰110周年撰写的论文《毛泽东与中国共产党的历史发展》已作了展开论述。但是，就毛泽东对科学社会主义理论的贡献来说，尽管作了艰辛探索，主观上也很想对建设社会主义的理论作巨大发展，事实上也提出了不少正确的和比较正确的观点，但由于各种历史条件和主观方面诸多因素的作用，终究未能解决在中国怎样建设社会主义的一系列基本问题。对此，恩格斯说得好：每一时代的理论思维，都是一种历史的产物。“我们只能在我们时代的条件下去认识，而且这些条件达到什么程度，我们才能认识到什么程度。”①对于毛泽东，既不能脱离历史条件予以苛求，也不能将历史没有提出的任务提前赋予。事实上，毛泽东没能实现的夙愿，由以邓小平为核心的第二代中央领导集体创立的建设有中国特色社会主义理论完成了。这同样是中国共产党人对马克思主义的科学社会主义理论的巨大贡献。从这个意义上讲，邓小平理论将科学社会主义理论构成一个大的发展阶段，形成科学社会主义观的一个新的形态，无疑也包含了毛泽东的贡献。

三、“三个代表”重要思想是邓小平理论新形态的继续和发展

邓小平理论开创的科学社会主义观的新形态，在中国这片热土上

① 《马克思恩格斯选集》第4卷，北京：人民出版社1995年版，第337～338页。

还在继续发展。自1989年十三届四中全会以来，以江泽民为核心的第三代中央领导集体，在实践上努力将建设有中国特色社会主义伟大事业推向新世纪的同时，在理论上不断与时俱进，进行理论创新，在2000年春天提出了“三个代表”重要思想。

怎样认识“三个代表”重要思想同邓小平理论的关系呢，或者说，怎样评价“三个代表”重要思想在科学社会主义理论发展史上的地位呢？我以为，只要深入研究“三个代表”重要思想构建的理论体系内容，只要认真解读胡锦涛2003年“七一讲话”等文献的精神，对这个问题是不难作出科学回答的。

胡锦涛谈到党的十六大报告指出：十六大的主题是，高举邓小平理论伟大旗帜，全面贯彻“三个代表”重要思想，继往开来，与时俱进，全面建设小康社会，加快推进社会主义现代化，为开创中国特色社会主义事业新局面而奋斗。十六大报告的全部内容都是紧紧围绕这一主题展开的。报告清楚地向世人昭示：中国共产党要走的道路，就是邓小平开辟的、以江泽民为核心的党中央坚持并发展了的中国特色社会主义道路。

胡锦涛2003年“七一讲话”说：十三届四中全会以来，以江泽民为主要代表的当代中国共产党人，高举邓小平理论伟大旗帜，准确把握时代特征，科学判断党所处的历史方位，围绕建设中国特色社会主义这个主题，集中全党智慧，以马克思主义理论的巨大理论勇气进行理论创新，逐步形成了“三个代表”重要思想这一系统的科学理论。这一科学理论在建设中国特色社会主义的思想路线、发展道路、发展阶段和发展战略、根本任务、发展动力、依靠力量、国际战略、领导力量和根本目的等重大问题上取得了丰硕成果，用一系列紧密联系、相互贯通的新思想、新观点、新论断，进一步回答了什么是社会主义、怎样建设社会主义的问题，创造性地回答了建设什么样的党、怎样建设党的问题。他还指出："三个代表"重要思想，运用马克思列宁主义、毛泽东思想特别是邓小平理论，根据新的实践，提出了关于建立社会主义市场经济体制的思想，关于公有制为主体、多种所有制经济共同发展是我国社会主义初级阶段的基本经济制度的思想，关于按劳分配为主体、多种分配方式并存的思想，关于实行全方位对外开放战略的思想，关于社会主义物质文明、政治文明和精神文明协调发展的思想，关于正确处理改革发展稳定的思想，关于建设社会主义法治国家的思想，关于依法治国和以德治国相结合的思想，关于走中国特色的精兵之路的思想，关于巩固党的阶级基础和扩大党的群众基础的思想，等等。这些都说明"三个代表"重要思想是坚持马克思主义的典范，又是发展马克思主义的典范。"三个代表"重要思想是面向21世纪的中国化的马克思主义。

显然，胡锦涛对"三个代表"重要思想作了高度评价。这个评价的一个重要思路，就是紧紧围绕"三个代表"重要思想与邓小平理论的关系来进行论述。上面两段文字表明：

——当代中国共产党人在十三届四中全会以来走过的道路，是十一届三中全会以后党所开辟的中国特色社会主义道路。以邓小平为核心的第二代中央领导，是这条道路的开拓者。以江泽民为核心的第三代中央领导，坚持并发展了这条道路。今后中国共产党还要坚定不移地继续沿着这条道路走下去。如果说邓小平理论是开拓这条道路的实践经验的总结。那么，"三个代表"重要思想则是坚持发展这条道路的实践经验的总结。无论就实践道路，还是就其理论总结来看，这两者是开拓与坚持和发展的关系。

——"三个代表"重要思想的理论内容是围绕着邓小平提出的建设

有中国特色社会主义这个主题，总结新的实践经验而形成的。胡锦涛论列的“三个代表”重要思想理论内容的9个方面与十四大概括邓小平理论内容的9条，既一脉相承，又与时俱进。围绕这同一个主题所形成的两个理论体系，不能不具有直接的传承关系。

——“三个代表”重要思想的理论创新，归结起来，是在邓小平理论的基础上，进一步回答了什么是社会主义、怎样建设社会主义的问题，创造性地回答了建设什么样的党、怎样建设党的问题。胡锦涛列举的“三个代表”重要思想对马克思主义理论所作重大贡献的那10个问题，集中起来就是深化了对邓小平提出的中国特色社会主义这个根本问题认识上的贡献。这就是说，“三个代表”重要思想，紧密结合新的实践，将邓小平理论向前推进了、丰富了、发展了，从而深化了中国特色社会主义理论。

邓小平理论在十四大曾被称之为“邓小平同志建设有中国特色社会主义的理论”。这可视为它的本名。现在，我们若将对中国特色社会主义实践经验所作的理论总结，一言以蔽之，概括为“中国特色社会主义理论”的话，邓小平理论就是这个“中国特色社会主义理论”的本源理论。“三个代表”重要思想实际上就是对中国特色社会主义理论的丰富和发展。以邓小平为核心的第二代中央领导，是这个“中国特色社会主义理论”的创始者；以江泽民为核心的第三代中央领导，则是这个理论的继承者和推进者。

邓小平理论既然是科学社会主义观在当代发展的新形态，那么，综上所述，按照理论的逻辑，完全可以说，“三个代表”重要思想这个丰富和发展了的中国特色社会主义理论，即面向21世纪的中国化的马克思主义，就是邓小平理论所开创的科学社会主义观的新形态的新发展。

科学社会主义观在当代的新形态，或者说，这个新形态的创建和发展，凝聚了以两代中央领导集体为代表的中国共产党人的智慧和心血。科学社会主义观的当代形态，还会继续丰富和发展。因为马克思主义是科学真理。作为科学的真理观，它没有穷尽真理，也不可能穷尽真理，而只是为继续探究真理、发现真理，开辟无限广阔的道路。在中国这个世界上最大的在许多方面具有多元形态的发展中国家建设社会主义，经验与教训都会是多姿多彩的。富有理论思维传统的中国共产党人，作为马克思主义这一脉统的传承者，将为继续丰富和发展马克思主义作出应有的贡献。

伟大的思想解放*

——纪念真理标准大讨论 30 周年

人类四百多年来的近现代文明，经历了一次又一次伟大的思想解放。这既有由科学革命或文艺复兴引发的，也有由政治诉求或哲学启蒙产生的。每一次伟大的思想解放都极大地推进了社会历史的发展进步。真理标准大讨论引发的思想解放，既是中国近现代历史上伟大的思想解放，也是世界近现代历史上伟大的思想解放。

一、关于真理标准大讨论引发的思想解放的界定

这里应明确几个概念。

一曰真理标准大讨论是个特定的历史时段。就真理标准大讨论的主题为破除“两个凡是”的迷信而言，回首当年，应以 1977 年 5 月邓小平的《“两个凡是”不符合马克思主义》谈话为这段历史的起点。如果将真理标准大讨论比喻为一

---

* 该文发表于 2008 年 5 月 12 日《文汇报》。同年第 13 期《新华文摘》全文转载。收入本书，有个别文字改动。

场大戏，上面的谈话就是序曲。两篇特约评论员文章(1978 年 5 月中旬的《实践是检验真理的唯一标准》和 6 月下旬的《马克思主义的一个最基本的原则》)，是这场大戏的“开场锣鼓”。邓小平的三个讲话(1978 年 6 月初在全军政治工作会议上的讲话、9 月视察的“北方讲话”和年底发表的被称为十一届三中全会主题报告的《解放思想，实事求是，团结一致向前看》讲话)，对真理标准大讨论的展开，否定“两个凡是”的错误方针起了决定性作用，因而邓小平成为唱大戏的主角。1981 年 6 月党的十一届六中全会通过的《关于建国以来党的若干历史问题的决议》，为这场大讨论作了重要总结，是“压轴戏”。同年 11 月《人民日报》发表关于真理标准补课的最后一篇报道性文章，意味着这场历史性的讨论大体结束，即大戏谢幕。这样，真理标准大讨论经历了 4 年半时间。

二曰真理标准大讨论引发的思想解放要求，作为党的思想路线是党一直坚持的。真理标准大讨论的伟大理论成果是批判和否定了“两个凡是”的错误方针，充分肯定了必须完整地、准确地掌握毛泽东思想的科学体系，重新确立了马克思主义的思想路线，即解放思想、实事求是。邓小平高度评价真理标准大讨论，指出：实践是检验真理的唯一标准问题的讨论，实际上是要不要解放思想的争论，“是个思想路线问题，是个政治问题，是个关系党和国家的前途和命运的问题。”①解放思想不是实事求是之外的另一个东西，而是实事求是内在的要求。这是主观认识客观事物的两种表达方式，即解放思想是实事求是的动态表现形式。邓小平说得好：“解放思想，就是使思想和实际相结合，使主观和客观相符合，就是实事求是。今后，在一切工作

① 《邓小平文选》第 2 卷，北京：人民出版社 1994 年版，第 143 页。

中要真正坚持实事求是，就必须继续解放思想。”[①]因此，从党的十二大开始，就将解放思想明确为党的思想路线的基本要求。十七大党章指出：坚持解放思想，实事求是，与时俱进。党的思想路线是一切从实际出发，理论联系实际，实事求是，在实践中检验真理和发展真理。20 多年来，关于党的思想路线的这一要求始终未变。这充分说明真理标准大讨论引发的思想解放的历史影响力是长时间起作用的。

三曰真理标准大讨论引发的思想解放历程是波浪式的前进运动。真理标准大讨论引发的思想解放，一方面作为党的思想路线内涵，贯穿于改革开放以来历史的全过程，从这个意义上说，十一届三中全会以来的历史就是思想解放的历史。另一方面，思想解放历程的状态，同任何事物一样，不是直线式的，而呈波浪式，有时比较突出、集中、波澜壮阔，处于高潮状；有时则相对和缓、平静，为非高潮状。就高潮言，由于起潮的能量不一样，它也有大有小，表现为大高潮、次高潮之类。30 年来，思想解放的大高潮经历了两次，次高潮有若干次。第一次大高潮就是 1978 年真理标准大讨论；再一次就是 1992 年邓小平“南方谈话”和十四大。思想解放的次高潮有多次。一是发生在两次大高潮间，如 1984 年十二届三中全会通过的《关于经济体制改革的决定》，在党的指导思想上对“什么是社会主义”有了新的认识；1987 年的十三大提出社会主义初级阶段理论等新思想新政策，对“什么是社会主义”和“怎样建设社会主义”又有新的认识。二是在 1992 年邓小平“南方谈话”以来，作为较大的次高潮，如 1997 年的十五大将邓小平理论明确为党的指导思想，宣布邓小平理论是马克思主义在中国发展的新阶段所引发的思想解放。2001 年的“七一讲话”和 2002 年

---

① 《邓小平文选》第 2 卷，北京：人民出版社 1994 年版，第 364 页。

的十六大，系统论述“三个代表”重要思想，对马克思主义执政党的建设理论讲的新话引发的思想解放。2007 年的十七大，阐发科学发展观等一系列新论也贯穿了思想解放的精神。以上这些，都可视为以真理标准大讨论为源头引发的思想解放大潮的继续。

二、真理标准大讨论引发的思想解放对当代中国发展进步巨大而深刻的影响

这个影响是多方面的，也可说是全方位的。最主要的：

首先，通过真理标准大讨论重新确立的马克思主义的思想路线，既为拨乱反正、正本清源提供了强大思想武器，也为中国进行以改革开放为主题的第二次伟大革命奠定了坚实的思想基础。在粉碎“四人帮”后，由于“两个凡是”的紧箍咒，纠正各个领域“左”的错误异常艰难。本来，实践是检验真理的唯一标准是马克思主义哲学的 ABC，但“两个凡是”作梗，却需要重新破除迷信，进行启蒙教育。经过十一届三中全会充分肯定真理标准大讨论，才实现从“两个凡是”向实事求是的转变，重新确立起马克思主义的思想路线。此后，不仅拨乱反正工作全面迅速展开，而且为改革开放和现代化建设的第二次伟大革命的健康发展，提供了思想保证。正因为有正确的思想路线的指引，才有当代中国的 30 年巨变。十七大报告指出，坚持解放思想、实事求是、与时俱进，让当代中国马克思主义放射出更加灿烂的真理光芒。这表明中国共产党人会继续坚持马克思主义思想路线，真理标准大讨论引发的思想解放的影响力将持续下去。

第二，真理标准大讨论引发的思想解放，既是确立以邓小平为核心的中央领导集体的巨大推动力，又为第二次伟大革命的发动和不断展开提供了丰富的干部资源。推倒“两个凡是”，天安门事件得到平

反，全党衷心拥护的邓小平迅即成为第二代中央领导集体的核心。随后，不仅“文革”中的冤假错案得到申雪，而且历史上的许多冤假错案也得到改正，广大受迫害的革命干部重新走上领导岗位，焕发革命青春，成为领导第二次伟大革命的强大中坚。思想的大解放，有利于一批批忠诚于党和人民事业、又有领导能力的革命化、知识化、专业化、年轻化的干部茁壮成长，平稳、有序地实现了各级组织和领导的一次次新老交替。这是中国特色社会主义事业继往开来，国家30年发达兴旺的组织保障。

第三，真理标准大讨论引发的思想解放，直接掀起了十一届三中全会后汹涌澎湃的改革开放大潮，当代中国进入建设中国特色社会主义的新的历史时期。经过拨乱反正，批判“左”的错误之后，党的政治路线实现了从以阶级斗争为纲到以经济建设为中心、从僵化半僵化和封闭半封闭到全面改革开放、从计划经济到社会主义市场经济的伟大历史转折，经过总结过去的历史经验和改革开放以来的新鲜经验，终于开辟了中国特色社会主义道路，中国人民的面貌、社会主义中国的面貌、中国共产党的面貌发生了历史性变化。一个面向现代化、面向世界、面向未来的社会主义中国巍然屹立在世界东方。十一届三中全会前后的实践证明：这是在中国建设社会主义的唯一正确道路，也是发展中国、富强中国的唯一正确道路。

第四，真理标准大讨论引发的思想解放，为十一届三中全会后的理论创新开辟了异常广阔的空间。邓小平指出：只有解放思想，坚持实事求是，一切从实际出发，理论联系实际，我们的社会主义现代化建设才能顺利进行，我们党的马列主义、毛泽东思想的理论也才能顺利发展。改革开放以来，我们党实现的马克思主义基本原理与当代中国实际和时代特征相结合的第二次历史性飞跃，从实践层面说，探索到了中国特色社会主义道路；在理论层面讲，是创立了一个又一个马克思主义中国化的新成果。它的最初成果是邓小平理论，真理标准大讨论是邓小平理论的逻辑起点。随后又创立了“三个代表”重要思想和科学发展观等马克思主义中国化最新成果。十七大指出：十一届三中全会以来的上述理论创新，都属于“中国特色社会主义理论体系”。由于邓小平理论是这个理论体系的原创理论，此后的理论都是对它的继承和发展。这样，真理标准大讨论也可视为中国特色社会主义理论体系的逻辑起点。这个理论体系是个不断发展的开放体系。因而，真理标准大讨论引发的思想解放还会对今后的理论创新发生深刻影响。

前不久，胡锦涛讲到改革开放 30 年的成就说：从 1978 年到 2007 年，我国的国内生产总值占全球的比重由 1%上升 5%以上；进出口总额占全球的比重由不足 1%上升到约 8%；农村贫困人口从 2.5 亿减少到 1000 多万；我国经济对世界经济增长的贡献率超过 10%。这些成就也可视为真理标准大讨论引发的思想解放的伟大成就。按照毛泽东的说法，这乃“精神变物质”的伟大成就。真理标准大讨论，推进当代中国发展进步的伟大功绩将光耀青史。

三、真理标准大讨论引发的思想解放在中国近现代史上的地位

人类的近现代历史，越来越凸显思想解放对社会发展的推动作用。一般说来，思想解放的程度，决定着社会发展进步的幅度。我国近现代以来，经历了数次思想解放运动。但就思想解放的广度和深度言，真理标准大讨论引发的思想解放，超过了以往任何一次。上个世纪 80 年代，曾说真理标准讨论是第三次思想解放运动，后来又说辛亥革命也是一次思想解放运动。作为学术问题，不必定于一尊。即使

加上辛亥革命，也不如真理标准大讨论引发的思想解放深刻、宏伟，气势磅礴，对社会发展进步的直接推动持久。

——辛亥革命前后引发的思想解放。辛亥革命作为政治革命，推翻了封建帝制，开启了中国民主政治的先河。但讲思想解放，还要上溯到中日甲午战争后为挽救民族危机而掀起的戊戌变法运动。那时，维新派思想家严复对“西学”(即西方资产阶级的政治、经济和社会学说)的译介，康有为、梁启超对变法思想的宣传，引发了跨世纪的思想解放；随后，革命派创办刊物、发表时论，鼓吹革命，传播共和思想，接续和扩展了思想解放潮流，尽管其内容不尽一样，但面向世界、变革社会的精神是相通的。辛亥革命思想解放的影响主要在知识界和革命党人中，并未播及社会底层成为广大民众的思想武器。因此，没有多久，革命成果即被袁世凯窃取，社会经历了一段不短时间的反动和动荡。

——五四新文化运动开始引发的思想解放。五四运动，从政治层面言，是反帝反封建的新民主主义革命的伟大开端。从思想层面言，始于新文化运动引发的思想解放的影响力比辛亥革命前后的思想解放要大许多。它以陈独秀、李大钊等为代表，担当着辛亥革命没有解决的思想革命任务，对中国社会的发展进步立有两大功勋。一是高举民主与科学两面大旗，冲决封建罗网，破除了以孔夫子的是非为是非的真理标准观，促进了中西思想文化的真正交融。民主与科学这两个伟大思想，直到现在还激荡着中国社会。二是使不断地苦苦求索救国救民真理的先进的中国人，在向西方学而不得之后，接纳了十月革命的礼炮送来的马克思列宁主义，使之成为观察和改变中国发展道路的强大思想武器，催促了中国共产党的诞生。但是，随着大革命的失败，五四运动的革命精神遭到窒息。

——延安整风运动引发的思想解放。这是中国共产党领导的一次思想解放运动。当时，中国共产党还不是执政党，这个运动在抗日民主根据地进行，通过系统学习马克思主义理论和总结中国革命经验，使广大党员特别是领导干部，既提高理论水平，又增强革命本领。整风学习，一方面，将马克思主义理论中国化，使之具有中国特点；另一方面，将中国革命经验马克思主义化，使之具有理论形态。这样互动的结果，实现了马克思主义基本原理与中国革命具体实际相结合的第一次历史性飞跃，在党的指导思想上既明确了实事求是的思想路线，又创立了中国共产党的第一个伟大理论成果——毛泽东思想。在毛泽东思想指引下，不仅取得中国革命伟大胜利，创建了新中国，而且初步地建立起社会主义基本制度。但从 1957 年反右派斗争开始，党的指导思想就犯了“左”的错误，按照邓小平的说法，这一“左”就是 20 年。

——真理标准大讨论引发的思想解放。同上述几次思想解放运动比较，这一次有几个新的特点。第一，它区别于辛亥革命和五四时期的思想解放运动，是中国共产党作为执政党有领导、有组织、自觉地进行的，力度空前。第二，它区别于延安整风的思想解放运动，是中国共产党在全国范围开展的，规模空前。第三，它的锋芒指向是党自身的两位主席。直接指向华国锋提出的“两个凡是”指导思想，间接指向毛泽东的晚年错误，而毛泽东又是延安整风思想解放运动的主要领导人。辛亥革命和五四时期的思想解放运动不存在这个问题。延安整风的思想解放运动，主要是批判已经不在党中央主要领导岗位的领导人，其阻力不能同这个时期相比。因此，真理标准大讨论引发的思想解放的深刻程度空前。第四，它的高潮时间空前。以辛亥革命为代表跨世纪的思想解放，其高潮很短，有如昙花一现。五四时期的思想解放高潮，从新文化运动到马克思主义在中国传播引发的论争，有4年左右。延安整风思想解放的高潮，从《改造我们的学习》到七大召开，也有4年多。真理标准大讨论引发的思想解放，通过前述界定，有4年半时间；也有算到1987年十三大的，因为它首次提出中国共产党人实现了马克思主义基本原理与当代中国实际和时代特征相结合的第二次历史性飞跃，开始找到建设有中国特色社会主义道路。这样，就有10年，其高潮持续的时间比较长。

就社会影响力言，将真理标准大讨论引发的思想解放，同五四新文化运动开始引发的思想解放和延安整风运动引发的思想解放并列为中国20世纪的三大思想运动，我以为是站得住的。

四、真理标准大讨论引发的思想解放在世界近现代史上的地位

中国古代的封建文明为人类社会的发展进步做出过卓越贡献，创造的财富曾雄踞世界之冠达1500年之久；直到1820年，大清帝国的国内生产总值仍占全球GDP的33%。这无疑是人类文明发展史上的伟大奇迹。但是，风水轮流转。到了近代，中国封建文明急剧衰败，西方资本主义文明异军突起。如恩格斯所说，资本主义在短短的几百年内所创造的财富，超过了人类几千年的历史。而资本主义文明的巨大发展，又与14世纪以来的三次最伟大的思想解放有密切关系。

——首先是14世纪至16世纪的欧洲文艺复兴运动。历史的发展使中世纪的封建生产关系在欧洲从14世纪开始衰败，出现资本主义生产关系的萌芽。新兴资产阶级为了反对中世纪神学的束缚，高擎复兴古希腊、罗马文化艺术大旗，揭露教会的黑暗腐败，反对禁欲主义，颂扬尘世生活，宣扬以人为本思想，强调张扬个性的人文主义。

这是欧洲文明史上伟大的思想解放，它以但丁、莎士比亚、达·芬奇等一大批文化巨人为代表。恩格斯非常赞赏欧洲文艺复兴运动引发的思想解放，指出：“这是人类以往从来没有经历过的一次最伟大的、进步的变革，是一个需要巨人而且产生了巨人——在思维能力、激情和性格方面，在多才多艺和学识渊博方面的巨人的时代。”①文艺复兴是社会、经济、政治、文化、科学发生全面转折的伟大时代，是新兴资产阶级在思想文化领域里，向封建主义和基督教神学体系发动的一场伟大革命。它解放了人的思想，从根本上动摇了整个西方神学世界观的基础。欧洲文艺复兴运动标志着一个新时代的到来。

——其次是16世纪至17世纪的科学革命。在远古时代，人们只能凭直觉观察和认识宇宙。古希腊天文学家提出的“地球中心说”，与基督教宣扬的上帝创造地球和人的“创世说”相吻合，遂被宗教利用，成为中世纪神学的理论支撑，统治欧洲社会1600多年。在欧洲文艺复兴运动的影响下，从16世纪始，先是哥白尼提出“日心说”，挑战这个维护神权理论的“地心说”。随后是布鲁诺、伽利略等在教会围剿“日心说”时挺身而出坚决捍卫，不惜献出生命。伟大的科学家们追求真理而进行的科学革命，不仅奠定了现代自然科学的基础，而且将人们的思想从神学中解放出来。如果说文艺复兴运动是人学反对神学的斗争，那么，这场经历百年的斗争则是科学反对神学的伟大革命。它引发的思想解放，推动世界历史步入资本主义时代。

——再次是17世纪至18世纪的启蒙运动。随着资本主义的日益发展，资产阶级与宗教神学和封建专制制度的矛盾愈益尖锐，冲破宗

① 《马克思恩格斯选集》第3卷，北京：人民出版社1995年版，第261～262页。

教压迫、打碎专制统治的要求更加强烈。启蒙运动发源于英国，鼎盛于法国，风靡于欧洲，波及到北美，是一场有强烈政治诉求的思想文化运动。它高扬理性精神，强调“自由、平等、博爱”是人与生俱有的权利，使人们的思想获得了空前解放。它的两个重要思想成果，是美国的《独立宣言》和法国的《人权宣言》。这两朵最绚丽的思想之花结出了两个最灿烂的政治之果：一是打败英国殖民主义的美国独立战争的胜利，二是摧毁封建专制制度的法国大革命的胜利。这两大革命的胜利，既是两国资产阶级夺取政权的胜利，也是启蒙运动引发的思想解放的伟大胜利。

上述三大思想解放运动，犹如思想革命的接力棒，推动着资本主义进入发展的黄金时代。同时，它撒播的思想种子超越时空，成为人类文明的宝贵财富，又继续引发新的思想解放，掀起震撼世界的更加伟大的思想革命。这就是以《共产党宣言》发表为标志的马克思主义理论的诞生。就它科学地揭示了人类社会历史发展的客观规律，“以天才的、透彻而鲜明的语言描述了新的世界观”①而言，也可称为世界近现代史上的第四次伟大的思想解放运动。马克思主义的诞生，使人类实现了一个自觉地创造历史，一代接一代地去努力实现人的自由而全面发展的新时代。这既是人类思想史的一次空前伟大的革命，也使尔后的历史进入了全世界的无产者和劳动者，以及被压迫的民族为争取解放而前仆后继进行英勇斗争的壮丽时期。它的理想蓝图正在以各种方式变为现实。

上述四大思想解放运动，都对中国近现代历史产生了巨大影响。前述近代中国的辛亥革命和五四运动的思想解放，直接受惠于启蒙运

① 《列宁选集》第2卷，北京：人民出版社1995年版，第416页。

动，搬用法国启蒙运动思想作为反对中国封建专制主义的精神武器。延安整风运动作为马克思主义教育运动，直接源于世界近现代史上的第四次伟大的思想解放运动，由于人们比较熟悉，这里姑且不论。就其与前三大思想解放运动的关系而言，它直接进行的思想解放虽然与西方资产阶级思想解放运动没有明显关系，但也有重要影响。这个影响，一是间接的，如我们所说的实现马克思主义基本原理与中国革命实际相结合的第一次历史性飞跃就与此有关。因为马克思主义是吸纳了人类文明一切优秀成果，包括上述三大思想解放运动的革命精神的结晶。作为党的指导思想的毛泽东思想实现了马克思主义中国化，从某种意义上说，也是将西方最伟大的文明成果融入了中国文明。二是直接的，即吸收了它们的某些思想元素，如七大的政治口号就是为建设独立、自由、民主、统一、富强的新中国而奋斗，这里有启蒙运动思想的鲜明色彩。

真理标准大讨论引发的思想解放，更是马克思主义正本清源的伟大思想解放运动，这里也暂且不表。就与前三大思想解放运动的关系言，它既与西方的思想解放运动有着剪不断的渊源关系，又使西方文明与中国文明进一步结合，更加融合。这主要表现为：

——一是实践是检验真理唯一标准这个主题，就直接源于继承了启蒙运动唯物主义思想的马克思主义辩证唯物主义哲学。尽管否定“两个凡是”的实事求是乃中国文化形式，但其内核是西方文明思想。

——二是党的指导思想实现的马克思主义基本原理与当代中国实际和时代特征相结合的第二次历史性飞跃，实际上是在马克思主义民族化的基础上进一步实现了马克思主义当代化。所谓当代化，就是与时俱进和与世俱进，这里的“时”与“世”都融入了西方文明的优秀元素，去其糟粕，取其精华，加以改造，为我所用。如科学发展观等思想的提出，莫不如此。

——三是政治上的改革开放路线，由封闭半封闭转向全面开放，由计划经济转向社会主义市场经济，在坚持独立自主的和平外交政策的同时，与各国的交流合作更加广泛，参与国际事务发挥的建设性作用更加突出。这说明中国的经济社会的发展进步越来越融入经济全球化，中国的前途命运日益紧密地同世界的前途命运联系在一起，中西两大文明正在空前地融合，尽管在融合中仍保持着自己的特色。

——四是思想解放不是目的，而是实现社会进步和人的发展的手段。西方文明的三大思想解放，都是为了反对神权，要求和发展人权。近现代中国的思想解放，也是要求实现社会进步和人的发展。特别是真理标准大讨论引发的思想解放，在使中国向全面建设小康社会的目标迈进之后，人们越来越认识到最后是为了实现人的自由而全面的发展。这个思想又直接源于马克思主义。因此，思想解放的精神是相通的。

西方发达国家进入近代历史比中国的近代历史整整早200年，上述三次思想解放更早。这是西方发达国家经济社会发展程度比中国经济社会发展程度更高的一个历史的和精神的因素。但是，真理标准大讨论引发的思想解放使中国进入改革开放新时期后，我国经济社会发展的许多指标表明，它是当今世界上发展最快的。西方文明的优秀成果在吸收，目前西方文明所没有的思想解放的精神状态激励着中国人民在创造。这种精神状态正在成为缩短与西方发达国家经济社会发展差距的强大动力。如果说上述三大思想解放，曾经使西方文明引领世界风骚，那么，在马克思主义理论直接指导下开展的真理标准大讨论引发的思想解放，创造的中国改革开放30年的伟大成就，也使当今世界各国刮目相看。不必说马克思主义理论本身就是属于世界的，仅从它创造的世界奇迹这个意义上讲，真理标准大讨论引发的思想解放，同样既是属于中国的，也是属于世界的。

五、当代中国的发展进步还要继续解放思想

改革开放30年的历史巨变，靠的是解放思想。十七大指出：解放思想是发展中国特色社会主义的一大法宝。今后要发展进步，还要继续解放思想。当然，在不同时期，解放思想有不同的要求和内涵。尽管如此，但有一点是共同的，即坚持三个面向：面向现代化、面向世界、面向未来。因为现在的世界是开放的世界，中国的发展离不开世界，要赢得与资本主义相比较的优势，就必须大胆吸收和借鉴人类社会创造的一切文明成果。这也包括西方发达国家的优秀文明成果。要做到这一点，又必须如邓小平多次强调的：改革开放的胆子要大一些，敢于试验。没有一点闯的精神，没有一点“冒”的精神，就走不出一条新路。不冒点风险，办什么事情都有百分之百的把握，谁敢说这样的话？领导层要善于总结经验，对的就坚持，不对的赶快改，新问题出来抓紧改。因此，解放思想不是空喊口号，而是要付诸行动、并要有点闯的精神的大智慧、大胆略。

邓小平在“南方谈话”中还说：恐怕再有30年时间，我们才会在各方面形成一整套更加成熟、更加定型的制度。我以为，这不仅是指市场经济制度，也包括民主政治制度、文化发展制度和社会建设制度等。这就需要深化改革，深入进行各个领域的改革，特别是目前比较滞后而与经济体制改革不那么协调的政治体制改革，从而才能经过30年时间——建党百年左右，也是全面建设小康社会之时，“在各方面形成一整套更加成熟、更加定型的制度”。这是中国人民的企盼，也是今后思想解放承担的重任。

党的人物

科学地评价党的历史和毛泽东*

中国共产党在新中国成立后，又领导中国人民走过了32年伟大而不平坦的历史道路。党的理论、路线、方针和政策受到了实践的反复检验，党既取得了巨大的成功，也遭受过严重的挫折；既积累了丰富的经验，也饱尝过沉痛的教训。粉碎“四人帮”以后，特别是党的十一届三中全会以后，不少人曾以不同的方式，从不同的侧面，对新中国成立以来的这段历史进行过认真的总结，发表了许多启迪思想、富有胆识的深刻见解，对党全面地总结历史经验很有帮助。《关于建国以来党的若干历史问题的决议》(简称

---

* 这是作者参加“历史决议”起草组工作后，在1981年为宣传“历史决议”写的论文，原标题为《总结历史经验的典范——学习〈关于建国以来党的若干历史问题的决议〉》。本文是对《历史决议》的宏观解读，主要讲了四个问题。一是站在人民群众的立场上，正确地认识新中国成立以来取得的历史成就；二是以历史的分析态度，辩证地看待新中国成立后历史发展的曲折；三是分清是非功过，科学地评价毛泽东的历史作用；四是从实际出发，郑重地改变一些重要的历史提法，进行新的历史概括。《历史决议》对党和毛泽东作出的实事求是的评论，博得了全党全国人民的衷心拥护。本文原载《红旗》1981年第14期，荣获《红旗》优秀理论文章(1979—1983)奖。收入本书时有文字改动。

《历史决议》)，可以说集中了全党的正确意见，吸取了这几年总结历史经验的一切好的成果。

宋代大诗人苏轼在一首咏庐山的名诗中写道："横看成岭侧成峰，远近高低各不同。不识庐山真面目，只缘身在此山中。"许多同志都经历了"文化大革命"的不幸，痛定思痛，回顾历史，一时难以排除感情的纷扰，把新中国成立以来历史中的错误看得过重了，不能得出客观的、公正的评价，这是可以理解的。但是，马克思主义要求我们看问题切忌主观性、片面性和表面性，要以冷静的、理智的头脑和科学分析的态度严格地解剖历史。毛泽东在延安时曾说过：看问题，第一要客观，不要主观；第二要全面，不要片面；第三要看本质，不要只看现象。这三句话，对马克思主义的认识方法作了精辟的概括，也是我们分析新中国成立以来的历史问题的基本方法。这次发表的《历史决议》正是运用这种马克思主义的方法，对新中国成立以来的历史经验教训作出了深刻的总结，是党总结历史经验和科学评价毛泽东的典范，也是马克思主义的伟大历史文献。

一、站在人民群众的立场上，正确地认识建国以来的历史成就

"历史活动是群众的事业"。① 这是历史唯物主义的一个基本观点。不仅古代的历史活动是人民群众的事业，当代社会主义的历史活动同样是人民群众的事业。在社会主义国家里，情况更是这样。在我国，1949 年夺取政权以后，工人、农民、知识分子和其他劳动者已成为国家的主人，是社会主义新生活的创造者。我们每个社会成员作

① 《马克思恩格斯全集》第 2 卷，北京：人民出版社 1957 年版，第 104 页。

为新生活的创造者，都参加了这一伟大的事业。中国共产党和它的领导人进行的一切活动，也是为了这一伟大的事业，并在这一伟大事业中起领导者和组织者的作用。因此，回顾历史，首先应该把我们国家32年的历史，看成是人民群众为社会主义而斗争的历史；是广大人民群众自己奋斗的历史，而不只是党的某个领导人的功过记录，更不应当把党的领导人同人民群众完全对立起来。只有站在国家主人翁的立场上，着眼于广大人民群众，而不是囿于因个人不幸遭遇所遗留的创伤，来总结历史经验，才能不为纷繁错乱的表面现象所迷惑，从而紧紧地把握住历史发展的本质，比较客观地看问题。

《历史决议》正是立足于人民群众是新中国历史的创造者这个基本点，来总结新中国成立以来的历史经验的。它把我们党的事业看做是人民的事业，把广大人民群众的革命实践看做是历史活动的主体，并且以广大人民群众的革命实践作为评价历史、衡量是非的尺度。这样，对于新中国成立以来历史的总结就得出了顺乎事理、合乎民心的结论。这些结论是客观的，它揭示了我国历史发展过程的实际面貌；这些结论是积极的，它将振奋人民群众的革命精神，继续为社会主义建设事业贡献力量。

《历史决议》指出，新中国成立以后的历史，总的说来，是中国共产党在马列主义、毛泽东思想指导下，领导人民进行社会主义革命和社会主义建设并取得巨大成就的历史。《历史决议》对32年来党在政治、经济、文化、国防和对外关系等方面的主要成就作了概括。这些成就，是任何一个不抱偏见的人都会承认的客观事实。当然，这些成就还是初步的，特别是在经济方面的成就，与人们期望的还有很大差距，确实没有任何理由自满。过去林彪、“四人帮”横行时，闭关锁国，妄自尊大，把落后当先进，这样的蠢事不能再干了。但是，随着国际交往的不断扩大，随着我们自己的弱点、落后面的不断暴露，随着过去工作中的错误和挫折对国计民生的影响越来越被人们所认识，于是就忽视和否认我们的成就，把自己的国家看得一无是处、一塌糊涂，这也是不对的。我们国家与一些经济发达的国家相比，在一些方面是落后的，但这是由于多方面的原因造成的，要作具体分析。我们国家与这些国家的历史条件和自然条件很不一样，把一些不可比的东西拿来进行简单的类比，是很难得出正确结论的。

我们不反对比较。我们赞成拿客观条件大体相同的对象进行合理的比较，以便从有启发性的对比中帮助人们分析问题。拿我国同原来在许多方面都有类似之处的印度相比较是合情合理的。这两个国家都是第二次世界大战以后独立或解放的，有古老的文明，但又是人口众多、贫穷落后的大国。不同的地方，一个是社会主义制度，一个是资本主义制度。这样的对比可以从一个侧面看出哪种社会制度优越，看出我们的人民是在怎样建设自己的国家。

印度经济专家拉马斯瓦米 1980 年到我国进行访问，对印度与中国 30 多年的历史发展状况作了一番比较。据这位专家提供的材料，在 1949 年，中国远比印度的条件要差，但是到了 1980 年，因这两个大国各自选择的道路不同，情况发生了相反的变化。例如：粮食产量，中国是 33000 万吨，印度只有 14000 万吨，而印度的耕地面积比中国还多 3000 万公顷；钢，中国是 3300 万吨，印度只有 800 万吨；煤，中国是 60000 万吨，印度只有 12000 万吨；石油，中国是 10600 万吨，印度只有 1200 万吨；发电量，中国是 2820 亿度，印度只有 1030 亿度。就人民生活而言，这位专家说，按人口计算，中国的平均收入两倍或三倍于印度；尽管在印度上层社会中占人口 10％的最有钱的人的生活远比中国人富裕，但是印度其余 90％的人的生活，则是明显不如中国。另外，据有关方面统计，从 1949 年到 1979 年，我国的工业生产增长 40 倍，印度只增长 4 倍多；我国的农业生产增长 27 倍，印度只增长 12 倍；1979 年按人口平均的国民生产总值，中国为 260～270 美元，印度只有 183 美元；按人口平均的粮食产量，中国为 332 公斤，印度为 201.2 公斤。① 当然，应该指出，印度也有它的长处。这些年，印度人民在提高粮食产量、发展现代化工业、科学技术和教育事业等方面所作的努力，都有值得借鉴的地方。

比较从来都是相对的，也是有局限的。我们不能据此轻率地去作什么全面的结论，但是，从这一比较中，有一点是很清楚的：中国和印度由于社会制度的不同所造成的经济发展和其他方面的差别，则是不小的。这就从一个侧面说明，对新中国成立 32 年来的成就不能低估，不要自己小看了自己。消极悲观、妄自菲薄的情绪是没有根据的。《历史决议》说，我们所取得的这些成就，“是党和人民创造性的运用马克思列宁主义的结果，是社会主义制度优越性的表现。”《历史决议》中的这个结论的正确性，通过上面的对比看得十分清楚。实事求是地肯定这些成就，不是为了炫耀或宣传，而是为了肯定亿万人民的伟大创造力，肯定我国人民坚持的社会主义道路。它是我们已经占有的阵地，也是继续前进的基础。要百倍地珍惜业已取得的成就，并努力去发展这些成就。

① 以上关于我国工农业方面的几个数字，是印度专家访华期间所了解到的。我国国家统计局公布的我国 1980 年的有关实际数字是：粮食，31822 万吨；钢，3712 万吨；煤，62000 万吨；石油，10595 万吨；发电量，3006 亿度；自行车，1302 万辆；手表，2216 万只。

二、以历史的分析态度，辩证地看待历史的曲折

《历史决议》在肯定成就的同时，也直言不讳地承认，32 年间，中国共产党在指导方针上犯过错误，国家遭受过重大挫折。应当怎样看待这段历史曲折呢？

首先，从辩证唯物主义观点看来，历史发生曲折是不足为怪的现象。人类的历史从来就不是径情直遂的，而是在往返曲折中向前发展的。马克思主义者认识了历史发展的客观规律，能够估计历史的最复杂、最离奇的曲折现象的发生，有可能尽量少走弯路，使革命事业少受损失。但是，马克思主义者毕竟是现实中的人，而不是幻想中的神，改变不了历史的螺旋式上升、波浪式前进的发展规律。要求不走一点弯路，不发生一点挫折，这在实践上是根本不可能的；在认识上，必须改变这种观念。列宁说："设想世界历史会一帆风顺、按部就班地向前发展，不会有时出现大幅度的跃退，那是不辩证的，不科学的，在理论上是不正确的"。① 世界历史是一部曲折前进的历史，社会主义发展的历史也是这样。科学社会主义运动从《共产党宣言》发表算起，100 多年来的发展经受了不少的挫折。就拿第一国际、第二国际、第三国际以及后来的一段历史来说，就经过了几起几伏。社会主义的力量时而扩大，时而缩小。直到现在，社会主义革命还只是在少数国家取得了胜利。就已经取得胜利的社会主义国家而言，不是也有几个国家发生过政治动乱、经济崩溃的危机吗？在有的国家里，社会主义甚至已经得而复失。同这些国家相比，社会主义在我国的发展，应当说，是比较巩固的。经过"文化大革命"这么大的内乱，社会

① 《列宁选集》第 2 卷，北京：人民出版社 1995 年版，第 694 页。

主义制度巍然屹立，就充分说明了它在我国的强大生命力，也说明历史的曲折毕竟不能逆转历史前进的方向。

其次，我们国家所遭受的挫折，是在探索社会主义的前进过程中发生的。我们原来是个半殖民地半封建的落后大国，没有经过完整的资本主义阶段，生产力水平比较落后，但是，经过党领导下的长期革命斗争的锻炼和科学社会主义的教育，人民群众迫切要求迅速改变贫穷落后的面貌，并且决定通过走社会主义道路来实现。这不是任何外力强加于人民的，而是人民自己的选择。这样的选择是正确的，而不是什么“极端的革命性”。当然，也不可否认，在我们这样的国家里建设社会主义，在世界历史上没有先例，所遇到的很多问题是马克思主义经典作家们未曾预见的。没有经验，摸索着前进，有时就成功，有时可能难免发生失误。在社会主义改造中，总的来说，党的指导方针没有大的失误，并且探索出了在中国胜利实现和平赎买的独特道路。在社会主义改造基本完成之后，党也曾希望找出一个好的方法，正确处理社会主义社会内部的各种社会政治矛盾，迅速改变我国经济落后的面貌，探索出一条符合我国国情的建设社会主义的道路。但是，在一个时期内，由于对迅速到来的新生的社会主义社会缺乏充分的思想准备，对社会主义改造基本完成后仍然存在的一定范围的阶级斗争和其他社会政治矛盾缺乏认真的研究，在发展进程中出现一些新问题，特别是酿成某种严重的政治事件之后，党没能保持冷静的头脑，对这些新的复杂的社会现象进行客观地科学地分析，却习惯于沿用过去的老经验，把已经不属于阶级斗争的问题仍然看做阶级斗争，把一定范围的阶级斗争看做全面的阶级斗争，并且照搬那种大规模的急风暴雨式的斗争方法。这就导致了在1957年反右派斗争中犯了“左”的错误，最后发展到像“文化大革命”这种全局性、长时间的严重错误。对于全国规模的社会主义建设的宏伟事业，党既缺少经验，也缺乏科学研究，对我国经济发展的基本特点和其他方面的国情认识不足，夸大了主观意志和主观努力的作用，忽视经济发展的客观规律，急于求成，急躁冒进，这就造成了1958年“大跃进”以来在经济建设方面的失误。这些失误和挫折，无疑给人民带来了巨大的不幸，但是应当把党在探索社会主义过程中发生的挫折，同剥削阶级的统治集团不择手段地压迫人民，最大限度地攫取剩余价值所造成的危机区别开来，这两者有本质的不同，不能混为一谈。只有划清了这个基本界限，才能正确地认识我国的历史曲折。

第三，对错误和挫折的不同情况要作具体分析。新中国成立以来错误和挫折的情况是不完全一样的。《历史决议》对这些错误和挫折作了深入的分析，对不同的情况作了区别：(一)把全局性的错误同局部性的错误加以区别。作为全局性的错误，主要是“文化大革命”和“大跃进”运动。其他如反右派斗争、城乡社会主义教育运动和“文化大革命”以前意识形态领域的批判，都只发生在一定范围内，没有达到支配全局的程度。(二)把指导方针的错误同广大干部和群众的工作加以区别。“文化大革命”的根本指导方针是完全错误的。但是，在周恩来和邓小平先后主持中央日常工作期间，为扭转“文化大革命”的错误所做的巨大努力还是应当肯定的，在10年里，广大干部和群众在非常困难的条件下坚持工作，坚持生产，使国民经济在遭到巨大破坏的情况下仍然得到了发展，使我们的社会主义建设事业没有被中断，这也是不能抹煞的。(三)把纠正错误不彻底同没有纠正错误的情况加以区别。“文化大革命”前的错误，除了没有认识到的以外，只要认识到了的，都作了一定程度的纠正，决不是一点没有纠正。政治方面，1962年前后，既给“反右倾”运动中被错误批判的大多数同志进行了甄别平反，又给被划为“右派分子”的大多数摘掉了政治帽子。经济方面的错误，在1958年底就采取了一系列措施着手纠正，只是由于错误地开展“反右倾”斗争被打断了。从1960年冬以后，党又以巨大的努力纠正农村工作中的“左”倾错误，并决定对国民经济实行“调整、巩固、充实、提高”的方针，使国民经济得到了比较顺利地恢复和发展。当然，那时的纠正是不彻底的(没有认识到在指导思想上犯了错误)，但不承认党为纠正认识到的错误所作的努力是不应该的。错误有大有小不一样，知错不改和知错就改也不一样。

第四，对错误和挫折不应当只从消极的方面去看待。任何事物都有两重性。错误本身是不好的，但只要认识了错误，总结出了经验教训，就会成为正确的先导，变为宝贵的财富。过去发生的几次大的挫折，特别是“文化大革命”这样的严重挫折，使制度上的弊病，指导思想和方针政策上的错误都得到了充分的暴露，从而使全党对这些方面的认识越来越清楚。十一届三中全会以来，党采取的一系列正确的决策，就是深刻地认识了错误，总结经验教训的结果。党逐步确立的适合我国情况的社会主义现代化的道路，正如《历史决议》所指出的，就是从建国以来正反两方面的经验，特别是“文化大革命”的教训中总结出来的。一定要改变长时间以来流行的对待错误和挫折的形而上学观点，只看到其直接破坏性的一面，而忽视了它在一定条件下能转化为财富的一面。向错误学习决不是一句空话，只有善于思索的人才能领略它的深刻意义。历史的灾难必定会由历史的进步得到补偿。“文化大革命”的反面教育，必将使中国共产党人在认识和掌握社会主义社会发展规律方面得到补偿，从而在建设社会主义的道路上取得更大成就。

三、分清是非功过，科学地评价毛泽东的历史作用

评价新中国成立以来的历史问题，最核心、最根本的是评价毛泽东的历史作用。对毛泽东的历史评价问题正确地解决了，其他的重大历史问题的经验教训都好总结。因为新中国成立以来，毛泽东一直是党和国家的主要领导人。各项重要工作都是在他的领导之下进行的。成就是在他的领导之下取得的，错误也是在他的领导之下犯的。一切重大的功过是非都与他的作用分不开。因此，《历史决议》把对毛泽东的评价放在最重要的位置上。

毛泽东是伟大的历史人物。无论他所进行的革命事业还是他所提出的革命理论，既在中国历史上，也在世界历史上，留下了深刻的、不可磨灭的印迹，发生着巨大的、久远的影响。我们一批又一批的革命者，都是在他的思想哺育、教导、熏陶下成长的。他开创了一代学风、一代文风，至今我们常用的许多科学的政治语言都是由他倡导开来的。他和他的战友们一起，在中国历史上建立了那么巨大的历史功勋，尽管晚年犯了很严重的错误。作为他的战友、学生、后继者，要对这样伟大的历史人物作出科学的评价，的确是一件十分困难的事情。但是，为了对人民负责，对党的事业负责，又必须对他的功过是非加以评价。《历史决议》就是抱着这样崇敬的心情和审慎的态度，努力把毛泽东的正确的方面同错误的方面区别开来，使党对他的评价成为客观的、信实的、公允的。

首先，既充分地肯定他的历史功绩，又严肃地指出他的历史错误。《历史决议》指出：毛泽东“虽然在‘文化大革命’中犯了严重错误，但是就他的一生来看，他对中国革命的功绩远远大于他的过失”。《历史决议》从中国共产党成立60年发展的历史同他的革命活动的密切关

系上，论列了他为中华人民共和国的缔造和社会主义事业的发展所建立的巨大功绩。同时也论列了他在社会主义改造基本完成以后在党的工作指导方针上所犯的许多错误。既没有因为他的巨大功绩而讳言他的错误，也没有因为他晚年犯了严重错误而低估或抹煞他的巨大功绩。《历史决议》说毛泽东的功大于过是完全正确的。因为第一，功与过的分量大小不一样。就拿他领导创建社会主义新中国的功绩来说，开辟了中华民族历史的新纪元，而“文化大革命”并没有使新中国倒退到旧中国。第二，功与过的时间长短不一样。毛泽东从开辟井冈山道路以来，作为中国革命的主要代表长达半个世纪的时间，他的前30年被公认为立了大功，他的晚年犯了不少错误，特别是在最后10年犯了长时间的全局性的严重错误。第三，功与过的历史影响不一样。他的功绩是长远起作用的因素。中国人民将世世代代地沿着他开辟的道路前进。至于他晚年的错误，十一届三中全会以后就在陆续纠正，而且还是根据或通过发展他过去倡导的正确思想来纠正的。因此，《历史决议》说“他对中国革命的功绩远远大于他的过失”，绝非夸张之词。

第二，明确错误的性质，与林彪、“四人帮”的罪孽划清界限。毛泽东在“文化大革命”中所犯的错误是严重的，忽视或掩盖其错误的严重性是不应该的，这会导致更严重的错误。但是，正如《历史决议》指出的，毛泽东的错误终究是一个伟大的无产阶级革命家所犯的错误。把毛泽东的错误同林彪、“四人帮”的罪孽加以区别是十分重要的，否则，同样会由混淆是非而导致混淆敌我。这两者的区别是明显的。一是目的不同。毛泽东发动“文化大革命”始终认为自己的理论和实践是马克思主义的，是为拯救中国的社会主义革命和巩固无产阶级专政所必需的，这是他的悲剧所在。林彪、江青一伙则是妄图篡夺党和国家的最高权力。他们推行极左路线的结果，是三个毁灭：毁灭我国的人民民主专政制度，毁灭社会主义道路和执政的中国共产党。二是实践不同。毛泽东尽管没有在全局上改变“文化大革命”的错误方针，但其间还是做了不少好事，比如：保护一些党的领导干部和党外著名人士；领导了粉碎林彪阴谋集团的斗争；对江青等人进行过重要的批评和揭露，不让他们夺取党和国家的最高领导权的野心得逞；始终警觉地注意维护我国的安全，制定正确的对外政策等等。林彪、江青两个阴谋集团，则是祸国殃民、罪大恶极的人民公敌。他们的罪孽与毛泽东的错误是两个不同性质的问题，不能同日而语。

第三，指出错误的责任，但着重于对所犯错误的环境和根源的分析。毛泽东对于“文化大革命”的错误应承担主要责任，这在《历史决议》中是明确的。但是，马克思主义认为任何重大的历史现象都不是偶然发生的。对于“文化大革命”这样重大而复杂的历史现象，既不能简单地仅仅以归咎于谁的责任了事，也不能仅仅以个人的品质特点来说明，而应着重于分析历史环境。毛泽东在延安整风期间，总结党的历史经验时曾经指出：“处理历史问题，不应着重于一些个别同志的责任方面，而应着重于当时环境的分析，当时错误的内容。当时错误的社会根源、历史根源和思想根源”。① 毛泽东的这番话，当时是告诫别人的，轮到对于他自己也应当取这种态度。《历史决议》根据这个精神，不仅指出了毛泽东晚年犯错误的主观因素(比如骄傲情绪的滋长，欣赏个人崇拜，脱离实际、脱离群众、脱离集体领导，个人专断作风日益严重，甚至把个人凌驾于党中央之上)，而且分析了这种现象产生的复杂的历史条件，分析了他发动“文化大革命”犯错误的国内

① 《毛泽东选集》第3卷，北京：人民出版社1993年版，第938页。

原因和国际背景、理论认识根源和社会历史根源。国内原因主要是指毛泽东看到了社会主义在发展进程中的一些矛盾，党和国家肌体中存在的阴暗面；他的错误在于对这些问题没有加以正确分析，混淆了是非和敌我，不应该采用发动“文化大革命”的方法来解决。国际背景，主要是指苏联领导人把中苏两党在意识形态上的争端扩大到两国在政治上的对抗，迫使党在国际上不得不进行反修斗争；毛泽东的错误在于把国际上的反修斗争引入国内和党内范围，并把它同党内的意见分歧混为一谈。他犯错误的理论认识根源在于，把马克思主义经典作家的某些设想和论点加以误解或教条化，形成了关于社会主义社会阶级斗争的一套错误理论，而他本人还把这当成是对马列主义的发展和为保卫马列主义的纯洁性而斗争。他犯错误的社会历史根源，主要是指我们国家漫长的封建历史、专制主义的遗毒对党在思想政治方面的深厚影响，使党没有能够把党内民主和国家政治社会生活的民主制度化、法制化，这就使党内个人专断、个人崇拜现象有了滋长的土壤，“文化大革命”一经发动起来也就很难加以制止了。

第四，强调毛泽东思想的科学性，把这一科学理论同毛泽东晚年的错误观点加以区别。毛泽东晚年犯了严重错误，怎样坚持毛泽东思想，一直是人们关心的问题。《历史决议》解决了这个问题。它结合总结我国社会主义革命和建设的历史经验，对毛泽东思想进行了全面的系统的论述，强调毛泽东思想是适合中国情况的科学指导思想，是关于中国革命和建设的科学理论。而毛泽东晚年的错误，则“明显地脱离了作为马克思列宁主义普遍原理和中国革命具体实践相结合的毛泽东思想的轨道”。因此，毛泽东晚年的错误观点不属于毛泽东思想的内容，坚持毛泽东思想当然不包括毛泽东晚年的错误观点。把这两者加以严格区别是十分重要的。它为今后中国共产党坚持毛泽东思想指明了方向。《历史决议》论列的毛泽东思想的多方面的内容，也就是党坚持毛泽东思想的具体内容。坚持毛泽东思想，不只是要坚持这些经过长期历史检验的正确的原则和结论，更重要的是运用它的立场、观点和方法，不断地研究和解决实践中出现的新情况和新问题，以符合客观实际的新原理和新结论来丰富和发展毛泽东思想。

第五，摒弃"无产阶级专政下继续革命的理论"，但要坚持无产阶级的革命精神。毛泽东晚年的错误论点，曾被概括在所谓"无产阶级专政下继续革命的理论"中。这个"理论"既不符合马列主义，也不符合中国实际。《历史决议》既分析了它的谬误，也指出了它在实践上的危害。这个"理论"给中国人民带来的痛苦和灾难，人们至今记忆犹新，必须坚决摒弃。由于这个"理论"给"无产阶级专政下继续革命"一语赋予了特定的含义，即专指一个阶级推翻一个阶级的革命，因此，这个术语也不宜继续使用。应当指出的是，尽管毛泽东基于这个"理论"发动的"文化大革命"完全错了，在任何意义上都不是革命，但是他本人在长期革命斗争中形成的那种革命进取精神，还是不应当否定的。摒弃"无产阶级专政下继续革命的理论"，不再使用"无产阶级专政下继续革命"的概念，也不等于不要无产阶级的革命精神。不仅目前要发扬无产阶级的革命精神，① 为实现社会主义的现代化进行艰巨的革命斗争，而且将来也要发扬无产阶级的革命精神，为实现共产主义宏伟理想而进行更加艰巨的革命斗争。这都是绝对不可动摇的。因为这是由无产阶级革命政党的性质和任务决定的。《历史决议》明确地把这两者加以严格区别，指出"我们全体中国共产党员和全国各族人

① 当然，随着历史的发展和社会的进步，将来的"无产阶级"也不是原本定义上的无产阶级。它只是相对于共产主义要消灭私有制而言的。

民，在新的历史时期中一定要继续保持崇高的革命理想和旺盛的革命斗志，把伟大的社会主义革命和社会主义建设进行到底”。这是中国共产党继续高举革命旗帜，发扬无产阶级革命精神的庄重宣言。

《历史决议》对毛泽东的各个方面作了深入具体的分析，对其错误坚决地加以剔除，对其正确的东西热情地加以保护，从而既科学地评价了他的历史地位，又正确地维护了他的光辉形象。《历史决议》的这种分析，充分地表现了中国共产党的高度的马克思主义理论水平。

四、从实际出发，郑重地改变一些重要的历史提法，进行新的历史概括

总结历史经验，决断历史问题，除了要评价历史事件，分清历史功过之外，还要对以往的历史概念、历史提法进行审查。列宁说过：应当懂得，现在一切都在于实践，“理论由实践赋予活力，由实践来修正，由实践来检验”①。历史实践是检验历史理论的法庭。一切过去的历史认识都将在它面前重新辩护自己存在的理由，或者放弃自己存在的权利。正确的就坚持，错误的就修正，不完全的予以补充，不科学的使之科学化，使一切新认识都建立在对实际发生的历史过程的正确概括上。《历史决议》正是这样，在回顾党的发展历史的时候，改变了一些过去常用的历史提法，并对一些重要问题进行了新的概括。

(一)正式恢复使用人民民主专政的提法。人民民主专政的概念是中国共产党在长期的斗争中为探索中国革命的政权形式作出的一个伟大创造，也是毛泽东思想把马克思主义的基本原理与中国革命的具体实践相结合的一个重要内容。过去说人民民主专政实质上是无产阶级

① 《列宁选集》第3卷，北京：人民出版社1995年版，第381页。

专政，本来就有两层意思：其一是说，我国的人民民主专政制度从实质上来说就是无产阶级专政，是符合马克思主义国家学说的，对它的性质的任何怀疑都是不对的；其二是说，无产阶级专政的国家制度在我国具体表现为人民民主专政这种形式，这是中国化的无产阶级专政。因此，在“文化大革命”以前，这两个概念是并用的。十年内乱期间，人民民主专政的提法被废弃了。这段历史曲折，从反面使党进一步认清了人民民主专政是一个符合中国国情的科学提法，因为仅从概念的表述上，它就能明白无误地照顾到人民民主和人民专政两个方面，使人们能正确地理解我国政权的性质和职能，有利于在实际工作中防止任何曲解和片面性。

(二)明确了从中华人民共和国成立到社会主义改造基本完成以前，是一个“从新民主主义到社会主义的转变”时期。这个提法与过去说的“从中华人民共和国成立，到社会主义改造基本完成，这是一个过渡时期”，虽然基本上是一个意思，但是它把这一历史阶段的特征表达得比较明确。因为过去的说法从表述上来看，只说明是一个“过渡时期”，而没有说明是从什么状况到什么状况的过渡。马克思、列宁曾把夺取政权以后的这一阶段看成是“从资本主义到社会主义的过渡时期”。但是，我们国家没有经过完整的资本主义阶段，只是在半殖民地半封建的条件下发展了资本主义，所进行的革命是新民主主义革命，取得胜利后才进行社会主义革命。这就是走过的历史之路。《历史决议》把这一阶段概括为“从新民主主义到社会主义的转变”。比较准确地反映了我国历史发展的特点。

当然，承认新中国成立以后有一个新民主主义时期，并不意味着新民主主义就是一个完全独立的社会形态，也不意味着在这期间不能进行社会主义革命。毛泽东早就说过：这是由中国社会历史特点所形成的“一定历史时期的形式，因而是过渡的形式”①。新民主主义就其整个的情况而言，不是社会主义的，但它的政治、经济、文化，“都具有社会主义的因素，并且不是普通的因素，而是起决定作用的因素”②。周恩来在新中国成立前夕所作的《关于〈中国人民政治协商会议共同纲领〉草案的起草经过和特点》的报告中也说，新民主主义是一个过渡性质的阶段。事实上，自从 1953 年提出过渡时期的总路线以后，社会主义革命的任务就已经全面展开了，国内的主要矛盾已经转变为工人阶级和资产阶级之间、社会主义道路和资本主义道路之间的矛盾。因此，那种把新民主主义同社会主义截然割裂开来的观点是不对的。此外，承认这一阶段是从新民主主义向社会主义的转变，同把新中国自成立以后称为社会主义国家也不矛盾。正如列宁所指出的，一方面，它表明中国共产党“有决心实现向社会主义的过渡”③；另一方面，“因为我们已经走上了这条道路，而这些话决不是空话”④。说过渡时期的新中国是社会主义国家，是就它的实质和发展方向、就社会主义在这个时期的经济成分中处于领导地位而言；说这个时期的新中国是新民主主义国家，是就它的政权形式的某些特点和有五种经济成分存在而言。这是从不同的角度对不同的侧面加以强调的结果。不过也应当指出，《历史决议》的新表述，是在总结经验教训之后使之更符合中国国情。

（三）明确了社会主义社会的主要矛盾。《历史决议》写道：“在社会主义改造基本完成以后，我国所要解决的主要矛盾，是人民日益增

① 《毛泽东选集》第 2 卷，北京：人民出版社 1991 年版，第 675 页。
② 《毛泽东选集》第 2 卷，北京：人民出版社 1991 年版，第 704～705 页。
③ 《列宁全集》第 34 卷，北京：人民出版社 1985 年版，第 275 页。
④ 《列宁全集》第 33 卷，北京：人民出版社 1985 年版，第 272 页。

长的物质文化需要同落后的社会生产之间的矛盾。”这样的表述实际上是恢复了党的八大决议的正确认识，也同过去讲社会主义基本经济规律一致起来了。所谓社会主义基本经济规律，实际上也就是社会主义社会要解决的主要矛盾。因为剥削阶级作为阶级消灭以后，党和国家的主要任务，就是要集中力量发展社会生产力，以满足人民不断增长的物质文化的需要。无论是讲基本经济规律，还是讲主要矛盾，所要概括的内容都是一个，只是表述方式不同罢了。

《历史决议》的这个表述，实际上是理论上的重要拨乱反正。它否定了相当长时间“以阶级斗争为纲”，将“两个阶级两个道路”作为社会主义时期主要矛盾的错误观点。正是这个错误理论，导致了1957年以后在政治关系上和经济政策上的一系列“左”的错误，直至爆发“文化大革命”。这是异常沉重的历史教训。此外，这个表述，还有两个明显的优点。第一，它直截了当地揭示了推动社会主义社会的生产力发展的根本动力。从历史唯物主义的观点来看，人类的第一个历史活动就是要使生产满足生活的需要。人类社会的历史，从根本上说，就是不断满足自身需要的历史。但是，在阶级社会里，它被异化了，靠牺牲一部分人的需要来满足另一部分人的需要。在社会主义社会里，随着剥削阶级的消灭，生产与需要的矛盾就愈益以直接的形式表现出来，推动着社会主义社会向前发展。所谓生产力，实际上就是人们以这样那样的方式征服自然、满足需要的能力。因此，像《历史决议》这样来表述主要矛盾，就直接揭示了社会主义生产力发展的动力。第二，它明确地说明了社会主义生产的目的。在不同性质的社会里，生产的目的不同。资本家生产的目的，是最大限度地榨取工人的剩余价值。在社会主义社会，由于消灭了剥削制度，劳动者成了生产的主人，生产的目的就不再是满足少数剥削者的需要，而是满足广大劳动者的需要，从而也就是满足整个社会的需要。《历史决议》的表述把生产发展的目的性和迫切性明确地反映出来了，有利于克服实际工作中发生的关于社会主义生产目的性的各种错误认识，提高我们实现党和国家的工作重点的战略转移的自觉性。

《关于建国以来党的若干历史问题的决议》，对新中国成立以来中国共产党的历史的总结所持的态度是极其郑重的。它既没有掩饰任何一个重大错误，也没有去追究任何个人的历史责任。这是世界上其他任何一个阶级的政党都不可能做到的。它充分说明，中国共产党无愧于是用马列主义、毛泽东思想武装起来的党，无愧于是全心全意为人民服务的党。学习《历史决议》，应当充分地认识中国共产党的这种严于解剖自身的大无畏革命精神，把党对历史问题的认识统一到《历史决议》精神上来，不要再去纠缠一些细枝末节而模糊自己的视线。我们全党应当像《历史决议》所号召的那样，必须紧密地团结起来，继续发扬愚公移山的精神，为把我们的国家建设成为现代化的、高度民主的、高度文明的社会主义强国而奋斗。

毛泽东统一战线思想发展的特殊岁月*

统一战线是中国共产党的主要法宝和中国革命胜利的基本经验之一。但是，正如毛泽东在党的七大的政治报告中指出的，这个正确的思想是从哪里来的呢？是从天上掉下来的？不是。是外国送来的？不是。它是从中国的土地上生长出来的。它同毛泽东思想的整个理论体系一样，有一个逐渐形成的发展过程，即经过土地革命战争后期和抗日战争时期的系统总结和多方面的展开而达到成熟。1939年到1941年，毛泽东领导全党打退国民党连续发动的两次反共高潮，不仅在政治上挽救了岌岌可危的以国共合作为

---

* 这是作者1991年为建党70周年写的论文，入选中央宣传部等单位召开的“纪念中国共产党成立七十周年学术讨论会”，并作大会发言。本文认为，毛泽东统一战线思想经过土地革命战争后期和抗日战争时期的系统总结和多方面的展开而达到成熟。1939年到1941年，毛泽东领导全党打退国民党连续发动的两次反共高潮，是其统一战线理论和政策获得巨大发展的特殊岁月。发展之一是从理论和实践的结合上将资产阶级区分为两个部分，并进一步加以区别；二是提出争取中间势力的政策和扩大中间势力的争取对象；三是形成了同国民党斗争的一整套策略。自此之后，毛泽东的新民主主义统一战线思想渐趋成熟，并基本定型。本文原载1991年7月《党的文献》第4期。

基础的统一战线，维护了中华民族的抗战大业，而且他的许多分析和论述，在理论上异常丰富、充实，逐渐完善了抗日民族统一战线思想。这是毛泽东的统一战线理论和政策获得巨大发展的特殊岁月。自此之后，毛泽东的新民主主义统一战线思想渐趋成熟，并基本定型。本文试对这个时期的统一战线思想的发展作一初步分析。

一、认识的起点和统一战线思想发展的历史土壤

统一战线和武装斗争是中国共产党领导中国革命的两个基本特点。但是，从党的发展史看，统一战线的思想和实践先于武装斗争的思想和实践。自党的二大提出组织“民主的联合战线”的任务之后，新民主主义革命的历史命运就与能否正确地处理统一战线问题紧紧地拴在一起了。在1939年以前，新民主主义的统一战线经历了1924年至1927年大革命时期的反帝反封建的革命统一战线，1927年至1937年土地革命战争时期的反封建压迫、反国民党大一统的工农民主统一战线，以及抗战开始以后的抗日民族统一战线这样三个发展阶段。通过对这几个阶段革命的胜利与失败、前进与后退、发展与挫折的实践经验的总结，党的统一战线思想已经有了这样一些基本观点：

（一）无产阶级通过共产党实现对统一战线的领导权。

（二）农民是无产阶级的最坚固的同盟者。

（三）城市小资产阶级也是统一战线的基本力量。

（四）民族资产阶级受着帝国主义的压迫和封建势力的排挤，在一定程度上有参加反帝反封建斗争的积极性，在一定的历史时期，无产阶级应该同它建立统一战线。

（五）中国资产阶级，由于其在经济上、政治上的软弱性，在另一种历史环境下不可能始终留在统一战线之内。这种动摇性使其不可能

完全接受无产阶级的领导，并对无产阶级及其政党在思想上、政治上、组织上的发展感到恐惧，甚至不惜采取欺骗、诱惑与打击的破坏政策，作为投降敌人与分裂统一战线的准备。

（六）无产阶级及其政党在同资产阶级组织统一战线时，必须坚持独立自主原则，实行坚决的两条战线斗争，既要反对排斥资产阶级参加统一战线的"左"倾关门主义，又要反对放弃无产阶级及其政党在思想上、政治上、组织上的独立性，而去迎合资产阶级一群一党私利的右倾投降主义。

（七）在统一战线内，无产阶级与资产阶级要实行又联合又斗争的政策。所谓联合，就是把资产阶级视为统一战线的伙伴而不是敌人；所谓斗争，就是搞联合时在思想上、政治上、组织上开展和平的不流血的斗争，而在被迫同资产阶级分裂时就转为武装斗争。

自 1935 年 1 月遵义会议实际上确立毛泽东在全党的领导地位以后，毛泽东的统一战线思想与党的统一战线思想的发展，基本上既是同构的，又是同步的。党的许多领导人虽然也对党的统一战线思想的发展作出了重大贡献，但是党的统一战线思想主要通过毛泽东的统一战线思想体现出来。自 1935 年 12 月瓦窑堡会议提出建立抗日民族统一战线的任务后，党的统一战线思想越来越具有毛泽东的思想特色。上述统一战线思想的基本点，也是此后 1939 年时毛泽东统一战线的基本思想，因而也可以视为他随后发展统一战线思想的认识起点。

1939 年至 1941 年是中国抗战史上统一战线各方关系最为错综复杂、统一战线内外形势变化最为扑朔迷离的特殊岁月。它为毛泽东发展统一战线思想提供了丰厚的历史土壤。

从统一战线的外部形势看，首先是日本政策的变化对中国统一战线发生着直接影响。自中日战争进入战略相持阶段后，日本政府把对国民党政府以军事打击为主、政治诱降为辅的方针改变为以政治诱降为主、军事打击为辅的方针。这对抗日统一战线具有极大的破坏力。在汪精卫 1938 年 12 月叛国投敌(并于 1940 年 3 月在南京成立伪政府)后，日本方面继续对蒋介石集团开展诱降活动。

其次，英、法、美对中日战争的态度也影响着中国统一战线的走向。在德国没有西进吞并一些西欧国家以前，他们对日本采取“绥靖主义”政策。在 1940 年夏天日本已暴露了即将入侵南太平洋英美殖民地的野心后，英美政府才放弃了以牺牲中国利益来换取日本妥协的“绥靖主义”，转而积极拉拢蒋介石加入他们的联盟，以遏制日本南进。这不能不影响中国统一战线的内部关系。

到 1940 年 10 月，国际上诸多力量对蒋介石或拉、或诱、或援的结果，使他顿时感到身价陡增，开始飘飘然了。毛泽东描述蒋介石那时的心态说：“蒋介石现在是待价而沽，一方面准备加入英美同盟，一方面也准备加入德意日同盟。如果日美战争能早日爆发，并有胜利把握，他是愿意做戴高乐的。一个月来，他已利用德意日的声势，不久他还会利用日本向他的让步，向英美再敲一笔竹杠，并要英美自己用卡车送进来，目前是蒋介石最得意的时候”，“他是在干手挥五弦目送飞鸿的勾当”。①

从统一战线内部关系看，抗日民族统一战线具有全民族的最大的广泛性，但是在抗日民族统一战线中起决定作用的是国共两党。这个统一战线是以国共两党的合作为基础建立起来的。国共两党曾经既是结盟同志，又是冤家对头。自 1924 年大革命以来，两党经历了合作——分裂——再合作的曲折发展过程。卢沟桥一声枪响，抗日利益

① 1940 年 10 月 29 日，毛泽东致周恩来、彭德怀、刘少奇、项英电。

高于一切，两党才释开过去的仇怨，重新携起手来。但是，两党实行抗战的路线是不一样的。蒋介石国民党由于继续坚持代表大资产阶级、大地主利益的一党专政制度，顽固推行单纯依靠中央政府和国民党军队的片面抗战路线，虽然也进行了一些有影响的会战，但抵挡不住日军的强大进攻。在抗战开始后的一年零三个月内，国民党正面战场丢失了华北、华东、华中、华南的大片国土。与国民党相反，中国共产党实行人民战争的全面抗战路线。她领导的八路军、新四军及其他人民武装力量深入敌后开展游击战争，不仅有效地打击和牵制了日军的进攻，而且自身得到了很大发展。到 1938 年 10 月，八路军、新四军发展到近 20 万人，建立抗日民主根据地的总人口达 5000 万以上。两条抗战路线，两种抗战结果。这也不会不反馈到统一战线中，对其内部关系发生影响。

在抗战转入相持阶段以后，面对着共产党领导的抗日武装力量的壮大和抗日民主根据地的发展，蒋介石国民党的仇共、惧共心理日益加剧，再加上日本对华政策的变化和国际“绥靖主义”潮流的渗透，国民党当局政策的重点迅即发生了逆转，并在 1939 年 1 月的国民党三届五中全会上制定了“溶共”、“防共”、“限共”、“反共”的具体方针。随后即在共产党领导的抗日根据地周围接连制造武装摩擦事件，袭击和打击共产党领导的人民抗日力量。更有甚者，先是在 1939 年 12 月到 1940 年 2 月在华北以进攻山西新军达到顶点，发动了第一次反共高潮；接着从 1940 年 10 月的何、白“皓电”开始，到 1941 年 1 月制造血腥大屠杀的皖南事变，发动了第二次反共高潮。从而，在全民族抗战处于困难之际，又在局部地区燃起了内战硝烟。这是整个抗日战争阶段阶级斗争最激烈并达到白热化的时期。国共两党的统一战线几乎濒于破裂。

这样，中国共产党在统一战线的发展史上遇到前所未有的复杂情况。第一次大革命到土地革命战争时期，无论国共两党合作还是完全分裂，主要是阶级斗争关系。相对地说，矛盾比较单纯些。对处理这样的关系，我们党从没有经验到逐渐地积累了不少经验，基本能够应付了。抗战初期，尽管民族矛盾与阶级矛盾交错，但由于国民党正积极抗日，能把对外的一致性置于对内的矛盾性之上，国共两党关系总的说来是和平相安的，能够团结御敌，共赴国难。但是，在国民党实行消极抗日、积极反共方针，并且发动了反共的武装冲突的情势下，如何处理两党关系，维护统一战线，就成为一个非常棘手的新问题。一方面，大敌当前，民族矛盾仍是基本矛盾，八路军、新四军等人民武装不能不以主要力量继续抗日；另方面，为了自卫求生，对于国民党顽固派蓄意制造的武装冲突，甚至挑起的局部战争，又不能不进行反击。困难不在于要不要开展两方面的斗争，而在于如何把这两者结合好，使抵御内阋之争不影响抗击外侮。

如果说历史的特殊性和矛盾的复杂性为发展统一战线思想提供了某种契机，那么经过20年左右战斗洗礼的以毛泽东为代表的共产党人的逐渐成熟，则使之有能力将发展统一战线思想的可能转变为现实。中国共产党历经了两次胜利、两次失败的风风雨雨的考验，是早已走出狭隘圈子并在中国的政治舞台上导演过许多有声有色威武雄壮的戏剧的大党。她对于中国革命的基本问题已经有了深刻的认识。“共产党人现在已经不是小孩子了，他们能够善处自己，又能够善处同盟者。日本帝国主义者和蒋介石能够用纵横捭阖的手段来对付革命队伍，共产党也能够用纵横捭阖的手段对付反革命队伍。”①毛泽东经

① 《毛泽东选集》第1卷，北京：人民出版社1991年版，第157～158页。

历了党领导的中国革命的全过程，不仅积累了丰富的实践斗争经验，而且在到达延安以后，经过研究和撰写《实践论》、《矛盾论》、《中国革命战争的战略问题》、《论持久战》、《〈共产党人〉发刊词》和《新民主主义论》等著作，对中国革命的发展规律也有了透彻的了解。他创造性地发展马克思列宁主义的理论卓识和运用马列主义理论驾驭中国革命的能力，得到了全党普遍的认同。他已经是全党无可争辩的领袖。他对于抗战以来统一战线形势的逆转和两党关系的恶化，以及可能发生的突然事变早有思想准备，并酝酿了相应的对付措施。因而，在国民党发动第一次反共高潮时，他能审时度势，提出对国民党展开针锋相对斗争的一系列原则、政策和策略，领导全党打退了第一次反共高潮。在粉碎国民党以制造皖南事变为主要内容的第二次反共高潮期间，他进一步总结与国民党斗争的经验，发展了打退第一次反共高潮期间提出的原则、政策和策略，使其统一战线的思想更加系统化、完善化了。

二、发展之一：从理论和实践的结合上将资产阶级区分为两个部分，并进一步加以区别

统一战线，从阶级关系上讲，实质上是劳动阶级与剥削阶级、无产阶级与资产阶级的联盟问题。如何认识和对待中国资产阶级，是关系着中国革命成败的大问题。第一次大革命以来的中国革命的曲折发展，无不与能否正确处理同资产阶级的关系问题密切相关。中国的半殖民地半封建的社会性质决定了中国的资产阶级分为大资产阶级（买办资产阶级、官僚资产阶级）与民族资产阶级两个部分。1925 年 1 月党的四大，虽然开始看到有“大商买办阶级”和“民族的工业资产阶级”两个部分，但却不认为中国民族资产阶级已形成独立的阶级。毛泽东

在《中国社会各阶级的分析》中虽然已将中国资产阶级区分为大资产阶级和民族资产阶级，但其认识并不牢固。彻底解决这个问题还是在抗日战争时期，而具有决定意义的认识则是在打退第一次反共高潮之后形成的。

毛泽东在1940年12月4日的政治局常委会上谈及这个问题说：过去我党没有把大资产阶级与民族资产阶级区别开来，直到写《中国革命与中国共产党》时，才认识清楚。这是讲的这篇著作的1940年的修改稿。在1939年12月写作该文初稿时，诚如他在1940年致萧向荣的信中所说，当时“正在第一次反共高潮的头几个月，民族资产阶级与开明绅士的态度是否与大资产阶级大地主有区别，还不能明显地看出来，到今年三月就可看出来了”。① 因此，《共产党人》杂志1940年第四、五期发表的该文初稿上只是一般地将买办阶级与民族资产阶级加以区别，而将大资产阶级纳入民族资产阶级范畴之内，认为“民族资产阶级中又有大资产阶级与中等资产阶级的区别，在大资产阶级，那是妥协性很大的很不可靠的部分，而在中产阶级尤其是中等民族工业资本家，即是比较多带革命性的部分”。② 这就是说，在当时的毛泽东看来，买办阶级与大资产阶级还不是一回事(改变了在《中国社会各阶级的分析》中的看法)，因而没有将大资产阶级列入买办阶级，而是视为民族资产阶级的一部分。正是基于这样的认识，因此，在初稿中分析民族资产阶级两重性时，对其“反动性”作了分量比较重的评论。

---

① 中共中央文献研究室编：《毛泽东书信选集》，北京：中央文献出版社2003年版，第147页。

② 《共产党人》1940年第5期，第8页。

经过打退第一次反共高潮，毛泽东的认识发生了很大变化，这就是无论从提法到内容分析都将大资产阶级与民族资产阶级区别开来了。这个变化首先反映在1940年3月11日的《目前抗日统一战线中的策略问题》之中。这是在延安党的高级干部会上的报告提纲(以下简称“报告提纲”)。这个提纲是对打退第一次反共高潮经验的深刻总结，全面地发展了统一战线的理论和策略，堪称中国共产党统一战线的经典文献之一。在这篇文献里，毛泽东从各阶级对待抗日的态度上，不仅将大资产阶级与民族资产阶级作了区别，还将亲日派大资产阶级与欧美派大资产阶级，大地主与中小地主及开明绅士加以区别；不仅对民族资产阶级、开明绅士的抗日积极性作了充分肯定，而且对大资产阶级的两面性作了具体分析。他指出：目前的大资产阶级抗日派，尽管在执行摧残进步势力的极端反动政策作为准备将来投降的步骤，但“他们还愿团结抗日，所以我们还有可能争取他们留在抗日统一战线里面，这种时间越长久越好。忽视这种争取政策，忽视同他们合作的政策，认为他们已经是事实上的投降派，已经就要举行反共战争了，这种意见是错误的”①。按照这个指导思想，抗日民族统一战线就能联合一切能够联合的力量，最大限度地孤立打击对象。这是根据抗日形势的变化所作的正确的阶级分析和采取的正确方针。

根据这样的认识，毛泽东对《中国革命与中国共产党》作了修改。这就是他致萧向荣信中说的：“宣传部正在付印的一本书中，我已将《中国革命与中国共产党》第二章关于这一部分加了修改”②。从1948

① 《毛泽东选集》第2卷，北京：人民出版社1991年版，第748页。

② 中共中央文献研究室编：《毛泽东书信选集》，北京：中央文献出版社2003年版，第147页。

年东北书店印行的《毛泽东选集》中收入的该文可以看到，其修改是不小的。最重要的修改就是将大资产阶级明确地从民族资产阶级中区分出来，并将其纳入于买办阶级。这样，资产阶级的两个部分就是“有带买办性的大资产阶级与民族资产阶级的区别”。这个修改稿还加上了对于“亲日派大资产阶级”与“欧美派大资产阶级”的不同政策的一整段文字，删改了将大资产阶级放在民族资产阶级之中而对民族资产阶级进行的不妥当分析的有关文字。新中国成立初出版的《毛泽东选集》中的《中国革命和中国共产党》，基本上是新中国成立前的修改稿，只是在文字上又作了些改动，使表述更加准确。

毛泽东把资产阶级分为两个部分，并对大资产阶级作进一步分析的新认识，还反映在《〈共产党人〉发刊词》的修改上。《〈共产党人〉发刊词》的写作比《中国革命与中国共产党》早两个多月。在1939年10月《共产党人》创刊号刊载的原发表稿在总结统一战线的规律时讲了五条，对资产阶级没有作明确区分。新中国成立初的《毛泽东选集》收入该文时对此作了修改，除了其他的文字性修改外，最大的修改就是对大资产阶级与民族资产阶级作了明确区分，增加了对大资产阶级作具体分析的第三条，将五条规律改为六条规律。新增加的第三条就是根据1940年打退第一次反共高潮后形成的认识写的。这一修改也说明，这个认识的变化不是一般性的，而是对资产阶级理论认识的飞跃。

为了进一步从社会实际中弄清资产阶级的问题，1940年9月6日，毛泽东还向在国统区工作的南方局、东南局发出指示，要求对将大资产阶级与民族资产阶级（还包括将大地主与开明绅士）加以区别的问题进行广泛的社会调查，以人为单位，每类每省调查数十人至100人。毛泽东指出：大资产阶级是带买办性的，与外国资本有联系，是现时主要当权者，如蒋介石、孔祥熙、宋子文、虞洽卿等。民族资产阶级是受大资产阶级统治，与外国资本联系少，现时还基本上没有政权，主张团结抗战的，如陈光甫、穆藕初、康心如、范旭东等。他还提出，对这个问题分省调查时，要为被调查的每人立一小传，包括籍贯、年龄、出身、履历、派别、资产活动、嗜好、政治动向、对我态度等(与此相联系，调查对象还包括国民党军队的各总司令、军长、师长、团长四级军官在内)。毛泽东的阶级调查有一个庞大的计划，想先从经济、军事两方面着手，将来扩大到政治、文化方面，最后汇总为名人录，供召开党的七大研究用。①

同年 9 月 23 日，毛泽东在杨家岭作报告，对资产阶级问题作了进一步分析。他说：以前我们没有指出民族资产阶级即中等资产阶级是可变派，是较好的同盟者。现在他们的代表人物在军界、政界是张学良、杨虎城、于右任、冯玉祥、卫立煌等，在经济界是陈嘉庚等。对这些人，我们要研究，要代为立传。在毛泽东看来，民族资产阶级分左中右三派，而以两面派为多，希望祖国复兴者为多，极少数是亲日派，另外的少数很左。对于民族资产阶级主要是团结，对于其中的右派也需要某种必要的批评。对于大资产阶级，毛泽东认为在抗战问题上也分为三派：(1)右派，投降派；(2)中派，即顽固派，包括蒋介石，阎锡山，他们又要反共又要抗战，又抗战又准备投降，是半身不遂；(3)顽固派中的“左派”，也是可变派。对投降派要打倒，完全孤立他们。对中派要团结，同时斗争，在军事斗争停止以后主要是批评，也要孤立他们。这与孤立投降派不同，还要团结他们。毛泽东从顽固派中分出可变派，对可变派采取分化和拉拢的办法，同时进行必

① 中共中央文献研究室编：《毛泽东文集》第 2 卷，北京：人民出版社 1993 年版，第 298～299 页。

要的斗争与批评。这是对大资产阶级认识上的又一个变化，有利于抗日民族统一战线的巩固和发展。

这以后，毛泽东继续注意研究资产阶级问题，即使是在何、白“皓电”、蒋的“齐电”之后，国共两党关系处于千钧一发之际，他仍强调要对资产阶级加以区别。1940 年 12 月 25 日，毛泽东在为中央起草的关于时局与政策的指示中说：既须对于反对抗日的亲日派大地主大资产阶级和主张抗日的英美派大地主大资产阶级加以区别，又须对于主张抗日但又动摇、主张团结但又反共的两面派大地主大资产阶级和两面性较少的民族资产阶级和中小地主、开明绅士加以区别。在这些区别上建立我们的政策。并且指出：党的统一战线的既联合又斗争的一切政策，都是从这些阶级关系的区别而来的。在打退第二次反共高潮之后的 1941 年 6 月 28 日，毛泽东致电刘少奇，进一步阐述了对待大资产阶级的政策，指出：我们的抗日民族统一战线是包括一切还在抗日的大地主大资产阶级在内的，是全民族联盟。在抗日过程中，在全国范围内，在根据地内，除汉奸外，对大地主大资产阶级是一打一拉政策，拉其抗日，打其反共反民主，但目前拉还是主要的，打是辅助的，打是达到拉之手段。并说，在中国孤立大资产阶级与俄国孤立资产阶级不同，在中国只孤立其反共方面，在俄国则是绝对孤立政策。

这样，毛泽东将资产阶级区分为两个部分之后，并相应地产生了对两个部分的正确政策。在整个抗日战争期间，尽管阶级矛盾与民族矛盾始终交织一起，阶级斗争以或隐或显、时伏时起，甚至军事冲突以局部战争的形式表现出来，而中国共产党却牢牢地把握住了斗争的大方向，在任何情况下都保持着清醒的头脑，没有乱其方寸。这是与毛泽东在抗日战争形势下对阶级关系的正确估量，特别是对资产阶级两个部分的分析及其采取的正确政策分不开的。

三、发展之二：提出争取中间势力的政策和扩大中间势力的争取对象

对待中间势力的不同认识，长期以来是中国共产党内两条路线斗争的一个重要内容。所谓中间势力，是指对待中国革命的态度所持的中间政治立场而言。在不同的革命阶段，它包括的对象不完全相同。在土地革命时期，它主要是指民族资产阶级和上层小资产阶级的政治派别及其代表人物。在一般情况下，它是中国革命的动力之一，但是当革命处于低潮时，一部分中间派可能脱离革命队伍，甚至变节。但整个中间势力不是中国革命的对象。以王明为代表的“左”倾机会主义在土地革命时期却提出“中间势力是最危险的敌人”的主张，在1932年1月的《关于争取革命在一省与数省首先胜利的决议》中要求把中间派别作为“主要的力量来打击”。基于这种错误认识，根据共产国际的指示，拒绝与代表民族资产阶级利益的国民党第十九路军将领和其他反蒋势力组成的“福建人民政府”建立统一战线，坐观其反蒋失败，从而使中央苏区陷于更加孤立的地位。

毛泽东始终反对王明等人拒绝争取与团结中间力量和利用国民党内部矛盾的“左”倾政策。在1935年12月的瓦窑堡会议上，毛泽东批评上述“左”倾政策是“孤家寡人的策略”，是“‘为渊驱鱼，为丛驱雀’，把‘千千万万’和‘浩浩荡荡’都赶到敌人那一边去，只博得敌人的喝彩”。① 在这个讲话中，毛泽东事实上提出了争取中间势力的思想，

① 《毛泽东选集》第1卷，北京：人民出版社1991年版，第155页。争取中间力量的思想在井冈山时期已有萌芽。

认为日本帝国主义灭亡中国的政策不能不驱使很多力量特别是“中间势力”跑到共产党这方面来，党要努力争取和团结他们。抗战开始后，毛泽东关于争取中间势力的思想进一步明确起来。在1937年11月12日延安党的活动分子会议上的报告中，他将抗日民族统一战线分为“左翼集团”、“中央集团”(即中间集团)和“右翼集团”。所谓“左翼集团”，即共产党率领的群众，包括无产阶级、农民和城市小资产阶级，党的任务是用一切努力去扩大与巩固这个集团。“右翼集团”则是大地主和大资产阶级，这是民族投降主义的大本营，党的任务是坚决反对民族投降主义。毛泽东认为，中央集团(即中间集团)就是民族资产阶级和上层小资产阶级，党的任务就是“争取中央集团的进步和转变，这一步骤如果不做到，转变时局是不可能的”。① 这是毛泽东明确地把争取中间势力提高到关系抗战形势发展的关键意义上来认识。

在1939年1月国民党的政策发生逆转后，其顽固派不断在河北、山东，特别在陕甘宁边区制造摩擦及武装冲突。毛泽东更加强调对中间分子要加紧工作，提出每个革命同志都去办“小统一战线”，使其愈多愈好，“许多许多的小统一战线，作为基本，组成大统一战线”。②

在打退国民党两次反共高潮的过程中，毛泽东总结了各根据地斗争的经验，进一步丰富和发展了关于争取中间势力的思想。

首先，明确地提出了发展进步势力、争取中间势力、反对顽固势力的策略，把争取中间势力视为与发展进步势力和反对顽固势力是不可分离的三个环节。

1940年2月10日，中共中央和军委在目前形势和任务的指示中

---

① 1948年东北书店印行的《毛泽东选集》，第419页。

② 1939年9月18日毛泽东在延安纪念“九·一八”8周年大会上的讲话。

对这个思想的初始表述是：极力孤立一切向我进攻的投降派、反共派、顽固派，以便消灭之；极力团结进步派，与之长期合作；极力麻痹中间派，使之不为敌助。1940年3月11日，毛泽东在总结打退第一次反共高潮的“报告提纲”中，不仅明确地将发展进步势力、争取中间势力、反对顽固势力概括为抗日民族统一战线的基本策略，而且对这三种势力的基本倾向作了较深层次的剖析，阐述了三者之间的具体关系。他指出：中间势力在对顽固派的斗争中，有些人可以在一定限度内参加，有些则可以保持善意的中立，有些则可以保持勉强的中立，有些则采取暂时的中立立场。他们的态度是容易动摇的，并且不可避免地要发生分化，我们应当针对他们的动摇态度，向他们进行适当的说服和批评。怎样争取中间势力呢？毛泽东认为，必须同发展进步势力与反对顽固势力紧密结合起来，只有坚持对顽固派的斗争，才能争取动摇的中间派。如果不同顽固派作坚决斗争，并收到确实的成效，就不能抵抗顽固派的压迫，也不能消释中间派的怀疑，进步势力也无从发展。因此，他提出争取中间势力必须有三个基本条件，即(1)我们有充足的力量；(2)尊重他们的利益；(3)我们对顽固派作坚决的斗争。特别是第三条很重要。因为顽固派也在极力争取中间派，以便使共产党陷于孤立，并且指望中间派充当他们的同盟军。毛泽东进一步强调争取中间势力的意义，指出：“在中国，这种中间势力有很大的力量，往往可以成为我们同顽固派斗争时决定胜负的因素，因此，必须对他们采取十分慎重的态度。”①在蒋介石指使韩德勤酝酿苏北冲突期间，1940年8月8日，毛泽东在中央政治局会议上继续强调争取中间势力的意义，指出：利用矛盾、联合多数、反对少数的策

① 《毛泽东选集》第2卷，北京：人民出版社1991年版，第748页。

略，是从大革命时期、苏维埃时期和抗日时期逐步总结出来的，中间势力是一个中心问题。现在注意了中间势力，过去许多干部没有这个观念，不了解中国的阶级，今后还要加强这项工作。经过党中央和毛泽东的反复强调，争取中间势力的观念在全党逐步地树立起来，并成为我们党巩固和发展统一战线的一条基本经验。

其次，在抗日民族统一战线政权中实行“三三制”原则，给中间派以三分之一的位置。

在抗战进入相持阶段以后，建立抗日民主政权是华北、西北和华中地区斗争的一个焦点。国民党顽固派反对建立，而广大人民群众普遍要求建立。这个政权是共产党领导下的几个革命阶级的联合政权，无论在政策上和阶级实质上都是抗日统一战线的政权，即一切拥护抗日统一战线、不投降、不反共、不倒退的人都应当吸收其代表参加。毛泽东很重视民主政权建设。在人员分配上，他在1940年3月6日为中央起草的关于抗日根据地政权问题的指示中提出，共产党员、非党的左派进步分子和不左不右的中间派各占1/3。中共中央规定这样的比例是经过反复考虑的。共产党员占1/3是为了保证共产党在政权中的领导地位，党外进步分子占1/3是为了联系广大的小资产阶级群众，中间派占1/3是在于争取中等资产阶级和开明绅士，有利于孤立顽固派。在《目前抗日统一战线中的策略问题》中，毛泽东分析政权性质时指出：这种政权，即是一切赞成抗日又赞成民主的人们对于汉奸和反动派的民主专政，它既和国民党的大地主大资产阶级专政相区别，也和土地革命时期的工农民主专政相区别。“这种人员分配的政策是我们党的真实政策”。这种政权的建立，将“给全国抗日统一战线政权树立一个模型”。[1] 随着抗日战争的发展，“三三制”政权的作用越来越显得格外重要。在国民党发动第二次反共高潮的危急关头，为了打退这次反共高潮，毛泽东进一步强调政权政策的作用，指出：关于政权组织，必须坚决地执行“三三制”，共产党员只占1/3。在苏北一些地方还可以少于1/3。不论政府机关和民意机关，均要吸引那些不积极反共的小资产阶级、民族资产阶级和开明绅士的代表参加，切忌我党包办一切，在有的机关中还可以容许不反共的国民党员和少数右派分子参加。[2] 在打退第二次反共高潮之后，毛泽东总结党的政策的重要意义时指出，我党争取中间派和实行“三三制”政权的政策，“是去年三月以来中央就屡次指出了的。这次反共高潮再一次地证实了它的正确性”。[3] 整个抗日战争时期，中国共产党坚持实行“三三制”政策，有力地巩固和发展了抗日民主根据地的政权建设，使抗日民族统一战线具有更加广泛的基础。

第三，逐渐地扩大了属于中间势力的对象范围，以争取一切可以争取的力量共同抗日。

中间势力是个政治概念。它的内涵随着不同历史阶段任务的变化而变化，在抗战时期比土地革命时期宽广得多，在打退反共高潮之后又比在此之前扩大了许多。抗战初期的中间势力主要指民族资产阶级、上层小资产阶级和开明绅士。在打退第一次反共高潮的“报告提纲”中，中间势力的对象增加了“地方实力派”，包括有地盘的实力派和无地盘的杂牌军。地方实力派的领导成分虽然多为大地主大资产阶

① 《毛泽东选集》第2卷，北京：人民出版社1991年版，第751页。
② 1940年12月25日中央关于时局与政策的指示。
③ 《毛泽东选集》第2卷，北京：人民出版社1991年版，第783页。

级，但在抗日战争中同国民党中央势力亦有矛盾，有时表现进步，只要我们有正确的政策，他们有可能在共产党同顽固派斗争时采取中立态度。一个多月后，毛泽东在 1940 年 4 月 22 日中央关于湖南工作的指示中又提出，不要把整个国民党和三青团的党员、团员都看做是一样的，其中大部分是可以争取的中间分子。在 1940 年 5 月 4 日给东南局的指示中，毛泽东进一步把要争取的中间势力明确为：民族资产阶级、开明绅士、杂牌军队、国民党内的中间派、中央军中的中间派、上层小资产阶级和各小党派，共七种。两个月后，在 1940 年 7 月 7 日中央关于目前形势与党的政策的决定中，中间势力的概念又扩大为可以包括国民党中的多数党员、中央军中多数军官、多数的杂牌军等等。毛泽东谈及这个变化说：中间势力的成分现在比前次更有了新的补充，把国民党中央军的大部分也放在里面了。中间势力观念在党内尚未普遍，这是要注意纠正的。在国民党发动第二次反共高潮期间，毛泽东进一步把国民党中央军中的黄埔生也划入中间势力。他指出：我党我军中过去把黄埔生看做一个笼统的反共集团的传统观念是错误的、有害的。在目前严重时局，急须改正此观念，利用一切机会与黄埔生军人进行统一战线工作，不要刺激他们，而应以民族至上的观念来打动他们，使他们不肯投降日寇，使他们对反共战争取中立或消极态度，这对挽回危局有重大意义。①

在 1939 年至 1941 年间，中国共产党不断扩大中间势力概念，坚持实行争取和团结的政策，并极力从顽固势力中分化出一部分作为中间势力来对待，无论在政治上还是军事上对打退两次反共高潮都起了

---

① 1940 年 11 月 16 日毛泽东在一份材料上的批语，见《毛泽东文集》第 2 卷，北京：人民出版社 1993 年版，第 318 页。

重要作用。在1940年5月29日的中共中央书记处会议上总结打退第一次反共高潮的经验时，朱德介绍了争取中间力量的情况。他说：对中央军我们经常有人和他们来往，和卫立煌的关系很好，使他在国共两党的摩擦中保持中立。这样，我们得到一个大的教训，就是争取中间力量是非常重要的。毛泽东讲话肯定朱总司令说得很对，提出不但还要争取中间势力，对顽固势力也要争取与分化，就是打了他们也还要争取他们，不能把顽固派当汉奸打，不能把中间派当顽固派打。在国民党发动第二次反共高潮期间，党对中间势力做了大量工作，特别注意了争取友军、瓦解顽军的工作，使他们在政治上对共产党的自卫立场表示理解甚至同情，在军事上表示中立不介入。1940年11月4日，毛泽东致电华中各部的军政首长，要求他们根据华北(国民党朱怀冰三个师打八路军，由于火线上的统战争取，其中一个师守中立)、陕甘宁边区(国民党保安队和八路军交战，由于加强了对国民党其他部队的联络，预三师则在旁观望不助)和苏北黄桥(由于陈毅亲自出面作统战，地方实力派李明杨、李长江和宋子文系统的陈泰运部严守中立)的经验，运用各种方式陈明利害，晓以大义，把加紧争取友军对我同情或严守中立的工作，作为最中心的任务之一。

由于广泛地开展了争取中间势力的工作，尽量扩大中间势力的争取对象，第二次反共高潮期间国民党地方实力派的态度发生了明显变化。毛泽东在打退第二次反共高潮的总结中指出：上次反共高潮中反共最力的阎锡山，这一次就站在中间立场；而上次居于中间立场的桂系，这一次虽然转到了反共方面，却和蒋系仍然有矛盾，不可视同一律。其他各地方实力派更不待论。他强调说：我们有许多同志“至今还把各派地主资产阶级各派资产阶级混为一谈，似乎在皖南事变之后整个的地主阶级资产阶级都叛变了，这是把复杂的中国政治简单化。

如果我们采取了这种看法，将一切地主资产阶级都看成和国民党顽固派一样，其结果将使我们自陷于孤立。须知中国社会是一个两头小中间大的社会，共产党如果不能争取中间阶级的群众，并按其情况使之各得其所，是不能解决中国问题的”。① 这不仅是对打退第二次反共高潮经验的总结，也是对整个中国革命的经验的一个重要总结。中间派在过去虽然人数众多，但是力量分散，对中国社会的政治生活没有发生重大影响。自此以后，由于中国共产党的正确的统战政策，中间派在中国的政治舞台上日趋活跃，逐渐形成为一股重要的政治势力。

四、发展之三：形成了同国民党斗争的一整套策略

中国的统一战线，从阶级关系上说，最根本的是无产阶级如何处理与资产阶级的关系；从政党方面说，最主要的是共产党如何处理与国民党的关系。毛泽东将资产阶级区分为两个部分之后，不仅为制定争取中间势力的政策提供了理论根据，也使孤立和反对国民党顽固势力的斗争有了更为明确的理论基础。国民党顽固势力是大地主大资产阶级的政治代表。自 1939 年 1 月国民党五中全会实行消极抗日、积极反共的方针以后，所谓国共两党关系，说到底就是共产党同以当权的蒋介石集团为核心的国民党顽固派的关系。

中国共产党与蒋介石国民党的关系，不仅在历史上，而且直至抗战期间都有着深刻的教训。大革命后期发生过一切联合、否认斗争的错误，土地革命后期又发生了一切斗争、否认联合的错误。抗战开始后，在建立抗日民族统一战线过程中，以毛泽东为代表的党中央批判了对待国民党关系的上述错误，确定同国民党的关系是又联合又斗

① 《毛泽东选集》第 2 卷，北京，人民出版社 1991 年版，第 783 页。

争，既不是绝对的联合，也不是绝对的斗争，而是综合联合与斗争两方面来制定对国民党的政策。在党领导下的绝大部分地区都坚持了又联合又斗争的政策来巩固与发展同国民党的统一战线关系。但是，在皖南，负责东南局和领导新四军工作的项英，受到抗战初期王明鼓吹的“一切经过统一战线”、“一切服从统一战线”的影响，在与国民党的关系上没有坚持统一战线中的独立自主原则，只搞片面的联合而放弃斗争，这是造成共产党和新四军在皖南事变中遭受惨重损失的最根本的主观原因。

自1939年1月国民党的政策发生逆转后，毛泽东就在研究如何处理同国民党的特殊关系。他总结了党十多年来与国民党打交道的经验教训，在制止国民党制造的摩擦事件和打退其发动的反共高潮的斗争中，深化和细化了中国共产党与国民党的又联合(团结)又斗争的策略原则。

(一)揭示了又团结又斗争的多层次多侧面关系，强调要以斗争求团结

在国民党五中全会刚闭幕时，毛泽东就对又团结又斗争的原则作了阐释。1939年2月5日，他在中央党校发表反对投降主义的讲演，从哲学理论上指出：统一里有斗争，天下万物皆然。同志们如果能找得到只讲团结没有斗争，那我就不姓毛。如果有人认为只有团结，没有斗争，那他还没有学通马克思主义。联合与斗争是统一战线的原则问题，但两者既不是半斤与八两，也不是斗争更重于联合。抗日民族统一战线的第一个基本原则便是联合、统一、团结，但还有一个原则就是斗争。这是不可缺少的，是谁都不能也不应忘记的。当然，毛泽东还指出，如果人家拿了机关枪对准我们，拿了刀架在我们脖子上，我们就只有拿机关枪、刀子去斗争，在那时就是斗争第一了。斗争不是仅有一种形式，而是多种多样的。

在打退第一次反共高潮之后，毛泽东对又团结又斗争的关系作了进一步总结，提出众所周知的那段名言：在抗日统一战线时期，斗争是团结的手段，团结是斗争的目的，以斗争求团结则团结存，以退让求团结则团结亡。从而透彻地揭示了两者关系的辩证法。1940年7月13日，毛泽东在延安干部会议上论述中央关于目前形势与党的政策的决定时，还就团结与斗争的关系的不同意义作了具体分析：(1)我们历来是强调团结的，今后还是一样——对付一切抗战派；(2)我们历来是强调斗争的，今后还是一样——对付一切投降派；(3)我们又强调团结又强调斗争——对付一切又抗日又反共的顽固派；(4)有时强调团结，有时强调斗争——依顽固派的态度是抗日为主还是反共为主而定；(5)斗争为了团结——为了延长合作时间；(6)不论哪一方面(政治、军事、文化)，目前时期都以团结为主，但不论哪一方面都同时斗争，因为国民党的反共政策是没有变化的；(7)即在目前时期，某些地方，反摩擦斗争还可表现为地方高涨，例如苏北(这是指韩德勤向苏北根据地的进攻)。毛泽东的这种多层面的分析是正确的，这不仅概括了第一次反共高潮时的情况，也为随后开始的第二次反共高潮所证实。毛泽东指出："一切皆在变化中，不应该用顽固的形式主义的观点，而应该用活泼的辩证法的观点，去注意一切变化。"[①]这个总结具有普遍的思想方法论意义，对于认识整个抗战时期国共两党的变化多端的又联合又斗争的关系是十分重要的。

在国民党发出何、白"皓电"(1940年10月19日)之后，面对其十分嚣张的政治进攻和军事威胁，毛泽东对又联合又斗争的问题进一步

① 《毛泽东文集》第2卷，北京：人民出版社1993年版，第291页。

分析，指出：在抗日问题上对国民党又拥护又斗争。在反共问题上，既有现在与将来之分，也有反共的高潮与低潮之分，还有对某一个具体的顽固派如阎锡山的反共高潮与低潮之分。要根据不同情况来处理关系。总政策是在团结中要斗争，在斗争中又要团结；是统一中的独立，统一是主，独立是辅。① 在第二次反共高潮期间，中国共产党正是坚持了这些原则，既打退了国民党顽固派的猖狂进攻，又维护了抗日统一战线。

(二)提出实行革命的两面政策，以对付反共的两面政策

自抗战进入相持阶段以后，国民党蒋介石的政策愈益带有两面性。一方面，他们还不放下抗日旗帜，联合其他各派势力特别是共产党的力量对付日本；另方面，他们又害怕觉醒的人民大众，极力摧残各种进步势力，尤其是打击共产党。在发动第一次反共高潮后，这种两面政策尤为鲜明。上述毛泽东的以斗争求团结的政策，实际上就是为了对付国民党顽固派的两面政策而提出的。在打退第一次反共高潮的总结中，毛泽东指出：国民党顽固势力采取既抗日又反共的两面政策，我们“必须采取反抗他们这种反动政策的斗争策略，同他们作思想上政治上军事上的坚决斗争。这就是我们对付顽固派两面政策的革命的两面政策”。② 此后，毛泽东还说过，他们是两面派，我们也是两面派，是革命的两面派，要同他们斗争。

在打退第二次反共高潮期间，毛泽东对这个思想作了充分发挥，并把这个政策运用得淋漓尽致。他自始至终坚持以革命的两面政策来对付反共的两面政策。在何、白“皓电”后，毛泽东确定政治进攻、军

① 1940 年 12 月 4 日毛泽东在政治局常委会上的讲话。

② 《毛泽东选集》第 2 卷，北京：人民出版社 1991 年版，第 748 页。

事防御的战略方针，就是实行针锋相对的两面政策。他在1940年11月21日和30日致周恩来等人的电报中解释这个方针说：蒋介石的一切做法都是吓我让步，以攻势之手段达到防御之目的，本质上依然是两面政策。我对一切吓我之人亦应以政治攻势转吓之，采取表面和缓、实际抵抗、有软有硬的方针。除表示皖南一点小小的让步外，其他是寸土不让，有进攻者必粉碎之。毛泽东认为，我们“和缓可以争取群众，抵抗可以保卫自己，软可以给他以面子，硬可以给他以恐怖”。“只有软硬兼施，双管齐下，才能打破蒋介石的诡计，制止何应钦的投降，争取中间派的向我，单是一个软或单是一个硬，都达不到目的。”在蒋介石的“齐电”(1940年12月9日的限期新四军北移的最后通牒)发出后，毛泽东又指出：国民党顽固派仍是一面抗战一面反共的两面政策，我们亦仍是一面团结一面斗争的革命的两面政策。即在抗日方面，对其尚能抗日的方面加以联合，对其动摇的方面加以孤立；在反共方面，对其不愿根本破裂两党合作的方面加以联合，对其向我党和人民实行政治高压和军事进攻的方面进行坚决斗争和加以孤立。这也是软硬兼施。开展斗争是硬，但硬不硬到破裂统一战线；实行团结是软，但软不软到丧失自己立场。① 皖南事变发生后，蒋介石猖狂至极，1941年1月17日发布新四军为“叛军”、取消其番号、将叶挺交付“军法审判”的反动命令。为了打退国民党的政治攻势，毛泽东进一步阐发了革命的两面政策思想。他在一系列文电中指出：我们应紧紧捉住蒋介石1月17日令坚决反攻，像反对第一次反共高潮那样采取强硬立场，只有不怕破裂才能打破他们的进攻。如蒋准备全面破裂，我们便以破裂对付破裂；如蒋并未准备全面破裂，我们便以尖

① 参见1940年12月25日中央关于时局与政策的指示。

锐对立求得暂时缓和。对于一个强有力的进攻者，只有把他打到防御地位，使他不能再进攻了，国共暂时缓和的可能性就有了。

根据这样一些思想，中共中央制定了各个方面的具体政策。在采取军事守势的同时开展了全面的强大的政治攻势，最后打退了第二次反共高潮，使形势迅即发生了有利于我党的巨大变化。1941 年 5 月 8 日，毛泽东在关于打退第二次反共高潮的总结中对党的革命的两面政策作了深刻概括，指出：国民党顽固派在反共方面既要反共，甚至反到皖南事变和 1 月 17 日的命令那种地步，又不愿意最后破裂，依然是一打一拉政策。极端复杂的中国政治要求我们的同志深刻地给以注意。党的方针是"'即以其人之道，还治其人之身'，以打对打，以拉对拉，这就是革命的两面政策"。①

(三)阐述了同国民党顽固势力的斗争必须坚持"有理、有利、有节"原则

同国民党顽固势力的关系既然是又联合又斗争，那么这个斗争怎么掌握？这既是一个政治原则，也是一门政治艺术。自抗日统一战线建立后，毛泽东就在思索这个问题。"有理、有利、有节"原则是在反对顽固势力不断制造的摩擦事件中逐步形成的。

这个思想是从提出斗争的自卫原则开始的。1938 年底，国民党政府要调第八十四师高桂滋部进驻陕北。12 月 4 日，毛泽东电告彭德怀等，明确指出：绝对不许任何部队借名进驻，实行破坏边区之企图。过去已打过八九仗，都是执行"人不犯我，我不犯人，人若犯我，我必犯人"的方针。1939 年 1 月以后，国民党在陕甘宁边区制造的摩擦事件日益增多，毛泽东进一步阐释了这个思想。这一年 5 月 5 日，

① 《毛泽东选集》第 2 卷，北京：人民出版社 1991 年版，第 782 页。

他在延安后方留守兵团的军事会议上指出：巩固边区有一个方针、两条原则。一个方针，就是“一步不让”，对于他们的捣乱给以无情地打击，决不让步。两条原则的第一条便是“人不犯我，我不犯人”，同他讲亲爱、讲团结；要是他对我们不客气，我们就来第二条，就是“人要犯我，我必犯人”。这叫摩擦，人家摩擦来，我们摩擦去，也就是孔夫子所谓的“来而不往非礼也”，否则不叫“礼尚往来”。这是圣人之言，天经地义，我们一定要摩擦去。同年6月10日，毛泽东在延安党的高干会议上提出了“摩而不裂”的“有节”思想。他说：对于国民党的破坏性摩擦和武装冲突必须给以坚决的抵抗，但是这种抵抗必须严格站在自己立场上，决不能过此限度，给挑衅者以破裂统一战线之口实。这种自卫的防御的反摩擦斗争之目的在于巩固国共合作。为此目的，一定条件下缓和退让也是必要的，“摩而不裂”。1939年12月，毛泽东在写《中国革命与中国共产党》时首次将上述思想概括为“有理、有利、有节”原则。在打退第一次反共高潮之后，毛泽东在1940年3月11日的那个报告中，总结与顽固势力的斗争经验时对这个原则作了深刻的阐述，指出：“有理”是自卫原则，体现了斗争的防御性；“有利”是胜利原则，体现了斗争的局部性；“有节”是休战原则，体现了斗争的暂时性。坚持这三个原则，就能发展进步势力，争取中间势力，孤立顽固派，并使顽固派尔后不敢轻易向我们进攻。毛泽东的“三有”原则在打退第二次反共高潮的斗争中得到了充分运用，是中国共产党强大的政治攻势和发展华中的军事战略能够取得胜利的重要原因之一。

(四)强调同国民党顽固派斗争的基点要放在随时准备应付可能发生突然事变上，同时为争取时局的好转而斗争

在毛泽东看来，国民党顽固派的两面性不仅决定了共产党与之联

合时要实行革命的两面政策，进行有理有利有节的斗争，而且要保持高度的政治警觉性，把工作的基点放在可能发生的突然事变上，以掌握斗争的主动权。随着国共两党关系日趋恶化，他的这个思想愈益明确和强烈。在第一次反共高潮即将到来之际，1939 年 6 月 10 日毛泽东在反对投降的报告中指出：全党努力从思想上组织上准备自己、准备舆论、准备群众，随时可以对付事变——各种意料之外的袭击，各种大小事变。反共高潮开始后，毛泽东在 1939 年 10 月 10 日为党中央写的关于目前形势和党的任务的决定中又指出：我党各级领导机关和全体同志应该提高对当前时局的警觉性，用全力从思想上、政治上、组织上巩固我们的党，巩固党所领导的军队和政权，以准备对付可能的危害中国革命的突然事变，使党和革命在可能的突然事变中不致遭受到意外的损失。在第一次反共高潮后期，毛泽东在 1940 年 1 月 28 日的党内指示中还指出：力争时局好转，同时提起可能发生突然事变(在目前是局部的、地方性的突然事变)的警觉性，这就是党的目前政策的总方针。第一次反共高潮被打退后，蒋介石不甘心在华北的失败，将军事进攻的重点开始转向华中地区。1940 年 5 月 4 日，毛泽东致电项英和东南局，要他们充分准备应付可能发生的任何地方性和全国性的突然事变，采取坚决斗争的方针，才能使全党全军在精神上有所准备，在工作上有所布置。否则，就将再犯 1927 年的错误。在国民党发动第二次反共高潮后，毛泽东不但致电项英，要他们做好应付突然事变的思想准备、组织准备和行动准备，而且告诫全党，蒋介石决心驱我军于黄河以北，然后沿河封锁，置我军于日蒋夹击中而消灭之，其计甚毒。我们应估计到最困难最危险最黑暗的可能性，并把这种情况当作一切布置的出发点，而不是把乐观情况作出发点，要准备任何一种情况发生后都要有对付的办法。他甚至作了可能出现全国规模的黑暗局面的思想准备，以及应采取的相应对策，指出：把重点放在应付投降、应付内战方面，方不吃亏，方不上蒋的当，立即准备对付黑暗局面，这是全党的中心任务。有了这一着，就不会重蹈陈独秀的覆辙了。① 我党领导的西北、华北、山东、苏北等根据地都按照毛泽东的指示作了可能发生最黑暗局面的各种准备，唯独项英在皖南迟疑不决，对蒋介石存在幻想，未作可能发生突然事变的充分准备，遭致皖南事变的惨重失败。毛泽东在打退第二次反共高潮后的总结中批评项英的错误指出：同国民党的反共政策作战，要准备对付时局发展的最坏的一种可能性，万万不可粗心大意。蒋介石对于人民革命力量的仇恨和残忍，不但为过去十年的反共战争所证明，更由抗日战争中的两次反共高潮特别是第二次反共高潮中的皖南事变所完全地证明了。他还指出，我们在向着最坏的可能性作准备时，也不抛弃好的可能性。这次我们充分地准备着对付国民党的破裂，就使国民党不敢轻易破裂了。毛泽东的这个思想不仅是同国民党顽固派斗争的一个重要方针，而且具有普遍的方法论意义。后来毛泽东关于“要想到事情的几种可能性，估计情况的几个方面”②的思想，就是总结了中国共产党长期革命斗争的血的经验教训而作的哲学概括。

毛泽东在1939年至1941年间对统一战线思想的发展是多方面的，这里不可能一一论列。从上述各点可以看到，经过对与国民党的统一战线关系的长期经验的总结，特别是对打退国民党反共高潮经验的总结，毛泽东统一战线的理论与政策基本形成了具有丰富内容的科学体系。这不仅对于中国革命的胜利具有重要意义，而且对于建国后

① 1940年11月3日毛泽东致周恩来等电。

② 《毛泽东著作选读》下册，北京：人民出版社1986年版，第820页。

统一战线的巩固与发展也有重要意义。半个世纪过去了，重温毛泽东的这些具有巨大理论价值的思想，无论对于认识新的历史条件下的统一战线关系，还是对于观察世界范围内的国际政治关系，都可以获得教益。历史可以资治。中国共产党有了包括统一战线在内的各样法宝，像夺取中国革命的胜利一样，社会主义现代化的宏伟目标一定能够胜利实现，中华民族必将能够更早地跻身于世界先进民族之林。

艰辛的开拓*

——毛泽东在“文化大革命”以前对中国社会主义建设道路的探索

“世界上的事情就是这样，要走弯路，就是S形。”①

17年前②，毛泽东对斯诺讲过的这句话，形象地说明了我们国家走过的道路。实际上，毛泽东生前对中国社会主义现代化建设道路的探索也是这样。

曲折的道路，会给社会主义事业带来损失，给人民带来痛苦和灾难。但是，这是社会主义运动的发展难以逾越

---

* 这是作者在1986年夏写的文章，是学界最早地对这个时期毛泽东关于中国社会主义建设道路的探索思想进行研究取得的有重要影响的成果之一。本文讲了三个问题：(一)“文化大革命”以前毛泽东对中国社会主义现代化建设道路的探索的历史过程，从毛泽东对其比较集中地思考算起，大体分为五个时期。(二)毛泽东关于中国社会主义现代化建设道路的思想的基本点，着重就他在探索过程中提出的关于中国社会主义现代化经济建设道路的一些基本正确的重要思想，介绍了七个方面。(三)新的历史时期对毛泽东的探索的发展，着重分析了十一届三中全会以后的探索，对社会主义的固定观念的几个重要突破，也是对毛泽东和中国共产党人过去的某些理论观点的重要发展。原载《党史研究》1987年第1期，收入本书时有个别文字改动。

① 毛泽东1970年12月18日会见斯诺时的谈话。

② 指1970年，这里系相对于本文发表的时间言。

的，是人类对社会主义的认识不能不经历的过程。迄今没有一个社会主义国家避免了S形的弯路，当然弯曲的性质和形式各异，弯曲的程度和纠正错误的方法不尽相同。

毛泽东在“文化大革命”以前对中国社会主义经济建设道路进行的艰辛探索，为中国当代的马克思主义者建设有中国特色的社会主义，提供了历史的经验与教训，是中国共产党弥足珍贵的精神财富。

一、“文化大革命”以前毛泽东对中国社会主义现代化建设道路的探索的历史过程

毛泽东的探索大体集中在这样五个时期：

(一)1955年底到1957年夏天反右派斗争以前

这是探索的开始时期。探索任务的提出，首先是以农业合作化为中心的社会主义改造推动的结果。三大改造高潮以极广阔的规模和极深刻的程度蓬勃展开，不仅对我们国家的历史进程，而且对毛泽东的思想发展有重大影响。毛泽东多次说：1949年那样大的胜利，并没有使我高兴。到1955年，当我看到有那么多的农民参加了合作社，接着是私营工商业的改造，我开始高兴了。① 毛泽东这样的心情是可以理解的。因为1949年的胜利在他运筹帷幄之中，而社会主义改造“高潮”到来之迅猛，进行之顺利，则为他始未料及。三大改造的基本完成，在他看来，意味着中国从此将消灭剥削制度，进入社会主义社会了。这是无数革命先烈和志士仁人梦寐以求的理想，中国共产党为它的实现艰苦卓绝地奋斗了几十年！

社会主义改造的“高潮”的到来和完成，使中国开始“由阶级斗争

---

① 毛泽东1958年2月28日和7月22日会见苏联驻华大使尤金的谈话。

到向自然界斗争，由革命到建设，由过去的革命到技术革命和文化革命”①的转变。社会主义建设能否像社会主义改造一样，找到一条适合中国情况的道路呢？这是毛泽东在思考的问题。新中国成立以后，一则没有进行大规模经济建设的经验，二则党的工作的着重点还放在革命上，这样，包括“一五”计划在内，那些年基本上照抄苏联的办法。对于这种“抄”，毛泽东一方面认为“是必要的”，另方面“总觉得不满意，心情不舒畅”②。苏共二十大揭露出苏联经济工作的错误和我国照搬苏联经验的许多弊病暴露出来后，毛泽东把探索适合中国情况的社会主义建设道路的任务提上了日程。

中国是个农业大国。同探索社会主义改造道路一样，毛泽东对社会主义建设道路的探索也从农业开始。1955 年 10 月到 1956 年 1 月，他主持制定的“全国农业发展纲要四十条”，以及 1955 年 12 月他为《中国农村社会主义高潮》一书写的某些按语，虽然带有当时急躁冒进的历史印记，但其指导思想的主导方面，反映了毛泽东从中国实际出发对社会主义建设的新道路，特别是发展农业的新道路的思考。

1956 年 2 月中旬到 4 月下旬，毛泽东由对农业问题的研究，转向了对工业问题的调查。他连续听取了党中央和国务院三十几个部长关于工业生产和整个经济工作的汇报。他还准备“分别听取各省委、市委、区党委关于工业、运输、农林水、财金贸等方面工作的汇报”，也准备以后每年搞一次汇报，找一些工厂作典型研究，“切实摸一下经济工作”③。这些计划没有实现。他还阅读斯大林 1946 年在莫斯科

① 毛泽东 1957 年 3 月 19 日在南京上海党员干部会议上的讲话提纲。

② 毛泽东 1959 年 12 月到 1960 年 2 月读苏联《政治经济学》教科书的谈话。

③ 中共中央 1956 年 3 月 30 日关于工业、运输、财贸等方面工作的汇报提纲，毛泽东 1956 年 4 月 28 日在中央政治局会议上的讲话。

斯大林选区选民大会上的演说，认为苏联从1921年到1940年的20年内，增加了1400万吨钢，中国有苏联经验作借鉴，可以少走弯路，可以比苏联搞得好点，快点。

在经过对农业、工业将近半年的调查与研究后，1956年4月25日，毛泽东发表《论十大关系》讲话。他讲的十大关系，在经济关系中最重要的就是工业与农业的关系。他提出的工农业并举思想，既是鉴于苏联和一些东欧国家的经验教训，也是他在考察了农业问题之后，从中国的实际情况出发提出的。《论十大关系》的基本思想，随即成为党的八大的指导方针。1957年2月《关于正确处理人民内部矛盾的问题》讲话，进一步发展了《论十大关系》的思想。这两篇著作，是毛泽东在社会主义阶段把马列主义普遍原理与中国实际情况相结合的结晶，也是他探索适合中国情况的社会主义建设道路取得的辉煌成果。

(二)1957年夏的反右派斗争到1958年11月郑州会议以前

这是探索的失误时期。反右斗争中断了1955年底开始的探索。毛泽东把主要精力又转到阶级斗争方面。反右派斗争的严重错误，不仅使党对社会主义阶级斗争发展规律的认识偏离马克思主义，而且使党对中国社会主义建设道路的探索脱离正常轨道。“左”倾思想由指导国家政治生活扩展到经济工作。毛泽东对此以前的许多正确方针、政策和重大决策采取了否定态度。

这次失误是从批评1956年的反冒进开始的。1955年底和1956年初，有些部门和地方不顾实际可能，盲目地增加预算投资，扩大基建规模，给国民经济的发展造成了许多困难。周恩来、陈云等发现问题后，建议中央在反对保守主义的同时，必须反对急躁冒进的倾向。1956年6月20日，中央政治局通过《人民日报》发表社论，宣传这个思想。党的八大会议也贯彻这个精神。这对于保证1957年的经济建设沿着健康轨道发展，提前完成“一五”计划起了重要作用。

但是，毛泽东对于提出反冒进是有保留的。在 1956 年 4 月下旬的政治局会议上，他主张追加基建预算投资 20 亿元。《人民日报》那篇社论他批示“不看了”。1957 年反右派斗争开展后，毛泽东认为反冒进给“右派分子”提供了口实。在这年 10 月的八届三中全会上，他批评反冒进扫掉了多、快、好、省的口号等，是“右倾”、“促退”。在 1958 年 1 月的南宁会议上，他进一步指出：冒进是全国人民热潮冲起来的，是好事，部分是坏事；反冒进首先没有把指头搞清楚，十个指头只有一个指头长了疮，不提反冒进，就不会搞成一股风。这属于政治问题。右派的进攻把一些同志抛到和右派差不多的边缘，只剩下 50 米。在这年 3 月的成都会议上和 5 月的八大二次会议上，他继续对反冒进问题进行尖锐批评。

毛泽东为什么这样激烈地批评反冒进？他认为，这是建设社会主义的两种思想、两种方法、两种路线的斗争；打仗可以发动群众，社会主义建设，群众可以发动得更充分，“搞工业、农业，比打仗还厉害些，我就不相信”①。在他看来，冒进是发动群众的，马克思主义的，反冒进是不依靠群众的，非马克思主义的；前者轰轰烈烈，多快好省，后者冷冷清清，少慢差费。他主张前者，反对后者，甚至提出以后只能反右倾保守，不能反冒进。②

在这样的思想指导下，八大二次会议通过的社会主义建设总路线带有浓厚的“左”的色调，8 月的北戴河会议把“左”的思想推向高峰。这次会后，以大办钢铁为中心的“大跃进”运动和人民公社化运动，像

① 毛泽东 1958 年 1 月 20 日在南宁会议上听取汇报时的讲话。

② 毛泽东 1958 年 2 月 18 日在中央政治局扩大会上的讲话。

两股潮水似地涌向全国。整个国家处于极度的狂热之中。高指标、瞎指挥、浮夸风和“共产”风严重泛滥。经济工作完全乱了套。

历史就是这样地捉弄人。毛泽东从主观上说，是在探索适合中国情况的社会主义经济建设道路，并且自以为找到这条道路。1958 年 10 月 2 日，他接见东欧六国共产党代表团时说：世界上就有这么蠢的人，像我和我们这些人，这么多年就不知道以钢为纲。今年我们才知道这一条。你把钢铁搞起来了，其他东西都可以跟上来。1959 年 4 月 20 日，他对意大利共产党代表团说：现在已经打开一条道路，有可能使我们的经济、文化生活的建设一年一年地好起来。但是，实践证明，1958 年“大跃进”和公社化这样的探索，既违背经济发展的客观规律，也不符合中国现阶段生产力发展的实际状况。“大跃进”的许多成就是虚幻的，生产关系方面的许多变革具有空想性质。

(三)1958 年 11 月郑州会议到 1959 年 7 月庐山会议前期

这是对探索失误初步纠正的时期。一方面，毛泽东是大炼钢铁、人民公社运动的“始作俑者”；另方面，这两个运动中的浮夸风、“共产”风等错误，也是他最早提出纠正的。他提议并主持召开了两次郑州会议、武昌会议和八届六中全会、上海会议和八届七中全会等，提出许多重要思想，并相应地采取一系列措施来纠正已经觉察到的错误。在 1959 年 2、3 月的第二次郑州会议上，他承认从 1958 年 9 月起，“有一个很大的冒险主义错误”，“党内主要倾向还是‘左’”。他表示要为错误承担责任，说“中央可以不讲，我个人可以讲，我一讲，我就没有包袱了。”

毛泽东承认犯了“左”倾冒险主义错误，当然只是就具体工作而言，并不认为根本指导思想错了。在他看来，总路线、“大跃进”、人民公社是完全正确的，不能动摇的。因而，他对错误的纠正是很不彻底的。正因为这样，当彭德怀等在庐山会议从指导方针上提出反“左”问题，要求从根本上总结教训时，他认为这是比反冒进更严重的错误，是两个阶级的斗争，于是不惜冒犯众怒，挺身出来“反击”，从而中断反“左”进程。尽管如此，“大跃进”的教训对毛泽东来说还是深刻的。60年代，他对经济工作的指导，再没有重犯这类错误。

毛泽东在纠正他觉察到的错误的过程中，开始重视对马克思主义基本经济理论的学习和研究。他多次号召各级干部学习斯大林的《苏联社会主义经济问题》、苏联《政治经济学》教科书第三版和《马恩列斯论共产主义社会》等著作。在第一次郑州会议期间，他写信给中央、省市自治区、地、县四级党委委员，建议他们“联系中国社会主义经济革命和经济建设”来读书，“使自己获得一个清醒的头脑，以利指导我们伟大的经济工作”①。在这次会议上，他亲自和与会同志一起，认真地阅读和讨论了《苏联社会主义经济问题》。在武昌会议期间，他说：我们这些人，包括我在内，社会主义经济规律是什么东西，过去是不管它的。现在我们真正搞起来了，全国也议论纷纷。因此，他再次要求与会同志读那几本书。在八届六中全会上，他进一步强调，为了我们的事业和当前的工作来研究政治经济学，比平素我们离开实际专门看书要好得多，“在目前研究这个问题，有很大的理论意义和现实意义”。庐山会议开始时，他还把读苏联《政治经济学》教科书列为会议的首要内容。他说：有鉴于去年许多领导同志对于社会主义经济问题还不大了解，不懂得经济发展规律，应当好好读书，时间三至五六个月，或一年。还说，现在有些人是热锅上的蚂蚁，要让他们冷下

① 中共中央文献研究室编：《毛泽东书信选集》，北京：中央文献出版社2003年版，第508页。

来。去年有一年的实践，再读书更好。但在错误地开展对彭德怀等的批判后，中断了这个安排。到1959年冬天，才重新强调学习苏联《政治经济学》教科书。

毛泽东本人在1959年12月到1960年2月，组织一个读书小组，用了两个月时间对《政治经济学》教科书边读边议、逐章逐节地讨论，初步地总结他所认识到的中国社会主义经济建设的一些经验教训，提出许多重要的见解。这是他在新中国成立后第一次（也是唯一的一次）用了这样长的时间集中学习和研究社会主义经济理论问题。当然，他的许多认识还受着当时"左"的指导思想的影响，许多观点是不正确的，但这次读书毕竟是一次重要的理论反思，对于他后来继续探索中国社会主义建设道路有重要影响。

（四）1961年初的八届九中全会到1962年9月的八届十中全会

这是继续纠正错误、总结经验教训的时期。庐山会议后反右倾运动和新的"跃进"运动的开展，使在此之前得到一定纠正的高指标、瞎指挥、浮夸风、"共产"风等错误，以更猛烈之势重新蔓延开来。"大跃进"三年，"三分天灾，七分人祸"，国民经济出现极度困难的形势。在这种情况下，毛泽东承认，客观规律，你违反了它，就一定要受惩罚，我们就是受了惩罚，最近3年受了大惩罚。①

为了扭转困难形势，党中央在1960年底召开中央工作会议，1961年1月召开八届九中全会，正式决定国民经济实行"调整、巩固、充实、提高"方针。毛泽东和党中央尽管当时仍没认识到3年受惩罚是根本指导思想的错误，但是在这两次会议上，毛泽东强调了端正思想路线、开展调查研究的问题。在八届九中全会上，他指出：解放以

① 毛泽东1961年6月21日在中央工作会议上的讲话。

来，特别是最近几年，我们调查做得少了，不大摸底了，大概是官做大了。我这个人就是官做大了，从前在江西那样的调查研究，现在就做得少了。他提议，大兴调查研究之风，一切从实际出发，1961 年要搞个实事求是年。在随后的广州会议上，他再次指出：我们大部分人，包括我自己在内，都是调查研究不够。民主革命阶段，要进行调查研究，在社会主义革命、社会主义建设阶段，还是要进行调查研究。一万年以后还是要进行调查研究工作。这个方法是可取的。

这年春天，毛泽东亲自组织和领导 3 个调查组在浙江、湖南、广东 3 省农村进行调查。他还要求中央和地方各级领导都深入基层，恭谨勤劳地开展调查研究，向群众寻求真理，使党的领导作风来一个根本转变。在毛泽东对农业深入开展调查研究、制定和修改农村人民公社“六十条”的推动下，其他各条战线也进行系统的调查研究工作，由党中央主持，分别制定了“工业七十条”、“商业四十条”、“高教六十条”、“中教五十条”、“小教四十条”、“科研十四条”、“文艺八条”等一系列工作条例草案。这些工作条例草案，尽管存在这样和那样的缺点，但在当时历史条件下，比较系统地总结了我国社会主义建设的经验，规定适合当时情况的各项具体政策，把党的工作重新纳入较为正确的轨道，使国民经济形势的好转有了重要保证。这些工作条例草案，实际上是中国共产党所探索到的上述各方面社会主义建设工作的第一批工作“法典”。

经过对经验教训的总结和理论的反思，毛泽东对在我们国家建设社会主义的长期性、艰巨性，有了比较清醒的认识。在 1961 年 1 月的八届九中全会的预备会议上，他说：现在看起来，社会主义建设不要那么十分急，十分急了办不成，越急就越办不成，不如缓一点，搞几年慢腾腾的。这对我们有利，不要务虚名而遭实祸。在这年 6 月的中央工作会议上，他还说：这个社会主义谁也没有干过，未有先学会社会主义的具体政策而后搞社会主义的。苏联的经验是苏联的经验，他们碰了钉子是他们碰了钉子，我们自己还要碰。他提出，我们搞了11年，现在要总结经验。1962年1月的七千人大会，就是全党全面总结经验的干部大会。毛泽东讲话，进一步强调认识社会主义建设客观规律的问题。他指出：对于建设社会主义的规律的认识必须有一个过程。必须从实践出发，从没有经验到有经验，从有较少的经验，到有较多的经验，从建设社会主义这个未被认识的必然王国，到逐步地克服盲目性，认识客观规律，从而获得自由，在认识上出现一个飞跃，到达自由王国。在这篇讲话中，他明确提出，必须把马克思列宁主义的普遍真理同中国社会主义建设的具体实际相结合。这是经过艰难曲折的探索之后所得到的最基本的经验。

(五)1962年9月的八届十中全会以后到1966年6月“文化大革命”爆发之前

这是毛泽东在全面建设社会主义10年这个阶段，对中国社会主义现代化经济建设道路的探索接近尾声的时期。八届十中全会是毛泽东的思想发生重大变化的又一个关节点。他对于国内阶级斗争形势的错误判断和对于社会主义阶级斗争理论的错误认识，使他在这次会后把主要注意力又转到抓阶级斗争去了。这时期，他主要思考的是社会主义发展的政治方向问题。

但是，这不是说，毛泽东对经济工作完全不考虑了。他接受庐山会议后反右倾冲击经济工作的教训，强调贯彻八届十中全会精神不要干扰正在进行的经济调整工作。1963年国民经济开始全面好转之后，有的同志认为调整时期已经结束，提出进行大发展时，他同意陈云等领导人的意见，决定调整时期从1963年起再延长3年，作为今后发展的过渡阶段。这些正确的决策，对保证国民经济调整任务的圆满完成，为我国社会主义建设的复苏和走向繁荣创造了条件。

毛泽东也在思索中国社会主义现代化建设的方法问题。鉴于经济发达国家的技术在苏联人造卫星上天以后有了飞快发展，毛泽东也强调要学习先进技术。1964 年 2 月，他接见钱学森等科学家时说，要搞少数人专门研究防弹道式导弹，5 年不行，10 年；10 年不行，15 年，总要搞出来的。这年 10 月，他听取计划工作汇报时指出：有可能再有 10 年，不仅原子弹，氢弹，导弹，我们都搞出来了。这年 12 月，在修改周恩来总理在三届人大一次会议上的政府工作报告时，他明确指出："我们不能走世界各国技术发展的老路，跟在别人后面一步一步地爬行。我们必须打破常规，尽量采用先进技术，在一个不太长的历史时期内，把我国建设成为一个社会主义的现代化的强国。"①

同时，毛泽东也认为，中国搞社会主义经济建设，除了学习先进技术以外，还要加强政治思想工作，调动人们建设社会主义的积极性和创造性。还在读苏联《政治经济学》时，他就提出：社会主义提高劳动生产率，靠技术加政治。这是一个很有特色的思想。邓小平在十一届三中全会后强调了这个思想。但毛泽东在应用上却欠妥当。他在听到大庆、大寨艰苦创业的事迹汇报以后，在 1964 年提出"农业学大寨，工业学大庆"，号召学习他们艰苦创业的精神是对的，但在相当长的时间内，他把这两个口号当成是适合中国情况进行社会主义经济建设的根本经验。实践证明，除大庆提供了进行社会主义现代化建设、大寨提供了进行农田基本建设的某些先进经验外，其他的经验不够成熟、不太科学，甚至还带有许多"左"的色彩。

---

① 《毛泽东著作选读》下册，北京：人民出版社 1986 年版，第 849 页。

随着对阶级斗争认识的不断升级，毛泽东在1966年6月发动“文化大革命”。他对社会主义现代化建设道路的正确的和比较正确的探索(尽管其间也有错误)也就基本结束了。

二、毛泽东关于中国社会主义现代化建设道路的思想的基本点

《关于建国以来党的若干历史问题的决议》，对中国共产党探索到的适合中国情况的社会主义现代化建设道路的主要思想，做过系统的、深刻的阐述。这些思想是花了巨大的历史代价换得的，凝聚着全党的心血和智慧，其中也包括毛泽东在内。这里着重就毛泽东在探索过程中提出的关于中国社会主义现代化经济建设道路的一些基本正确的重要思想，作概要的介绍和分析。

(一)正确区分和处理两类不同性质的社会矛盾，为全面开展社会主义现代化经济建设创造民主的、安定的政治环境

毛泽东虽然在民主革命时期就注意到了对于社会矛盾的不同性质要加以分析，在解决党内和革命队伍内的矛盾时，提出了要划清两种不同性质的界限，区分敌人和自己人，对反动派实行专政，对人民内部实行民主的思想；但是从全社会范围内，明确地将社会主义社会的矛盾区分为敌我矛盾和人民内部矛盾两大类，并把正确处理人民内部矛盾作为国家政治生活的主题，这些思想却是在探索适合中国情况的社会主义建设道路的过程中提出来的。新中国成立以后，我国的社会政治矛盾实际上分为“两类三层”：即分敌我矛盾和人民内部矛盾两大类，人民内部矛盾又分为劳动人民与非劳动人民之间的矛盾和劳动人民内部矛盾两个层次。新中国成立头三年，解决民主革命的重大政治遗留问题(如剿匪、反霸、没收地主土地，镇压反革命)，多属于敌我

矛盾范围。搞社会主义三大改造，实际上是解决劳动人民与非劳动人民之间的矛盾和劳动人民内部矛盾这两个层次的矛盾。因为在我国的特殊历史条件下，民族资产阶级与工人阶级的矛盾已经属于人民内部矛盾。这就是说，社会主义改造的进行，已使人民内部矛盾成为国家政治生活的主题。社会主义改造的基本完成，实际上是党正确处理人民内部矛盾的重要实践。

社会主义改造的完成，一方面标志着我国进入了由阶级斗争转向自然斗争的新时期；另方面也使不具有阶级斗争意义的其他许多矛盾，主要是劳动人民内部的矛盾突出起来了。能否正确处理这个层次的矛盾比能否正确处理敌我矛盾和人民内部的阶级矛盾更为重要。因为我们国家的社会主义性质决定了劳动人民，无论工人、农民，还是知识分子，既是我们国家政治生活的主体力量，又是进行社会主义经济建设的直接依靠力量。能否正确处理劳动人民内部的矛盾，关系到国家能否稳定，社会主义建设能否顺利进行。同时，苏共二十大以后，一些社会主义国家发生的动乱，也使毛泽东感到，能否正确处理劳动人民内部的矛盾，是关系到社会主义命运的大问题；在历史处于转变的关头，人们的思想必须适应这个转变。因此，在探索中国社会主义现代化经济建设道路的时候，毛泽东首先提出了严格区分两类不同性质的矛盾，正确处理人民内部矛盾，特别是劳动人民内部的矛盾的理论。他在《关于正确处理人民内部矛盾的问题》中说："我们提出划分敌我和人民内部两类矛盾的界限，提出正确处理人民内部矛盾的问题，以便团结全国各族人民进行一场新的战争——向自然界开战，发展我们的经济，发展我们的文化"，"巩固我们的新制度，建设我们的新国家”。① 这个理论的提出，为解决我国社会主义建设的许多重大问题指明了方向。

毛泽东在主观愿望上，确实希望造成一个民主集中、生动活泼、心情舒畅的政治局面，以便调动一切积极因素，进行社会主义建设。但是，由于他对我国阶级斗争形势的错误判断和对党内不同意见的错误分析，恰恰在这个问题上，犯了严重错误。撇开反右派斗争、反右倾运动和“文化大革命”这些在根本上混淆两类不同性质的矛盾的错误不论，就“大跃进”和人民公社化运动的许多政策而言，也违背了正确处理劳动人民内部矛盾的原则，使社会主义经济建设事业受到巨大损害。

几十年的实践证明：正确区分和处理好两类不同性质的矛盾，社会主义经济建设就兴旺发达；反之，社会主义经济建设就受挫折，走弯路。这条教训值得永远记取。

(二)实现工作着重点的转移，集中力量发展社会生产力

这是毛泽东在探索中指出过但没能坚持实践的又一个重要思想。从理论上说，毛泽东在许多时候，对这个问题是明确的。在建国前夕的七届二中全会上，他已指出工作重点由农村转向城市，要学会管理城市和建设城市；在城市工作中要以生产建设为中心。在这一年 6 月，他和朱德、周恩来、董必武联名致张澜的信中，还明确指出：“今后工作重心在于建设，亟盼各方友好共同致力。”②在提出过渡时期总路线的任务后，他在 1955 年的全国党代表会议上指出：“我们进

① 《毛泽东文集》第 7 卷，北京：人民出版社 1999 年版，第 216 页。

② 中共中央文献研究室编：《毛泽东书信选集》，北京：人民出版社 2003 年版，第 295 页。

入了这样一个时期，就是我们现在所从事的、所思考的、所钻研的，是钻社会主义工业化，钻社会主义改造，钻现代化的国防，并且开始要钻原子能这样的历史的新时期”。在社会主义改造“高潮”到来之后，他在 1956 年 1 月的最高国务会议上指出：“社会主义革命的目的是为了解放生产力。”在社会主义改造基本完成之后，他同意八大决议提出的，党和全国人民当前的主要任务是集中力量发展社会生产力。在《关于正确处理人民内部矛盾的问题》中，他也说：“我们的根本任务，已经由解放生产力变为在新的生产关系下面保护和发展生产力”。在反右斗争后，1958 年 1 月，他在《工作方法六十条(草案)》中还指出：从今年起，“把党的工作的着重点放到技术革命上去。这个问题必须引起全党注意”。在这一年 3 月的成都会议上，他补充说：要搞技术革命和文化革命。在南宁会议上只提了技术革命，现在再加上文化革命，就完善了。随后，在 5 月的八大二次会议上，“逐步实现技术革命和文化革命”被规定为社会主义建设总路线的基本任务。这年 12 月，他会见朝鲜党政代表团时还说：现在我们所进行的新的革命是对地球和自然界的革命。在 1959 年 10 月，他接见拉丁美洲 17 国共产党代表团时还说：过去几十年内，革命同建设同时进行，头八年我们的精力放在革命，放在扫清社会主义建设道路。后两年，我们的全部精力放在建设。今后 10 年或 20 年内，主要精力放在社会主义建设方面。在把主要注意力转向抓阶级斗争之后，1963 年 12 月，他在听取聂荣臻关于十年科学技术规划的汇报时，还指出：搞上层建筑，搞生产关系的目的，就是为了解放生产力。现在生产关系是改变了，就要提高生产力。

从以上部分论列不难看出，毛泽东在这个问题上的错误主要不完全在抽象的理论认识上。从政治方面看，他的错误主要在于，第一，实现工作重点转移的决心不坚定，在指导思想上有元二倾向。从上述论列可以看到，他在1956年以后就反复了三次：一是在1957年夏天开展反右斗争，并在这年10月的八届三中全会上重新提出无产阶级与资产阶级的矛盾是主要矛盾，否定了八大关于主要矛盾的基本正确的论断；二是在1959年庐山会议上开展反右倾斗争，并把这个斗争引向全国，冲击了当时的经济工作；三是在国民经济困难时期抓了一段经济建设的恢复和调整，但在八届十中全会以后又把主要注意力转到抓阶级斗争，直至发动“文化大革命”。这样，在新中国成立以后，他领导全党的27年间，真正集中力量抓经济工作的时间就很有限，在这10年间，他的主要精力则是抓阶级斗争了，仅此一点，对于一个执政党的主要领导人来说，不能不是一个严重错误。第二，实现工作重点转移后没能坚持正确的思想路线。这主要指1958年这一段。这期间，他是全力以赴抓经济工作的。在年初提出工作着重点转移时，他明确要求县以上各级党委要抓社会主义建设工作。《工作方法六十条(草案)》，实际上就是为了帮助各级干部适应这个转变。它的主要内容也是围绕抓经济工作的。但是，由于他不断地对反冒进问题的错误批判，结果自食苦果。过去长期坚持的实事求是的思想路线被批掉了。他轻率地发动“大跃进”和人民公社化运动，使国民经济遭到了巨大破坏。我们国家的这一教训和一些社会主义国家的教训都说明，实现了工作着重点的转移，对于集中力量进行社会主义建设来说，还仅仅是走了第一步；能否把社会主义建设搞好，不仅在于坚定不移地实现这个战略转移，而且还要始终如一地坚持实事求是的思想路线。

(三)正确处理重工业同农业、轻工业的关系，实行工农业同时并举

毛泽东的这个思想有一个不断深化、发展的过程。他在《论十大关系》中提出这个思想后，在《关于正确处理人民内部矛盾的问题》中把它概括为“中国工业化的道路”。鉴于有的东欧国家按照苏联模式，牺牲轻工业和农业，片面发展重工业，损害了人民利益的教训，1957年4月，毛泽东指出：建设社会主义真不是一件容易事，建设社会主义，丢了人民；建立了重工业，丢了人民，这是不成的①。

1958年以大办钢铁为中心的“大跃进”，使农业和轻工业生产受到了严重影响，毛泽东在纠正这个错误的过程中，在庐山会议前期总结教训时，提出了安排国民经济要以“农、轻、重”为序。他说：过去安排是重、轻、农，重、轻、农的关系要反一下。搞十大关系时就提出两条腿走路，可是没有很好执行。过去是重、轻、农、商、交，现在强调把农业搞好，次序改为农、轻、重、交、商。这样并不违反马克思主义，这样还是优先发展生产资料的原则。农业中也有生产资料，重工业是不会放松的。“农、轻、重问题，把重放到第三位，放它四年，不提口号，不作宣传。”在这年底到翌年初，他读苏联《政治经济学》教科书时，对这个思想作了具体阐述，指出：“我们的提法是在优先发展重工业的条件下，发展工业和发展农业同时并举。所谓并举，并不否认重工业优先增长，不否认工业发展快于农业；同时并举也不是平均使用力量。”这就澄清了对“农、轻、重”提法的误解，对“并举”思想作了比较全面的解释。他还比较中、苏两国的发展道路说：生产资料优先增长的规律，是一切社会扩大再生产的共同规律。斯大林把这个规律具体化为优先发展重工业。斯大林的缺点是过分强调了重工业的优先增长，结果在计划中把农业忽略了。前几年东欧国家也有这个问题。我们把这个规律具体化为，在优先发展重工业的条

① 毛泽东1957年4月25日接见保加利亚驻华大使时的谈话。

件下，工农业同时并举。我们实行的几个同时并举，以工农业同时并举为最重要。这个比较，具体说明了中国道路的优点和特点。

在国民经济进入困难时期以后，毛泽东进一步提出了“以农业为基础，以工业为主导”的发展国民经济的总方针。这是毛泽东对他本人和党的其他领导人过去提出的思想的新概括。

毛泽东关于工农业关系的思想，是他探索到的比较具有中国特色的一个重要思想。中国的社会主义现代化建设仍要正确处理好这个关系。

(四)发展社会主义的商品生产和商品交换，重视价值规律的作用

这是毛泽东在纠正1958年“共产”风的过程中提出的。他针对当时出现的反对商品生产、否认价值规律的观点，在第一次郑州会议上指出：现在有些同志，避开使用还有积极意义的资本主义范畴——商品生产、商品流通、价值法则等来为社会主义服务，“这是对马克思主义不彻底、不严肃的态度”，“是不承认客观法则的表现”。他提议在起草的会议文件中写上“必须生产适宜于交换的社会主义的商品，加一个‘社会主义’”，以便发展“社会主义商品生产”。他赞同斯大林的观点，认为不能把商品生产与资本主义混为一谈，商品生产与资本主义相联系就出资本主义，和社会主义联系就不是资本主义，就出社会主义。他明确地说：“不要怕，不会引导到资本主义，因为已经没有了资本主义的经济基础。商品生产可以乖乖地为社会主义服务”。他还指出：“历来就有商品生产，现在加一种社会主义商品生产”，在社会主义建设时期，要“有计划地大大发展社会主义的商品生产”。针对中国的实际情况，他还强调说：中国是商品生产很不发达的国家，现在又很快地进行了社会主义，社会主义的商品生产同商品交换还要发展，这是肯定的。毛泽东的这些观点，虽然是从斯大林那里引发出来的，但比斯大林讲得明确、坚定，非常精彩。

毛泽东还进一步阐述了价值规律的作用。在第二次郑州会议上，他说：价值法则，等价交换，不仅存在于公社内部，也存在于集体所有制与全民所有制之间，实际上生产资料各部门之间也有价值法则起作用。还说：价值法则是客观存在的经济法则。我们对于社会产品，只能实行等价交换，不能实行无偿占有；在社与队、队与队、社与国家之间，在经济上只能是买卖关系，必须遵守等价交换原则。他批评"共产"风说："一平、二调、三收款，就是根本否定价值法则和等价交换"；"'一平、二调、三收款'，引起广大农民的恐慌。这就是我们目前同农民关系中的一个大矛盾，一个大问题。"

为了纠正"一平二调"的错误，缓和与农民的紧张关系，毛泽东提议对县、社两级干部，特别是公社这一级干部进行教育，"使他们懂得价值法则，等价交换，这是个客观规律，客观法则，违反它，要整得头破血流"。他还提议，这次郑州会议拟定的关于整顿和建设人民公社的方针，要加上价值法则的内容。后来文件中写上了"物资劳动，等价交换"一语。① 这次会后，他了解到广大农民普遍要求清算公社化和大炼钢铁中所调生产队的物资、劳力等项账目的情况。在3月下旬的上海会议期间，他进一步指出：客观存在的价值法则，"是一个伟大的学校，只有利用它，才有可能教会我们几千万干部和几万万人民，才有可能建设我们社会主义和共产主义。否则一切不可能。对群众不能解怨气。对干部，他们将被我们毁坏掉。有百害而无一利。"

---

① 这个方针的完整提法是："统一领导，队为基础；分级管理，权力下放；三级核算，各计盈亏；分配计划，由社决定；适当积累，合理调剂；物资劳动，等价交换；按劳分配，承认差别。"

从现在的观点看，毛泽东对商品生产和价值规律的认识，虽然有很大的局限性，在实践中也犯了错误，但是经过这次总结教训后，他在“文化大革命”以前基本上坚持了上述观点。1959年底1960年初，他读《政治经济学》教科书时指出：社会主义的商品生产、价值规律等等，现在是适合于生产力发展的要求的。1962年七千人大会期间，他在修改刘少奇代表党中央所作的工作报告时，增加了这样一段话：“按劳分配和等价交换这样两个原则，是在建设社会主义阶段决不能不严格地遵守的马克思列宁主义的两个基本原则。”这个概括，是毛泽东对这个问题进行探索的理论总结。

（五）正确处理中央和地方的关系，扩大企业自主权，改革经济管理体制

中央和地方的关系问题，在毛泽东讲的几大经济关系中，除了工业与农业两个产业是最大的关系外，就是最重要的关系了。这个关系，一方面是经济关系，属于生产关系；另方面涉及行政管理体制，属于上层建筑范围。鉴于苏联的权力过分集中于中央，把地方卡得很死造成的许多弊端，毛泽东认为，像中国这样幅员大、人口多、情况复杂的国家，应当在巩固中央统一领导的前提下，扩大一点地方的权力，让地方办更多的事；有中央和地方两个积极性，比只有一个积极性好得多，这对建设社会主义有利。但是，建国后的经济管理体制，很大部分是因袭苏联的。因此，党的八届三中全会决定对工业、财政、商业管理体制实行部分权力下放。

虽然在1958年“大跃进”中，一度权力下放过多，出现过分散主义倾向，但随后迅即得到了纠正。在读《政治经济学》教科书总结教训时，毛泽东认为，中央管得多，统得死，这是我们国家管理体制中的主要倾向，因此，仍然要强调发挥地方积极性。他说：都是全民所有制的企业，实行不实行中央和地方分权，哪些企业由谁去管，这些都是有关建设的重大问题。中央不能只靠自己的积极性，还必须同时依靠地方的积极性。他还把我国同欧洲相比较来强调这个问题，指出：欧洲的好处之一，是各国林立，各搞一套，使欧洲经济发展较快。我国自秦以来形成大帝国，那时以后，少数时间是分裂、割据，多数时间保持统一局面，缺点之一是官僚主义，统治很严，控制太死，地方没有独立性，不能独立发展，大家拖拖沓沓，懒懒散散，过一天算一天，经济发展很慢。他主张既统一，又分权；在全国统一计划下，各省尽可能都搞一套。1960 年 3 月，他在天津召开的中央工作会议上还说：要把我们这个国家看成"联合国"，一个省就是一个"国"，我们中国是个"联合国"。这以后，中央和地方关系虽然几经调整，但地方的自主权仍较少。因此，1966 年 3 月 12 日，毛泽东就农业机械化的发展问题写信给刘少奇，提出要扩大地方自主权。他说：原材料（钢铁）、工作母机、农业机械，凡国家管理、地方制造，超出国家计划远甚者（例如超出一倍以上者），在超过额内，准予留下三成至五成，让地方购买使用。此制不立，地方积极性是调动不起来的。为了农业机械化，多产农林牧副渔等品类，要为地方争一部分机械制造权。所谓一部分机械制造权，就是大超额分成权，小超额不在内。一切统一于中央，卡得死死的，不是好办法。这里虽然是就一部门的问题而言的，但提出的分成原则有普遍意义，为十一届三中全会后管理体制的改革提供了经验。

与强调发挥地方积极性相联系，毛泽东还强调发挥企业的积极性。这也涉及国家、生产单位和个人三者的关系问题。1956 年 4 月 28 日，他在中央政治局会议上讲话，把扩大企业自主权看成是社会主义经济体制的重要问题。他说：关于社会主义经济体制问题。一长制毫无疑义是不要了，不过形式上的决议案还没有通过。至于企业的独立自主，列宁所谓独立自主到如何程度，请你们大家注意研究。我想，企业应该有怎样一种独立性呢？我随便这么讲，不是很正确的语言，叫做要有点“独立王国”，就是要有半独立性，或者是几分之几的独立性，公开的、合法的“半独立王国”。没有一点“独立王国”，那么事情也很难办。这个问题很值得研究的，请大家研究。在这里，毛泽东对一长制的批评，被实践证明是虽有合理内核，但有一定的片面性。但是，暂且撇开这点，他在近30年前就提出扩大企业自主权，并把它作为社会主义经济体制改革的突破口来研究，这是十分难能可贵的。

为了扩大企业的自主权，把经济工作搞好，毛泽东还在探讨如何按经济办法管理经济的问题。1964年1月，在听取国家计委关于托拉斯问题的汇报时，他表示赞同刘少奇关于建立托拉斯企业的设想。他说：目前这种按行政方法管理经济的办法，不好，要改；比如说，企业里用了那么多的人干什么？人要吃饭的，要消耗的，用那么多的人，就是不按经济法则办事。还指出：商业为什么不能按经济渠道管理？为什么只能按行政区划设置机构？打破省、专、县界嘛！就是要按经济渠道办事。

毛泽东关于经济管理体制的这些意见，虽然还有不确当、不完善之处，但它说明毛泽东已经在叩击社会主义经济体制改革的大门。只是他随后发动“文化大革命”，不仅堵塞了继续探索改革的道路，而且使国家的整个经济濒于危机。这是一个悲剧。

(六)工人是企业的主人，提倡干部参加劳动、工人参加管理、改革不合理的规章制度和实行技术人员、工人、干部的“三结合”

毛泽东在1957年提出生产力与生产关系的矛盾是社会主义基本

矛盾的理论后，就在研究社会主义制度下生产力发展的特点。他认为社会主义国家发展生产力，除了依靠生产力本身的几个因素外，还必须使生产关系的变化适应生产力发展的要求；在生产关系内部，所有制的性质在一定时期内是相对稳定的，而劳动生产中人与人的关系却在不断地变化。因此，他很注重通过改善人与人的关系来促进生产的发展。在主持制定的《工作方法六十条(草案)》中，他提出干部要以普通劳动者姿态出现，与工人建立平等关系；要改革束缚群众积极性的不合理的规章制度。在八大二次会议上，他提出“干部参加劳动，工人参加生产管理”。根据他的建议，这次会议通过了干部参加劳动的决定。这以后，劳动生产中人与人的关系一度发生了较为显著的变化，虽然在某些方面有过不切实际的要求和形式主义的缺点等。

毛泽东在1959年底1960年初读苏联《政治经济学》教科书，对探索道路进行理论反思时，进一步强调了建立平等关系、改善企业管理的问题，强调了“两参一改三结合”的思想。他说：我们的经济，如果干部不放下架子，不同工人打成一片，工人就往往不把工厂看成自己的，而看成干部的。干部的老爷态度，使工人不愿意自觉地遵守劳动纪律。不能以为，在社会主义制度下，不用做工作，自然会出现劳动者和企业领导人员的创造性的合作。还说：所有制问题基本解决以后，最重要的问题是管理问题。全民所有的企业，集体所有的企业，都有一个如何管理的问题，这也就是人与人的关系问题。他对国营企业在解放后十年间人与人的关系方面发生的巨大变化进行了总结，然后指出：在这方面，我们做了很多文章。对企业的管理，采取工人群众、领导干部和技术人员三结合，干部参加劳动，工人参加管理，不断改革不合理的规章制度，等等。这些方面都是属于劳动生产中人与人的关系。这种关系是改变还是不改变，对于推进还是阻碍生产力的发展，都有直接的影响。

1960年3月，毛泽东在转发中共鞍山市委《关于工业战线上的技术革新和技术革命运动的情况报告》的批示中再次强调“两参一改三结合”问题后，我国的许多大型企业陆续试行这种管理制度。1961年制定的“工业七十条”正式地肯定了这个制度，并且把企业的职工代表大会制作为实行这种制度的一种具体形式。此后，这便成为了我国企业管理的一项重要制度。

这个制度是毛泽东在改革我国沿用的苏联企业管理制度的过程中提出的，自然带有探索的性质。就其体现工人是企业的主人这个指导思想来说，这个制度提供了宝贵的经验；但是对于管理现代的企业来说，这个制度是不完备的。十一届三中全会以后，适应新形势的需要，我国的企业管理制度作了许多重大的改变。

(七)实现四个现代化，在50年至100年左右的时间，逐步地把我国建设成为强大的社会主义国家

这是毛泽东和中国共产党人艰辛求索的目标。在1953年公布过渡时期总路线的任务以后，根据毛泽东在修改、审定中宣部起草的《关于党在过渡时期总路线的学习和宣传提纲》中的意见，1954年9月，周恩来在一届人大一次会议的《政府工作报告》中，提出要“建设起强大的现代化的工业、现代化的农业、现代化的交通运输业和现代化的国防”。这是四个现代化最早的说法，主要体现对社会主义物质文明建设的要求。在1957年《关于正确处理人民内部矛盾的问题》和《在中国共产党全国宣传工作会议上的讲话》中，毛泽东又提出了建设现代科学文化问题，用今天的语言来说，就是增加了对社会主义精神文明建设的要求。在1959年底1960年初读《政治经济学》教科书时，毛泽东第一次完整地表述了关于四个现代化的思想。从1964年底

1965年初的三届人大一次会议起，实现四个现代化就成了中国人民为之奋斗的根本任务。

实现这个任务是项极为艰巨的工程。毛泽东考虑到它的艰巨性，在时间的估计上，曾作过多种设想。例如在1955年3月的全国党代表会议上，毛泽东指出："要建设成为一个强大的社会主义工业化的国家，就需要有几十年的艰苦努力，比如说，要有五十年的时间，即本世纪的整个下半世纪。"在这年10月的七届六中全会上，又提出：大约在50年到75年的时间内，就是10个五年计划到15个五年计划，可能达到世界先进水平。1956年9月，他在接见参加中共八大的南斯拉夫共产主义者联盟代表团时又说：使中国变成富强的国家，须要50年至100年的时光。在1958年"大跃进"期间，他一度将时间的估计提前了许多。但经过困难时期以后，他不仅回复到了原来的估计，还认为可能更长一些。1961年，他同蒙哥马利说：建设强大的社会主义经济，在中国，50年不行，会要100年，或者更多的时间。1962年1月在七千人大会上的讲话中，他继续提出：中国的人口多，底子薄，经济落后，要使生产力很大地发展起来，要赶上和超过世界上最先进的资本主义国家，没有100多年的时间，我看是不行的。

在国民经济形势开始全面好转后，1963年9月的中央工作会议，在制定国民经济的长远规划时，为了实现四化任务，根据毛泽东的意见，提出了"两步走"的设想。第一步，建立一个独立的、比较完整的工业体系和国民经济体系，使我国工业大体接近世界先进水平；第二步，使我国工业走在世界前列，全面实现农业、工业、国防和科学技术的现代化。随后，周恩来在三届人大的《政府工作报告》中宣布，第一步，大约用三个五年计划的时间；第二步，力争在本世纪末。这是中国共产党最早正式提出的我国经济建设远景规划的宏伟蓝图。十二大关于在本世纪末工农业总产值翻两番、达到“小康水平”的规划，以及随后所讲的关于在建国100周年赶上世界发达国家经济发展水平的设想，正是根据建国后几十年的实践经验，同时考虑到毛泽东、周恩来等的上述估计和规划而提出的。

上述七点，只是围绕着经济建设问题所列举的比较正确或在主导方面是正确的一些最重要的思想。这既不是毛泽东的全部经济思想，也不是说这些思想都是完全正确的。指出这些，只是为了便于说明中国共产党的某些探索思想的历史发展，丝毫没有要掩饰毛泽东晚年的严重错误之意。在文中，笔者已多次指出他在探索过程中的一些严重失误，以及他的一些有严重错误的理论观点。后面还将对他的错误观点进行分析，因此，这里就不再将他在这方面的理论错误和实践错误集中起来一一论列了。

三、新的历史时期对毛泽东的探索的发展

十一届三中全会拨乱反正，重新把党的工作重点转移到社会主义现代化建设的轨道上来，并继续对中国的经济发展道路进行探索。十二大提出建设有中国特色的社会主义，标志着在新的历史时期中国共产党的探索进入了一个新的阶段。

新时期的探索，从遵循马克思主义普遍原理与中国社会主义建设实际相结合的原则，从借鉴和沿用新中国成立后的行之有效的经验，从汲取毛泽东的一些正确的探索思想等来说，无疑是对毛泽东的探索的继承。但是，若从其真正实现了伟大的战略转变，否定了毛泽东的错误理论和过去的许多不符合实际的错误政策，改变了不少僵化观念，对一些历史经验作了新的概括等方面来看，则不仅对毛泽东的探索思想有重大发展，而且对马克思主义理论作了重大发展。

中国社会主义建设有着丰富经验。毛泽东生前十分希望在社会主义建设阶段，能像在民主革命阶段一样，对中国的新经验有所总结，对马克思主义理论有所发展。在《论十大关系》和《关于正确处理人民内部矛盾的问题》对中国的社会主义建设经验作了初步总结之后，1958年3月，毛泽东指出：马克思主义本身也是创造出来的。对于经典著作要尊重，但不要迷信。一有迷信，就把我们脑子压住了，不敢跳出圈子想问题，那很危险。这年5月，他还指出：对马克思也不要怕，马克思也是人。十月革命是列宁做的，马克思没有做过；中国这样大的革命，马克思也没有做过。“我们的实践超过了马克思”。1959年底1960年初，他读苏联《政治经济学》教科书时，对这个问题作了进一步阐述。他说：马克思这些老祖宗写的书，必须读，他们的基本原理必须遵守，这是第一。但是，任何国家的思想界，都要创造新的理论，写出新的著作，产生自己的理论家来为当前的政治服务，单靠老祖宗是不行的。他在列举俄国党和中国党发展马克思主义的历史以后，指出：现在我们已进入社会主义时代，出现了一系列的新问题，如果单有《实践论》、《矛盾论》，不适应新的需要，写出新的著作，形成新的理论，也是不行的。到了60年代，毛泽东已入古稀之龄，一方面感到人老体衰，精力不济；另一方面，想总结新经验，写出新著作的雄心未泯。1964年3月，他对部分中央领导谈到《毛泽东选集》时说：那都是以前的著作了，现在也很想写一些东西，但老了，精神不够了。这年6月，他在中央政治局常委会上继续说：现在学这些东西（指《毛泽东选集》——引者），我很惭愧，都是些古董了。要把现在新的东西写进去。

毛泽东本人未能实现他提出的任务。十一届三中全会以后，以邓小平为代表的中国当代马克思主义者，担当起了这个光荣任务。

十一届三中全会以后，对社会主义建设理论的发展是多层次的，多方面的，从宏观来看，大体可分为两类。一类是通过把原来基本正确的思想观点和理论原则向前推进所作的发展。例如，十二大提出的社会主义精神文明是社会主义的重要特征的理论，社会主义阶段最根本的任务是发展社会生产力的理论。它们不是在否定过去理论的基础上提出的，恰恰相反，是在肯定的基础上把过去的理论向前推进了。另一类是通过否定过去的许多与实际情况不符合的思想观点和理论原则而作出的发展。这类发展的一个重要特征，是突破了以往的传统观念，使人们对社会主义的认识进入了一个新的阶段，因而对社会的震动更大，理论意义更为深远。这里着重谈谈十一届三中全会以来的探索，对社会主义的固定观念的几个重要突破，也是对毛泽东和中国共产党人过去的某些理论观点的重要发展。

(一)多种经济成分，即多种所有制形式

长期以来，社会主义被认为是单一的公有制社会。在 1958 年刮“共产风”时，还出现了急于由集体与全民两种所有制向单一的全民所有制过渡的倾向，以为越是单一、纯粹，社会主义的“品位”就越高。撇开这种特殊时期的幼稚病不言，根据传统的观念，社会主义也只存在全民与集体两种形式的公有制，不允许私有制形式的经济成分存在。党的领导人从中国实际情况出发，曾经对这个问题的考虑有所放宽。例如，周恩来提出，可以保留小量的私有制作为第三种所有制。陈云提出，个体经营是国家经营和集体经营的补充。甚至毛泽东本人在 1956 年 12 月同民主党派负责人谈话时也说过：我怀疑俄国新经济政策结束得早，只搞两年退却就进攻，到现在社会物资还不足。我们保留了私营工商业工人 250 万，还可以考虑，只要社会需要，可以开设私营大厂，订条约，20 年不没收。华侨投资 20 年、100 年不要没收。开投资公司，还本付息。可以搞国营，可以搞私营。可以消灭资本主义，又搞资本主义。到了1964年1月，他还提出：在一定时候，可以让日本人来中国办工厂，开矿。

毛泽东等人的这些思想，从现在的眼光看，无疑也是开明的。但是，它主要被当作个别、特殊问题看待，没被当作一个普遍性的问题来思索，更多地表现了政策观念的灵活性，还没有上升到理论高度来概括。十一届三中全会实行对内搞活经济、对外实行开放的方针后，我们国家出现了多种经济形式和多种经营方式。在十二届三中全会通过《关于经济体制改革的决定》后，党中央对这种多维的经济结构作了理论概括，提出了"以社会主义公有制为主体"和"多种所有制"、"多种经济成分"的新概念，认为我们国家现在是以公有制为主体，具有多种经济成分即多种所有制的社会主义社会。在这种现实存在的社会主义社会里，除了公有制的国营经济和集体经济占绝对优势外，还存在着公私合营经济、合作经济、个人经济和私人经济(包括外商企业)等多种所有制形式。这种多维结构，与新中国初期的新民主主义经济有所不同。因为在那时社会主义公有制尚未在全国占绝对优势；个人经济和私人经济主要不是从属于社会主义经济，作为它的必要补充存在，而是按其自发趋势在发展。

以公有制为主体的多种所有制、多种经济成分概念的提出，对社会主义理论的发展具有重要意义。如果说：列宁、斯大林提出集体所有制是对马克思、恩格斯的社会主义观念的首次突破，那么，包括允许私有制存在，并以公有制为主体的多种所有制的提出，则是对马、恩的社会主义观念的又一次重要突破。这种突破不是主观随意的，从主观意愿来说，虔信马克思主义的人们更希望维护传统的观念。但是，社会主义的实践不以任何人的主观意愿为转移，不仅在中国，还有许多东欧国家的社会主义实践，都共同地提出了多种所有制问题。实践要求发展理论，社会主义理论只有不断总结实践经验，改变一些与现阶段实际不相符合的固定观念，扩大自己的外延，才能适应新的形势。对某些传统观念的改变，不仅没有抛弃马克思主义的社会主义理论，恰恰相反，给马克思主义的社会主义理论注入了新的血液，赋予了强大的活力。

多种经济成分、多种所有制形式的存在，在现实生活中也会带来许多新的问题，但是在共产党执政的条件下，在公有制经济占主导地位并掌控国民经济命脉的条件下，私营经济、外资经济、合资经济等带来的问题，不可能改变我们国家的社会主义社会性质。

(二)有计划的商品经济

与提出集体所有制相联系，列宁、斯大林认为社会主义社会还存在商品、货币，已经突破了马恩设想的社会主义观念。但是，这种突破也受到了当时历史的局限。例如，斯大林认为生产资料不是商品，价值规律只在流通领域内起调节作用。就毛泽东来说，一方面，他比斯大林的观点前进了，认为生产资料也是商品，价值规律也在生产领域内发生作用；另方面，他对商品生产和价值规律的认识仍然没有突破斯大林的框子，把它们同计划经济规律的作用相对立。在 1958 年 11 月的郑州会议上，他说：社会主义的商品生产，不是为价值法则所调节，即不是为价值法则所指挥，而是为计划所指挥；价值法则是一个工具，是利用价值法则的形式，不是利用价值法则的内容。在 1959 年底 1960 年初读《政治经济学》教科书时，他还说：价值规律作为计划工作的工具，这是好的，但是，不能把价值规律作为计划工作的主要根据。我们搞大跃进，就不是根据价值规律的要求来搞的，而是根据社会主义经济的基本规律，根据我国扩大再生产的需要来搞的。如果单从价值的观点来看我们的大跃进，就必然得出“得不偿失”的结论，就必然把去年大办钢铁当成无效劳动、土钢质量低、国家补贴多、经营效果差，等等。从局部、短期看，大办钢铁好像是吃了亏，但是从整体、长远看，这是非常值得的。毛泽东的这番话，在政治上，是为他对彭德怀的错误批判作辩护；从经济观点看，则反映了他对价值规律作用的认识。直到十一届三中全会以后，这种错误观念才被纠正。

十二届三中全会通过的《关于经济体制改革的决定》，在研究国内外社会主义建设的历史经验和新鲜经验之后提出：社会主义社会“是在公有制基础上有计划的商品经济”；“社会主义计划经济必须自觉依据和运用价值规律”；“商品经济的充分发展，是社会主义经济发展的不可逾越的阶段，是实现我国经济现代化的必要条件。”这是对社会主义认识的又一次飞跃。它承认商品经济是社会主义经济内在的、固有的本质属性，从而改变了马克思主义经典著作关于社会主义社会的许多论述。如邓小平所说，它讲了我们老祖宗没有说过的“新话”。理论观念上的这一飞跃，不仅对中国共产党探索具有中国特色的社会主义现代化建设道路，会发生巨大影响；而且为那些原来资本主义不够发达、自然经济占绝对优势、现在坚持社会主义制度的国家，如何迅速发展社会主义经济，将另辟蹊径。

（三）共同富裕与先后富裕

在全社会范围内消灭贫穷，实现共同富裕，是建设社会主义的根本目的。同坚持公有制一样，坚持共同富裕是社会主义的基本原则。这是无可置疑的。但是，如同把社会主义设想为只是单一的公有制社会，还是以公有制为主体的具有多种所有制形式的社会，哪一种更符合实际一样，对共同富裕原则也有一个如何理解的问题，即什么是共同富裕？如何共同富裕？

长期以来，共同富裕被简单地视为“均富”，即完全平均，同步富裕，否认差别，反对“冒尖”。其实，这是粗俗的平均主义思想，早期的空想社会主义思想，并不是真正的科学社会主义。因为“物之不齐，物之情也”。按照社会主义的科学观点，差别在任何时候都是客观存在的。不仅社会主义社会不是没有差别、完全平均的社会，就是将来的共产主义社会也不可能这样。在社会主义阶段，共产党人的主张是承认差别，缩小差别；由承认差别到缩小差别，是一个历史过程，而不是一朝一夕能实现的。共产党人的责任，只能按照客观情况制定正确的政策，努力缩短这个历史过程，而不是取消这个历史过程。如果不是这样，共同富裕就会成为共同贫穷的代名词。

毛泽东对这个问题的认识是很不清醒的。1958 年刮“共产”风时，他曾视“吃饭不要钱”、“供给制”等等为共产主义因素。他很憧憬三国时代张鲁的原始社会主义政策，并用来为人民公社化运动推行的平均主义措施作历史论证。在 1958 年 11 月郑州会议期间，他说：三国时候，汉中有个张鲁，曹操把他灭了。他也搞过吃饭不要钱。凡是过路的人，在饭铺里头吃饭、吃肉都不要钱，尽肚子吃，这不是吃饭不要钱吗？他不是在整个社会上都搞，而是在饭铺里头搞。他搞了 30 年，人们都高兴那个制度，那是有种社会主义作风。我们这个社会主义由来已久了。在随后武昌会议期间，他对陈寿著《三国志·张鲁传》写过两段批语。一个是流传较广的 1958 年 12 月 10 日批语，讲中国农民革命斗争是一部阶级斗争史，其中，也提到张鲁“置义舍”、“吃饭不要钱”等等，但在这之前的 12 月 7 日，他还写过一段话，对张鲁的原始社会主义政策大加赞赏。他写道：这里(指《张鲁传》——引者)所说的群众性医疗运动，有点像我们人民公社免费医疗的味道，不过那时是神道的，也好。那时只好用神道。过路上饭铺里吃饭不要钱，最有意思。开了我们人民公社的先河。大约有1600年的时间了。贫农、下中农的生产、消费和人们的心情还是大体相同的，都是一穷二白。不同的是生产力于今进步许多了。解放以后，人们掌握了自己这块天地，在共产党的领导之下。但一穷二白古今是接近的。所以这个张鲁传值得一看。这段批语，毛泽东当即涂掉了，这一方面说明他并不坚持、也没有要宣传这些思想的意思；另方面，也说明这曾经是他思想的一个兴奋点。作为研究资料(也仅仅如此)，可以帮助我们了解他的思维轨迹。

当然，毛泽东并不主张回到张鲁时代去。在纠正“共产”风时，他对于“一平二调”是坚决反对的，已如前述。但是，他的思想是矛盾的，一方面反对“共产”；另方面又认为不可太富，甚至认为“穷”(不是绝对意义上的)比富好，对富裕之后存在着忧虑。1956年2月，他听取工业汇报，讲到“一穷二白”时，就曾表示过：农民要富，但不可太富。土地国有了，拖拉机、抽水机，大型的应当国家掌握，不能交给农民。1959年底1960年初读《政治经济学》教科书时，他认为外国评论讲的“穷是中国跃进的动力”这句话很对，说：因为穷，就要干，要革命，要不断革命。富了，事情就不妙了。中国现在不富，将来富了也一定会发生问题。在讲到劳动报酬时，还说：报酬以不死人，维持人民健康为原则，过分强调物质刺激不好；在我国土改以后，农民不敢“冒尖”，以穷为荣，以富为过，这是一个好现象。1960年10月，他接见斯诺时说：将来财富应该集中在公共事业上。个人的生活要比现在有所提高，要提高一倍、两倍、三倍、四倍，或者更多一点。太多就对身体不利，对人也不利。到了晚年，他的这些思想发展得更严重。1973年6月，他还说：中国是个很穷的国家。我看，越穷越好！

就想革命啊。1975 年 9 月，他会见英国前首相希思时还说：中国现在还很穷，穷了好，比你们富好，人一穷，他就要斗争。毛泽东的这些话虽然是极而言之，有的甚至是反话，需要辩证地理解。就其“穷则思变”，要革命、要斗争而言，也有其合理因素；但他对穷与富的看法，带有很大的片面性，不是社会主义的科学观点。他的这种思想无疑对中国的历史进程发生了影响。

十一届三中全会以后，党中央否定了那些错误观点，批判了平均主义思想，实行了允许一部分地区、一部分企业、一部分工人农民依靠勤劳，先富起来的政策。这个政策，在实践上使国家的面貌和人民的生活水平发生了巨大变化，在理论上对传统观念是一个重大突破。

部分先富政策(“部分先富”似比“部分富裕”的表述更能表现动态过程。它强调了富裕只是先后之别，而不将部分人的富裕凝固化。因此还是采用“部分先富”的提法)并不否定共同富裕原则，而是为实现共同富裕原则所采取的具体步骤，实际上是一个马克思主义的政策。从马克思主义的政治经济学观点来看，它是按劳分配原则的具体体现。按劳分配原则首先默认劳动者不同等的工作能力是天然特权，一部分社会成员由于技术高，劳动多，贡献大，取得更多的劳动报酬而先富起来，是这个原则的客观要求和必然结果。从马克思主义哲学原理上说，它体现了事物发展的波浪式规律。在我们这样一个拥有 10 亿人口的大国，全体社会成员不可能在同一时间，以同等速度共同富裕，只能经历由点到面、由部分到整体、由量变到质变、由部分质变到全体质变这样一个不断扩大、逐步提高的过程。在我们国家，由于存在人民民主专政制度，由于社会主义公有制占主导地位，再加上实行正确的政策和其他措施，部分先富政策不会变成血与火的剥削制度赖以复生的条件。

十一届三中全会以来对与实际情况不相符合的社会主义传统观念的突破，对毛泽东的探索思想的发展，这里不一一阐述了。从这里，人们不能不思索这样一个问题：究竟应该怎样理解科学社会主义？马克思、恩格斯创立历史唯物论和剩余价值论，从客观存在的物质生产力的发展来考察社会主义的发生和发展规律，使社会主义在理论上由空想变成了科学。这是社会主义认识史上的一个伟大的飞跃。但是，社会主义不仅仅是个理论问题，还是个实践问题。它不仅要求理论的科学性，还要求实践的科学性。

怎样的社会主义实践才是科学的呢？首先，必须遵循科学社会主义的基本理论原则。不承认马克思主义理论为指导思想的各种牌号的社会主义，决不是科学社会主义的实践，这是无疑的。但是，仅仅承认这一条是不够的。无论中国民主革命、社会主义改造和社会主义建设的经验教训，还是世界社会主义运动的经验教训都说明，科学社会主义之所以科学，也就是说，要使社会主义的实践成为科学的实践，还必须把马克思主义的理论与本国的实际情况相结合；在社会主义建设阶段，就是要从本国的实际情况出发来建设社会主义，探索出一条具有本国特色的社会主义现代化建设道路。

在理论上承认这一点是容易的，在实践中真正做到却并非易事。在中国共产党内，毛泽东是最早提出这个原则的。在民主革命和社会主义改造中，不仅在理论上，而且在大部分实践中，坚持这个原则，先后探索出了具有中国特色的民主革命道路和社会主义改造道路。在社会主义建设阶段，毛泽东在理论上提出了这个原则，在主观上也想坚持这个原则，并且在许多方面取得了重要成果。但是，由于缺乏建设经验，由于“左”的指导思想，还由于受了长期以来在对社会主义的理解上形成的若干不适合实际情况的固定观念的束缚，没能探索出适合中国情况的正确建设道路。十一届三中全会以后，重新确立了马克思主义的思想路线，坚持社会实践是检验真理的唯一标准，坚持一切从实际出发的唯物主义原则，摒弃了那些与实际情况不符的观念，才逐步确立了这一条正确道路。

十一届三中全会以来的实践，再次给人们以非常重要的启示：社会主义的实践也有一个从原则出发，还是从实际出发的问题。科学社会主义作为一门具有强大生命力的理论，从宏观体系和基本理论原则来说，是经受了实践检验的。但是从微观方面看，它原有的某些原则、观点或结论，并不一定都是对社会主义实践经验的正确概括。它需要接受实践的检验，由实践来修正、补充和发展。因此，当这些原则、观点或结论同众多的而不仅仅是某一个社会主义国家的实际情况相矛盾，同探索社会主义的人们的长期反复的而不是个别偶然的实践相抵触的时候，更必须在这个十分简单但又非常根本的问题上进行选择。

一切坚持从实际出发，一切坚持从中国实际出发，一切坚持从中国的真正实际出发，把马克思主义基本原理同中国的具体实际真正地结合起来，走自己的道路。这就是十一届三中全会以来进行探索的基本经验。这是建设社会主义的成功之路，是对科学社会主义理论的科学实践。

为周恩来辩护*

——纪念中华之子周恩来诞辰 110 周年

“忠诚与日同辉耀，天不能死地难埋。”这是周恩来逝世时郭沫若的悼念诗句。30 多年过去了，敬仰周恩来的人们对他的怀念之情仍是波涌迭起，涛声依旧。关于他的回忆文字连年未断、研究著述数不胜数、影视作品屡屡火爆。他在广大民众的心目中是不朽的。

近些年来，由于受某些所谓披露“秘史”、还原“真相”另类书的影响，学界对周恩来的看法比过去有了更多歧见。有歧见不是坏事。这样一个大千世界，文化传统殊异、意识形态对峙、人生经历不同，价值观念分歧、认识方法相左……对周恩来这样的历史人物见仁见智，不足为怪。有不同的观点和声音，也可促使人们作深入思考，以更加全面地认识和评价周恩来。

---

* 这是作者针对海外出版的贬损周恩来的很有影响的书，为参加 2008 年 4 月在天津召开的纪念周恩来诞辰 110 周年的学术学术研讨写的长篇文章。作者在会上作了主题讲话。《党的文献》2008 年第 3 期摘要发表了该文主要内容。

最近，我翻阅了几本很有影响的著作，有的书披露了不少鲜为人知的史料，分析相当独到，但是那种非议周恩来的倾向相当突出。这样的著作专捡周恩来的缺点、弱点和错误说事，专对毛泽东和周恩来进行非阳光心理或“阴霾”心理的分析（主要从个人之间的恩怨荣辱、利害得失，还有施展权谋之类来分析思想决策和实践活动），专门漠视“文革”的特殊历史环境对周恩来的特殊影响，因而对某些历史事件的那种解读难以认可，对周恩来历史作用的评析不能苟同。

勿庸隐讳，我一向十分崇敬周恩来，可以说是“褒周”的。但从研究历史人物言，也希望能摆脱情感因素和以往的思维定势，尽量客观地、理智地看待一些问题。很遗憾，这样的著作未能使我获得这种教益；相反，有些话骨鲠在喉。这里，归纳了几种说法来进行辨析，以求教于同仁。学术研究，各讲各的道理，能切磋更好，不能形成共识也没关系，求同存异，让历史去检验，由人民去定论。

一、“愚忠说”辨

“愚忠说”是非议周恩来的一种比较有代表性的观点。周恩来有无“愚忠”问题呢？毫无疑问，有的，但要作具体分析，尽量是多角度、多层面的分析。既要对“忠”作分析，也要对“愚”作分析。

周恩来一生是忠于党、忠于人民、忠于民族的，在任何情况下从未改变过这一信念。像他那样的忠诚，在中华民族数千年历史上也属罕见。他在逝世前110天作最后一次大手术，在上手术台前用力呼喊：我是忠于党，忠于人民的！[①] 这是他一辈子心声的倾诉，也是对

① 中共中央文献研究室编：《周恩来年谱》（1949～1976）下卷，北京：中央文献出版社1997年版，第721页。

培育他的党和人民作的最后话别。如果讲"愚忠"——实乃支撑中华民族几千年的"精忠"，这是其"忠"的思想的首要的、基本的内涵。他之所以能始终不渝地"相忍为党"、践行"全心全意为人民服务"的理念，不折不扣地做到了"鞠躬尽瘁，死而后已"，就在于他坚守了这一点——对党、对人民"既忠且精"！这样的"愚忠"应称为"精忠"，令人无限敬仰，也正是"周恩来精神"之真谛所在。

当然，在周恩来的"忠"里，也包含对党的领袖的"愚忠"，有守"君臣之道"的味道。这是其"忠"的思想的消极成分。为什么在共产党内会有这种封建色彩的东西呢？最主要的是两千多年来封建社会根深蒂固的影响。一方面，共产党为反对封建主义，还有帝国主义和官僚资本主义三座大山进行了最坚决的斗争，并取得革命的伟大胜利，彻底粉碎了封建主义的政治、经济和文化形态；另一方面，长期的封建思想也会影响到党内，这不是短期能消除的。人们通常以为，随着封建制度被摧毁，封建思想的影响会随之消逝。半个多世纪的历史证明，情况远非如此。一则作为社会意识的思想影响的滞后性、顽固性会延续相当长时间，没有上百年、乃至几百年时间是解决不了的；再则，对两千多年的封建思想包括儒家学说也要具体分析，不全是糟粕，也有属于优秀传统文化并融为中华民族精神和文化传脉的内容。对糟粕要抛弃，对精华要继承和弘扬。但糟粕与精华不是天然地分为黑白两半，只需取白、弃黑就可以了；而是需要作思辨的剖析和剥离，且具有一定的相对性，即此时被视为糟粕的，彼时可能就是精华，将其加以区别不那么容易。因此，对社会发展的现阶段还存在着封建思想的影响，在某些方面乃至深厚影响不足为奇。

就中国共产党而言，在党内产生"愚忠"思想，首先与党的领导体制不健全，民主集中制没有真正贯彻执行，集体领导没能真正形成有密切关系。如1981年《历史决议》所指出的：长期封建专制主义在思想政治方面的遗毒，使党没有能把党内民主和国家政治生活的民主加以制度化、法律化，或者虽然制定了法律，却没有应有的权威。这就提供了一个使党的权力过分集中于个人，党内个人专断和个人崇拜现象滋长起来的条件。毛泽东晚年的一个严重错误，就在于个人专断作风日益严重，日益凌驾于党中央之上，使党和国家政治生活中的集体领导原则不断受到削弱以至破坏。这是在党内产生“愚忠”思想的现实土壤。

对于周恩来言，自遵义会议后，他已将毛泽东视为中国共产党的领袖，从不二心；在延安整风通过总结党的历史经验，他对毛泽东的领导心悦诚服。这不只是他一个人，全党高级干部均如此。正因为这样，毛泽东思想才在七大被确立为党的指导思想。尽管此后，周与毛在某些具体问题上有过不同意见，甚至还发生争执，但周从未在政治路线和重大方针政策上怀疑过毛泽东决策的正确性，包括发动“文化大革命”。即使在“文革”期间，特别是在后期一再遭受疑忌的时候，周对毛的忠诚也没有丝毫动摇。这既与他从小所受的传统教育的深刻影响有关，更与对毛泽东领导中国革命从胜利走向胜利形成的迷信有关。这是包括周恩来在内的许多老一辈革命家对毛产生“愚忠”的历史根源。不过，周对毛的“愚忠”(由于两人在历史上的特殊关系)，比其他人更为突出。这样，一方面，在毛泽东对问题的认识正确和比较正确时，他也跟着正确和比较正确；另一方面，当毛泽东作出错误决策时，他也不能不执行。这里面，有没认识到的，也不排除认识到而去“违心”地贯彻执行的。这是周恩来的悲剧。有如前述，产生对领袖个人的“愚忠”和领袖个人凌驾于党中央之上这种现象，主要是领导体制和机制不健全形成的。正如邓小平所说：“不是说个人没有责任，而是说领导制度、组织制度问题更带有根本性、全局性”。① 既然如此，若是客观地研究中国共产党的历史特别是“文化大革命”的历史，全面地揭示周恩来与毛泽东的关系，那么就不应当将周对毛的态度的主导方面归咎于“君臣之道”。“君臣之道”论，完全将两个历史伟人的关系封建化了。不是说，毛、周两人的关系没有这一面，但不能简单地完全归结为此。

还应当指出的是，对周恩来与毛泽东长达半个世纪的历史关系，既不能热衷于“君臣之道”的视角，也不能津津乐道于个人恩怨、权谋捭阖。恩怨、权谋之类，不能说在党内没有影响，但绝没有主导党内的人际关系和领导关系。用这样的观点来分析毛与周，既不能正确地反映两位领导人的本质关系，也不能科学地说明党的若干重大历史事件的发展脉络。中国共产党毕竟诞生在20世纪，是一个与时代同步的先进政党。它聚集了一批中华民族的精英，既接受过民主与科学思想的阳光沐浴，更具有宏大抱负和高尚的精神境界，为了一个共同的目标不仅走到一起，而且前仆后继和义无反顾地去奋斗献身。正因为这样，这个党能够历经艰难险阻、愈挫愈勇，愈战愈强，最后取得革命胜利，成为世界上最大的执政党。在探索如何建设社会主义、发展中国、富强中国的过程中，尽管遭受过像“大跃进”和“文化大革命”那样的严重挫折，但它仍然坚如磐石，没有分崩离析。在经过70年代末80年代初的拨乱反正、实现历史性的转折之后，终于找到了建设中国特色社会主义的正确道路，从而使神州大地发生了翻天覆地的变化，中华民族的伟大复兴呈现出光明灿烂前景。——怎么来解读这段历史呢？不讲理想信念，不讲奋斗宗旨，不讲革命精神，不讲团结关

① 《邓小平文选》第2卷，北京：人民出版社1994年版，第333页。

爱……一言以蔽之，不讲共产党的那些基本原则，是不可能正确说明中国共产党由小变大、由弱变强、由革命党变成执政党的发展历程的。——或许有人会讥讽，这不是那些大道理吗？不错，是大道理。中国共产党就是由先进的思想理论（即大道理）武装起来的，不讲大道理，怎么会有强大的战斗力、凝聚力和今天的局面呢?！问题不在于要不要讲大道理，而在于讲什么样的大道理和怎么讲大道理。要保持共产党的先进性，就必须坚持不懈地讲科学的大道理，并科学地讲大道理，用大道理管小道理、总道理管分道理、正道理管歪道理。共产党的浩然正气就在这里，共产党的精神支撑就在这里。研究党的历史，要从大处看问题，要有大视野，要有大局观。这样，才能把握党的历史发展的主线，从而正确地说明党的历史。

前面强调对"愚忠"作具体分析，也就是旨在要弘扬共产党的正气，坚持代表中华民族精神的价值观念。像周恩来这样的共产党人，凡是以中华民族的复兴为己任的仁人志士，都有这样的精神境界和价值观念。否则，中国共产党不可能创造奇迹般的历史。这就是说，在否定对领袖的个人崇拜，批评对晚年毛泽东的个人迷信的同时，对党、对人民、对民族、对国家的无限忠诚——"精忠"，还是非常需要坚持和弘扬的。时下，在党内存在的所谓"信仰危机"、信念动摇，不能不说与缺乏周恩来那种对对党、对人民、对民族、对国家的坚定、执著的"精忠"有一定关系。对党、对人民、对民族、对国家的无限忠诚，是党的先进性的一个强大的精神支柱，任何时候都需要有这种核心价值观念。

二、"帮凶说"辨

"帮凶说"是对周恩来在"文化大革命"中所起的作用的一种评论。

我所以不赞成这种评论，因为首先有个如何看待毛泽东发动的“文化大革命”。

“文化大革命”是中华民族的大灾难，十年浩劫使党和国家遭受巨大破坏，广大人民群众遭殃受罪。对绝大多数人来说，这已形成共识。这是就结果言。但是也不能不全面分析毛泽东发动“文化大革命”的原因和“文化大革命”所以能发动起来的社会历史根源。就毛泽东来说，发动“文革”无疑有多种因素在起作用，也可以说是多元的，但最根本的还是他错误地认为要“反修防修”，使党和国家不改变颜色。他要打倒的那些领导人——也是人们所敬仰的党和国家的领导人，都被错误地认定为使党和国家改变颜色的所谓“修正主义者”的错误判断之中，从而严重地混淆了是非和敌我，使那些被打倒的领导人，还有大批领导干部、及其受牵连的各种人，遭受了灭顶之灾，整个中华神州“天下大乱”，国民经济一度濒临崩溃边缘。这是晚年毛泽东的非常严重的错误。这是一方面。

另一方面，又如1981年《历史决议》所分析的，毛泽东在全局上始终坚持“文化大革命”这一严重错误的同时，还制止和纠正过一些具体错误，保护过一些党的领导干部和党外著名人士，使一些负责干部重新回到重要的领导岗位；领导了粉碎林彪集团的斗争，对“四人帮”进行的重要批评和揭露，为后来党顺利粉碎“四人帮”的斗争起了重要作用；警觉地注意维护国家安全，执行正确地对外政策，使我们国家仍然保持统一并在国际上发挥重要影响等。“因为这一切，特别是因为他对革命事业长期的伟大贡献”，所以《历史决议》将毛泽东的严重错误同林彪、“四人帮”的罪恶活动严格区别开来，明确指出：毛泽东对“文化大革命”的错误负有主要责任，但终究是一个伟大的无产阶级革命家所犯的错误。三十多年的历史证明，《历史决议》对毛泽东领导和发动“文化大革命”所犯的严重错误的评价是客观的、中肯的。尽管以后可能还会对有的具体历史事件有不同看法，但改变不了这个大是非和总结论。这就是说，毛泽东发动和领导“文革”的错误尽管很严重，但若将毛泽东发动和领导“文革”使用混淆两类不同性质矛盾的“元凶”之类说法，那是绝对错误的。既然如此，讲周恩来是“帮凶”之类同样是绝对错误的。

对于周恩来在“文化大革命”中的作用究竟应当如何认识呢？经过历史的沉淀，比较各种说法，还是《历史决议》、邓小平和陈云对周恩来的评价站得住。《历史决议》说：周恩来同志对党和人民无限忠诚，鞠躬尽瘁。他在“文化大革命”中处于非常困难的地位。他顾全大局，任劳任怨，为继续进行党和国家的正常工作，为尽量减少“文化大革命”所造成的损失，为保护大批的党内外干部，作了坚持不懈的努力，费尽了心血。他同林彪、江青集团进行了各种形式的斗争。邓小平说：“‘文化大革命’时，我们这些人都下去了，幸好保住了他。在‘文化大革命’中，他所处的地位十分困难，也说了好多违心的话，做了好多违心的事。但人民原谅他。因为他不做这些事，不说这些话，他自己也保不住，也不能在其中起中和作用，起减少损失的作用。他保护了相当一批人。”[①]陈云说得更直接：“没有周恩来同志，‘文化大革命’的后果不堪设想。他保了很多同志下来，我们这些人都是他保的嘛！”[②]《历史决议》和邓小平、陈云对周恩来的上述评价是实事求是的公道之论，深得党心、民心的认可。16年前，我在撰写《周恩来与“文化大革命”》一文时，曾对周恩来在“文化大革命”中的作用进行过

① 《邓小平文选》第2卷，北京：人民出版社1994年版，第348页。

② 《陈云文选》第3卷，北京：人民出版社1995年版，第242页。

比较展开的论述，实际上也对这个问题作了明确回答。我以为，那些认识还是讲出了一番道理的。

所谓“帮凶说”的一个重要理由是，毛泽东作为党的领袖发动“文化大革命”，主要是充任领导者、决策者；周恩来具体主持中央日常工作，是“文化大革命”的实际执行者。他一是帮助制造了“文化大革命”这场灾难，难辞其咎；二是若没有他的实际运作和中和制衡，“文化大革命”早就破产了，不可能拖达10年之久，因而，他实际上起了延长历史灾难的作用。乍听起来，这种观点似有“道理”。但是，对于“文化大革命”这样极其复杂的历史事件，脱离了具体的历史实际，不对具体问题做具体分析，仅仅单凭抽象的逻辑推理，是难以得出科学结论的。研究历史，对周恩来在“文革”那种艰难处境下所发挥的那样难得的作用，不给予充分的肯定，还要去大加挞伐、刻意贬损，那历史还有何是非、公道、正义可言?！面对那些中伤周的言辞，我，还有与我同样崇敬周的人，不能不为他进行辩护。但我首先申明：我并不认为周在“文化大革命”中没有错误，没有瑕点。邓小平讲的两个“好多”——说了好多违心的话，做了好多违心的事——对周恩来的错误、瑕点，其批评相当不轻了。对周恩来说过的错话、办过的错事、经手批示和处理过的错案，都属于这两个“好多”之列。我，还有持我一样观点的人，同“贬周”论者的分歧在于：对周恩来的错误作如何分析，“上纲上线”到何等程度。我不赞同“帮凶说”，具体讲来：

——第一，周恩来对“文化大革命”的支持是被动的，他始终不赞成“文革”的那些狂暴作法，对他的错误根本谈不上“助纣为虐”。他对“文革”的认识，同绝大多数人一样，都经历了一个过程。回首40多年前的历史，有几个能拍胸脯，敢说我一开始就反对“文化大革命”。这样的先觉者极少。毛泽东本人也不认为“文化大革命”是错的，还要偏偏去发动。事实上，他至死都不认为，“文化大革命”是错的，最后也只承认有三分错误，直到撒手人寰时还认为这是他一生有功于中国人民的两件大事之一。周恩来最初对毛泽东发动“文革”跟其他领导人一样也不理解，要求自己“紧跟、紧学”，努力理解。尽管如此，他始终不赞成“文革”的混乱、暴烈、疯狂和残酷，并努力加以约束和克服。林彪事件之后，他积极领导批判极左思潮，虽然可以说实际上是一次拨乱反正，但也只是就当时认识到的具体问题言，而他本人则从未想到要从根本上去否定“文革”。当时既不可能有这样的思想疑问，更不可能有这样的理论认识。对于“文革”从根本上加以否定，就全党来说，是在打倒“四人帮”之后，到上个世纪80年代初通过了《历史决议》才形成的共识。对于“文革”这样的政治运动，除林彪集团和“四人帮”集团以及那些触犯刑律者外，就绝大多数人言，被卷入进去都不能说是参与危害国家、危害社会的刑事犯罪活动。所谓“帮凶”，即帮助行凶作恶者，从政治层面言，周恩来不存在这个问题；从法制层面讲，周恩来与那些事根本不沾边，因此，何论“帮凶”呢?！毛泽东不是商纣王，周恩来怎能“助纣为虐”呢?！就他说过的错话、办过的错事、经手批示和处理过的错案言，并不像一道加减乘除的算术题那样简单，而是有其特殊的历史条件和复杂的政治背景，才会产生这样的问题。研究“文革”中的周恩来，怎么不去对上述问题逐个地做具体分析，弄清原委，而武断地扣之以“帮凶”罪名呢?！显然，这不是郑重的、科学的态度。至于说在延安整风运动的1943年中央政治局扩大会议期间，有的与会者曾批评周为“经验宗派的代表”、“教条统治的帮凶”，而周在检讨中也承认了这个说法，那乃是会议过程中过火的批评和过高的“上纲”的偏向，不足为据。其实，周在检查时作过辨析。他认为应对犯过经验主义错误的人的品质作具体分析。有的人品质恶劣，连做一个普通群众都不够格，但许多人具有革命者的品质，对敌斗争勇敢、不怕牺牲，能联系群众，这些都是需要的；当然，仅此是不够的，还需要有布尔什维克的品质，提高理论认识水平。他还认为：对宗派问题要作分析，一类是仅有宗派观念的，一类是一时有宗派行动的，一类是有政见和组织行动的，不能笼统而论。整风会议后期纠正了这种过火批评的偏向。在 1945 年扩大的六届七中全会通过《关于若干历史问题的决议》时，就只讲了教条主义和经验主义是主观主义的两种表现形式，而没有再提宗派问题，得到了与会代表的完全拥护。对于周恩来言，当然也就不存在"经验宗派的代表"、"教条统治的帮凶"这个恶名了。"帮凶说"拾起几十年前的那种不实之词，继续重复对周恩来进行错误的指责，能说是与周为善、秉笔直书吗？

——第二，"文化大革命"的实际执行者是中央文革，而不是周恩来。这在发动"文化大革命"的中央文件中早有明确说法。正因为这样，所以在"文化大革命"中，中央文革的地位远在周恩来之上。中央文革的成员根本不将周恩来放在眼里，江青更是对周恩来颐指气使，动辄呵斥。因此，简单地说周恩来是"文化大革命"的实际执行者，没有文件依据，不符合历史实际。当然，周恩来在主持中央日常工作期间，要贯彻执行毛泽东关于"文化大革命"的一系列指示。但是，对"文化大革命"的不同理解和认识，有不同的贯彻执行做法。按照毛泽东的设想，"文化大革命"是要由"天下大乱"达到"天下大治"。既然如此，"文化大革命"在一定意义上也可以说存在"造乱"与"治乱"的斗争。中央文革还有林彪一伙贯彻执行"文化大革命"的指示，就是不断"造乱"，唯恐天下不乱，越乱越好，以便乘乱夺取党和国家的最高权力。周恩来贯彻执行"文化大革命"的指示，则是不断约束"造乱"，努力"治乱"，如《历史决议》所说的为进行党和国家的正常工作、为保护大批的党内外干部，为尽量减少“文化大革命”造成的损失呕心沥血。别的姑且不论，就保护老干部言，对于他在“文革”前期的保护，如那些老干部本人所讲的：上帝保佑，总理可别倒，总理倒了，我们这些人就成了没娘的孩子。对于他在“文革”后期所进行的“解放”工作，则如叶剑英的打油诗所描述的：一匹复一匹，过桥真费力。多谢牵骡人，驱骡赴前敌。如果要说周恩来是“文化大革命”的实际执行者的话，他所起的上述“三个为”的作用是主要的、根本的。也正因为如此，他成了“四人帮”的眼中钉，国务院被称之为“旧政府”，他被冠以“中国最大的保皇派”帽子。对于周恩来贯彻执行“文化大革命”的指示，毛泽东对其有的满意，有的则很不满意，甚至认为周是反对他搞“文化大革命”的。这是周恩来在“文化大革命”中处于非常困难境地的一个重要原因。如果像周恩来这样违背“文化大革命”的初衷，努力“治乱”，还说成是“帮凶”，那么处于他那个位置，怎样才不算“帮凶”呢？这种脱离具体历史实际的逻辑太不近情理，也太难为普通老百姓所认同。

与此相联系，还有一种“双重角色”论，认为周恩来在“文革”的“天下大乱”中充当了执行者和补救者的双重角色。这种说法看似全面，实则没有真实地反映历史，因而成为“帮凶”说的一个理论根据。在写新中国成立后党的历史即中卷稿时，龚育之与我曾经分析过毛泽东的指导思想存在两个发展趋向和两个侧面问题。拿10年“文革”来说，就毛泽东的指导思想言，其错误的发展趋向始终居于主导地位，因此，任何涉及要否定“文化大革命”的倾向，他都不能容忍。他反对周恩来批判极左思潮和邓小平的全面整顿，其根本原因就在这里。但是，在若干具体问题上，他的认识又有两个侧面。一个时候这个侧面占主导地位，过一个时候另一个侧面占主导地位。随着他对形势的认识和某些事件判断的变化，其指导思想两个侧面的主导地位也随之转换，从而10年“文革”历史的进程不断发生反复。这里，不能简单地用权谋之类来解读。既然毛泽东的指导思想存在两个侧面，那么贯彻执行他的指示无疑存在两个角色。这就是有如前述的，在发动“文革”的“天下大乱”中，“造乱”的主要执行者是林彪、“四人帮”，他们在那里推波助澜，唯恐天下不乱。对于周恩来言，他所处的那个地位，无疑也要贯彻执行，但他既是被动的，且主要是约束“造乱”的“治乱”，故被“四人帮”一伙讥讽为到处灭火的“消防队长”。因此，周恩来充当的角色，是与林彪、“四人帮”集团针锋相对的“治乱者”。凡是经历过“天下大乱”那段历史的，都很清楚，这两个角色是分别以他们为代表的两种力量充当的。既然周恩来的基本角色是“治乱者”，而不是“造乱者”，那么，怎能说他扮演了“双重角色”呢?！他尽管说过错话，办过错事，对个别错案没能处理好，但说不上是“造乱者”，因此人民原谅他。“双重角色”论，实则在抹杀周恩来在“文革”中所起的上述“三个为”的主要作用。这是不公允的。

——第三，周恩来是否起了延长历史灾难的作用？也不敢苟同此论。一则这是假设推理，缺乏历史依据。研究历史只能从真实的历史出发，而不能从假设推理出发。“文革”的历史实际是：由于周恩来等的存在和所起的“治乱”作用，减少了“文革”造成的损失，减轻了历史的灾难，而不是延长了历史灾难。这是“文革”亲历者有目共睹的。上面引述陈云讲的“没有周恩来同志，‘文化大革命’的后果不堪设想”，道出了广大群众的心声。二则对于“文革”这样重大的政治事件和这样一段较长的重要历史，发生在我们这么一个大党大国，既有“造乱者”，就会有“治乱者”；既有发动者，就会有抗争者。在那时，即使没有周恩来，也会有“李恩来”、“张恩来”，发挥抗争、治乱的作用。

人民所拥戴的周恩来不过是抗争、治乱力量的代表而已。这种力量只能发挥减轻历史灾难的作用，而不可能起延长历史灾难的作用。所谓“延长历史灾难”的说法，完全是虚幻的。三则发动“文革”时最初设定的时间是三个月、半年，以后又说一年。但这样全国性大规模急风暴雨式的群众运动发动起来之后，如同打开“潘查拉魔盒”一样，不以任何人的意志为转移。“造乱”的运动一波未平，一波又起。“治乱”的工作接二连三，难以收拾。“治乱”干什么？就是为了减少损失，减轻灾难，尽早结束“文革”。既然如此，它怎么会成为延长历史灾难的“帮凶”呢？延长历史灾难，主要是“造乱”力量所为，而不是“治乱”力量的作用。所以，“文革”并没有因为周恩来的去世而结束。只是在粉碎了“四人帮”这股“造乱”力量之后，才事实上结束了长达10年之久的“文革”。因此，说周恩来起了“延长历史灾难”的作用，实在有悖历史发展的实际逻辑。四则“延长历史灾难”论是以期盼“文革”早点结束、改革早点开始而立论的。但是按照此论的逻辑，应当是使“文革”越乱越好者有功，因为这可以使“文革”早日结束呀，但谁能赞同这种观点呢?！显然，立论的愿望是好的，但立论的逻辑是荒唐的。这是将历史简单化的必然结果。再则，即使“文革”早结束了，是否就有今天的改革呢？不一定。人们说没有“文革”就没有改革，是因为10年“文革”使原先的经济社会发展模式的弊端暴露无遗，再不改革就没有出路。如果“文革”结束得早，那些弊端没有充分暴露，是否改革就像所期盼的早些，改革的力度是否有如今看到的这样大，改革的成就是否有如今看到的这样显著，都是未知数。也可能是这样，也可能不是这样。既然如此，怎么只作一种假设，而不作多种假设呢？这样的假设，既然在立论上就站不住，又有何科学性可言?！

三、“伪君子说”辨

“伪君子说”是“贬周”论者又一个重要观点，认为周恩来是“大奸若忠的伪君子”，“表里不一的两面人”。这涉及对周恩来人品的看法，而周恩来的人格品德又恰恰为世人所景仰。因此，“伪君子说”，实际上旨在从根本上摧毁周恩来的形象。

应当怎样看待周恩来是否“伪君子”、“两面人”问题呢？

首先从周恩来的出身环境和所受的教育看，不存在这个根基。

——他出身于衰败的但仍被忠孝仁爱、信义和平的传统文化氛围所笼罩的封建士大夫家族。他的性格深受遗传基因和家庭环境的影响。他的父亲为人忠厚老实。他的生母慈祥、温柔、善良、大度。他的嗣母性情温和、待人诚挚、办事细心。这样的家庭环境对他的成长不能不打上深刻烙印。

——他从小所受的文化熏陶使他在沈阳求学时就怀着强烈的社会使命感，十分注重道德修养；随后在接受西方教育的南开学校也坚守中华民族的优秀美德。他在作文中论名誉写道：一个人应该珍惜名誉，将其视为“人生第二生命”，决不能存某种“邀名之心”，要时刻以正义来权衡。“若夫汲汲于名，犹汲汲于利之徒，日惟名誉之是谋，不遑计其实事，虚声盗世，炫世炫俗，以淆乱风气者，是又名誉之罪人也。”[①]他在南开毕业时，《同学录》对他的评语是：君性温和诚实，最富于感情，挚于友谊，凡朋友及公益事，无不尽力。

——他不仅在求学时期严以律己，注重诚信；实际上，他一生都是这样身体力行的。1943 年 11 月，他在延安整风运动中严格剖析自

① 周恩来作文：《论名誉》手稿。

己的思想，检讨参加革命以来的缺点错误时仍然指出：我的本质还忠厚，诚实，耐心和热情。1972年9月，在日本首相田中角荣访华签署两国政府联合声明之际，他写下“言必信，行必果”六字交给田中。这既表明了他作为政治家奉行的诚信原则，也反映了他为人处事的修养信条。对于周恩来言，所谓“大奸若忠的伪君子”、“表里不一的两面人”，与他的人生准则风马牛不相及。他的光辉一生表明，他是做人的“大忠”的典范。如诺罗敦·西哈努克所言：像周总理这样高尚品德的人，世界上是独一无二的。①

第二，从周恩来的革命操守和党性修养看，始终不齿于这种背离共产党人道德的“伪君子”、“两面人”作风。

——周恩来在做青年学子时就树立了远大的志向和崇高的理想，要为中华之崛起读书，要为中华腾飞世界奋斗。他接受了五四运动的洗礼，考察过日本和欧洲的政治发展，经过对各种学说的推求比较，最后选择信奉马克思主义、献身共产主义和走俄国十月革命道路作为救国救民的真理。他参与了中国共产党的创建，是中国共产党最早的党员之一。自此以后，他就几十年如一日地严格按照共产党员的标准要求自己，不断加强党性锻炼，并以“活到老、学到老、改造到老”作为终身座右铭。

——在党内，他以坚持原则、严以律己、党性观念极强，不搞宗派，不拉山头，善于与各种不同意见的同志一道工作，高度重视和努力维护党的团结统一而著称。在党内斗争中，他从来不搞“残酷斗争、无情打击”，而是与人为善、循循善诱，开诚布公，实事求是，使被

① 邓在军、周尔均主编：《百年恩来》，南京：江苏文艺出版社1998年版，第11页。

批评的同志感到温暖可亲，是认真贯彻从团结的愿望出发、切实开展批评与自我批评、然后达到新的团结的模范。因此，他深受党的各方面干部的拥戴。毛泽东曾说：恩来的最大优点之一，就是同党内外都有广泛的联系，善于团结一切可以团结的人。周恩来是表里如一的真君子，他的高尚品德堪称全党楷模。

第三，从周恩来同反动势力的斗争看，始终立场坚定、大智大勇，不存在"大奸"、"伪君子"、"两面人"问题。

——还在五四爱国运动风暴中，他就指挥游行的数千学生同天津反动军警坚决斗争，被捕羁押半年。这监狱，不但没有磨灭他的意志，反而成了他研究马克思的唯物史观和经济理论的课堂，开始了思想转变的"颤动"和飞跃，成为他献身中国革命事业的起点。此后，不论白色恐怖多么残酷，武装斗争多么激烈，深入虎穴谈判多么尖锐，面对之敌多么狡猾，他总是奋不顾身、机智勇敢、光明磊落、坚定沉着地进行斗争。

——在延安整风期间，他回顾历史写道："经过大革命和白色恐怖的锻炼，坚定了我对革命的信心和决心。我做工作没有灰心过，在敌人公开压迫下没有胆怯过。"①毛泽东也肯定他有三大长处：一是对敌斗争勇敢，二是对工作拼命，三是有广泛的群众联系。

——在1972年6月作"六次路线斗争"报告(即《对我们党在新民主主义革命阶段六次路线斗争的个人认识》)时，尽管作了过头的检讨，但讲对敌斗争的情况时却毫不含糊地表明了态度。他说：我入党50年，没有离开党的队伍，经过长期的复杂而又激烈的党内外、国内外的阶级斗争和革命战争的考验，我还在为党工作，继续坚持对敌

---

① 周恩来在中共中央政治局会议上的发言提纲，1943年11月15日手稿。

斗争。

——在1973年底，当江青在中央政治局扩大会议上污蔑他犯了“右倾投降主义”的错误时，一向很少发火动怒的他(何况癌症已在扩散、身体已很虚弱和疲惫)，对江青拍了桌子：我周恩来一辈子犯过很多错误，可是右倾投降主义的帽子扣不到我的头上。前面引述的他在上手术台前所言“我是忠于党，忠于人民的!”之后还有一句：我不是投降派！那里所论的“愚忠”，已说明他的大节大义，对党对人民的无限忠诚。

因此，所谓“大奸”、“伪君子”、“两面人”这样的帽子，是无论如何也栽不到周恩来身上的。

第四，从周恩来长期从事的统一战线工作看，始终坚持推诚相见、肝胆相照，从不做表里不一的两面人和伪君子。

——周恩来作为中国共产党统一战线事业伟大的奠基人和卓越的领导人，既有深刻的理论论述，又有丰富的实践经验。他制定的统一战线的方法和守则，强调要有坚定的立场和谦诚的态度；要重实际、重信义。

——他的诚信深为与他接触过的人的敬仰。在重庆见过周恩来的蒋经国评论说：周恩来对人那么诚恳，这不全是做作，是出于他确有素养，周恩来做人的工作是第一流的。① 确如蒋经国所言，周恩来做人的工作是第一流的，在抗战时期创造了一个奇迹。当时，与他谈判的国民党代表是在1932年制造“伍豪事件”陷害过他的重要特务头目张冲。不是冤家不聚头。但周恩来虚怀若谷、雍容大度，以民族利益

① 参见周秉德：《香港赴展见闻——蒋经国先生曾称赞伯父周恩来》，周恩来纪念地管理局主办《丰碑》第13期。

为重不计个人恩怨，以坦诚态度尊重对方的“党见”，既坚持立场、坚守原则，又机动灵活、和而不同，使对方逐渐改变对共产党的偏见。谁能想到，经过几年推诚相见的谈判，昔日仇敌居然成为“甘苦谁与共，安危忆同舟”的知交，“由公谊而增友谊”。①

——他与民主党派、知识分子和各界人士的交往，都坚持谦诚相待，肝胆相照。许多敬重周恩来的人对这一点感受极深。民主同盟领导人史良说：周恩来“诚恳待人的作风，是我们要以之为范，师式永久的。”工商界巨子古耕虞说：我从一个资本家走上社会主义道路，一个重要原因就是“周总理以国士待我，我以国士报之”。还有的说：“我看到周恩来先生，从他身上产生一种最大的感觉：中国有了共产党，中国就有了希望”。②

这些评论，充分说明周恩来已成为中国共产党的“形象代表”。

第五，从周恩来领导党和国家的工作看，始终坚持实事求是、言行一致、求真务实，反对虚假浮夸作风，所谓表里不一的“两面人”和“伪君子”，与他风马牛不相及。

——还在青年时代，他就有一颗极盛的“求真的心”。在长期的革命工作中，始终坚持实事求是作风。

——作为开国总理，他更是兢兢业业、勤勤恳恳、扎扎实实地努力工作。众所周知，上个世纪50年代，他是反冒进的主角，强调经济工作要实事求是，搞建设做计划要考虑国家的物力、财力和人力，从国家的基本国情出发，对那些超过现实可能和没有根据的指标不要

① 周恩来：《悼张淮南先生》，见1941年11月9日《新华日报》。

② 参见《周恩来百周年纪念——全国周恩来生平和思想研讨会论文集》下册，北京：中央文献出版社1999年版，第1440、1441页。

乱提。他反对急躁冒进的努力尽管受到严厉批评，但是经过“大跃进”的灾难之后，毛泽东仍然肯定了他主持制定的发展国民经济的第二个五年计划，认为大部分指标“替我们留了三年余地，多么好啊”！①

——在50年代末60年代初国民经济遭受巨大破坏、人民生活发生严重困难时期，他同其他领导人一起坚决贯彻落实调整国民经济的“八字方针”，为使国家的经济尽快好转、人民生活得到基本保障而殚精竭虑。鉴于“大跃进”和人民公社化运动的严重危害，他在1962年“七千人大会”上强调要“说真话，鼓真劲，做实事，收实效”，反对说假话、搞形式主义那套东西。也正因为如此，他在1963年学习雷锋的题词中特别突出了要学习雷锋的“言行一致的革命精神”。

——也正因为他始终坚持实事求是、言行一致的革命精神，所以他的工作作风的一个突出特点是，严谨精细、一丝不苟、不允许有半点马虎。这体现了他对党和人民事业的高度责任感和赤胆忠诚。如国人所公认的：他是实事求是的伟大榜样。

第六，从周恩来的对外交往和国际活动看，始终坚持党、国家和民族利益至上，从不拿原则做交易，也不玩政客手腕，既旗帜鲜明、光明正大，又通情达理、真诚待人，形成独具魅力的外交风格，赢得了国际社会的普遍赞誉。

——基辛格评论周恩来的外交风格说：“周恩来是一个极具智慧的人。”他非常坦白非常诚实向我解释，中国的高级领导是如何想的。他明白，要同对方达成某项协议，“就必须互相之间非常理解、非常诚实、以诚相待。所以他在和我们的交往过程当中，从来不隐瞒自己

① 《建国以来毛泽东文稿》第9册，北京：中央文献出版社1996年版，第215页。

的态度。"如果我有问题去找他，他可能给我解决，可能不一定同意我的观点，但总是认真地听取我的意见，并予以答复。"他是一个非常人性化的人"，中国人民把他"看作是中国很多优秀品质的代表"。我见过很多国家的领导人，"但是没有人像周恩来那样，给我如此深刻的印象"。①

——日本公明党前委员长竹入义胜说：周恩来"是一位不管制度与立场如何，都能善于听取对方意见的人。"对世界来说，他"是中国的'代表'，这个'代表'已赢得了世界的信任与支持，把中国推向了大显身手的舞台"。②

——印度外交部亚洲司前司长白春晖说："世界上有许多十分伟大的人，但是像他这样的，只有一个"。③

以上从诸多方面对周恩来叱咤风云半个世纪的活动进行了分析，不难看出，无论从哪个方面讲，称周恩来为"大奸若忠的伪君子"，"表里不一的两面人"，都是没有根据的。至于他在"文化大革命"中是否摇身"变脸"成了这样的人，下面将继续辨析。

四、"自保说"辨

"自保"说是对周恩来活跃在中国政治舞台一生，特别是在"文化大革命"中所起的作用的原因的评论。这种观点认为，周恩来历经中

---

① 参见周尔均、周秉德主编：《百人访谈周恩来》，南京：江苏文艺出版社 1998 年版，第 280～282 页。

② 新华通讯社编译：《举世悼念周恩来总理》，北京：人民出版社 1978 年版，第 334 页。

③ 邓在军、周尔均主编：《百年恩来》，南京：江苏文艺出版社 1998 年版，第 12 页。

国共产党内一次又一次斗争而未倒，就在于他善于“自保”；他遭受批评，不断检讨是为了“自保”；他在“文革”中忍辱负重，是为了“自保”；他说的那些“违心”的话、做的那些“违心”的事，也是为了“自保”。换言之，周恩来一切活动都是为了“自保”、善于“自保”；“自保”塑造了周恩来，“自保”成就了周恩来。它的潜台词，是不言而喻的。所谓“愚忠”、“帮凶”、“大奸若忠的伪君子”、“表里不一的两面人”等等，莫不根源于此。

周恩来果真是这样的人么？否！

何谓“自保”？若抽象地泛泛而论，它不是一个贬词或坏命题。简单地说，“自保”就是求生存、求发展，这有何可指责?！连动物都有求生的欲望和本能，何况人乎！但是，人毕竟不是一般的动物，也不是一般的高级动物，而为“万物之灵”的顶级智能动物。其“灵”、其“智”就在于人有思想，活着本身不是目的，活着总是有所追求的。对于不同的人来说，当然追求的层次和内容是很不一样的，乃至五花八门，千差万别。就周恩来言，他努力“自保”活着，为了追求什么呢？——汲汲于名与利？汲汲于权与色？他不是这样的人啊！

我们来看看周恩来在历史上的几次党内斗争和“文化大革命”的若干情况吧。

首先，要重新认识党内的路线斗争。十一届三中全会以后所进行的拨乱反正是全面的，包括对党的历史的许多重大问题都重新认识了。过去讲党史，特别是“文化大革命”中讲党史，就是以路线斗争来贯串，将党史讲成一部路线斗争史。延安整风运动总结党的历史经验起了非常积极的作用，在主要方面是正确的。要说有缺点，其中之一就是对党史路线斗争化产生了不好影响。新中国成立后，这个影响越来越厉害。1972 年 6 月，周恩来对高级干部讲的“六次路线斗争”，即

《对我们党在新民主主义革命阶段六次路线斗争的个人认识》，就是这种影响的反映。1973年底，江青污蔑周恩来犯的所谓“错误”是第十一次路线斗争，也就是按照这个逻辑讲下来的。1981年起草第二个《历史决议》，开始改变这个认识。即一是党内有路线斗争，但不是所有的斗争都属于路线斗争，过去被认定为路线斗争的，许多都搞错了，不能算，要平反改正；二是不能将有丰富内容的中国共产党的历史，简单地归结为不断斗来斗去的路线斗争史，路线斗争不是党史的主线，将党史变成路线斗争史不符合党的历史实际。这些年修订的党史努力贯彻第二个《历史决议》的精神，在不断纠正过去对党史讲路线斗争的一些不正确的分析和结论。因此，讲周恩来在历史上的路线斗争情况，既不能再以过去的陈年老账为依据，也不能对他本人在延安整风中和讲“六次路线斗争”时“上纲上线”的检讨揪住鞭挞；而应当与时俱进，根据新的情况来认识他在过去路线斗争中的表现，作出实事求是的评价和全面、科学的解读。

第二，应重新审视周恩来与党的历史上的路线斗争情况。过去将周恩来说成几乎在历次路线斗争中都犯有严重错误，这是片面夸大之辞。其实，他与党的路线斗争有干系的主要是以下几次：

关于反立三路线的“调和主义”。党在土地革命战争时期先后犯过三次“左”倾错误，其中第二次为立三路线错误。修订后的《中国共产党历史》第一卷，将这一次称为“李立三‘左’倾冒险错误”，并对周恩来和瞿秋白主持召开的六届三中全会的积极作用作了明确肯定，指出“六届三中全会的功绩是不容抹杀的，它对于停止李立三等的‘左’倾冒险计划的执行，起了重大的作用。”①六届三中全会虽然有调和妥协

① 中共中央党史研究室：《中国共产党历史》第1卷上册，北京：中共党史出版社2002年版，第388页。

的缺点，但说不上犯了“调和主义”错误。既然如此，周恩来的所谓“调和主义”错误也就不存在。讲周恩来在党内斗争中的情况，应否站在历史的新高度予以新的说明呢，这是要考虑的一个问题。对周恩来遭受错误的批判后的心理分析，恐怕不能仅从消极一面作“自保”性解读。其实，他回顾那段历史，剖析内心世界所讲的“相忍为党”（不去申辩所遭受的不公正指责而继续埋头苦干、做好工作），更为根本的，是一种顾全大局的牺牲精神。没有为共产主义事业而献身的那种精神境界，是无论如何做不到这一点的。

关于执行王明“左”倾路线的错误。以王明为代表的“左”倾路线统治中共中央达四年之久，对党和红军造成了严重危害。怎样看待周恩来与王明“左”倾路线的关系呢？过去长期将周恩来说成王明“左”倾路线的执行者，这样的说法太片面化了。全面分析周恩来与王明“左”倾路线的关系，实际上是这样的情况：

——周恩来不是王明“左”倾路线的受益者，从某种意义上说还是受害者。在1931年初王明上台的六届四中全会上，周恩来被批评为犯了上述所谓“调和主义”错误，之所以被留在中央继续工作，不是因为他积极鼓吹和紧跟王明路线，而是因为他那无私的革命精神、出色的组织才干和协调能力，以及善于团结各种人一道工作的谦和品格，使共产国际的代表和中共中央都感到他不可或缺。他作为“留用人员”继续工作，与在四中全会上进入中央的“左”派是不一样的；再就其发挥的作用看，比过去小得多。此前相当长时间，他尽管不是“一把手”，但实际主持党中央工作。在王明路线期间，他不再如此了。

——周恩来在王明路线统治中央的四年间，并不是事事都执行王明路线，犯了四年错误。他的许多工作，如指导中央苏区和其他革命根据地的工作、指挥中央红军粉碎第四次反“围剿”斗争等，能说是执行王明路线吗?!这些是他的功绩。在这四年，若讲错误，主要是两条：一是在宁都会议上没有保住毛泽东让其继续参与红军的领导工作；二是在第五次反“围剿”的广昌战役后参与中央“三人团”，没有坚决反对博古、李德的错误军事指挥，致使中央红军在湘江战役中遭受严重损失，他有领导责任。对于这两条，也要辨析。先说第五次反“围剿”。在博古、李德到达中央苏区后，周恩来先是党权被削(临时中央在到达瑞金后，即将苏区中央局合并，他的苏区中央局书记不存在了)，后是军权被夺(1934 年 1 月，他从前方回瑞金，不再指挥前线战事)，许多重大决策不再参与。在红军实行战略转移前成立的中央“三人团”中，政治领导由博古管，军事指挥由李德管，他只管督促执行军事计划。因此，他应承担的责任也只能属于这个层面。再看宁都会议。这是讲路线斗争史时，对党的历史扭曲得最严重的事件之一。宁都会议尽管是由周恩来主持召开的，但他既不是“批毛”的主角，也不是“撤毛”的决策人，而且一直在为毛辩护，纠正对毛的过分批评，尽力说服后方中央局改变“撤毛”决定。其是非本来是清楚的。但讲“路线斗争史”使他背了一辈子“黑锅”，从延安整风起一直作非常沉重的检讨。重新审视这段历史，对于他的错误应给予实事求是的分析，对于在延安整风的特殊环境下和“文革”那种非正常时期所作的“痛心疾首”的检讨，应设身处地给予理解。我们都经历了“文革”，许多人检讨给自己扣上“罪该万死”者还少吗？平反之后难道还要斥责他们思想品质有问题、为了“自保”，“骨头软”吗？这样的拷问，不是有点像当年红卫兵的语言吗?!于情于理，都难以认同。仅仅以周恩来检讨讲的那些很重的自责之言和毛泽东对宁都会议的态度来解读毛、周两人关系的根由，会不会像从门锁孔里窥视大宅院，难以看清全貌呢？

——周恩来对于纠正王明“左”倾路线，确立毛泽东在党中央和红军中的实际领导地位发挥了决定性的影响。以遵义会议为代表的长征途中系列会议的重要决策，对于中国共产党历史的第一次转折具有里程碑意义。周恩来对于这些会议的召开和作出的决策起的作用是不可替代的。他主持召开黎平会议，采纳毛泽东的建议，改变红军的进军方向，并决定召开遵义会议总结红军自第五次反“围剿”以来的军事失利问题。他在遵义会议上主动检讨，承担责任，请求辞职，做博古工作，并推举毛泽东参与中央核心领导，指挥红军战事。以后，他在苟坝和会理等会议上都为巩固毛泽东在红军中的领导地位做了巨大努力。因此，纠正王明“左”倾军事路线，确立毛泽东在党中央和红军中的实际领导地位，周恩来是立了首功的。

回顾党史，讲周恩来与王明“左”倾路线的关系，不能仅仅抓住他的那几点错误而不计其余。只有说明这个全过程，对周恩来才是客观的、公正的。单纯地通过他的那些苛以自责的检讨来展现他的内心世界，既不可能认识其全貌，因而也难以科学地说明毛、周两人的关系。

关于与王明右倾错误的关系。抗战初期，王明从共产国际回国后，在主持中共中央长江局工作期间推行“一切通过统一战线”、“一切服从统一战线”的主张，给党的工作和敌后抗战局面的展开造成了损失。过去将此称之为犯了“右倾投降主义路线”错误。新版《中国共产党历史》第一卷没再上这个“纲”，只说犯了“右倾错误”，其主要表现概括为：政治上，过分强调统一战线中的联合，影响独立自主原则的贯彻；军事上，对党领导的游击战争的作用认识不足，不重视开展敌后根据地的斗争；在组织上，不尊重、不服从以毛泽东为核心的中央领导。周恩来作为长江局的副书记，这样的错误无疑也都有份。但既然不属于“右倾投降主义路线”性质，因此也说不上是教条主义宗派和经验主义宗派的第二次结合，并为教条主义宗派“打天下”等。其自责之词，同样不应作为剖析他的内心世界的唯一依据。

过去还将新中国成立后的反冒进也算成周恩来的严重错误，这在十一届三中全会拨乱反正之后已经取消。不仅如此，反冒进集中体现了党在经济建设中坚持的实事求是思想，因而他是正确指导思想的代表。若论党的“路线斗争”，讲周恩来的错误，将“陈芝麻”、“烂谷子”抖出来，主要就这么一些。不难看出，这些都属于贯彻执行的工作错误，而非始作俑者的决策错误；属于政治觉悟、思想认识性的错误，而非政治品质、道德作风方面的错误；属于所谓“阳谋”，没搞任何阴谋诡计，没有任何宗派活动。“玉宇澄清万里埃”。这些错误，相对于他为党立功、立言、立德的伟大贡献来比，不说微不足道，至多也只能算“一个指头”吧！

第三，如何看待周恩来在“文化大革命”的错误。前已指出，邓小平讲的两个“好多”(说了好多违心的话，做了好多违心的事)，已经作了概括。为周恩来辩护，不是否定上述两个“好多”，而在于如何看待两个“好多”。分析周恩来在“文革”中两个“好多”的错误，特别是在保护干部方面发生的若干错误，我以为，首先要明确这样几点：一是“文革”乃非正常时期，对那种特殊的历史环境、党和国家的政治体制被扭曲的那种状况，应予以充分考虑。无视这个历史事实，就缺乏客观地分析问题的历史根基。二是在保护干部方面，周恩来在他所处的那个位置上是否尽了最大努力。这是评述他的历史作用的重要基石。三是周恩来对有的领导干部没保护住，是能为而不为，还是在那种特殊情况下而无法为。这两者不能混为一谈。四是怎样认识周恩来的忍辱负重和保持晚节，他这样做是否就是为了“自保”为己。

下面对这四个问题逐一讨论。

——关于特殊的历史环境。前已指出，毛泽东发动“文化大革命”是党和国家的领导制度遭到严重破坏的结果。由于他领导中国革命成功，使国家发生了巨大变化而获得崇高威望，在长期封建专制主义的思想政治遗毒影响下，对他的个人迷信逐渐滋长，他个人到了晚年将自己日益凌驾于党中央之上，大树特树起了个人的绝对权威。无论是发动“文革”，还是在“文革”中作的重大决策，他只要自认为是正确的，就一定要排除一切阻力坚决推行，决不让步妥协；即使成了孤家寡人，无非是“重上井冈山”。从这一方面说，他确有“君临天下”、“一意孤行”的作风。周恩来也生活在现实社会中，跟许多人一样，一方面对毛泽东发动“文革”和“文革”中的重大决策，有一个认识过程；另一方面，对有的决策即使认识到是不对的，也不可能直接冲突、公开反对。因此，毛泽东的一些错误决策，他要执行，包括处理一些干部的专案，他要根据毛泽东的意向签署意见。我赞同宋平对这个问题的分析。他说：“我们后人研究历史，如果查档案的时候，很可能发现有些错误的档案文件是周恩来签字的，但是这些东西的决定过程往往是很复杂的，不是周恩来个人能够决定的，甚至是违背他的本意的。在那种特殊的情况下，有些是‘四人帮’决定的，有些是毛主席决定的，周恩来不得不履行手续。对这类事情，我觉得我们研究历史的人应当弄清楚当时的形势，各人有各人的是非功过。如果不弄清当时这件事情的整个情况，只是看档案上谁签的字，以此来对人物作历史的评价，就会作出不符合当时实际的结论。所以，研究历史一定要重视和分析当时的整个形势，不能单凭哪个文件、哪个档案材料，谁签了名，就简单作出结论。”他强调：“我们这一代人必须根据历史的真实情况对周恩来同志作出科学的、真实的历史评价，免得后人被一些错综复杂的表面东西所误导。”[①]宋平讲的既是研究方法问题，也是研究态度和研究精神问题。要对周恩来进行客观的科学研究，就一定要坚持历史主义，不能脱离当时特殊的历史的具体环境。

——关于周恩来对干部保护的努力。应当说，他是费尽心机，乃至用心良苦，对其能够保护的干部，作了最大努力。根据一些公开资料，我粗粗地例举以下几条：其一，在“文革”之初开列的保护干部名单，点名保护的虽然只有13位高级民主人士，但受保护的对象却包括部长在内的几百名。其二，在发动“批判资产阶级反动路线”后到1966年底，他亲自批办保护的受冲击的党政军领导干部达10多人。其三，在1967年上海“一月夺权”掀起后，将国务院各部部长三四十人安排到中南海，同时将各大区书记和省委书记二三十人接到北京安排在京西宾馆等地加以保护。其四，利用毛泽东接见红卫兵、五一节和国庆节上天安门等机会，安排受到冲击的党和国家领导人，以及一些领导干部参加活动、以公开“亮相”方式，予以保护或“解放”。其五，1968年前后，安排几十位被打倒的老同志分别到8341部队进驻的几个工厂“下放劳动”，进行特殊保护；批准将某些干部(包括外地的)“关押”到北京卫戍区实行“监护”，实则为更特殊的保护。其六，1969年春九大召开在即，除安排近20名原八大中央委员和候补中委为九大代表外，还尽量增加九大代表中的老干部名额。其七，林彪事件后，着手落实遭受错误打击的老干部政策，对仍被监管的和已被“打倒”的，批示有关部门改善生活环境和医疗条件；对已被迫害致死的，要求查明情况，准备为死者恢复名誉，或解决其他问题。得到他

① 宋平：《怀念周恩来同志》，载《话说周恩来》，北京：中央文献出版社2000年版，第12、13页。

亲自关照的，包括一些爱国民主人士和文艺界人士，达数十人。其八，在党的十大召开前后和四届人大召开前，主持中央政治局会议逐个讨论“解放”被打倒的干部，不断排除江青等的干扰，“解放”了党政军一大批负责同志，仅部队系统就“解放”了175名将军。其九，逐一审阅出席国庆25周年招待会的2000多人名单，增加一些领导干部和爱国人士的夫人。其十，直至1975年3月作第3次大手术前，还亲自审阅中央专案所管的670多名审查对象名单，赞同将长期遭到监禁的重要领导人和高级干部予以释放，要求作结论不能过严。仅此10条，并非全部，也未作更精确的“量化”统计，但足以说明周恩来为保护干部殚精竭能了。对他作的这样巨大努力能视而不见吗？将这些搁置不论，能说是客观的、公允的吗？

——关于周恩来没保护住的领导干部的情况。当然，周恩来尽管作了最大努力，但有的重要领导干部确实没有保护住，或后来情况有变，没法再施保护了，如对贺龙。周恩来对他没有保护到底，跟着说了违心的话，附和做了违心的事，有错误，应负责任。但对于为什么会发生这种情况，应作深入分析。在“文革”初期，林彪是党中央副主席，中央文革有那种特殊地位，怎么能要求周恩来保护干部不考虑他们的态度呢？无论从政治上还是组织上讲，不考虑他们的态度，都失之有据。在那种特殊历史环境下，毛泽东有那么绝对的权威，周恩来能不首先考虑毛泽东的态度吗?！他将毛泽东的指示作为“尚方宝剑”，对能够保护的干部都给予保护，以排除一切干扰，达到保护的目的。这何错之有?！他保护干部的确“非常小心谨慎”，讲究斗争策略和方式方法，但这有什么不好?！对于这样十分周到的处置，怎么还加以苛责呢?！最初，林彪、江青要打倒贺龙，毛泽东没同意，周恩来根据毛泽东的指示来保贺龙，就没什么障碍。后来，毛泽东对贺龙不保了，这就置周恩来于非常困难的境地。他想保，但很难了。因为不是周恩来代表党中央，而是毛泽东代表党中央。这是组织的意见，是中央的态度。他处在那个位置上能不执行吗？他对贺龙的态度能不改变吗？我们能够要求周恩来“顶住”，去与毛泽东论理，去同林彪争辩吗？若这样提出问题，只能说是完全脱离那段历史实际的幼稚想法，是没经历过“文革”、太不了解“文革”的乌托邦思维。对贺龙等人没保护下来，非他不想为也，实在无法为也。对刘少奇和其他一些没保护到底的领导人和负责干部，也是如此。这是在那样的特殊历史条件下，周恩来不可能不犯的“违心”错误。他自己也明白，对不住这位没保护住的战友。因此，在 1975 年 6 月举行贺龙骨灰安放仪式时，他一定要强撑着重病之躯参加，不仅代表中央致了悼词，还在贺的遗像前深深地鞠了七个躬。对于这样的深情，怎么能解读只是为了免于“良心的谴责”呢？这太小看周恩来的精神世界了。从他的思想主导方面看，更多地是为了党的事业。还贺龙以公道，就是还党的历史以公道，端正被扭曲了的党的形象，重塑党在人民群众中的威信。

——关于周恩来的忍辱负重和保持晚节。忍辱负重是周恩来的一个重要政治品格，也是周恩来所以为“周恩来”的个性化特征。他的一生，可以说，每当党处在严重困难的历史时期，每当个人处于逆境的旋涡之中时，他都是忍辱负重、含辛茹苦地艰难前行。“保持晚节”是他在“文革”之初提出的操守理念，也是他后来的行为准则，并以此来勉励别人。对周的看法的分歧，不在于他是否忍辱负重、保持晚节，而在于如何看待他的这种操守理念和行为准则。他这样做，是为了明哲保身、“自保”为己，还是立党为公、顾全大局、“相忍为党”、“相忍为国”。我以为是后者，而不是前者。

试问，他要明哲保身干什么？“自保”又为了什么？仅仅是为了

“保持名节”？按照将他置于知道“文革”是错误的，还去执行错误的指示这个逻辑来推论，他难道不懂得“好在历史是人民写的”道理，那么这样的“名节”又何用之有？“贬周”者的“自保说”回答不了这个问题。除非说周恩来有政治野心之类，才讲得通。但是，连提出“自保说”者都承认，周恩来从来没有非分之想，也未想熬到毛泽东百年之后自己取而代之。他在“文革”中那么夜以继日、那么殚精竭诚、并经受那么大的身心折磨，用“自保”说无法作正确解读。

前面说过，周恩来是个讲理想信念，有高度政治使命感的人。这里再举一个例子。1963 年 5 月，他给中央国家机关的负责干部讲自己的思想时曾说过：“精神生活方面，我们应该把整个身心放在共产主义事业上，以人民的疾苦为忧，以世界的前途为念。这样，我们的政治责任感就会加强，精神境界就会高尚。”[①]这是他一生的精神支柱。他就是有这样精神境界的人。有了这样的境界，所以他在“文革”中多次讲，对于“文化大革命”要善于因势利导，跟当年打仗一样，“我不入虎穴，谁入虎穴”，“我不入地狱，谁入地狱”，“我不下苦海，谁下苦海”。他用这样有强烈震撼力的话，勉励一些领导干部和身边工作人员要无私无畏，为了党和国家的利益，赴汤蹈火，坚守岗位，即使被打倒了也无怨无悔。他个人也是这样身体力行的。1967 年 5 月，在外事口造反派要冲外交部揪斗陈毅时，他严厉批评道：你们这样要走向反面，我马上下命令让部队加强对外交部的保卫，谁也不许冲，谁冲扣留谁。对我个人，你们搞全面材料也行，向我提抗议也行，贴大

① 《周恩来选集》下卷，北京：人民出版社 1984 年版，第 427 页。

字报也行。我不怕打倒！干了几十年革命还怕这个？[①] 也正是有了这样的精神境界，所以在1974年初耿飚被江青批评后想不干了，周恩来对他说：我送你三句话。第一，人家要打倒你，不论怎么打，你自己不要倒；第二，人家要赶你，不管他怎样赶，你自己不要走；第三，人家整你，不管他怎样整，你自己不要死。[②] 这不仅是对耿飚的要求，也是他在整个“文革”中的自处之道。他在“文革”中始终苦撑危局，即使在最困难的时刻也奋力拼搏、坚持不倒，没有别的原因可以解释，只有他自己讲的八个字能说得通：“鞠躬尽瘁，死而后已！”

在周恩来讲的“保持晚节”中，无疑有要跟毛泽东保持一致的内涵。分析这个问题的一个前提是，绝对不能将毛泽东与党和人民对立起来，也不能以改革开放后否定“文化大革命”的认识来看待1966年到1976年间对“文革”的认识。要“还原历史”，穿越时间隧道，回到那个年代，置身于历史之中而不是历史之外来研究问题。在那时，跟党保持一致，就是跟毛泽东保持一致；始终跟党走，就是始终跟毛泽东走。毛泽东发动“文化大革命”，很少有人怀疑它的正确性，因此在“保持晚节”中，要跟毛泽东保持一致，不要在“文化大革命”中犯错误，这无须苛责。经过拨乱反正之后，认识到党和国家领导制度的弊端，不能简单地将党和党的领袖画等号，那是另一个问题了。

与此相联系，还有个所谓“顺守之道”。这是提出“自保说”者根据周恩来在“文革”前对台湾领导层出现的紧张关系，曾托人传话给陈诚讲的“只可顺守，不可逆取”八个字所做的一种概括，认为这是周恩来

① 参见中共中央文献研究室编：《周恩来年谱》(1949～1976)下卷，第153页。

② 石雷：《耿飚在党和国家的生死存亡关头》，载《炎黄春秋》，1994年第4期。

在“文革”中的政治哲学。[①] 我以为，对此也应作具体分析。一是就对整个“文化大革命”言，就周对毛的总的关系言，周只能“顺守”。因为在那10年间，他没认识到整个“文化大革命”是错误的和毛泽东犯了大错误，怎么能要求他不“顺守”呢？二是对毛泽东的若干具体决策和举措有不同看法，他只能根据一定的情势提出来让毛考虑，而不可能公开反对。对于毛已下了决心而不会改变的决断，他也只能“顺守”而不可能“逆取”。这主要是党和国家的领导制度存在的弊端造成的，而不应归咎于个人的思想意识和政治品质。三是就对“文革”造成的动乱和破坏言，他并没有坐视不管，而是不断地“治乱”，尽量减少损失，尽量减轻灾难。就此而言，也可以说他没有“顺守”。因此，笼统地讲“顺守之道”是周恩来的政治哲学，是不科学的。

问题还在于以“顺守之道”来批周说事，要干什么？不管提出此论的主观意图如何，而实际上给读者的一个重要印象是：周太“奴性”，应当“反毛”。周不“反毛”，于是就有了“愚忠”、“帮凶”、“伪君子”、“自保”云云。“顺守之道”的许多分析，都是遵循这个逻辑，但这样的分析，既没揭示周的全部思想实际，也没全面反映“文革”的历史实际。不仅周不能“反毛”，就是其他人也不能“反毛”。不仅那时不能“反毛”，就是现在中国共产党讲毛发动和领导“文革”犯了严重错误，也不是“反毛”。要周“反毛”，这可能吗？他不是这样的人！在“文革”中，除了林彪父子，没有别人有这根“反骨”。若周“反毛”，会是什么结果呢？一是周即刻被打倒，“全党共诛之，全国共讨之”。这对那些

① 周恩来与陈诚在抗战的武汉时期曾合作共事。周任国民政府军事委员会政治部副部长，陈为部长，是体现第二次国共合作的重要政治窗口。上个世纪60年代初，陈在台湾任国民党政府副总统，与蒋家父子不和，周托人传话给陈，以“只可顺守，不可逆取”相劝。

没被保护住的领导干部有何益？对党有何益？只能是被打倒的干部又会增加一大批，冤案更加遍布域中。二是党将分裂，国家更乱。不是说“反周民必反”吗？同样地，如果“反毛”，那将是党必亡、国必乱，整个中华民族更遭殃，后果更难设想。所以，对“顺守之道”这样的似是而非之论，不能不作辨析。

五、结束语：建立“周恩来学”

周恩来既属于中华民族，也属于全世界。他逝世时，联合国为他降半旗致哀，说明他是世界伟人。这也说明对他不仅是纪念，而且对他怎样成为世界伟人展开研究也是有必要的。

当然，周恩来首先是中华之子。他是具有五千年文明的神州大地所培育的中国人民的伟大儿子。10年前，在重庆召开的“周恩来精神和风范研讨会”上，我曾经说过：周恩来是一部书，他夜以继日地燃烧自己的生命烈火，告诉我们应该怎样做人，是中华民族的人格典范，是共产党人的人生师表；周恩来是一座碑，他把自己的一生奉献给了拯救中华、振兴中华的伟大事业，不索取人民的一丝一毫，在亿万人的心底矗立起一座高耸入云的纪念碑；周恩来是一面镜，他不是完人，但以鞠躬尽瘁的一生，为党的领导干部特别是高级领导干部树立了怎样廉洁奉公、艰苦奋斗、做人民的好公仆的资政铜镜。

周恩来其人、其史，是我们党和国家的丰厚精神资源，研究周恩来是一个永久性课题。建立“周恩来学”，可以在更广大的空间，以更开阔的视野，利用和挖掘这一精神资源。在当前，这既有助于建设社会主义核心价值体系，也对加强和丰富党的先进性教育活动具有意义。同时，作为一门学科，更便于对周恩来的研究全面、深入、持久地进行，更有利于发挥宣传周恩来和学习周恩来的普及性、经常性和传承性作用。

“周恩来学”的内容可以非常广泛，既包括周恩来生平、事业、思想和精神的研究，也包括对周恩来研究的评述研究；既包括中国对周恩来的研究，也包括世界对周恩来的研究；既需要研究周恩来的功绩和贡献，也需要研究周恩来的弱点、缺陷、失误乃至错误，以总结教训，为加强党的建设、提高执政能力给予资鉴。殷切希望通过这次对周恩来诞辰 110 周年的纪念，推进“周恩来学”的建立。

刘少奇与毛泽东思想指导地位的确立之缘*

一、刘少奇的一个伟大贡献

中国共产党在70多年的奋斗历程中，实现了马克思主义与中国实际相结合的两次飞跃，创立了进行两次革命的指导思想——毛泽东思想和邓小平理论。这既是两大理论的主要创立者的功勋，同时也是党的集体智慧、特别是两代中央领导集体智慧的结晶。刘少奇作为党的一代卓越领袖和伟大的马克思主义理论家，与这两个成果都有这样那样的理论之缘。他为毛泽东思想的形成和发展，特别是其指导地位的确立作出了巨大贡献，为邓小平建设有中国特

* 这是作者1998年11月在中央宣传部、中央文献研究室等单位为纪念刘少奇诞辰100在北京召开的"刘少奇生平和思想研讨会"上的发言。该文对刘少奇与毛泽东思想在全党指导地位的确立之缘作了深入的历史考察。首先分析了两人的历史关系，分析了抗日战争使毛泽东和刘少奇成为亲密战友的情况、整风运动确立刘少奇成为毛泽东主要助手地位的情况和刘少奇参与中央核心领导后为确立毛泽东思想指导地位所作的巨大努力；最后分析指出，刘少奇的七大报告，第一次全面系统地论述了毛泽东思想。原载1998年11月《中共党史研究》第6期。

色社会主义理论的形成作了重要的理论准备。这里，着重谈谈他与毛泽东思想在全党指导地位的确立之缘。

党的十一届六中全会通过的《关于建国以来党的若干历史问题的决议》指出：毛泽东思想在探索中国革命道路的艰苦卓绝的斗争中创立，在反对党内盛行的把马克思主义教条化、把共产国际决议和苏联经验神圣化的错误倾向过程中形成和发展起来，到了土地革命战争后期和抗日战争时期得到系统总结和多方面展开而达到成熟。毫无疑问，这其中也包括刘少奇的经验和认识。

刘少奇在投身中国革命运动之后，叱咤风云，努力把马列主义理论应用于中国的具体实际，既在实践斗争中充分地展现了杰出的革命家的品格，从 20 年代后期开始，又对他自己所从事的工人运动、白区斗争、党的建设等多方面的工作进行系统总结，不断提出许多好的和比较好的思想观点，展现出马克思主义理论家的风貌。这些观点补充和丰富了毛泽东思想的某些内容。随着延安整风运动的开展，毛泽东思想逐渐为全党所认识。刘少奇在 1943 年 3 月进入中央领导核心之后，为大力宣传毛泽东思想，为确立毛泽东思想作为全党指导思想的地位作了巨大努力。在笔者看来，这是刘少奇对毛泽东思想的最大贡献。中国共产党至今能高举毛泽东思想的伟大旗帜，仍把它作为党的指导思想，与刘少奇的这一贡献是分不开的。在纪念刘少奇诞辰百年之际，回顾历史，不能不缅怀刘少奇的这一伟大贡献。

刘少奇与毛泽东思想在全党指导地位确立的关系，既是一个已研究多年的老题目，又是一个需要继续研究的重要题目。本文试转换一下视角，从刘少奇与毛泽东的历史关系说起，并拟涉及刘少奇在革命实践和革命理论上的某些贡献，以及毛泽东为什么会看中、倚重和选择刘少奇作为主要助手这样一些问题，以便从更广阔的历史时空来深化对这个问题的认识。

二、刘少奇与毛泽东的历史关系

辛亥革命既把毛泽东卷进了中国革命的洪流，也在少年刘少奇的心田种下了革命的种子。这以后，这两个湖南青年都接受了共产主义思想。

刘少奇与毛泽东虽然是出生地相距只数十里的邻县小同乡，并同在省城长沙求过学，但两人初识却是在都成为中国共产党党员之后的1922年夏天。那时，刘少奇从苏联回国，在上海参加党的第二次代表大会的会务工作后受陈独秀委派，将二大文件带回湖南交给中共湘区执行委员会。当时的湘区执行委员会书记是毛泽东。毛泽东因没有在上海找到二大会址而未能参加会议。刘少奇回到长沙，在清水塘见到了毛泽东。这是两个高个子青年、后来中国革命的两个重要领导人的首次晤面。这次相识相交既使两人开始共事，也为后来的合作奠定了良好的基础。毛泽东当即任命刘少奇为中共湘区执行委员会委员，随后又派刘少奇去安源路矿领导工人运动。由此，刘少奇成为中国工人运动的重要领袖。

在以后将近十年的时间里，两人因党分派的工作任务不同，相互间的联系少了。大革命时期，刘少奇一直从事工人运动，无论在上海、广州还是武汉，都处于工运领导的核心。毛泽东则主要从事农民运动，参与国共合作的统一战线工作，并在其中担任要职。从大革命失败到土地革命战争前期，刘少奇辗转北方诸省，在白区从事地下斗争的领导工作。在其正确主张被临时中央拒绝，党的地下工作受到严重破坏之后，于1933年春到达中央苏区瑞金。毛泽东在大革命失败后，上井冈山举起武装斗争大旗，随后在反动统治薄弱的湘赣、闽西等边缘地区武装割据，开辟中央苏区革命根据地，实行农村包围城市的战略，从而成为中国共产党找到中国革命正确道路的主要代表，并且是主要由他缔造的中国工农红军有巨大影响的领导人。但刘少奇到来之时，正值中共苏区中央局的宁都会议撤了毛泽东的军事领导职务之后，并在开展把矛头指向毛泽东的反对“罗明路线”的斗争。两人几乎同时遭到王明“左”倾错误路线的排挤和打击这一共同经历，既使两人走到了一起，也使两人后来对于王明路线的严重危害比别的领导人具有更为深刻的认识。

1935 年 1 月的遵义会议，既是中国共产党领导的中国革命的历史性转折，也是毛泽东在革命征程上的个人命运的重要转折。这次会议确立了毛泽东在红军和党中央的领导地位。刘少奇参加了这次会议，支持毛泽东的正确意见，拥立毛泽东作为党和红军的主要领导人。他在红五军团传达遵义会议精神时说：最近我们红军遭受了不应有的损失，这都是“左”倾机会主义路线排斥毛泽东同志的领导造成的。现在好了，毛泽东同志又回到中央来了，我们红军有希望了。① 这充分表达了他对毛泽东的敬佩之情。遵义会议撤销了执行王明路线的错误领导，也使刘少奇在政治上有获得解放之感，因而对于他个人命运的转变同样具有重要意义。

红军到达陕北后，为了总结白区工作的历史经验，1937 年五六月间，党中央召开白区代表会议。被派往华北领导白区斗争的刘少奇回到延安，在会上作主要报告。他尖锐地批评了“左”倾路线对白区工作的错误领导，引发了激烈争论。毛泽东表示支持刘少奇的看法，他

① 参见中共中央文献研究室编：《刘少奇年谱》上卷，北京：中央文献出版社 1996 年版，第 140 页。

在政治局会议上说：少奇同志对白区工作有丰富的经验。他一生在实际工作中，领导群众斗争和处理党内关系，都是基本上正确的。他在具体直接解决纠正白区工作中“左”的倾向的斗争中，基本上也是对的，是勃勃有生气的。他“懂得实际工作的辩证法”，“他系统地指出党过去在这个问题上所害过的病症，他是一针见血的医生”。[①] 这时的毛泽东虽然不是党中央的第一把手，但对于一切重大决策具有决定权，已成为事实上的领导核心。他对于刘少奇在白区工作成绩的高度赞誉，不仅推动了白区代表会议统一认识，也为后来刘少奇进入中央参与核心领导，起了最初的舆论准备作用。这时虽然没有形成“毛泽东思想”概念，也谈不上拥立毛泽东思想的问题，但是毛泽东所代表的路线和政策已在党内起着具有指导地位的作用，这也成为不争的事实。刘少奇遭受王明路线排挤打击的经历和对于王明路线错误的批判，就不能不使他对于与自己有着共同经历的毛泽东提出的思想理论和方针政策的正确性有更为深切的认识和感受。这可以说是刘少奇后来拥立毛泽东思想为党的指导思想的历史基础。

三、抗日战争使毛泽东和刘少奇成为亲密战友

抗日战争的爆发，使国内的阶级关系和政治形势发生了巨大变化。这是一个重要历史转变关头。党内领导层在一些重大问题上的认识既相一致，又存在一些重要分歧。当时党内认识有“左”的倾向，但主要是右的倾向。在这个时候，刘少奇和毛泽东在事关党的路线方针政策的一系列问题的认识上，有的是“不谋而合”，有的是“一拍即

① 中共中央文献研究室编：《毛泽东年谱》(1893—1949)上卷，北京：人民出版社、中央文献出版社 1993 年版，第 678 页。

合”，可谓是心有灵犀，处处相通。两人都认为，民族矛盾虽然上升为主要矛盾，但阶级矛盾仍然尖锐地存在着。蒋介石虽也举起抗日旗帜，但骨子里的反共本质是不会改变的，对其必须保持高度警惕。党既要坚持抗战，打击日本侵略者，同时还要千方百计地发展自己的武装力量，牢牢地抓住这一壮大自己的千载难逢、稍纵即逝的机遇。只有这样，才能使抗战形势向有利于共产党方面转化。因此，两人在坚持全面抗战方针、坚持抗日民族统一战线中的独立自主原则，以及坚持敌后开展游击战争和放手建立抗日民主根据地等问题上的看法完全一致。刘少奇虽然没有参加洛川会议，但完全赞成毛泽东提出的开展“独立自主的山地游击战争”的战略方针。在华北前线，他坚决主张“抓枪杆子”，“撒豆成兵”，建立人民武装，发展敌后游击战争。在1937年12月政治局会议上，毛泽东十分孤立，刘少奇是支持毛泽东的独立自主原则，反对王明的“一切经过统一战线”右倾路线的为数不多的领导人之一。在延安的党中央与武汉长江局的对峙局面中，刘少奇明确地站在毛泽东一边。在1938年六届六中全会后，刘少奇去华中组建中原局(后改为华中局)，开辟中原地区的游击战争和华中、江北的根据地，与项英的东南局在皖南的局面形成鲜明对比。在1941年皖南事变后，刘少奇不仅重建了新四军军部，而且使新四军在长江南北、淮河两岸有了大发展。刘少奇的这些正确主张和突出表现，使他在党内的影响迅速扩大，也使他在毛泽东心目中的地位与日俱增。这时，毛泽东事实上把刘少奇视为贯彻党在抗战时期正确路线的模范工作者。这对刘少奇随后不久调到中央担当重任具有决定性意义。这是一方面。另一方面，抗战以来，毛泽东运筹帷幄，纵横捭阖，坚持的正确路线和政策，既使党领导的敌后战场逐渐成为抗击日本侵略军的重要战场，又使党和党领导的武装力量由抗战初期岌岌可危地被困于西北一隅，发展到抗战中期在遍布大半个中国的根据地上驰骋。到这时，再也没有任何力量能够藐视中国共产党的存在了。这么好的局面的出现，使全党衷心敬佩毛泽东的领导，也是刘少奇在参与中央核心领导之后拥立毛泽东思想为党的指导思想的现实根据。

刘少奇不仅坚决贯彻执行党的正确路线，在政治上很强，而且是党内既有丰富的实践斗争经验，又有深厚的理论修养的领导人。

抗战时期，在延安的党中央内，被普遍认为理论水平高的，首推毛泽东，再就是刘少奇和张闻天。在不少干部的心目中，这是中国共产党的“理论三杰”。毛泽东在党内理论家的地位，自从他作了《中国革命战争的战略问题》《实践论》《矛盾论》《论持久战》等一系列报告之后，就已牢固地确立。他在六届六中全会的报告，他作的《新民主主义论》演讲以及关于整风的三个报告，更进一步证明了他既是党的伟大政治领袖，也是党的伟大理论领袖。刘少奇擅长理论思维早已为党内的人所称道，他的著述的一个突出特点，是对实践经验总结的理论色彩甚浓。这个时期，他有几篇文章在党内产生了巨大影响，不仅博得了毛泽东的称赞，也树立起了他的理论家形象。

一是1939年7月，刘少奇应党的总负责人兼中央马列学院院长张闻天之邀，在延安马列学院作了《论共产党员的修养》的讲演。毛泽东审阅《解放》周刊准备发表的稿样后，认为文章写得很好，“提倡正气，反对邪气”,① 很重要，应尽快刊登。二是1941年7月，刘少奇在华中局党校发表的《论党内斗争》演讲。这篇演讲稿传到延安，毛泽东看到后，要《解放日报》全文刊载，并亲写编者按语，说这个演讲

① 吴黎平：《〈论共产党员的修养〉出版的前前后后》，载《怀念刘少奇同志》，长沙：湖南人民出版社1980年版，第271页。

“理论地又实际地解决了关于党内斗争这个重大问题，为每个同志所必读。现当整风学习开展与深入的期间，特为发表，望全党同志注意研读”。① 三是在上次演讲后十天，华中局党校教育科长宋亮(孙冶方)写信请求刘少奇解答理论与实践的关系问题。刘少奇写了《答宋亮同志》的回信。在这篇回信中，他阐明了革命理论对于实际斗争的指导意义，指出：“中国党有一极大的弱点，这个弱点，就是党在思想上的准备、理论上的修养是不够的，是比较幼稚的。因此，中国党过去的屡次失败，都是指导上的失败，是在指导上的幼稚与错误而引起全党或重要部分的失败，而并不是工作上的失败。直至现在，缺乏理论这个弱点，仍未完全克服(虽然党内少数同志特别中央的同志是有了对马列主义理论与中国社会历史发展的统一理解)。因此，现在提倡党内的理论学习，就成为十分必要。”②

上述前两篇文章被列为全党整风必读文献，发挥了巨大作用。第三篇《答宋亮同志》一文的内容，实际上是呼应毛泽东在5月作的《改造我们的学习》演讲的，矛头直指王明教条主义。在土地革命战争后期，跟着王明犯错误的有的领导人，不承认那时的错误是路线错误。刘少奇讲的是“指导上的失败”不是“工作上的失败”，正是针对此而言的。该文同《论党内斗争》一样，是对毛泽东发动整风运动的有力支持。张闻天由于犯有王明教条主义错误，这时已成为中央领导层整风的重点对象之一。他在党内负总责的地位，自六届六中全会传达季米特洛夫关于中共中央要以毛泽东为首解决统一领导的意见后已有改变，人们熟悉的“毛洛”体制实际上不复存在。毛泽东早就想解决党的

① 中共中央文献研究室编：《毛泽东年谱》(1893—1949)中卷，第406页。

② 《刘少奇选集》上卷，北京：人民出版社1985年版，第220页。

思想路线问题。开展延安整风运动，研究党的历史问题，批判教条主义、主观主义，就是为了确立马克思主义与中国革命具体实际相结合的思想路线。整风运动开展后，在领导全党批判王明错误路线的斗争中，有一个思想一致、配合默契的助手，对于毛泽东来说是太需要了。这时，刘少奇自然成为协助毛泽东的最合适的人选。他能被选中，除了前述政治条件之外，他具备担当此任所必须具备的理论条件，也是一个非常重要的因素。

四、整风运动确立刘少奇成为毛泽东主要助手地位

整风运动的开展，既使刘少奇成为毛泽东领导整风斗争的得力助手的地位得到公认，也使刘少奇成为毛泽东领导全党工作的主要助手的地位首先在中央领导层取得共识。

毛泽东认为，整风运动的重点是高级干部。1941 年 9 月 10 日至 10 月 22 日，中央政治局召开的扩大会议，揭开了中央领导整风的帷幕。为时一个多月的会议，主要讨论党的历史上特别是土地革命战争时期的路线问题，批判主观主义和宗派主义。与会的大多数领导人都是检讨错误，但在谈到党的白区工作时，在将近 3 个星期的发言中，不少人都认为刘少奇堪称党在白区工作正确路线的代表。陈云首先指出：过去十年白区工作中的主观主义，在刘少奇等同志到白区工作后才开始改变。刘少奇批评过去的白区工作路线是错误的，现在检查起来，刘少奇同志是代表了过去十年来的白区工作的正确路线。据此，他提出：有些干部位置摆得不适当，要正位，如刘少奇将来的地位要提高。任弼时说：主观主义在认识论上是唯心论，在政治上的具体表现就是“左”或右的机会主义。我党的毛主席、刘少奇同志能根据实际情形来工作，所以犯主观主义少些。王稼祥说：在白区，刘少奇同志

代表了唯物辩证法。康生在发言中还检讨了自己在白区工作政策上同刘少奇的分歧，承认今天看起来刘少奇是对的，他反刘少奇是反错了。还说：主观主义的错误路线把白区工作弄光了，如果那时中央是刘少奇负责，情况将是另一样。刘少奇当时在华中局，未参加这次会议，但他的政治形象已被树立起来。人虽未进中央，但参与中央核心领导的态势已经形成。

毛泽东在政治局扩大会议上虽然没有对陈云、任弼时等评价刘少奇的发言作明确表示，但在会后所写的《关于四中全会以来中央领导路线问题结论草案》和《关于 1931 年 9 月至 1935 年 1 月期间中央路线的批判》两个重要文件里，多处称赞刘少奇是“很好的与很老的群众领袖”，“正确的领袖人物”，是唯物辩证法的革命观点的代表，并多次援引刘少奇的观点反驳执行王明路线的中央对刘的责难，说：“刘少奇同志的见解之所以是真理，不但有当时的直接事实为之证明，整个‘左’倾机会主义路线执行时期的全部结果也为之证明了。”在延安时期，毛泽东在讲话和文章中对一个中央负责同志给予这样高的评价是极其罕见的。这说明毛泽东对刘少奇的倚重，也表明给刘少奇“正位”已经到了瓜熟蒂落的时候。

因此，在 1941 年“九月会议”后期，中央决定刘少奇回延安参加中央领导工作。毛泽东亲予电告，并授权刘少奇作为中央代表在回延安的沿途指导各个根据地的工作，特别委派他帮助解决山东根据地党的领导层的分歧。毛泽东还对刘少奇通过敌占区的一道又一道封锁线的安全问题亲自过问，不断电告沿途党领导的各根据地负责人对刘少奇的安全负全责，要用尽一切办法来加以保证。直到 1942 年底刘少奇回到延安，毛泽东才放下心来。刘少奇在路上走了近十个月，毛泽东那种挂念、担心、关怀之情溢于张张电文。这在他与党的领导人信电往来中绝无出其右者。这表明毛泽东对刘少奇寄予了多么殷切的期望。

刘少奇回到延安后不久，中央领导机构作了重大调整。

1943 年 3 月，中央政治局会议通过《关于中央机构调整及精简的决定》，重新明确政治局和书记处以及下属各机构的权限。会议改组书记处，由毛泽东、刘少奇、任弼时三人组成。根据刘少奇关于书记处应设一个主席、其他两个书记是主席的助手的提议，会议一致推选毛泽东为中央政治局和书记处的主席。会议决定设立中央宣传委员会和组织委员会作为中央政治局和书记处的助理机关，由毛泽东任中央宣传委员会书记，刘少奇任中央组织委员会书记。刘少奇还参加中央军委领导，任军委副主席。这样，在党中央实际形成了以毛泽东为第一把手、刘少奇为第二把手的新格局。

在 1943 年 10 月中央政治局的整风会议上，毛泽东谈到中央领导层的改组说：1941 年“九月会议”后，中央的许多同志才承认有路线错误。为什么这么困难？“因为现在的中央是以王明、博古时代为基础的。六大选出的中央委员还有五个人，只有少奇同志和我是受他们反对的，其他是拥护王明、博古路线的。要改造中央，就非经过各种步骤，使大家觉悟成熟不可。”①毛泽东通过近两年的整风运动，确立了马克思主义的思想路线，统一了对于党的历史是非的认识，才实现了“改造中央”的步骤。这个步骤无论对于确立刘少奇在党内的地位，形成以毛泽东为核心的第一代成熟的中央领导集体来说，还是对于刘少奇取得担当拥立毛泽东思想为党的指导思想的主角资格来说，都非

① 转引自《胡乔木回忆毛泽东》，北京：人民出版社 2003 年版，第 287 页。

常重要。

五、刘少奇为确立毛泽东思想指导地位的巨大努力

刘少奇参与中央核心领导后，怎样为确立毛泽东思想在全党的指导地位而努力呢？

刘少奇首先根据中央政治局1941年“九月会议”精神，大力宣传毛泽东在党的历史上的功绩和理论贡献。

1941年“九月会议”的一个重大成果，是通过总结历史经验进一步认识到毛泽东的伟大，更加拥护毛泽东的正确领导。陈云指出：毛主席是中国革命的旗帜。李维汉说：毛主席——创造的马克思主义者之模范、典型。王稼祥说：过去中国是毛主席代表了唯物辩证法。叶剑英说：毛主席由实践到理论，这是我们应该学习的。由此可见，中央政治局已自觉地以毛泽东为核心，更加紧密地团结在他的周围。

1942年6月30日，刘少奇在由华中回延安的路上，在中共山东分局召开的纪念“七一”干部大会上作党的奋斗史的报告，突出地宣传了毛泽东的领袖作用。他指出：21年来，我党为民族为阶级而英勇奋斗，取得很大成绩，在中国社会的政治生活中起了很大作用，在抗日斗争中更起了伟大的作用，创造了许多抗日根据地，牵制了半数以上的敌人。党已有了经过长期锻炼的坚强干部，也有正确的政治路线，更有了精通马列主义和中国实际情况，为每一个党员所拥护的党的领袖——毛泽东同志。①

1943年7月，党诞生22周年。这也是中央领导机构改组后首逢党的生日。为了纪念，党的领导人纷纷撰文宣传毛泽东的功绩和思

① 参见中共中央文献研究室编：《刘少奇年谱》上卷，第401页。

想。其中影响最大的有两篇。一是王稼祥写的《中国共产党与中国民族解放的道路》。该文首次使用了“毛泽东思想”这个科学概念。二是刘少奇写的《清算党内的孟什维主义思想》一文。该文不仅提出了“毛泽东同志的思想体系”概念，而且理论性很强。文章仿效斯大林捍卫列宁、批判俄国孟什维克反对派的思路，分析了中共党内存在的两条路线斗争。文章颂扬党的领袖毛泽东“是二十二年来在各种艰苦复杂的革命斗争中久经考验的、精通马列主义战略战术的、对中国工人阶级与中国人民解放事业抱无限忠心的坚强伟大的革命家”。① 文章指出，在中国共产党内，同整个马克思主义运动的历史一样，也存在真假两派马克思主义的斗争。真马克思主义者以毛泽东同志为代表，实质上是中国的布尔什维主义。假马克思主义者表现为“左”、右倾机会主义，特别是内战时期的“左”倾教条主义，这实质上是中国的孟什维主义。这种人在字语上表现得比什么人都有更多马列主义，在形式上表现得比什么人都更革命，然而最怕实践的考验，给予党和革命的损害十分严重。文章认为，党 22 年来的各种经验中最重要的一条经验，就是要区别真假马克思主义、布尔什维的路线和传统以及孟什维的路线和传统，现在到了应该从思想上、政治上、工作上粉碎各种假马克思主义的思想体系及其派别的时候。这就需要“用心研究与学习毛泽东同志关于中国革命的及其他方面的学说，应该用毛泽东同志的思想来武装自己，并以毛泽东同志的思想体系去清算党内的孟什维主义思想”。② 文章还提出，中国共产党的历史是马列主义在中国发展的历史，也是中国的马列主义者和各派机会主义者斗争的历史。“这种历

① 《刘少奇选集》上卷，北京：人民出版社 1985 年版，第 291 页。
② 《刘少奇选集》上卷，北京：人民出版社 1985 年版，第 300 页。

史，在客观上是以毛泽东同志为中心构成的。”这就需要“把毛泽东同志的指导贯彻到一切工作环节和部门中去”。① 王明教条主义是以言必称马列，动辄联共党史怎么说而炫耀自己的。刘少奇的文章“以其人之道还治其人之身”，拿斯大林和联共党史来对他们的思想理论加以剖析，并对毛泽东和他的思想的历史作用进行了深刻论述。今天看来，刘少奇拿斯大林的理论观点和联共党史的斗争经验来分析我们党的历史发展，不一定那么合适。但是历史地看，这篇文章所选择的角度，分析的力度，认识的高度，把当时对毛泽东和他的思想的宣传提到了一个新的水平。以毛泽东思想作为党的指导思想这个提法，在文章中已呼之欲出。

刘少奇为确立毛泽东思想在全党的指导地位所起的决定性作用，充分地体现于他在党的七大作的关于修改党章的报告之中。

通过延安整风，全党对毛泽东的领袖地位心悦诚服，对毛泽东思想的独特创造赞佩有加。经过 11 个月对党的历史问题决议的起草、讨论和反复修改，全党高级干部对毛泽东思想进一步形成共识。正如在 1945 年 4 月 20 日扩大的六届七中全会举行最后一次会议通过的《关于若干历史问题的决议》所指出：“到了今天，全党已经空前一致地认识了毛泽东同志的路线的正确性，空前自觉地团结在毛泽东的旗帜下了。以毛泽东同志为代表的马克思列宁主义的思想更普遍地更深入地掌握干部、党员和人民群众的结果，必将给党和中国革命带来伟大的进步和不可战胜的力量。”②这是党的七大召开的思想基础，也是刘少奇作《关于修改党的章程的报告》，代表全党确认毛泽东思想为党

---

① 《刘少奇选集》上卷，北京：人民出版社 1985 年版，第 293、300 页。

② 《毛泽东选集》第 3 卷，北京：人民出版社 1991 年版，第 998～999 页。

的指导思想的重要准备。

六、刘少奇的七大报告，第一次全面系统地论述了毛泽东思想

刘少奇在七大作报告，是1944年2月24日中央书记处会议定下来的。对于七大议程和其他准备工作，中央在1937年底以来就讨论过多次。在这次会上，决定组织问题(包括党章)报告改由刘少奇作。随后成立了由刘少奇负责召集的组织问题报告准备委员会，并经过六届七中全会作了正式决议。因此，这完全是一个组织行为。

1945年4月23日，党的七大在延安开幕。5月14日至15日，刘少奇在大会上作《关于修改党的章程的报告》。这既是组织问题报告准备委员会14个月讨论的集体智慧的结晶，也凝聚了刘少奇一年零两个月的心血。从党的六大到七大经历了17年之久，无论是中国革命状况还是党的状况都发生了巨大变化，新党章分析了中国社会的新变化，概括了中国革命的新特点，总结了党领导革命的新经验。刘少奇指出，新党章的一个前所未有的历史特点，是以毛泽东思想来贯穿。他的报告设专节论述毛泽东思想，对毛泽东思想"是我们党的唯一正确的指导思想"①作了高度评价，第一次对毛泽东思想的理论意义和历史作用进行了全面、系统、科学的阐释。

首先，刘少奇从实践与理论的结合，从民族性与时代性的统一，充分地阐明了作为毛泽东思想主要创立者——毛泽东同志的伟大贡献。

就革命实践方面而言，刘少奇指出，毛泽东经历了党领导现代中

① 《刘少奇选集》上卷，北京：人民出版社1985年版，第334页。

国革命的全过程，“是我们党和现代中国革命的组织者与领导者”。他还具体分析说：毛泽东是第一次大革命运动的组织者之一；在苏维埃土地革命时期，“是红色区域和红军的最杰出的创造者与领导者”；在抗日战争中，“是解放区和八路军、新四军的创造者与领导者”。因此，毛泽东是从人民群众的革命斗争中产生出来的“我国英勇无产阶级的杰出代表”，“我们伟大民族的优秀传统的杰出代表”，全党和全国广大人民审慎选择的“伟大领袖”，“中国有史以来最伟大的革命家和政治家”。①

就革命理论而言，刘少奇明确指出：毛泽东“是天才的创造的马克思主义者”，“中国有史以来最伟大的理论家和科学家”。他“敢于进行大胆的创造，抛弃马克思主义理论中某些已经过时的、不适合于中国具体环境的个别原理和个别结论”，而把中国革命积蓄的极端丰富的经验加以集中与创造，“使马克思列宁主义的普遍真理与中国革命具体实践的结合得到了高度发展”，创立了“最坚固的中国化的马克思列宁主义理论”，将“我国民族的思想水平提到了从来未有的合理的高度”，“为灾难深重的中国民族与中国人民指出了达到彻底解放的唯一正确的道路——毛泽东道路”。②

第二，刘少奇发展了《关于若干历史问题的决议》的论述，对毛泽东思想下了多个定义，从不同角度对其进行了多种表述，进一步揭示了毛泽东思想的丰富内涵和本质特征。

定义之一：“毛泽东思想，就是马克思列宁主义的理论与中国革

① 《刘少奇选集》上卷，北京：人民出版社 1985 年版，第 319、336 页。

② 《刘少奇选集》上卷，北京：人民出版社 1985 年版，第 315、319 页、323、336 页。

命的实践之统一的思想”，或表述为“马克思列宁主义的理论与中国革命的实践相结合”的思想，认为这是“中国的共产主义，中国的马克思主义”。① 这是从人类思想发展史的宏观角度来界定的。刘少奇认为，马克思主义理论是人类思想发展的最高成果。这个定义揭示了毛泽东思想与人类最高思想理论的关系，明确毛泽东思想姓“马”而不是非“马”，这也就确定了毛泽东思想在马克思主义这个大理论系统中的“正宗”之位。

定义之二：“毛泽东思想，就是马克思主义在目前时代的殖民地、半殖民地、半封建国家民族民主革命中的继续发展，就是马克思主义民族化的优秀典型。”这是从毛泽东思想的“中国特色”、民族性格的角度界定的，强调它“使马克思主义系统地中国化”，“用马克思主义的立场与方法来解决现代中国革命中的各种问题，——其中有许多是在世界马克思主义者面前从来没有提出过与解决过的问题”，从而，“对于马克思列宁主义作独立的光辉的补充，并用中国人民通俗语言的形式表达出来，使之适合于新的历史环境和中国的特殊条件，成为中国无产阶级群众与全体劳动人民群众战斗的武器”。② 如果说，刘少奇对毛泽东思想的前一个定义，强调它姓“马”，把它同狭隘的民族主义理论区别开来，那么，这个定义强调它姓“中”，则是把它同危害中国革命的教条主义理论区别开来。刘少奇在报告中还特别强调毛泽东思想是在反对教条主义的斗争中发展起来的这一历史特点。因此，“马克思主义中国化”这一民族性格是毛泽东思想的一个本质特征。

定义之三：毛泽东思想是“我们这个民族的特出的、完整的关于

---

① 《刘少奇选集》上卷，北京：人民出版社 1985 年版，第 333、335 页。

② 《刘少奇选集》上卷，北京：人民出版社 1985 年版，第 333、335、336 页。

中国人民革命建国的正确理论”，“是毛泽东同志关于中国历史、社会与中国革命的理论与政策”。[①] 如有的学者所指出，这是从毛泽东思想对中国革命的作用角度来界定的，强调它的主题功能。[②] 刘少奇在阐述这个定义时，着意突出这样两点：

一是毛泽东思想理论的革命和建国的统一性。即毛泽东思想是在中国人民进行的革命解放斗争中形成的，概括的主要是如何革命和夺取胜利的理论与政策，但革命本身不是目的，而是为了建设一个新国家。毛泽东思想包括了如何建国的理论与政策。因而，它是“革命建国”的完整理论。

二是毛泽东思想的唯一正确性。刘少奇多次指出：毛泽东思想“是中国无产阶级与全体劳动人民用以解放自己的唯一正确的理论与政策”，“是唯一正确的救中国的理论与政策”，因而是我们党的“唯一正确的总路线”。[③] 刘少奇所以强调这一点，是因为近百年的历史证明，康有为、梁启超的维新改良主义不能救中国，国民党的三民主义不能救中国，王明搞教条化的马克思主义也不能救中国。这是刘少奇总结中国革命经验得出的科学结论。正因为它是唯一正确的理论、路线和政策，因而才具备成为党的指导思想的条件。这是确立毛泽东思想为党的指导思想的最根本的理论根据。

第三，刘少奇在《历史决议》总结中国革命基本经验的基础上，对以毛泽东为代表的中国共产党人把马列主义理论与中国革命实践相结

① 《刘少奇选集》上卷，北京：人民出版社1985年版，第333页。

② 龚育之：《刘少奇论毛泽东思想：今天的启示》，载陈绍畴主编：中共中央文献研究室编：《刘少奇研究述评》，北京：中央文献出版社1997年版，第16页。

③ 《刘少奇选集》上卷，北京：人民出版社1985年版，第334页。

合而获得的理论贡献作了进一步概括，论列了毛泽东思想科学体系的主要内容。

毛泽东思想无疑主要体现在毛泽东的科学著作和党的许多文献中。尽管毛泽东本人认为“我的体系还没有成熟”，“不宜当作体系去鼓吹”，① 但是，毛泽东思想并不仅仅是毛泽东个人的思想理论。作为全党的理论成果，特别是作为政治上成熟的党在理论上成熟的标志，可以说，毛泽东思想已经形成科学的思想体系，且有着丰富的内容。早在 1942 年 7 月，陈毅为纪念建党 21 周年而发表的《伟大的二十一年》一文中，就认为以毛泽东为领袖的中国共产党运用马列主义解决中国革命实际问题的新创造，创立了正确的思想体系，并从五个方面作了论述。② 一年之后，刘少奇也提出了“毛泽东同志的思想体系”问题，但对这个体系的内容没有展开分析。在七大会上，在刘少奇作报告的前 12 天，张闻天发言也论述了毛泽东思想问题，并略举了毛泽东思想的九个方面的思想。③ 刘少奇的报告吸收了延安整风以

---

① 《毛泽东书信选集》，北京：中央文献出版社 2003 年版，第 190 页。

② 参看中共中央文献研究室编：《关于建国以来党的若干历史问题的决议注释本》(修订)，人民出版社 1985 年版，第 502 页。陈毅讲的毛泽东思想体系五个方面内容是：关于中国社会性质、革命的动力、前途及革命战略和策略问题；关于革命战争问题；关于苏维埃政权问题；关于建党问题；关于思想方法问题。

③ 参看《张闻天文集》第 3 卷，北京：中共党史出版社 1994 年版，第 262 页。即“毛泽东同志关于中国半殖民地、半封建的社会性质的思想，关于中国新民主主义革命的思想，关于中国革命不平衡性、曲折性与长期性的思想，关于首先建立以农民为主体的革命根据地以发展全国革命的思想，关于正确解决中国农民土地问题的思想，关于建立民族民主统一战线及其内部又联合又斗争的思想，关于人民革命战争的全套战略战术的思想，关于反对主观主义、教条主义与经验主义的思想，关于建党、建军、建政的思想等等”。

来，特别是在讨论《历史决议》过程中研究毛泽东思想的理论成果，包括陈毅、王稼祥、张闻天等的论述，对毛泽东思想体系的主要内容作了概括。他指出："这就是毛泽东同志关于现代世界情况及中国国情的分析，关于新民主主义的理论与政策，关于解放农民的理论与政策，关于革命统一战线的理论与政策，关于革命战争的理论与政策，关于革命根据地的理论与政策，关于建设新民主主义共和国的理论与政策，关于建设党的理论与政策，关于文化的理论与政策等。"①这是党对毛泽东思想主要内容的完整概括，也是"中国人民完整的革命建国理论"的基本框架。这些理论与政策，比较系统地初步回答了中国革命的历史环境、文化基础、革命性质、基本动力、团结阵线、斗争形式、发展道路、奋斗目标和领导力量等一系列基本问题。

刘少奇在论述毛泽东思想体系的主要内容时，还特别强调它的两个特点：（一）毛泽东思想"是发展着与完善着的中国化的马克思主义"，② 强调这个思想体系尽管可以说代表了那个时代的中国马克思主义的最高水平，但它仍然在"发展着与完善着"，因而是一个开放的理论体系。（二）毛泽东思想的理论与政策，"完全是马克思主义的，又完全是中国的"，并且"是中国民族智慧的最高表现和理论上的最高概括"，因而达到了中华民族理论智慧的最高水平。这就是说，尽管马克思主义的故乡在欧洲，但中国共产党有伟大的创造力，"使马克思主义从欧洲形式变为中国形式"，③ 创立了"中国的马克思主义"。因此，中国共产党人要打掉自卑感，充满自豪和自信，在毛泽东思想

① 《刘少奇选集》上卷，北京：人民出版社 1985 年版，第 335 页。

② 《刘少奇选集》上卷，北京：人民出版社 1985 年版，第 335 页。

③ 《刘少奇选集》上卷，北京：人民出版社 1985 年版，第 335 页。

的指引下去夺取革命的新胜利。

刘少奇在七大对于毛泽东思想的论述，是党的马克思主义理论认识史和毛泽东思想认识史上的一个重要里程碑。如果说毛泽东思想的创立达到了那个时期中国化的马克思主义的最高水平，那么，刘少奇为毛泽东思想的阐述也达到了那个时候全党对毛泽东思想认识的最高水平。尽管有的表述、提法不是不可以再斟酌，但他那充满逻辑力量的深刻分析，闪烁着历史智慧的崇议闳论，对于确立毛泽东思想在全党的指导地位，对于推动全党更好地理解和把握这个理论体系，作出了不可替代的独特贡献。这以后，刘少奇为毛泽东思想的丰富和发展继续作出了巨大贡献，特别是在新中国成立后探索适合中国情况的社会主义建设道路中提出了不少好的和比较好的思想观点，为后来邓小平建设有中国特色社会主义理论的形成提供了理论因子。刘少奇的贡献是多方面的，尤其是他确立毛泽东思想指导地位的伟大贡献将永载史册。

邓小平对马克思主义哲学的发展*

邓小平建设有中国特色社会主义理论是马克思列宁主义在当代中国的创造性的运用和发展。这个理论之所以能成为当代中国的马克思主义，是与它具有的哲学基础——马克思主义哲学分不开的。对于中国共产党人来说，这是一个正确地认识中国社会，改造当代中国成为富强、民主、文明的现代化社会的科学的世界观。邓小平对马克思主义理论的发展是与他对马克思主义哲学的发展紧紧地联系在一起的。研究邓小平对马克思主义哲学的发展是深化研究

---

* 这是作者1996年9月10日在中国人民解放军国防大学"将军班"的讲课提纲。作者提出一个独特的理论观点：邓小平哲学与毛泽东哲学同属一个哲学理论体系，即同属于毛泽东哲学思想体系；同时又是毛泽东哲学思想的又一个应用发展阶段。本文首先论述了马克思主义哲学基本理论的形成和以毛泽东为代表的中国共产党哲学对马克思主义哲学的发展；然后着重论述了邓小平哲学思想与毛泽东哲学思想的关系，即一个哲学理论体系，两个应用发展阶段。最后论述了邓小平实事求是思想对马克思主义哲学的丰富与发展；创造性地应用辩证法思想提出的新理论观点对马克思主义哲学的丰富和发展；应用唯物史观的基本原理提出的新理论观点对马克思主义哲学的丰富和发展。原载1998年出版的拙著《当代中国的邓小平理论》，收入本书时有个别文字改动。

邓小平建设有中国特色社会主义理论的一个重要方面。

邓小平对马克思主义哲学的发展是个很大的研究课题。自邓小平的著作成集出版以来，理论界就开展了对邓小平哲学思想，包括他对马克思主义哲学的发展的研究。目前已出版的著作和发表的论文相当多，可谓硕果累累。研究邓小平哲学思想也有这样那样的思路，颇有百花齐放之态。我也想采取一种新的讲法，不单纯就邓小平的哲学论述来解析邓小平的哲学思想，而是把邓小平的哲学思想放在马克思主义哲学、放在以毛泽东为代表的中国共产党哲学的大系统之中来考察，放在邓小平建设有中国特色社会主义理论大体系的相互作用之中来考察。这样，我们的认识可能更符合历史一些，更全面一些，有利于完整、准确地学习、把握和应用邓小平哲学思想。

下面讲五个问题：

一、马克思主义哲学基本理论的形成和以毛泽东为代表的中国共产党哲学对马克思主义哲学的发展

(一)马克思恩格斯列宁已基本建构起了马克思主义哲学理论体系

马克思主义哲学的创立，从马克思的《关于费尔巴哈提纲》和《德意志意识形态》(1845 年)算起已有 150 余年。他们的功绩是实现了对黑格尔客观唯心主义和费尔巴哈旧唯物主义哲学的改造，创立了作为新世界观的实践唯物主义和唯物史论。从此，在世界哲学的发展史上一个崭新的哲学理论诞生了。新哲学世界观的实践者是无产阶级。“哲学把无产阶级当做自己的物质武器，同样地，无产阶级也把哲学当做自己的精神武器”①。无产阶级所持的立场与对客观事物的认识

① 《马克思恩格斯选集》第 1 卷，北京：人民出版社 1995 年版，第 15 页。

不存在任何根本利害冲突，这有助于揭示社会发展的客观规律性，这也就是过去常讲的革命性和科学性的统一。因此，新哲学的命运与认识和把握历史发展客观规律的革命者、共产党人和一切先进分子同在，代表世界历史发展的未来，因而具有无限强大的生命力。

如果说这个新的天才的世界观是马克思首先提出的，那么将这个新的天才的世界观形成初步的理论体系，则要更多地归功于恩格斯。可以说，恩格斯的《反杜林论》(1878 年)、《费尔巴哈论》(1886 年)、《自然辩证法》(1886 年)和晚年关于历史唯物主义的通信，奠定了马克思主义哲学理论体系的坚实基础。

第一，新哲学的定义已明确了。恩格斯认为新哲学“是关于自然、人类社会和思维的运动和发展的普遍规律的科学”。这是区别于其他各种哲学的一个科学的定义。新哲学的定义明确了，它的研究对象也就明确了。

第二，通常所讲的马克思主义哲学的“三大块”内容(唯物主义、辩证法和历史观)已经形成。恩格斯不仅在这几本书里讲了“三大块”，而且已使用了“唯物主义自然观”，“唯物主义辩证法”，“唯物主义历史观”的概念。对于这个“三大块”的板式结构，目前哲学界有这样那样一些看法，虽然还不能说这是马克思主义的最佳结构，也不能 100 多年来一成不变地使用这个结构，完全可以根据新的研究成果来发展它。但是应当承认，这是马克思主义哲学作为新哲学面世而形成自己的特色并独树一帜的最初的基本的结构。

第三，马克思主义哲学的主要理论观点已经提出。例如，关于全部哲学的基本问题；关于唯物主义的本体论和认识论观点；关于辩证法的三大规律；关于唯物史观的经典表述及主要内容。马克思、恩格斯提出的这些基本的哲学范畴、理论观点，在今天看来无论是否完全科学，但它展示了新哲学的基本面貌。从此，这个新哲学就以它作为坚实基础不断地得到丰富和发展。

列宁对发展马克思主义哲学作出了伟大贡献，为完善马克思主义哲学体系，承续马克思主义哲学传统起了决定性作用。也无论哲学界对列宁哲学有怎样的批评，从马克思主义发展史来说，列宁对发展马克思主义哲学的贡献不容抹煞。对上述“三大块”都有发展。比如，列宁在他的哲学论著中提出物质概念，突出对立统一规律，明确群众观点，阐述辩证唯物主义与历史唯物主义是一个整体，论证马克思主义有三个来源和三个组成部分等。这些都进一步地使马克思主义哲学体系化了。特别应当指出的是，在恩格斯逝世后，第二国际修正主义，实际上要抛弃马克思主义，当然也包括要修正马克思主义哲学。列宁同第二国际的论战捍卫了马克思主义哲学。不仅如此，而且由于十月革命的胜利，使马克思主义哲学成为了国家哲学。这对马克思主义哲学的宣传、研究和发展，能够作为一个正宗传统承继下来起了无可估量的作用。

斯大林在相当长的时期是苏联党和国家的主要领导人。他的思想有很多的形而上学。他的主要哲学著作《论辩证唯物主义与历史唯物主义》有把马克思主义哲学简单化、直线化的倾向。但应当肯定一点，他对于马克思主义哲学的广泛宣传起了一定作用。当然，也有很大的消极作用，如“唯我独尊”的思维定势引发的“霸道”、僵化，妨碍了对马克思主义哲学的丰富和发展。

(二)毛泽东对马克思主义哲学理论的发展

毛泽东既是大学问家，又是大实践家。他通今博古，融会中西，具有丰富的文学、史学、哲学和其他社会科学、自然科学知识，同时又根植于中国农村，重视并擅长调查研究。在投身中国革命洪流之后，在长期的革命斗争中，既善于把马克思主义理论与中国具体实际相结合，又善于将其提高到哲学的层面上来加以研究。因而从20年代末30年代初开始，通过对大革命时期和土地革命战争时期经验教训的哲学总结，逐渐形成了具有自己特色的哲学理论和哲学著作。

如果说毛泽东在20年代发表的大量论著，尽管闪烁着马克思主义哲学的智慧，但主要是分析中国社会的特点，革命斗争的形势，提出具体的方针政策，因而还属于政治性论文，那么，1930年5月写作的《反对本本主义》，则是毛泽东的第一篇马克思主义哲学论著。在这里，毛泽东首次从认识论上总结中国革命的经验教训，阐述了调查研究对于制定正确的政治路线和政治策略的重要意义，提出"没有调查就没有发言权"，反对盲目执行共产国际指示和照搬外国经验以及上级领导指示的教条主义、本本主义倾向，指出"中国革命斗争的胜利要靠中国同志了解中国情况"，共产党的正确策略"要在群众的斗争过程中才能产生"，共产党人要有"从斗争中创造新局面的思想路线"。①这是中国共产党第一次把调查研究、实事求是，一切从实际出发的思想提到思想路线的高度。这篇论文不仅成为毛泽东哲学思想初步形成的重要标志，而且已经蕴含着毛泽东思想活的灵魂的三个基本点(实事求是、群众路线、独立自主)的雏形。

1937年7～8月间写作的《实践论》《矛盾论》，标志着毛泽东实现了哲学上的第二次飞跃。毛泽东早年求学时就酷爱哲学，花了不少时间进行学习和研究，因而有了自己的哲学思想，即信仰唯心主义。说毛泽东的哲学思想经历了两次飞跃，第一次飞跃就是经过十月革命的冲击和五四运动的洗礼之后，在参与共产党的创建活动之前，由唯心

① 《毛泽东选集》第1卷，北京：人民出版社1991年版，第115、116页。

主义者转变为辩证唯物主义者。其标志是认定“唯物史观是吾党哲学的根据”①。毛泽东自述，1920年夏天，“我也自认为是一个马克思主义者了”②。17年后，在抗日战争之初，毛泽东在抗日军政大学讲授辩证唯物主义，其中《实践论》《矛盾论》比较成熟，更具特色，经过修订后，成为毛泽东哲学的主要代表作。“两论”标志着毛泽东的哲学思想实现了第二次飞跃。如果说第一次飞跃是他的哲学信仰的飞跃，那么第二次飞跃则是其哲学理论的飞跃。这就是由应用哲学到理论哲学的飞跃(此前的论著多是运用马克思主义的世界观和方法论对较为具体层次的政治、经济、文化、思想、军事、党建等问题作具体分析，“两论”则以哲学本身作为研究对象，通过考察中国革命的经验教训来研究马克思主义的认识论和辩证法)；由具有某些哲学思想到建构独具特色的哲学体系的飞跃(在此前的论著中，或从政治视角，或从军事视角表现了毛泽东的哲学思想，“两论”则在马克思主义哲学的认识论、辩证法两个领域建构起了独具特色的哲学体系)；由阐释马克思主义哲学到发展马克思主义哲学的飞跃(此前论著中的哲学思想多属于在阐述马克思主义哲学的观点和方法，“两论”的研究结果则是通过将总结中国革命的经验升华到哲学高度，发展了马克思主义哲学本身)。从此，毛泽东成为一个马克思主义的哲学大家，在马克思主义哲学史上占有一个“世界级”的位置。抗日战争时期是毛泽东哲学发展的第一个高峰，即是说其发展的面较为广泛，且持续的时间较长。

新中国成立以后，毛泽东的哲学思想还在继续发展。并且，从新

---

① 中共中央文献研究室编：《毛泽东书信选集》，北京：中央文献出版社2003年版，第11页。

② 吴黎平：《毛泽东一九三六年同斯诺的谈话》，北京：人民出版社1979年版，第39页。

中国成立到八大前后形成了毛泽东哲学发展的第二个高峰。它以《论十大关系》《关于正确处理人民内部矛盾的问题》等著作为代表。这主要表现在三个方面。首先，是实事求是思想路线的继续高扬，坚持从中国的实际出发，先是开拓了在某些方面基本适合中国国情的社会主义改造道路，随后“以苏为鉴”，努力探索适合中国国情的社会主义建设道路，在党的八大制定了一条在总体上是正确的政治路线。其次，辩证法思想的空前发展，创立了社会主义的矛盾理论。在相当长时间占据主导地位的是“无矛盾论”。毛泽东批评指出，认为社会主义和共产主义社会没有矛盾的思想是错误的，并且分析了我们国家需要处理的若干重大矛盾。《论十大关系》具体分析了十大矛盾。《关于正确处理人民内部矛盾的问题》则进一步提出了关于社会主义社会基本矛盾的理论，关于区分两类矛盾和正确处理人民内部矛盾的理论。如果说“两论”在马克思主义认识论和辩证法方面创立了自己的理论体系，那么《关于正确处理人民内部矛盾的问题》，则在社会历史观领域创立了一个新的理论体系。第三，以毛泽东为核心的第一代中央领导集体对于在中国怎样建设社会主义的全方位的探索，尽管后来没有坚持下去，但却是一个良好的开端。那个时期的实践，实际上成为了十一届三中全会以后探索建设有中国特色社会主义道路的先声；在理论上则为后来邓小平建设有中国特色社会主义理论的形成孕育了思想胚胎。只要将八大前后对于怎样建设社会主义获得的思想认识，同十一届三中全会后逐步形成的建设有中国特色社会主义理论进行某些方面的比较研究，就不难发现这两者之间的渊源关系，即怎样被继承而又在后来怎样得到发展的关系。

总起来说，毛泽东对马克思主义哲学的发展，从哲学理论方面讲：表现在本体论上，深刻阐述了坚持实事求是，从实际出发的辩证唯物主义思想路线，反对以主观主义为特征的唯心论思想路线；在认识论上，全面地阐明了以社会实践为基础，以能动的革命的反映论为特征的辩证唯物主义认识论体系；在发展观上，集中论述了作为唯物主义辩证法核心的对立统一规律，提出了对于客观事物进行研究的矛盾论系统；在社会历史观上，强调社会基本矛盾，精辟地分析了社会主义社会的矛盾，创立了严格区分和正确处理两类不同性质的矛盾的理论。

（三）突出马克思主义哲学的实践性和方法论功能，是以毛泽东为代表的中国共产党哲学，即毛泽东哲学思想的一个重要特点

马克思早在《关于费尔巴哈提纲》中就提出了社会实践是新哲学与旧哲学的一个根本区别，指出了新哲学的任务不仅在于认识世界，而且是要改变世界。马克思和恩格斯还始终强调他们的世界观不是教义，而是方法。但是由于他们的实践的局限性，没能创立把哲学应用于实际工作的方法论体系。

列宁很强调马克思主义哲学的实践性。这在《唯物主义与经验批判主义》一书中讲得很突出。关于实践在认识中的重要作用的论断，就是在这本书中提出的。列宁称唯物辩证法为伟大的认识工具，并且致力于把马克思主义基本理论应用于俄国革命实际，没有把马克思设想的社会主义革命需要在发达国家同时取得胜利作为死的教条加以固守，创造性地提出了社会主义可以在一国取得胜利的理论，从而领导十月革命取得了成功。这可视为马克思主义哲学实践的胜利。列宁尽管也很强调哲学的方法论功能，并阐发了很多思想方法和工作方法，但是他仍然没有来得及建立方法论体系。

毛泽东从投身革命之日起就很重视马克思主义哲学的方法论功能。1941 年 9 月，毛泽东讲自己的思想历程时说：1920 年，第一次读《共产党宣言》之后，懂得了阶级斗争是社会发展的原动力，初步地得到认识问题的方法论，于是就去从事实际的阶级斗争。中国革命斗争异常的复杂性、曲折性和艰巨性，不仅考验了以毛泽东为代表的中国共产党人的革命意志，也锻炼了中国共产党人的革命方法，使他们在把马克思主义基本理论与中国具体实际相结合的过程中，学会了把马克思主义哲学原理、原则，运用于党的全部实践活动，把科学的世界观具体化为正确的思想方法、领导方法和工作方法。以毛泽东为代表的中国共产党哲学不仅强调有无正确的思想方法、领导方法和工作方法对于革命事业成败的至关重要的意义，而且创立了具有中国共产党人鲜明特色的立场、观点、方法论系统。

毛泽东对于这个方法论系统的创立作出了具有决定意义的贡献。他一直认为哲学就是一种方法，是一种架子，不懂得这个架子，办事就要差一些，想问题就要差一些。他还说过，历来讲认识论这一套，不把它运用到具体工作，你离开了具体工作，那些哲学干什么呀？那就没有用了嘛。他坚持把哲学应用于革命斗争和实际工作，真正实现了世界观和方法论的融合。因此，以毛泽东为代表的中国共产党哲学这个成就是巨大的。从理论上说，它丰富、补充和发展了马克思主义哲学的方法论思想，对马克思主义哲学作出了特殊的贡献；从实践上说，中国共产党人通过对马克思主义哲学的创造性地应用，提出正确的路线，制定正确的政策，规定正确的方法，比较充分地发挥了哲学的方法论功能。这是中国革命取得胜利，党的许多工作取得成就的一个重要因素，同时也是中国共产党哲学的重要特点。

二、邓小平哲学思想与毛泽东哲学思想：一个哲学理论体系，两个应用发展阶段

这里想从总的方面来说明两者的关系。为此，要介绍一些基本概念和基本关系。

（一）理论哲学与应用哲学

应用哲学是这些年比较时兴的概念。我觉得，如果不泛用，不绝对化，为了说明某种关系也可以使用这种概念。

哲学作为一门学问、一门科学同其他学问、其他科学一样是分层次、有分支的。对它可以有不同的分类法。从功能来分，我认为可以分为理论哲学与应用哲学两大类，如同自然科学的基础研究与应用研究两大类一样。它们对于推动社会的发展、科学本身的发展具有同等重要的意义。比如，中国科学院主要从事基础研究，中国工程院主要从事应用研究。两院同等重要，两院院士都是同样规格和级别，不存在谁高谁低。

任何一个哲学家的著作都包括理论哲学与应用哲学两个方面。马恩全集几十卷，理论哲学只占一小部分，就是那几本著名的哲学著作；应用哲学占绝大部分，应用于历史、经济、社会、文学、自然科学等各个方面。列宁著作第二版也有好几十卷，大部分是应用性著作。说这些著作是应用性著作，并不等于这些著作不重要，不少也是名著。

从毛泽东著作来看，也包括理论哲学和应用哲学两个方面。属于理论哲学的著作是少量的。绝大部分是运用马克思主义的哲学观点和方法来分析中国的具体实际的著作。当然这种区分是相对的，不是绝对的。就一本著作来讲，可能是交叉的，既有理论哲学又有哲学的应

用。例如："两论"主要是理论哲学，以研究哲学问题本身为对象。《关于正确处理人民内部矛盾的问题》则两者兼有。就它的第一部分提出社会基本矛盾，将社会主义的社会矛盾分为两类矛盾来说就是哲学理论；就其提出的一系列方针政策而言又属应用。《中国革命战争的战略问题》《论持久战》这些名著，主要讲军事哲学、军事辩证法，即把马克思主义辩证法运用来分析中国革命战争、抗日战争，从这个意义上也可称为应用哲学范畴。

有如前述，理论哲学与应用哲学的这个区分，是从研究和论述的对象来区分的(不存在高低优劣之分)。因此，要注意两种偏向，一是重理论哲学轻应用哲学的偏向；二是要防止把应用哲学与理论哲学完全混同的偏向。尽管这两者难以区分，但毕竟研究对象不一样。前者是以哲学问题本身为研究对象。后者主要是运用哲学理论、观点、方法来研究社会历史的各种问题。就毛泽东哲学思想来讲，主要是运用来研究中国革命与建设问题。这两者就研究对象的基本方面来看，还是可以作一定的区分的。

(二)邓小平与毛泽东的关系决定了邓小平哲学与毛泽东哲学的关系

邓小平比毛泽东小 11 岁，但却几乎是在同时代求索中国革命的道路。30 年代初，邓小平到达中央苏区，毛泽东已成为开创有中国特色革命道路的卓越代表。他坚决拥护毛泽东的思想路线和政策，遭到当时执行王明路线的"左"倾领导人的打击。从这时起，要从中国实际出发，运用马克思主义理论，探索中国革命道路的共同思路，就把他们两人紧紧地联在一起了。邓小平追随、拥护毛泽东，毛泽东赏识、重用邓小平。在相当长的时间内，这是两人的基本关系。

在 40 年代前期延安整风的中央政治局扩大会议上，毛泽东讲到两人在中央苏区受打击的事说：反邓(小平)、毛(泽覃)、谢(唯俊)，古(柏)是指鸡骂狗，邓、毛、谢、古死了三个人，希望邓要为党争气。邓小平在太行地区，未参加中央的整风会议，但两人的心相通。邓小平在北方局党组的整风动员会上说，我党在遵义会议之后，在毛泽东同志领导下，彻底克服了“左”右倾机会主义，党的事业完全是在中国化的马克思主义即毛泽东思想的指导之下，这使我们每个同志都感到幸福。并说：“现在有了这样好的党中央，有了这样英明的领袖毛泽东同志，这对于我们党是太重要了。”①

从抗日战争到解放战争，毛泽东一直对邓小平委以重任，邓小平在各项工作上都出色完成任务，屡建奇功，受到毛泽东的表彰。

新中国成立之后，邓小平从地方到中央，毛泽东推荐邓为党中央的总书记。邓进入中央领导核心后，充分显示了他善于运筹帷幄总揽全局的才能。周恩来曾夸奖他有“举重若轻”的本事。1952 年，邓小平到中央任政务院副总理，协助周恩来工作；1954 年，任党中央秘书长，主持中央日常事务；1955 年，他具体负责筹备八大，经过 1 年半的紧张筹备，到 1956 年 8 月基本就绪。从 8 月 22 日起开中共七届七中全会，从 8 月 30 日起开八大预备会议，两会套开，交叉作业，工作异常紧张。在 9 月 13 日七届七中全会第三次全体会议讨论中央领导机构成员的议题时，毛泽东讲了为什么要设总书记的想法。他说：这样，“有几道防风林”，接受斯大林的教训，天有不测风云，万一出了事，可以有人顶替，同时人多一点也便于工作。他还表示，身体、年龄都不如别人了，不能唱主角，只能跑龙套。唱主角的是恩来、陈云、小平。他们是少壮派。他自己属于现状维持派，准备到适当时候不当主席了，请求同志们委我一个名誉主席。讲到总书记，毛

① 《邓小平文选》第 1 卷，北京：人民出版社 1994 年版，第 88 页。

泽东推荐邓小平，说了一些话大约有500字，一连讲了七个比较好。他说：我看邓小平这个人比较公道，比较有才干，比较能办事，比较周到，比较顾全大局，比较厚道，处理问题比较公正。还说，邓小平使人不感到那么怕，跟我一样，他不是没有缺点，不是没有得罪过人，但是他确实对自己很严格。他是在党内经过斗争的，我今天给他宣传几句，他说他不行，我看行。这段话的评价是相当高的。在八届一中全会上，邓小平被选为政治局委员、政治局常委、总书记，成为第一代领导核心的重要成员。

党的八大以后到“文化大革命”以前，毛泽东进一步将邓小平纳入接班人的视野。1957年11月毛泽东率中国党政代表团参加十月革命40周年庆典到莫斯科。毛泽东与赫鲁晓夫有一段对话。毛说：你看到那个小个子了吗？他聪明能干，很有前途，人才难得。1959年3月到4月，中共中央在上海召开工作会议和八届七中全会，毛泽东为了反对当时出现的分散主义，集权于中央，提出他本人是正帅，总书记邓小平是副帅。60年代初，邓小平与刘少奇一起被指定为共同担负一线领导工作的接班人。

1966年“文化大革命”爆发后，邓小平开始了“两落一起”的特殊经历。邓小平作为第二号走资本主义道路的当权派被打倒。1971年发生“九·一三事件”，林彪折戟蒙古温都尔汗，毛泽东的想法有所改变。1972年，邓小平获得解放，毛泽东重新起用他参加领导工作。到1975年，周恩来病重，邓小平先是接替周恩来，主持国务院日常工作，随后又主持党中央常务工作，王洪文靠边站了。这实际上又有让邓作为接班人的态势。

粉碎“四人帮”和十一届三中全会以后，重新复出的邓小平始终维护毛泽东的地位和作用，反对非毛化和任何贬斥毛泽东作用的错误倾向。这表现了邓小平的宽广胸怀。这方面的论述很多。如大家所知道的，他与意大利记者奥琳埃娜·法拉奇的谈话，说如果没有毛泽东，中国共产党可能还在黑暗中摸索。在主持起草制定关于建国以来党的若干历史问题的决议时，提出，这个决议首先的最根本点就是正确评价毛泽东和毛泽东思想。如果写不好这一点，决议宁可不做。他一直强调老祖宗不能丢，马克思不能丢，列宁不能丢，毛泽东不能丢。他还叮嘱全党不要把他放在毛泽东之上，认为这样不合适，强调“对我的评价，不要过分夸张，不要分量太重”①。

毛泽东、邓小平两人思想的关系，简单说来就是继承与发展的关系。如果包括毛泽东晚年的话，也可说是继承、纠正与发展的关系。还在1980年10月，邓小平主持起草第二个若干历史问题决议时说过：“三中全会以后，我们就是恢复毛泽东同志那些正确的东西嘛，就是准确地、完整地学习和运用毛泽东思想嘛。基本点还是那些。从许多方面来说，现在我们还是把毛泽东同志已经提出、但是没有做的事情做起来，把他反对错了的改正过来，把他没有做好的事情做好。今后相当长的时期，还是做这件事。”还说：“当然，我们也有发展，而且还要继续发展。”②有人说，这是邓小平在拨乱反正时期说的，现在全面改革、开放了，而且搞市场经济了，这个说法已不适用了。我认为，这样认识问题不全面。1992年初，邓小平在“南方谈话”中就讲得很清楚，“我读的书并不多，就是一条，相信毛主席讲的实事求是。过去我们打仗靠这个，现在搞建设、搞改革也靠这个”③。这是

① 《邓小平文选》第3卷，北京：人民出版社1993年版，第317页。
② 《邓小平文选》第2卷，北京：人民出版社1994年版，第300页。
③ 《邓小平文选》第3卷，北京：人民出版社1993年版，第382页。

讲搞改革，既包括全面改革，也包括搞市场经济，这是就指导思想而言的，不仅现在适用，将来也适用。前面那个“今后相当长的时期，还要做这件事”，我想至少要管 100 年，管整个社会主义初级阶段。同样地，这不是简单地恢复继承，而是包括发展，甚至重大的飞跃式的质的大发展。就邓小平建设有中国特色社会主义理论来说，是毛泽东思想发展的新阶段。但这丝毫不否认两者的连续性和继承性关系。

(三)两人的哲学思想关系，是先生与学生的关系，邓小平既师承毛泽东，又发展了毛泽东

就毛泽东、邓小平两人哲学思想的师承关系(继承性)来说，可以从这几个方面来看：

第一，邓小平所用的哲学基本概念、范畴都来自毛泽东哲学。比如，在唯物论方面，实事求是，实践是检验真理的唯一标准，一切从实际出发，大兴调查研究之风，等等；在辩证法方面，分析矛盾要抓住主要矛盾，要有全局观念，发展的不平衡、波浪式等等；在历史观方面，社会主义社会的基本矛盾，尊重群众的首创精神，坚持群众路线，生产力标准等等。邓小平所用的上述概念范畴都承续了毛泽东。

第二，邓小平分析问题的哲学思路与毛泽东一脉相承。

——强调结合，即马克思主义基本原理一定要同中国具体实际相结合。比如邓小平说：“我们多次重申，要坚持马克思主义，坚持走社会主义道路。但是，马克思主义必须是同中国实际相结合的马克思主义，社会主义必须是切合中国实际的有中国特色的社会主义。”①又说：“我们建设社会主义，准确地说是建设有中国特色的社会主义，这样才是真正地坚持了马克思主义。我们历来主张世界各国共产党根

① 《邓小平文选》第 3 卷，北京：人民出版社 1993 年版，第 63 页。

据自己的特点去继承和发展马克思主义，离开自己国家的实际谈马克思主义，没有意义。”①还说，“中国搞社会主义，强调要有中国的特色。我们坚信马克思主义，但马克思主义必须与中国实际相结合。只有结合中国实际的马克思主义，才是我们所需要的真正的马克思主义。我们正是根据这样的思想，力求实现我们的发展目标。”②这几段话与毛泽东在延安时期党的六届六中全会上的讲话《中国共产党在民族战争中的地位》是一个思路。毛泽东说：“共产党员是国际主义的马克思主义者，但是马克思主义必须和我国的具体特点相结合并通过一定的民族形式才能实现。马克思列宁主义的伟大力量，就在于它是和各个国家具体的革命实践相联系的。对于中国共产党说来，就是要学会把马克思列宁主义的理论应用于中国的具体的环境”。“离开中国特点来谈马克思主义，只是抽象的空洞的马克思主义。因此，使马克思主义在中国具体化，使之在每一表现中带着必须有的中国的特性，即是说，按照中国的特点去应用它，成为全党亟待了解并亟待解决的问题。”③

——强调两手抓，两手都要硬，虽是邓小平讲的按照辩证法办事思想的逻辑结论，但从语言表述看，也源于毛泽东的两点论、两条腿走路的思想。

——强调独立自主，争取外援为辅，从哲学上说是内因与外因关系，也源于毛泽东。邓小平说：“中国的经验第一条就是自力更生为主。我们很多东西是靠自己搞出来的。”搞出了原子弹、氢弹、导弹，

① 《邓小平文选》第3卷，北京：人民出版社1993年版，第191页。
② 《邓小平文选》第3卷，北京：人民出版社1993年版，第213页。
③ 《毛泽东选集》第2卷，北京：人民出版社1991年版，第534页。

发射了人造卫星等等，当然，“这并不是说不要争取外援，而是要以自力更生为主”①。这里表述的语言，与毛泽东几乎一模一样。

第三，邓小平哲学思想的基本结构和主要方面，大体与毛泽东哲学相一致，没有超出毛泽东哲学思想的大框架。如唯物论、辩证法、历史唯物主义等几个方面的思想内容，都直接受毛泽东哲学思想的影响，就是说，如果要建构邓小平哲学思想体系的话，明显地可以看出其原型来自毛泽东哲学思想。

第四，邓小平的哲学性格与毛泽东有连续性。比如，

——强调走自己的路，反对照抄照搬外国经验，也反对把马克思主义理论教条化，与毛泽东的哲学性格一脉相承，反对本本主义、教条主义。

——强调随着实践的发展，要发展马克思主义理论，当然也包括马克思主义哲学在内，不能墨守成规，停滞不前。毛泽东多次讲过，马克思这些老祖宗的书，必须读，这是第一。但是任何国家的思想界都要创造新的理论，写出新的著作，产生自己的理论家，来为当前的政治服务。单靠老祖宗是不行的。现在我们已进入社会主义时代，出现了一系列的新问题，如果单有《实践论》《矛盾论》，不适应新的需要，不写出新的著作，形成新的理论，也是不行的。邓小平的哲学思想也具有这种性格。他强调指出：马克思主义必须发展。我们绝不能要求马克思、列宁解决他们去世以后五十年、一百年、两百年发生的新问题。“不以新的思想、观点去继承、发展马克思主义，不是真正的马克思主义者。”②这种继承性，也说明了两者的师生关系。

---

① 《邓小平文选》第 2 卷，北京：人民出版社 1994 年版，第 406 页。

② 《邓小平文选》第 3 卷，北京：人民出版社 1993 年版，第 292 页。

因此，从以上四个方面看，可以说，邓小平哲学与毛泽东哲学同属一个哲学理论体系，即同属于毛泽东哲学思想体系。

这是两人哲学思想关系的一个方面。

邓小平哲学思想与毛泽东哲学思想的关系还有另一个方面，那就是邓小平哲学是毛泽东哲学思想的又一个应用发展阶段。两者属于同一个哲学理论体系，后者又是这一个理论体系中的另一个发展应用阶段。这才是两者的全部关系。

为什么说邓小平哲学是毛泽东哲学思想体系“应用发展的又一个阶段”呢？简单地说，是在应用中发展，这种发展并达到了一个新的阶段，显示出了鲜明的阶段性。

首先，如前面已经反复指出的，哲学理论与哲学应用不存在高低、优劣之分，只是研究的对象、解决的任务不一样。当历史发展到20世纪80年代、90年代，提出的主要任务不是要去创造一个有别于毛泽东的哲学思想的新的哲学体系，而是要用毛泽东哲学思想的基本理论、原则、方法来解决在中国怎样建设社会主义的问题，总结历史曲折发展的经验教训来重新认识什么是社会主义的问题。也就是说，对于什么是社会主义，怎样建设社会主义要进行哲学的反思。

这里可能会产生这样的疑问，为什么不需要创建一个新的哲学体系呢？我们知道，提出什么历史任务，解决什么问题，不是随心所欲，想要怎样就怎样的，而是由历史条件决定的。这是马克思主义哲学唯物史观的一个基本观点，即历史决定论。

中国共产党在20世纪70年代与30年代的历史环境大不一样。毛泽东为什么要写作“两论”、创立中国共产党的哲学理论体系呢？这也是当时的历史要求。在这之前，中国共产党人没有自己的哲学理论体系。30年代初王明教条主义对中国革命危害极大，其影响极深。

经过遵义会议之后，到了延安时期，不仅要在政治路线上根本改变王明的那一套主张，而且要对其作思想路线的清算。这是走中国自己的路的历史要求。这个要求反映在哲学上，就要求通过总结中国革命的经验，创造自己的哲学理论。“两论”就是在这种历史条件下应运而生的。通过延安整风到40年代中期，进一步丰富和充实了这个哲学理论体系，成为中国共产党人的哲学指导思想。中国革命的建设实践证明，这个哲学理论的基本观点是正确的。后来中国共产党犯错误，不是因为毛泽东的基本哲学思想(也有将毛泽东哲学思想定义为作为党的集体智慧对中国革命建设实践经验的哲学概括)错了，而是在探索中没有把马克思主义基本理论与中国实际这两者结合好，毛泽东晚年个人的哲学思想出了偏差，即偏离了原来正确的哲学思想。因此，“文化大革命”结束以后，十一届三中全会以后，历史提出的任务，不是去建构一个区别于毛泽东哲学思想的新理论，而是像前面说的，“恢复那些正确的东西”，“把毛泽东同志已经提出，但是没有做的事情做起来，把他反对错了的改正过来，把他没有做好的事情做好”。在政治路线上首先是这个任务，在思想路线和哲学思想方面也是如此。

在80年代90年代，邓小平哲学的任务就是在哲学上反思过去的历史教训的基础上，解决中国怎样建设社会主义的问题。如果说毛泽东根据马列主义与中国实际相结合的原则，解决了中国怎样革命，夺取了革命胜利的任务，建立起了社会主义基本制度，实现了中国历史上第一次伟大的革命；那么，邓小平哲学的任务，就是继续把马克思主义基本原理与中国具体实际相结合，解决怎样把中国由一个不发达的社会主义国家，建设成为富强民主文明的社会主义现代化国家，进一步解放和发展生产力，进行第二次伟大革命。邓小平哲学就是进行这第二次伟大革命的哲学指导思想。由于应用哲学原理解决的历史任务不同，因此，邓小平哲学是毛泽东哲学思想的又一个发展阶段。

第二，邓小平哲学与毛泽东哲学虽然是同一个理论体系，其哲学概念和思路也相同，但是所揭示的内容，以及在一些哲学概念、范畴关系的认识上或哲学思考的侧重点上，又是不完全一样的。邓小平对革命问题(革命是为了解放生产力)的哲学表述及其内涵，丰富了毛泽东哲学思想，并呈现出自己的特点，使邓小平哲学不完全同于毛泽东哲学，有与毛泽东哲学相区别的一面。比如，毛泽东从中国实际出发探索中国革命的道路，与邓小平从中国实际出发探索中国改革的道路是一个思路，而且起点相同。毛泽东从农村出发，提出农村包围城市，然后夺取城市的有中国特色的革命道路，取得了成功。邓小平探索改革道路，也是从农村出发，积累经验，然后推广到城市，进行全面的改革。显然，邓小平认为这是一场革命，是中国的第二次革命，要改变那些过分集中的旧的体制和机制来解放社会主义的生产力。就解放生产力是革命性变革这一点而言，这与毛泽东是一个哲学思路，但却又是两个不同的历史内容。前者是解决革命道路问题，后者是解决改革问题。两者的内涵不同，因而呈现出阶段性。对哲学概念、范畴之间的关系的认识的不同，以及哲学思考的侧重点的不同，也显示出邓小平哲学与毛泽东哲学相异的阶段性。

第三，邓小平哲学对毛泽东个人晚年在哲学观点上的一些错误应用作了纠正，并且在纠正晚年毛泽东在哲学上的一些失误的过程中，提出了一些新的理论观点，丰富和发展了马克思主义哲学，因而，使发展表现出了明显的阶段性。比如“文化大革命”期间，毛泽东强调斗争哲学，“八亿人口，不斗行吗”？从哲学上来说就是把对立面的斗争看成是推动事物发展的动力的观点加以强调，走向了极端。再如，对社会主义与资本主义的关系，资产阶级与无产阶级的关系，也只片面地强调了两者的对立性一面，而对两者的同一性、转化性的一面在毛泽东晚年的认识上忽视了。因此在政治形势，阶级关系的认识上发生了一些失误。又如，强调生产关系对于生产力的反作用，本来是毛泽东哲学思想的一大贡献。但是，毛泽东到了晚年，把一定条件下的反作用夸大到无条件的决定作用，一味地想通过不断改变生产关系来推动生产力的发展，使之成为生产力发展的重要乃至主要推动力量，其结果事与愿违。所有制的不断变革，大搞人民公社化运动，造成了生产力的严重破坏。

十一届三中全会以后，邓小平拨乱反正，正本清源，纠正了晚年毛泽东在哲学观点上的诸如上述错误，因而发展呈现了阶段性。

综合上述两个方面，邓小平哲学对毛泽东哲学的关系是一个哲学理论体系，两个应用发展阶段。具体地说，邓小平哲学属于基本为正确哲学理论观点的毛泽东哲学思想理论体系，是对毛泽东哲学思想应用的又一个发展阶段(这里丝毫不排斥在理论上有丰富和发展)。

三、邓小平实事求是思想对马克思主义哲学的丰富与发展

马克思主义哲学的老祖宗没有使用“实事求是”的概念。毛泽东将中国古代成语首次应用于马克思主义哲学来说明如何认识客观事物的发展规律问题，因而成为毛泽东哲学思想的一个基本概念。在毛泽东那里，“实事求是”有三重含义：一是思想路线，二是思想方法，三是思想作风。这三者既有联系又有区别，在说明不同对象时表现不同含义。邓小平讲实事求是也有这三重含义，但在思想路线的意义上讲得更多，更为突出和鲜明。

（一）对“实事求是”思想作新的哲学概括，提到过去从未有过的理论高度，这在马克思主义哲学发展史上的意义将会十分深远

邓小平从三个层面作了哲学概括：

一是从毛泽东哲学层面讲：“实事求是”四个大字，这是毛泽东哲学思想的精髓①。

二是从毛泽东思想层面讲得更多：“实事求是，是毛泽东思想的出发点、根本点。这是唯物主义。”②实事求是，“毛泽东思想的精髓就是这四个字。毛泽东同志所以伟大，能把中国革命引导到胜利，归根到底，就是靠这个”③。“毛泽东思想的精髓是实事求是”④。

三是从马克思主义理论层面认为，“实事求是，是无产阶级世界观的基础，是马克思主义的思想基础”⑤；还说过，这是“一个马克思主义的根本观点，根本方法”⑥。在“南方谈话”中再次强调：“实事求是是马克思主义的精髓。要提倡这个，不要提倡本本。”⑦

邓小平把实事求是思想从这样三个层面上都作了高度评价，并且把马克思主义理论、毛泽东思想、毛泽东哲学思想，都最后归结为“实事求是”四个大字。不能不说，这样的概括本身就是对马克思主义哲学、毛泽东哲学思想的重大丰富和发展，意义异常深远。能否说，它的意义与马克思提出历史唯物主义的经典表述；与恩格斯提出哲学基本问题；与列宁在《唯物主义和经验批判主义》中提出物质定义——

---

① 《邓小平文选》第 2 卷，北京：人民出版社 1994 年版，第 67 页。
② 《邓小平文选》第 2 卷，北京：人民出版社 1994 年版，第 114 页。
③ 《邓小平文选》第 2 卷，北京：人民出版社 1994 年版，第 126 页。
④ 《邓小平文选》第 3 卷，北京：人民出版社 1993 年版，第 10 页。
⑤ 《邓小平文选》第 2 卷，北京：人民出版社 1994 年版，第 143 页。
⑥ 《邓小平文选》第 2 卷，北京：人民出版社 1994 年版，第 114 页。
⑦ 《邓小平文选》第 3 卷，北京：人民出版社 1993 年版，第 382 页。

物质是标志客观实在的哲学范畴，这种客观实在是不依赖于我们的感觉而存在、并为我们的感觉所反映；与毛泽东提出把马克思列宁主义理论与中国革命实践相结合这个命题；都属于同一个级别的贡献。这是可以研究的。“实事求是”这四个字可以言简意赅地覆盖马克思主义哲学、毛泽东哲学的基本思想。这是邓小平的一个伟大哲学功勋。

(二)把解放思想与实事求是联在一起，对党的思想路线作了新的科学的完整概括

解放思想、实事求是这两个概念本来都是毛泽东提出来的。但毛泽东没有把两者联系在一起，对解放思想也没有进行科学定义，而且在一般人看来，“敢想敢干”，就是胡想蛮干，因而又有不实事求是之嫌。这样，它们之间，往往被看成是一种对立关系，即要解放思想，似乎就不能实事求是；要实事求是，似乎就不应当解放思想。

邓小平的一个理论功绩在于对解放思想作了新解，并使它与实事求是紧密联系，构成了党的完整的思想路线。

对于解放思想，邓小平是把它作为实事求是的动态表现形式来认识的。例如，他说“解放思想，就是要运用马列主义、毛泽东思想的基本原理，研究新情况，解决新问题。”①“什么叫解放思想？我们讲解放思想，是指在马克思主义指导下打破习惯势力和主观偏见的束缚，研究新情况，解决新问题。”②“解放思想，就是使思想和实际相结合，使主观和客观相符合，就是实事求是。今后，在一切工作中要真正坚持实事求是，就必须继续解放思想。”③

---

① 《邓小平文选》第2卷，北京：人民出版社1994年版，第179页。
② 《邓小平文选》第2卷，北京：人民出版社1994年版，第279页。
③ 《邓小平文选》第2卷，北京：人民出版社1994年版，第364页。

邓小平对解放思想的这个认识，在《解放思想，实事求是，团结一致向前看》的那个作为十一届三中全会的主题报告中，就已经明确指出来了。“只有解放思想，坚持实事求是，一切从实际出发，理论联系实际，我们的社会主义现代化建设才能顺利进行，我们党的马列主义、毛泽东思想的理论也才能顺利发展”。① 这实际上不就是对党的思想路线的完整概括吗？

邓小平的这些论述，丰富了实事求是的内涵，同时也是对马克思主义认识论的丰富。过去人们把两者对立起来，既是对实事求是的误解，也是对科学意义上的思想解放的曲解。因为从认识论上讲，对客观实际的正确认识是一个过程，实事求是也是一个过程，既不能一次性地完成认识，认识也不应该是静态的凝固的。所谓思想解放，就是强调要以发展的辩证的眼光对客观实际进行动态的认识。它摒弃陈旧固定观念，正是为了实事求是，而不是偏离实事求是。所以思想解放与实事求是实际上是一个问题的两面，都是为了对客观实际的正确认识，也是为了实现这一认识所必需的。从这个意义上讲，强调解放思想是坚持马克思主义思想路线的内在要求，也就是说，解放思想同实事求是一起，构成马克思主义思想路线不可分割的整体。愈是解放思想，愈能实事求是。因此，江泽民 1992 年 6 月 9 日在中央党校讲话指出：“强调解放思想，就是勇于冲破落后的传统观念的束缚，善于从实际出发，努力在开拓中进取”，因而，“解放思想是一个法宝，是一个帮助我们在思想上和工作上永远保持蓬勃生机与活力的法宝，必须伴随建设和改革长期坚持下去”。正因为如此，中共十四大进一步指出：解放思想同实事求是是统一的，就是要求我们的思想认识要符

① 《邓小平文选》第 2 卷，北京：人民出版社 1994 年版，第 143 页。

合客观实际，在马克思主义指导下，冲破落后的传统观念和主观偏见的束缚，改变不接受新事物的精神状态。我们决不能停留在对马克思主义的某些原则，某些本本的教条式的理解上，或者停留在对社会主义的一些不科学的甚至扭曲的认识上，或者停留在那些超越社会主义初级阶段的不正确思想上，而必须运用辩证唯物主义和历史唯物主义世界观、方法论去分析和解决问题，使思想适应变化的新形势。解放思想，实事求是，成为我们党的思想路线，又成为建设有中国特色社会主义理论的精髓。十四大报告概括邓小平建设有中国特色社会主义理论的第一条，就是讲关于建设社会主义的思想路线的理论问题，解放思想、实事求是，走自己的路。

（三）把实事求是同群众路线和独立自主联为一体，作为毛泽东思想的“活的灵魂”；这三个基本点的提出是重新建构毛泽东思想体系的一个重要贡献

《历史决议》提出的“毛泽东思想的活的灵魂”的三个基本点，是一个颇具匠心的新颖概括。邓小平在十二大开幕词中指出：“中国的事情要按照中国的情况来办，要依靠中国人自己的力量来办。独立自主，自力更生，无论过去、现在和将来，都是我们的立足点。”“把马克思主义的普遍真理同我国的具体实际结合起来，走自己的道路，建设有中国特色的社会主义，这就是我们总结长期历史经验得出的基本结论。”①这个结论包括了作为毛泽东思想的活的灵魂的三个基本点，并且是对其相互关系的科学阐释。它不仅说明了这三个基本点在毛泽东思想中具有的特殊作用，而且还揭示了三者之间的内在联系，把这三点作为“活的灵魂”加以突出，体现了中国共产党人在长期的艰苦奋

---

① 《邓小平文选》第3卷，北京：人民出版社1993年版，第3页。

斗中把辩证唯物主义和历史唯物主义原理运用于党的全部工作而形成的独具特色的“立场、观点、方法”论。这是马克思列宁主义、毛泽东思想的各个具体理论的精髓、灵魂。这个概括发展了党的七大对毛泽东思想的认识。

(四)把实事求是思想创造性地运用于探索建设有中国特色社会主义伟大事业，再次展现了马克思主义哲学、毛泽东哲学思想的巨大威力

从宏观上说，最突出的表现在这样三个方面：

第一，根据实事求是的思想，把毛泽东思想与毛泽东晚年错误加以区别，既维护毛泽东的历史地位，又批判了“两个凡是”；既纠正了“文化大革命”的错误，又肯定毛泽东思想是党的指导思想。这解开了提出“两个凡是”的党的领导人难以解开的“死结”，也可以说是解开了中国共产党人在70年代面临的一个“世纪性难题”。它表现了邓小平哲学的超人智慧。这个解答对于党和国家的安危、对于社会主义制度长治久安，具有不可估量的意义。

第二，根据实事求是思想，提出社会主义初级阶段理论，制定“一个中心、两个基本点”的基本路线和一系列重大方针政策，使建设有中国特色社会主义事业取得了举世瞩目的伟大成就。这是邓小平哲学将毛泽东哲学思想应用发展到一个新阶段的显著标志。在这里，实事求是思想贯穿于邓小平的思想的全过程。

——首先对历史教训的总结。邓小平说：“二十年的历史教训告诉我们一条最重要的原则：搞社会主义一定要遵循马克思主义的辩证唯物主义和历史唯物主义，也就是毛泽东同志概括的实事求是，或者说一切从实际出发。"①

这就是说，过去的教训就是没有正确的认识中国实际，许多政策脱离了中国实际，许多工作没有坚持实事求是原则。那么中国的实际是什么？邓小平运用实事求是思想，提出了社会主义初级阶段理论。

——基于历史教训，对中国的现实状况有了正确认识。他说：我们中国处在社会主义的初级阶段，就是不发达阶段，一切都要从这个实际出发，根据这个实际来制订规划。这是对我国所处的历史发展阶段的定位，也是对我国的基本国情的宏观把握。

——从制定政策来看，依据仍然是实事求是原则。邓小平说："这些方针政策，归根到底就是恢复和坚持毛泽东同志提出的实事求是的思想路线，根据这条思想路线来探索中国怎样建设社会主义。"②

——在推进整个改革开放和现代化建设的过程中也遵循实事求是的原则。邓小平说："我们是走一步看一步，有不妥当的地方，改过来就是了。总之，遵循一个原则，就是实事求是。"③

——最后，对于取得的巨大成就的基本经验，还是归结为实事求是。邓小平指出："我们取得的成就，如果有一点经验的话，那就是这几年来重申了毛泽东同志提倡的实事求是的原则。"④

论列以上思想不难看出，邓小平对实事求是的思想烂熟于心，运用自如。毛泽东提出的这个思想，经过邓小平把它成功地运用于社会主义改革开放和现代化建设，使它具有了更加丰富的内涵。

第三，根据实事求是思想，提出"一国两制"构想，是邓小平哲学

① 《邓小平文选》第3卷，北京：人民出版社1993年版，第118页。
② 《邓小平文选》第3卷，北京：人民出版社1993年版，第254页。
③ 《邓小平文选》第3卷，北京：人民出版社1993年版，第78页。
④ 《邓小平文选》第3卷，北京：人民出版社1993年版，第95页。

应用马克思主义哲学的又一个伟大创造。关于“一国两制”，早在50年代，毛泽东、周恩来就有一些想法，也有一些举措。十一届三中全会以后，邓小平继承和发展了毛泽东、周恩来的思想，明确地加以概括，并取得了成功。不仅如此，邓小平还从中得到启示，呼吁用这种构想解决国际斗争问题。这在世界上受到欢迎。邓小平也把这个构想的提出归于实事求是。他说：“我们提出这个构想时，人们都觉得这是个新语言，是前人未曾说过的。”①如果这个构想“是一个对国际上有意义的想法的话，那要归功于马克思主义的辩证唯物主义和历史唯物主义，用毛泽东主席的话来讲就是实事求是。这个构想是在中国的实际情况下提出来的。中国面临的实际问题就是用什么方式才能解决香港问题，用什么方式才能解决台湾问题。”②

实事求是思想，本来是马克思主义哲学的一个基本思想，任何人都懂得它，但是不一定能够正确地运用它，也不一定能够运用得这样广泛。邓小平的伟大就在于把这个思想创造性地运用于建设有中国特色社会主义事业的各个方面，并取得了空前的成功，从而成为了一个威力无比的伟大法宝。这是在马克思主义哲学史上、毛泽东哲学思想发展史上从来未有的成就。

四、邓小平创造性地应用辩证法思想提出的新理论观点对马克思主义哲学的丰富和发展

邓小平虽然没有撰写辩证法理论的专门学术著作，但是他的辩证法思想异常丰富。如他所说，“我们尊重生活和历史的辩证法”③。无

① 《邓小平文选》第3卷，北京：人民出版社1993年版，第102页。

② 《邓小平文选》第3卷，北京：人民出版社1993年版，第101页。

③ 《邓小平文选》第3卷，北京：人民出版社1993年版，第6页。

论在战争年代和建设时期，他都善于把辩证法应用于各项工作中去。早在抗日战争时期，他就提出过“要照辩证法办事”。毛泽东对他的这句话十分欣赏，多次在党内的干部中加以倡导。在 1957 年 1 月的省市委书记会议上讲话的最后，毛泽东说：“总之，要照辩证法办事。这是邓小平同志讲的。我看，全党都要学习辩证法，提倡照辩证法办事。”①

十一届三中全会以后，邓小平作为第二代中央领导集体的核心，更是显现出辩证法大师驾驭改革、开放和现代化建设的高超智慧和能力。他对辩证法的创造性的应用既丰富了马克思主义哲学，也表现了他的辩证法思想的特色，同时对科学社会主义理论也有重大发展。

邓小平对辩证法的应用是多方面的。他的辩证法思想的特色也表现在诸多方面，这里着重介绍这样三点：

(一)邓小平把辩证法思想用于社会主义初级阶段的现实，重新审视社会主义与非社会主义乃至资本主义的关系，提出了有中国特色的“社会主义主体论”

我国社会主义初级阶段的基本状况是生产力落后，商品经济不发达，大多数地区仍处于贫穷落后状态。为了摆脱贫穷落后，尤其要把发展生产力作为根本任务和全部工作的中心。为了发展生产力，就需要进行改革开放，破除长期形成的那些严重束缚生产力发展的体制和机制，以实现生产的商品化、社会化和现代化。同时，凡是有利于生产力的发展和生产商品化、社会化和现代化的一些经济形式，都可以试验。在我们国家，由于生产力落后，商品经济不发达，实行纯而又纯的社会主义体制是不符合实际的，因而也不可能搞成功。事实上，

① 《毛泽东选集》第 5 卷，北京：人民出版社 1977 年版，第 361～362 页。

一些非社会主义的经济形式包括某些资本主义的成分仍未丧失其存在的历史理由，因此也可以允许有一定的发展。这样，经过改革调整后的我国社会主义的现实状况，就是以社会主义公有制为主体，以其他非社会主义形式作为其补充。这就是邓小平创造的社会主义主体论。邓小平所讲的这个社会主义主体表现在许多方面。

从所有制结构来看，改变了过去单一的所有制形式，实行在以公有制为主体的前提下发展多种经济成分，包括允许私营经济和外资经济的存在和发展。

在分配形式上，也不再是单一的一种分配方式，而是在以按劳分配为主体的前提下实行多种分配形式，包括允许合法的非劳动收入，甚至剥削收入。

以上是从经济制度看。

再从政治制度看，随着香港的收回，“一国两制”成为现实以后，我国的政治制度也是社会主义为主体，在少数特殊地区实行资本主义。两者将长期并存相当长的历史时期。

再看文化和意识形态方面。自十一届三中全会以来，党就重申了“双百”方针。在文化艺术方面提倡“主旋律、多样化”。这是社会主义主体论的一种特殊表现形式。在社会科学发展上，坚持马克思主义的指导思想，同时允许各种学说包括唯心主义进行争鸣、研讨。这是社会主义主体论的又一种特殊形式。

“社会主义主体论”实际上是相对于过去的“社会主义纯粹论”而提出的。表面看来，这种不纯是“杂”了，不像社会主义了，但实际上这符合我国现阶段的实际情况，是社会主义初级阶段的必然形式，也是继续前进的基地。一些同志感到困惑、担心，不是没有一点道理，但应当对它的发展前景充满信心。

邓小平对于这种情况作了十分深刻的分析。

对于经济制度上的主体论，1984 年 6 月他说："我国是以社会主义经济为主体的。社会主义的经济基础很大，吸收几百亿、上千亿外资，冲击不了这个基础。吸收外国资金肯定可以作为我国社会主义建设的重要补充，今天看来可以说是不可缺少的补充。当然，这会带来一些问题，但是带来的消极因素比起利用外资加速发展的积极效果，毕竟要小得多。危险有一点，不大。"①又说："如果说构想，这就是我们的构想。我们还要积累新经验，还会遇到新问题，然后提出新办法。总的来说，这条道路叫做建设有中国特色的社会主义的道路。我们相信，这条道路是可行的，是走对了。"②到 1992 年初的"南方谈话"，他还继续指出，特区姓"社"不姓"资"。从深圳的情况看，公有制是主体，外商投资占四分之一。"三资"企业"受到我国政治、经济条件的制约，是社会主义经济的有益补充，归根到底是有利于社会主义的"③。

对于政治制度方面的主体论，邓小平也谈得十分明确。他指出："'一国两制'除了资本主义，还有社会主义，就是中国的主体、十亿人口的地区坚定不移地实行社会主义。主体地区是十亿人口，台湾是近两千万，香港是五百五十万，这就有个十亿同两千万和五百五十万的关系问题。主体是很大的主体，社会主义是在十亿人口地区的社会主义，这是个前提，没有这个前提不行。在这个前提下，可以容许在自己身边，在小地区和小范围内实行资本主义。我们相信，在小范围

---

① 《邓小平文选》第 3 卷，北京：人民出版社 1993 年版，第 65 页。

② 《邓小平文选》第 3 卷，北京：人民出版社 1993 年版，第 65～66 页。

③ 《邓小平文选》第 3 卷，北京：人民出版社 1993 年版，第 373 页。

内容许资本主义存在，更有利于发展社会主义。”①还说：“我们提出这个构想时，人们都觉得这是个新语言，是前人未曾说过的。也有人怀疑这个主张能否行得通，这就要拿事实来回答。现在看来是行得通的……这个构想在香港问题上起了不说是决定性的作用，也是最重要的作用。”②

“社会主义主体论”的确是个前人未曾说过的新构想、新语言。从哲学层面来看，它包含了丰富的辩证法思想。就社会主义与非社会主义和资本主义的关系而言，“社会主义主体论”涉及对立面的斗争性与同一性的关系。过去对于两者的对抗性、排斥性看得较多、较重，而忽视了另一方面。“社会主义主体论”，就是在充分认识两者的对抗性、排斥性的前提下，又认真地看待两者的共存性、渗透性、可转化性和互补性。这是提出它的哲学根据之一。“社会主义主体论”，在哲学上还涉及矛盾的主要方面与非主要方面，一与多等多重关系。邓小平正是应用这些哲学思想从社会主义初级阶段的实际出发而提出这个理论的。这个理论最明显地体现了邓小平辩证法思想的特点，在应用它来分析社会主义社会时也丰富了马克思主义的辩证法思想的内容。

(二)邓小平应用辩证法把市场经济与资本主义制度加以区别，认为它可以为社会主义服务，创立了社会主义市场经济论

长期以来的政治经济学理论都认为社会主义是计划经济，资本主义是市场经济。这似乎已成为不可改变的“铁则”。邓小平认为社会主义可以搞市场经济，提出了社会主义市场经济论。这是一个伟大创造。从科学社会主义理论而言，这是对马克思主义的一个伟大发展。

① 《邓小平文选》第3卷，北京：人民出版社1993年版，第103页。

② 《邓小平文选》第3卷，北京：人民出版社1993年版，第102页。

如他在对1984年10月通过的关于经济体制改革的决定提出社会主义经济是有计划的商品经济的评价中指出的："是马克思主义基本原理和中国社会主义实践相结合的政治经济学"，"有些是我们老祖宗没有说过的话，有些新话"①。

那么，这个理论是怎么创造出来的呢？从哲学上说，就是运用唯物辩证法的结果。在辩证法看来，任何事物都是普遍性和特殊性的统一、一般与个别的统一。换句话说，对任何事物都可以分解为普遍与特殊、一般与个别两个方面。同样地，对于"资本主义市场经济"这样的经济形式和运转机制能不能进行分解呢？市场经济是不是资本主义所专有的，天生的姓"资"呢？邓小平在十一届三中全会以后，从1979年就开始在思考这个问题。他指出，说市场经济只限于资本主义，"这肯定是不正确的"；"社会主义也可以搞市场经济"，"搞市场经济，这个不能说是资本主义"②。这些话是从政治上讲的。从哲学上看，那就是把资本主义市场经济作了分解，它不是天然的和资本主义联系在一起的。从矛盾的普遍性与特殊性或一般与个别的关系来说，"市场经济"是普遍性，资本主义与社会主义都是"个别"、"特殊性"。

在1985年以后，邓小平又多次思考这个问题。他进一步指出：社会主义和市场经济之间不存在根本矛盾，"计划和市场都是方法嘛。只要对生产力发展有好处，就可以利用"。"它为社会主义服务，就是社会主义的；为资本主义服务，就是资本主义的。"③到1990年12月，他讲得更加明确："我们必须从理论上搞懂，资本主义与社会主义的

① 《邓小平文选》第3卷，北京：人民出版社1993年版，第83页、第91页。

② 《邓小平文选》第2卷，北京：人民出版社1994年版，第236页。

③ 《邓小平文选》第3卷，北京：人民出版社1993年版，第203页。

区分不在于是计划还是市场这样的问题。社会主义也有市场经济，资本主义也有计划控制。”①这些政治语言的哲学涵义是什么呢？从矛盾论来说，决定事物根本性质的主要是矛盾的特殊性，而不是普遍性，是个别而不是一般。市场还是计划，都属于发展生产力的方法、手段，属于普遍性、一般，因而不决定是姓“资”还是姓“社”。它只有在与资本主义或社会主义的特殊性，即资本主义的经济制度或社会主义经济制度相结合后，才具有某种特质，成为资本主义市场经济或是社会主义市场经济。因此，邓小平尖锐地指出：“不要以为搞点市场经济就是资本主义道路，没有那么回事。”②

到1992年发表“南方谈话”时，邓小平对计划与市场问题作了进一步理论概括，指出：“计划多一点还是市场多一点，不是社会主义与资本主义的本质区别。”“社会主义要赢得与资本主义相比较的优势，就必须大胆吸收和借鉴人类社会创造的一切文明成果，吸收和借鉴当今世界各国包括资本主义发达国家的一切反映现代社会化生产规律的先进经营方式、管理方法。”③在这里，邓小平把市场经济及作为市场经济重要运行机制的证券、股市这些东西都看作是“反映社会现代化生产规律的先进经营方式和管理方法”，看成了“人类社会的文明成果”。这就是说，它为人类社会所共有。把这个意思翻成哲学语言，就是地地道道的“普遍性”、“共性”，生产力发展到一定程度的任何社会都可以利用它。既然如此，社会主义当然可以利用它。这样，社会主义可以搞市场经济，创立社会主义市场经济就成了中国共产党搞经

① 《邓小平文选》第3卷，北京：人民出版社1993年版，第364页。
② 《邓小平文选》第3卷，北京：人民出版社1993年版，第364页。
③ 《邓小平文选》第3卷，北京：人民出版社1993年版，第373页。

济体制改革选择的必然了。因此，这个理论的创立是邓小平创造性地应用矛盾的普遍性与特殊性原理成功的范例。它既发展了科学社会主义理论，也丰富了马克思主义的辩证法。

(三)邓小平运用辩证法思想，强调正确处理社会的各种关系，制定一系列相互关联的政策，以期求得社会整体的协调、全面、健康的发展

目前社会上有一种观点，认为邓小平是经济唯物主义，只抓生产力和经济发展，不抓其他，因此造成社会的失调、失衡，出现种种问题。这种看法是不正确的，没有任何根据的。

的确，从社会现象看有这样那样的不少问题。但这主要是工作中的失误，不是指导思想、不是邓小平理论的问题。从邓小平的指导思想来看，他十分强调社会是一个有机的整体。他把建设有中国特色社会主义的奋斗目标规定为三个方面，即富强、民主、文明，或者说是这三者的统一。他一方面认为，通过改革发展生产力是社会主义的根本任务；另一方面也认为，经济的增长应与社会的全面进步统一起来。早在 1979 年 10 月，他就指出："我们要在建设高度物质文明的同时，提高全民族的科学文化水平，发展高尚的丰富多彩的文化生活，建设高度的社会主义精神文明。"①在 1992 年的"南方谈话"中，他谈到广东的发展时还指出："广东二十年赶上亚洲'四小龙'，不仅经济要上去，社会秩序、社会风气也要搞好，两个文明建设都要超过他们，这才是有中国特色的社会主义。"②

为了求得社会整体的协调、全面、健康的发展，邓小平要求处理

① 《邓小平文选》第 2 卷，北京：人民出版社 1994 年版，第 208 页。

② 《邓小平文选》第 3 卷，北京：人民出版社 1993 年版，第 378 页。

好社会的各种关系。他说："为了建设现代化的社会主义强国，任务很多，需要做的事情很多，各种任务之间又有相互依存的关系，如像经济与教育、科学，经济与政治、法律等等，都有相互依存的关系，不能顾此失彼。"①在这方面，他提出了许多重要的思想。

第一，他提出了一系列"两手抓"的政策。

——关于四个现代化。"搞四个现代化一定要有两手，只有一手是不行的。所谓两手，即一手抓建设，一手抓法制。党有党纪，国有国法。""只有人民内部的民主，而没有对破坏分子的专政，社会就不可能保持安定团结的政治局面，就不可能把现代化建设搞成功。"②

——关于两个文明建设。"一是物质文明，一是精神文明。实行开放政策必然会带来一些坏的东西，影响我们的人民。要说有风险，这是最大的风险。我们用法律和教育这两个手段来解决这个问题。"③

——关于民主法制。"民主要坚持下去，法制要坚持下去。这好像两只手，任何一只手削弱都不行。"④

——关于改革开放与反对资产阶级自由化。1989年9月16日，邓小平在会见李政道时的谈话中指出："搞改革开放有两只手，不要只用一只手，改革是一只手，反对资产阶级自由化也是一只手。有时这只手重些，有时另一只手重些，要根据实际情况。"⑤

——关于改革开放与打击违法犯罪。"要坚持两手抓，一手抓改

① 《邓小平文选》第2卷，北京：人民出版社1994年版，第249～250页。

② 《邓小平文选》第3卷，北京：人民出版社1993年版，第154页。

③ 《邓小平文选》第3卷，北京：人民出版社1993年版，第156页。

④ 《邓小平文选》第2卷，北京：人民出版社1994年版，第189页。

⑤ 中共中央文献研究室编：《邓小平建设有中国特色社会主义论述专题摘编》(新编本)，北京：中央文献出版社1995年版，第329页。

革开放，一手抓打击各种犯罪活动。这两只手都要硬。打击各种犯罪活动，扫除各种丑恶现象，手软不得。”①对于抓这两手，邓小平讲得最多。他从1982年4月一直讲到1992年的“南方谈话”，整整10年。这是社会上比较突出的问题，也是邓小平最关心的，并反复强调的问题。

——关于改革开放与惩治腐败。“我们一手抓改革开放，一手抓惩治腐败，这两件事结合起来，对照起来，就可以使我们的政策更加明朗，更能获得人心。”②

这些“两手抓”，从哲学上讲是什么思想？邓小平自己说了，这就是“两点论”。他在1989年6月接见北京的戒严部队讲话时说：“八十年代初建立经济特区时，我与广东同志谈，要两手抓，一手要抓改革开放，一手抓严厉打击经济犯罪，包括抓思想政治工作。就是两点论。但今天回头来看，出现了明显的不足，一手比较硬，一手比较软。一硬一软不相称，配合得不好。”③

从上述六个方面的“两手抓”来看，说明邓小平对“两点论”应用得十分广泛，可谓“得心应手”。至于出现“一手硬、一手软”有多方面原因，与我们的不少负责同志对邓小平的思想、著作和党中央的重大方针政策领会得不全面也有关系。

第二，提倡全局、大局观念，要求处理好局部与全局的关系。

这是毛泽东哲学思想的一个重要观点。无论在战争年代还是新中国建立后搞建设，毛泽东都强调全局观念，要求全党正确处理好局部

① 《邓小平文选》第3卷，北京：人民出版社1993年版，第378页。
② 《邓小平文选》第3卷，北京：人民出版社1993年版，第314页。
③ 《邓小平文选》第3卷，北京：人民出版社1993年版，第306页。

与全局的关系。邓小平也是如此，始终强调全局，服从全局。他还在50年代前期兼任财政部长时，就指出，我们的一切工作都会涉及全局与局部的关系。全体与局部缺一不可。但以什么为主导呢？大道理与小道理必须弄清楚。一定要以全体、中央、集中统一作主导。十一届三中全会以后，他作为第二代中央领导集体的核心，肩负着处理党和国家各种重大问题的重任，在这方面的论述很多，最突出的表现在这样两个方面：

一是要求各级干部特别是高级干部一是要有全局观念，从大局出发来考虑问题，作出决策。他在组建第三代中央领导集体，作政治交代，进行传、帮、带时，曾指出："我们政治局、政治局常委会、书记处的同志，都是管大事的人，考虑任何问题都要着眼于长远，着眼于大局。许多小局必须服从大局，关键是这个问题。"①还说："领导这么一个国家不容易呀！责任不同啊！最重要的问题是要胸襟开阔。要从大局看问题，放眼世界，放眼未来，也放眼当前，放眼一切方面。"②

二是许多重大决策都是从全局、大局出发作出的。例如：

——拨乱反正时对毛泽东的评价。"对毛泽东同志的评价，对毛泽东思想的阐述，不是仅仅涉及毛泽东同志个人的问题，这同我们党、我们国家的整个历史是分不开的。要看到这个全局。""这不只是个理论问题，尤其是个政治问题，是国际国内的很大的政治问题。"③

——实行改革开放，坚持以经济建设为中心。"现在就是要硬着

---

① 《邓小平文选》第3卷，北京：人民出版社1993年版，第298页。
② 《邓小平文选》第3卷，北京：人民出版社1993年版，第300页。
③ 《邓小平文选》第2卷，北京：人民出版社1994年版，第299页。

头皮把经济搞上去，就这么一个大局，一切都要服从这个大局。”①

——关于军队建设、国防建设与经济建设的关系。邓小平多次强调军队要服从整个国家建设的大局。“大家都要从大局出发，照顾大局，千方百计使我们国家经济发展起来。发展起来就好办了。”②这方面，军队的同志深有体会，减员100万，紧缩国防费用、装备开支都是为了这个大局。这方面的工作做得很好。

——关于沿海与内地发展的关系。“沿海地区要加快对外开放，使这个拥有两亿人口的广大地带较快地先发展起来，从而带动内地更好地发展，这是一个事关大局的问题。内地要顾全这个大局。反过来，发展到一定的时候，又要求沿海拿出更多力量来帮助内地发展，这也是个大局。那时沿海也要服从这个大局。”③

——处理雇工、“傻子瓜子”这类问题，邓小平前后讲了三次，都是讲服从大局这个道理。1987年，他说：“现在我们国内人们议论雇工问题，我和好多同志谈过，犯不着在这个问题上表现我们在‘动’，可以再看几年。开始我说看两年，两年到了，我说再看看。”现在“雇工人数同全国一亿多职工相比，数目很小。从全局看，这只不过是小小的一点。要动也容易，但是一动就好像政策又在变了。动还是要动，因为我们不搞两极分化。但是，在什么时候动，用什么方法动，要研究。动也就是制约一下。像这样的事情，我们要考虑到不要随便引起动荡甚至引起反复，这是从大局来看问题。”④

——关于反对资产阶级自由化。邓小平从许多方面讲过这个问

① 《邓小平文选》第3卷，北京：人民出版社1993年版，第129页。

② 《邓小平文选》第3卷，北京：人民出版社1993年版，第99页。

③ 《邓小平文选》第3卷，北京：人民出版社1993年版，第277～278页。

④ 《邓小平文选》第3卷，北京：人民出版社1993年版，第216页。

题。从大局、大道理这个角度，他在 1985 年 5 月说："我们党的十一届三中全会决定实行开放政策，同时也要求刹住自由化的风，这是相互关联的问题。不刹住这股风，就不能实行开放政策。""自由化思潮一发展，我们的事业就会被冲乱。总之，一个目标，就是要有一个安定的政治环境。不安定，政治动乱，就不可能从事社会主义建设，一切都谈不上。治理国家，这是一个大道理，要管许多小道理。那些小道理或许有道理，但是没有这个大道理就不行。"①

——关于不要突出宣传他个人。他在 1989 年 6 月向第三代领导作政治交代时说："现在看起来，我的分量太重，对国家和党不利，有一天就会很危险"。"一个国家的命运建立在一两个人的声望上面，是很不健康的，是很危险的。不出事没问题，一出事就不可收拾。""主要是大局的问题，如果个人的因素影响到局势的稳定，影响到事情的健康发展，解决起来就会发生困难。"②

——关于培养接班人。在 1992 年"南方谈话"中，他说："中国要出问题，还是出在共产党内部。对这个问题要清醒，要注意培养人，要按照'革命化、年轻化、知识化、专业化'的标准，选拔德才兼备的人进班子。我们说党的基本路线要管一百年，要长治久安，就要靠这一条。真正关系到大局的是这个事。"③

这里列举了 8 个方面。可见，这是邓小平考虑问题作决策的一个基本观点。江泽民在 1996 年的纪念"七一"的讲话中不是要求培养"高素质的干部"吗？素质高不高，有没有全局、大局观念是一个重要方面。

---

① 《邓小平文选》第 3 卷，北京：人民出版社 1993 年版，第 124 页。

② 《邓小平文选》第 3 卷，北京：人民出版社 1993 年版，第 310～311 页。

③ 《邓小平文选》第 3 卷，北京：人民出版社 1993 年版，第 380 页。

第三，强调“发展才是硬道理”，要依据事物发展的客观规律来促进发展。

马克思主义哲学认为，客观世界是发展的还是不发展的，这是辩证法与形而上学的根本区别之点。认为这个发展采取什么形态，是只承认渐变、量变，还是同时承认骤变、质变；是直线式还是波浪曲线式，这也是两种发展观的一个重要区别。邓小平虽然没有在理论上去作哲学论述，但他把唯物辩证法的发展观应用于改革和经济建设却显现出异常突出的特点。

邓小平把唯物辩证法发展观应用于改革，提出了让一部分人一部分地区先富起来的大政策。具体来说，就是通过部分先富带动后富，最后达到共同富裕，彻底抛弃了“平均主义”的旧观念。这个政策的提出，对于人们长期形成的旧思想观念是一个很大的冲击。这个政策在最初提出时，人们难于接受。当然，在实行过程中也有若干偏差。人们看到的，不少人不是通过勤劳并守法致富，而是钻政策空子或巧取豪夺的各种不正当手段致富的。这属于工作中的问题，可以依靠法律和政策来纠正。就这个大政策本身而言，是一个马克思主义政策。从马克思主义政治经济学的观点来看，它是要体现按劳分配原则的，让那些劳动多、技术高、成就大的一部分社会成员先富起来。从马克思主义辩证法的角度看，它体现了事物发展的波浪式规律。因为在我们这样有 10 亿人口的大国里，全体社会成员不可能在同一时间，以同样速度共同富裕，只能经历由点到面、由部分到整体、由量变到质变、由部分质变到全体质变，这样一个不断扩大逐步提高的过程，来实现共同富裕。这个政策是邓小平应用辩证法，在十一届三中全会后提出的第一个有重大影响的政策。

邓小平把辩证法的发展观应用于经济建设，就是在 20 世纪 90 年代初，提出了台阶式的发展模式。他认为在我们这样一个大国，过去基础差，又耽误了许多时间，现在周边国家的发展，使我们感到有压力。因此，经济的发展总的说不搞快点不行，但这个快又要适度，调整好各方面的关系，协调地发展。经过长期的观察和思索，他在1991年8月提出，可能我们经济发展规律还是波浪式前进，过几年有一个飞跃，跳一个台阶，跳了以后，发现问题及时调整一下，再前进。在1992年“南方谈话”中，他进一步明确指出：“发展才是硬道理。”“我国的经济发展，总要力争隔几年上一个台阶。当然，不是鼓励不切实际的高速度，还是要扎扎实实，讲求效益，稳定协调地发展。”①台阶式发展模式的提出，是对波浪式发展规律的创造性运用。从过去几十年经济工作的情况看，我国的经济发展长期处于动荡不稳定之中，这主要是指导思想上的失误造成的。怎样把由于失误造成的大起大落的动荡曲折与客观运动的波浪式加以区别？很不容易。一个时期的舆论正是利用“波浪式发展”来为错误进行辩护的。邓小平提出“台阶式发展”方式，就使经济工作可以利用这个规律来调整发展速度。这有助于避免认识的片面性。这是邓小平把辩证法应用于经济工作的一个创造。

五、邓小平创造性地应用唯物史观的基本原理，提出的新理论观点丰富和发展了马克思主义哲学

马克思在1859年的《〈政府经济学批判〉序言》中对唯物史观的基本原理作了经典性的表述。他的一个伟大贡献就是，揭示了生产力同

---

① 《邓小平文选》第3卷，北京：人民出版社1993年版，第377页、第375页。

生产关系、经济基础同上层建筑的矛盾运动，是推动社会向前发展的根本动力；生产关系一定要适合生产力的性质；生产力是社会发展的最根本的决定性因素。毛泽东在《矛盾论》中的重要贡献就是说明了生产关系的反作用，认为“在一定条件之下，又转过来表现其为主要的决定的作用”。但是毛泽东后来的一个失误也正在这里，即把“一定条件之下”的主要的决定作用加以绝对化、无条件化，企图通过不断变革生产关系来促进生产力的发展。结果事与愿违。如在高级社还没有来得及巩固，又大搞人民公社化运动，造成了对生产力的严重破坏。新中国成立以后，毛泽东在认识生产力与生产关系这对矛盾的时候，他的兴奋点、着力点、工作重点，也在生产关系上。他说过，对于生产力问题，他是门外汉，他的主要精力是抓生产关系、所有制的变革。这种倾向在合作化运动后期和人民公社化运动中表现得相当充分。从理论上讲，这就违背了历史唯物主义的基本原理。

晚年毛泽东的另一个错误，就是改变了党的八大关于主要矛盾的认识。在我国社会主义改造基本完成之后，资产阶级作为一个剥削阶级已经被消灭，资产阶级与无产阶级的矛盾已不再是主要矛盾。这在党的八大已作了决议。毛泽东也同意八大关于主要矛盾论断的基本精神，尽管对个别提法还有不同意见。但是，在 1957 年反右派扩大化后的八届三中全会上，将开展反右派斗争作为一个正面的经验提高到理论上进行总结，推翻了八大关于主要矛盾的论断，重新认为在社会主义时期阶级斗争仍然是主要矛盾。随着“左”的错误指导思想的不断发展，后来形成了“以阶级斗争为纲”的无产阶级专政下继续革命理论。在这样的指导思想下，发展生产力不再认为是社会主义的根本任务。这样，不能不使我国在长达 20 年的时间内经济发展缓慢、动荡、停滞，人民生活水平不能得到应有改善。工人和普通的国家工作人员拿相当低的工资；农村大多数地区，仍然处于贫困状态。

十一届三中全会以后，邓小平运用历史唯物主义基本原理，总结经验教训，拨乱反正，推行改革开放政策，提出下述五大理论，既丰富和发展了科学社会主义理论，同时也对丰富和发展马克思主义哲学作出了重大贡献。

第一，关于社会主义最根本的任务是发展生产力的观点。

邓小平也用过"首要任务"、"主要任务"、"压倒一切的中心任务"、"第一个任务"等提法，这都是一个意思，强调要把发展生产力摆在首要地位。他说："按照历史唯物主义的观点来讲，正确的政治领导的成果，归根结底要表现在社会生产力的发展上，人民物质文化生活的改善上。如果在一个很长的历史时期内，社会主义国家生产力发展的速度比资本主义国家慢，还谈什么优越性？"①还说："什么叫社会主义，什么叫马克思主义？我们过去对这个问题的认识不是完全清醒的。马克思主义最注重发展生产力。我们讲社会主义是共产主义的初级阶段，共产主义的高级阶段要实行各尽所能、按需分配，这就要求社会生产力高度发展，社会物质财富极大丰富。所以社会主义阶段的最根本任务就是发展生产力"。"如果说我们建国以后有缺点，那就是对发展生产力有某种忽略。社会主义要消灭贫穷。贫穷不是社会主义，更不是共产主义。"②

邓小平对历史教训的总结是切中要害的。虽然中国共产党在主观上不想搞贫穷的社会主义，但由于指导思想的失误，在相当长时间，事实上搞得不富裕，"不够格"。针对于此，邓小平强调"有中国特色

---

① 《邓小平文选》第2卷，北京：人民出版社1994年版，第128页。
② 《邓小平文选》第3卷，北京：人民出版社1993年版，第63～64页。

的社会主义，是不断发展生产力的社会主义”①。邓小平在认识什么是社会主义问题上，把发展生产力提到这样高的位置，并以这种表述方式来界定有中国特色的社会主义，这对社会主义的传统理论是个重大发展。这样的概括符合不符合历史唯物主义基本原理呢？不仅符合，而且在理论上表现其罕见的彻底性和坚定性。

第二，关于“科学技术是第一生产力”的观点。

历史唯物主义既要研究生产力与生产关系的矛盾运动，也要研究生产力内部的要素。马克思在分析近代第一次技术革命和19世纪生产力发展的状况时，非常重视科学技术的进步和它对生产发展的巨大推动作用，指出“生产力中也包括科学”。② “劳动生产力是随着科学和技术的不断进步而不断发展的。”③恩格斯在马克思墓前的演说中高度评价马克思的这个贡献，指出：“在马克思看来，科学是一种在历史上起推动作用的、革命的力量。”④正是根据这些，邓小平十分重视研究科学技术和生产力的关系问题。他先后提出三个著名的理论观点，丰富和发展了马克思主义的唯物史观。

第一个观点，在“文化大革命”爆发被打倒以后，在1975年复出主持中央工作开展全面整顿时，邓小平就提出了“科学技术是生产力”的观点。当时，他指导起草《中国科学院工作汇报提纲》，针对“文化大革命”对经济和科技工作的严重破坏，明确提出这个观点，还强调科学技术人员是劳动者，科学研究应当走在国民经济的前面。

第二个观点，是在粉碎“四人帮”后他再次复出工作时提出的。那

① 《邓小平文选》第3卷，北京：人民出版社1993年版，第328页。

② 《马克思恩格斯全集》第31卷，北京：人民出版社1998年版，第94页。

③ 《马克思恩格斯全集》第44卷，北京：人民出版社2001年版，第698页。

④ 《马克思恩格斯选集》第3卷，北京：人民出版社1995年版，第777页。

个时期，他密切注视着世界科学技术的发展。在1978年3月的全国科学大会上，他说：科学技术是生产力，这是马克思主义历来的观点，现代科学技术正在经历着一场伟大的革命，近三十年来几乎各门科学技术领域都发生了深刻的变化，并使社会物质生产的各个领域面貌一新。因此，他发展了1975年的思想，进一步提出："科学技术正在成为越来越重要的生产力"①。这个论断包括了新的历史内涵，是对近几十年的科学技术的巨大作用的肯定。

第三个观点，是在1988年开始提出的。在1978年科学大会以后，邓小平继续密切注视着当代科学技术的发展趋势，认为中国要发展，离开科学不行。根据邓小平的上述思想，党的十二大把科学技术作为我国经济发展的战略重点之一。党的十三大进一步将科学技术放在经济发展战略的重要位置。1988年9月，他会见捷克斯洛伐克总统胡萨克指出："马克思说过，科学技术是生产力，事实证明这话讲得很对。依我看，科学技术是第一生产力。"一个星期后，他继续说："科学技术是生产力，这是非常正确的，现在看来这样说可能不够，恐怕是第一生产力。"②在1992年的"南方谈话"中，他又说："经济发展得快一点，必须依靠科技和教育，我说科学技术是第一生产力。近一二十年来，世界科学技术发展得多快啊！高科技领域的一个突破，带动一批产业的发展。我们自己这几年，离开科学技术能增长得这么快吗？要提倡科学，靠科学才有希望。"③

邓小平的这三个观点是我国实行科技兴国战略的理论基础。从哲

---

① 《邓小平文选》第2卷，北京：人民出版社1994年版，第88页。

② 《邓小平文选》第3卷，北京：人民出版社1993年版，第274、275页。

③ 《邓小平文选》第3卷，北京：人民出版社1993年版，第377～378页。

学上讲，他强调了科学技术在生产力内部要素中的决定性作用，因而是对历史唯物主义基本理论的一个重要发展。

第三，关于改革是“解放生产力的一场革命”的观点。

按照历史唯物主义，生产力和生产关系的矛盾运动、经济基础和上层建筑矛盾运动是社会向前发展的基本矛盾。

生产力的发展，一是靠生产力的内部要素的发展，如科学技术的发展来推动其发展；二是靠生产力的外部条件的变化来推动其发展。这个外部条件也包括生产关系和上层建筑在内。由于生产力是最活跃的因素，就要不断改变不适应生产力发展的生产关系和上层建筑。晚年毛泽东的失误，除了在哲学理论上将生产关系、上层建筑在“一定条件下”主要的决定作用无限夸大之外，在实践上，没有对生产关系和生产力的矛盾、上层建筑与经济基础的矛盾作具体分析，指出哪些是与生产力的发展不相适应，哪些是阻碍生产力的发展而需要改变的。比如，他不断地改变所有制形式，由小集体到大集体，由大集体到全民所有，这样的改变就错了。按照我国农村生产力的实际状况，大集体和全民所有制除了在个别地区能适应生产力发展的要求外，绝大部分地区是超越了生产力发展的要求，因而起到了相反的作用。这是把不该改变的改变了。再如“文化大革命”，由于党内矛盾、国内社会矛盾，提出要搞文化大革命，实行全民夺权，砸烂“公检法”，这同样也是把不应否定的上层建筑否定了，因而带来了全国的大混乱，生产力的严重破坏。因此，“文化大革命”在任何意义上都不是革命。

但是，从这几十年社会主义建设发展的缓慢、长期停滞和动荡来看，确有束缚和阻碍生产力发展的生产关系和上层建筑。这就是那些高度集中的管理体制与运行机制，那些不符合广大群众利益要求的方针政策。因此，党的十一届三中全会就提出了改革的任务，并且把它视为一场革命。十一届三中全会的公报指出："实现四个现代化，要求大幅度地提高生产力，也就必然要求多方面地改变同生产力发展不适应的生产关系和上层建筑，改变一切不适应的管理方式、活动方式和思想方式，因而是一场广泛、深刻的革命。"①十一届三中全会以来所进行的改革，不是改变社会主义的根本制度，而是改革那些不适应生产力发展的具体体制，因而是社会主义的自我完善。但是，由于这些不适应生产力的发展的各种具体体制极为顽固，改变起来极为困难，而这种改革对于促进生产力的发展的意义又极为深远，实际带有"解放生产力"的性质。正是在这个意义上，邓小平指出："改革是中国发展生产力的必由之路"②，也是"决定中国命运的一招"③。在"南方谈话"中，邓小平进一步阐发他的思想说："革命是解放生产力，改革也是解放生产力。推翻帝国主义、封建主义、官僚资本主义的反动统治，使中国人民的生产力获得解放，这是革命，所以革命是解放生产力。社会主义基本制度确立以后，还要从根本上改变束缚生产力发展的经济体制，建立起充满生机和活力的社会主义经济体制，促进生产力的发展，这是改革，所以改革也是解放生产力。过去，只讲在社会主义条件下发展生产力，没有讲还要通过改革解放生产力，不完全。应该把解放生产力和发展生产力两个讲全了。"④"讲全了"，就是说社会主义的制度实际上承担着发展生产力和解放生产力双重任务。从科学社会主义角度说，更加深化了对于社会主义基本矛盾运动的认

① 中共中央文献研究室编：《三中全会以来重要文献选编》上册，北京：人民出版社 1982 年版，第 4 页。

② 《邓小平文选》第 3 卷，北京：人民出版社 1993 年版，第 136 页。

③ 《邓小平文选》第 3 卷，北京：人民出版社 1993 年版，第 368 页。

④ 《邓小平文选》第 3 卷，北京：人民出版社 1993 年版，第 370 页。

识。从哲学上说，它深化和丰富了历史唯物主义的基本原理。

第四，关于“生产力标准”和“三个有利于标准”的观点。

“生产力标准”的概念是党的十三大作的明确概括，但这个思想在党的七大毛泽东《论联合政府》的报告中就已提出来了。这是中国共产党把历史唯物主义关于生产力在社会发展中最终起决定作用的原理，应用于制定政策、确定方针而提出的一个重要观点。邓小平在1962年讲的，后来广为流传的“猫论”，就是“生产力标准”思想的形象化描述。他提出，恢复农业生产在生产关系上采取什么形式，要看它是否能够比较快地促进农业生产的恢复和发展。这个说法有什么错误呢？这不是生产关系一定要适应生产力的水平的原理的具体化吗？在“文化大革命”期间，“四人帮”把这个观点污蔑为实用主义，正暴露了他们的反历史唯物主义的面目。十一届三中全会以后，为了拨乱反正，纠正那种长期以来脱离生产力来抽象谈论社会主义，评判改革是非的错误观念，邓小平不断宣传“生产力标准”这个唯物史观，并逐渐地发展为“三个有利于标准”的思想。在1979年，他指出：“对实现四个现代化是有利还是有害，应当成为衡量一切工作的最根本的是非标准。”①在1980年，又说：“社会主义经济政策对不对，归根到底要看生产力是否发展，人民收入是否增加。这是压倒一切的标准。”②1983年，他又提出“三个有助于”标准。他说：“各项工作都要有助于建设有中国特色的社会主义，都要以是否有助于人民的富裕幸福，是否有助于国家的兴旺发达，作为衡量做得对或不对的标准。”③1987年讲政

① 《邓小平文选》第2卷，北京：人民出版社1994年版，第209页。

② 《邓小平文选》第2卷，北京：人民出版社1994年版，第314页。

③ 《邓小平文选》第3卷，北京：人民出版社1993年版，第23页。

治体制改革的政策是否正确时，他又提出三条标准："第一是看国家的政局是否稳定；第二是看能否增进人民的团结，改善人民的生活；第三是看生产力能否得到持续发展。"①到1992年初，在"南方谈话"中则提出了大家知道的"三个有利于标准"，即改革的路子是否正确，"判断的标准，应该主要看是否有利于发展社会主义社会的生产力，是否有利于增强社会主义国家的综合国力，是否有利于提高人民的生活水平"②。

"三个有利于标准"的思想扩大了"生产力标准"的外延，深化了它的内涵，进一步把生产力标准与人民利益标准统一起来了。这在实践上更有助于体现党的全心全意为人民服务的宗旨和我们国家人民利益至上的社会主义性质；这在理论上则把唯物史观的最根本的两条原理或两个最根本的观点有机地统一在这种实践形式之中，丰富和发展了马克思主义哲学的应用性质。

第五，关于社会主义本质论。

这是邓小平"南方谈话"的又一个重大理论贡献。他总结我国建设社会主义的历史教训时反复地讲，最根本的教训在于对什么是社会主义没有搞清楚，缺乏清醒的认识。这就涉及社会主义的本质问题。他在指出这是一个根本教训的同时，就在思考这个问题。早在1980年4、5月间，他在强调解放思想时就提出要对社会主义进行再认识的问题。他说："不解放思想不行，甚至于包括什么叫社会主义这个问题也要解放思想。经济长期处于停滞状态总不能叫社会主义。人民生活长期停止在很低的水平总不能叫社会主义。"他还指出："社会主义

① 《邓小平文选》第3卷，北京：人民出版社1993年版，第213页。

② 《邓小平文选》第3卷，北京：人民出版社1993年版，第372页。

是一个很好的名词，但是如果搞不好，不能正确理解，不能采取正确的政策，那就体现不出社会主义的本质。”①这以后，他讲社会主义的多方面的任务和改革应遵循的基本原则，从不同角度强调了不同的方面，但他讲得更多的还是发展生产力和共同富裕这两条。到 1986 年 9 月，他明确指出：“社会主义原则，第一是发展生产，第二是共同致富。”②1990 年 12 月，又说：“社会主义最大的优越性就是共同富裕，这是体现社会主义本质的一个东西。”③有了这样长期的思考和这些思想的积累，在 1992 年“南方谈话”中，他指出：“社会主义的本质，是解放生产力，发展生产力，消灭剥削，消除两极分化，最终达到共同富裕。”④这就是十分自然的事情了。这是他反思 10 多年的理论成果。它既是对社会主义本质的一个新概括，也是应用历史唯物主义原理进行再认识而得出的一个新思想，既丰富和发展了科学社会主义，也丰富和发展了历史唯物主义的内容。

说社会主义本质论发展了科学社会主义，这不难理解。因为它同对这个问题的传统讲法很不一样，完全是新的内容。

说社会主义本质论丰富和发展了历史唯物主义内容，可以从这样三个方面来认识。

第一，它突出了生产力的最终决定作用和生产力与生产关系矛盾运动的历史唯物主义基本原理。过去对社会主义的认识，比如传统讲法的那几个要素，公有制、按劳分配、无产阶级专政、马克思主义为指导，都属于生产关系和上层建筑方面的内容。这些要素虽然能说明

① 《邓小平文选》第 2 卷，北京：人民出版社 1994 年版，第 312、313 页。
② 《邓小平文选》第 3 卷，北京：人民出版社 1993 年版，第 172 页。
③ 《邓小平文选》第 3 卷，北京：人民出版社 1993 年版，第 364 页。
④ 《邓小平文选》第 3 卷，北京：人民出版社 1993 年版，第 373 页。

社会主义的重要特征，但是传统讲法的缺陷是根本不提生产力，不把发展生产力作为社会主义的根本任务，这怎么符合历史唯物主义呢？不仅如此，将生产力与生产关系两个方面完全割裂开来，离开了生产力孤立地强调生产关系和上层建筑要素，这也不符合历史唯物主义。过去社会主义建设发展缓慢，屡屡失误，原因很多，但不能不说与对社会主义的认识上偏离了历史唯物主义基本原理也有密切关系。邓小平关于社会主义本质的新论，纠正了这个理论失误，彻底地体现了历史唯物主义。

第二，它将历史唯物主义的一些重要范畴作了区别，有助于深化对历史唯物主义范畴的研究。过去对社会主义认识上的一大缺陷是将本质与特征不加区别而混用，传统讲法的几个内容实际上是论列的社会主义特征(有时也叫“本质特征”或“基本特征”)。其实，本质与特征不是一个层面的范畴。在辩证法看来，“本质”是更为深层的东西，“特征”是“本质”的外化、表现和要求，即使是“基本特征”也如此。就“本质”而言，按不同标准划分，也是分层次的。如果说“解放生产力，发展生产力，消灭剥削，消除两极分化，最终达到共同富裕”，属于列宁哲学范畴的更深刻的“二级本质”，那么相比之下，“公有制”、“按劳分配”等若要讲成“本质”，至多也是列宁哲学范畴的不甚深刻的“初级本质”。这个“初级本质”从另外的标准来看，实际上就是“特征”。这样，将“本质”与“特征”加以区别，有利于端正和强化对社会主义的科学认识。这种区别，从哲学上说，有利于深化对历史唯物主义范畴的研究。

第三，它矫正了“老祖宗”对社会主义的个别不正确认识，体现了历史唯物主义的彻底性和整个马克思主义哲学的革命的批判的精神。

把计划经济当作社会主义的本质特征来认识，是恩格斯在《共产主义原理》《反杜林论》等著作中提出的，后来列宁、斯大林进一步强化了这个思想。在苏联、中国等社会主义国家建设社会主义的过程中曾发挥的积极作用不可抹杀，但历史发展了，社会主义也发展了，要与时俱进。现在看来，这与当代世界经济发展的潮流不相符合，也与一些社会主义国家发展实践的要求尖锐冲突。凡是搞改革的，都对计划经济的体制和机制作了某些改变。因此，对社会主义本质的概括，不再提计划经济了，这是认识上的一个很大进步。它体现了马克思主义包括历史唯物主义和科学社会主义，要随着实践的发展而发展的革命精神。

邓小平在"南方谈话"中说："我们讲了一辈子马克思主义，其实马克思主义并不玄奥。马克思主义是很朴实的东西，很朴实的道理。"①毛泽东的科学著作体现了这个特点，邓小平的科学著作也体现了这个特点，作为哲学是一种方法更体现了这个特点。学习邓小平哲学，研究邓小平对马克思主义哲学的发展，归根到底就是要掌握它的立场、观点、方法，把哲学运用到实践中去，不断解决改革、开放和现代化建设中出现的新情况、新矛盾和新问题，把建设有中国特色的社会主义事业推向前进。

---

① 《邓小平文选》第3卷，北京：人民出版社1993年版，第382页。

党的历史

马克思主义中国化的基本历程*

一部中国共产党史，就是马克思主义中国化史。“马克思主义中国化”的概念虽然提出较晚，但这个思想自党创立之日起，实际上已经孕育并在实际斗争中运用。中国共产党的成长、发展过程，就是在实践中探索马克思主义中国化道路的过程；也是将实践经验在理论上升华，形成一系

* 作者与龚育之作为首席专家从2004年秋天起，主持马克思主义理论研究和建设工程重点课题《马克思主义中国化的历史进程和基本经验》的研究。这是作者根据课题组讨论的思想写成的文章。2006年6月中旬，中共北京市委宣传部与北京市邓小平理论和“三个代表”重要思想研究中心在京举办“马克思主义中国化论坛”活动。在17日的大会上，作者就该文作了重点发言。作者认为，中国共产党85年的基本历程，采用“数字化”方式表示，可以简括为：“三二二三”：即分为三个历史时期；实现两次历史性飞跃；探索出两条中国特色的道路；创立作为指导思想的三大理论成果。本文首先分析了党领导的新民主主义革命与马克思主义中国化第一次历史性飞跃的关系和取得的作为指导思想的理论成果；然后分析了新中国成立后社会主义的胜利和曲折，与马克思主义中国化第一次历史性飞跃的延伸和第二次历史性飞跃的准备的关系；最后分析了社会主义改革开放新时期与马克思主义中国化第二次历史性飞跃的关系和取得的作为指导思想的理论成果。全文发表于《中国井冈山干部学院学报》2006年第2卷第2期。收入本书时有个别文字改动。

列马克思主义中国化的思想观点，实现马克思主义中国化的历史性飞跃，创建中国化的马克思主义理论和继续推进马克思主义中国化实践向前发展的过程。

中国共产党85个春秋的基本历程，采用“数字化”方式表示，可以简单地概括为：“三二二三”：即分为三个历史时期；实现两次历史性飞跃；探索出两条中国特色的道路；创立作为指导思想的三大理论成果。

本文试图对这一历史进程作简要解读。

一、党领导的新民主主义革命与马克思主义中国化第一次历史性飞跃

历史的中国，在古代农业社会有着5000年文明，并曾以世界上的头号富强大国“独领风骚”达1500年。但当世界进入工业文明之后，资本帝国主义的入侵使这个已在内腐的庞然大物轰然坍塌，濒临亡国灭种的边缘。承续着“天下兴亡，匹夫有责”历史传统的先进中国人，前仆后继，寻寻觅觅，上下求索，终于获得了马克思主义这个能够使中国救亡图存、民族复兴的真理。

先是以李大钊、后是以毛泽东为代表的中国共产党人，从接受马克思主义始，就将其视为理论与方法统一的世界观，致力于因时因地运用马克思主义，强调马克思主义与中国实际的结合。李大钊在传播马克思主义时就说过：必须研究怎样将社会主义的理想尽量应用于现实环境；社会主义理想“因各地、各时之情形不同，务求其适合者行之，遂发生共性与特性结合的一种制度(共性是普遍者，特性是随时随地不同者)，故中国将来发生时，必与英、德、俄……有异”。[①] 毛

① 中国李大钊研究会编注：《李大钊文集》第4卷，北京：人民出版社1999年版，第5页。

泽东对待马克思主义理论一开始就没有丝毫的学理主义，努力掌握其“认识问题的方法论”，用它来研究中国的现实国情，解读中国的历史传统，将其作为观察和改造国家的工具。

中国共产党创立后，即投入领导大革命运动和北伐战争。这时的指导思想实际上在将马克思主义理论与中国的现实国情相结合，对于武装斗争和统一战线两个问题都有初步认识，实现了国共两党第一次合作，派出不少重要干部在国民革命军中任职。但是对于革命领导权的极端重要性缺乏了解，对于中国革命的基本规律和特点缺乏认识，对于共产国际和苏联共产党的指导缺乏独立自主权，因而没有能够抵御异常强大的反革命势力对党的进攻。这是党在大革命后期遭致失败的一个重要原因。

对于共产党人言，中国革命向何处去？在 1927 年 8 月以后，同时选择了两条道路。一条是仿俄国十月革命的道路，进行城市武装暴动，如南昌起义、广州起义等；另一条是仿中国的历史传统，在边远的农村进行武装暴动，这以毛泽东领导的湘赣秋收起义为代表，放弃进军长沙的原定计划，开辟出工农武装割据的井冈山道路。这两条道路都是对中国革命道路的最初探索。但是，哪一条道路适合中国国情？实践证明，前者不行，后者则指出了革命胜利的航向。为什么会这样？因为尽管世界已进入工业文明时代，资本主义生产方式引领世界潮流，但中国仍属于以农业生产方式为主体的半殖民地半封建社会，经济和交通极端落后，各地区发展不平衡，那种在资本主义比较发达国家主要依靠工人阶级利用危机时刻在反动统治力量强大的城市进行革命的理念不符合中国实际。而领悟了马克思主义阶级斗争理论和方法真谛的毛泽东，造反上山打游击，武装割据闯局面，开辟农村革命根据地，这在马克思主义的“本本”上没有，但却有上千年的中国农民战争历史传统的深刻烙印。这是马克思主义中国化的初始重要成果。

那个时期的“左”倾领导人，同经历过新文化运动的许多知识分子一样，能接受马克思主义这样的“西学”，但对于包括中国农民战争的历史传统却持否定态度。同时，他们对于共产国际基于上述工业文明的革命理念而发出的对中国革命的指示又盲目迷信、甚至顶礼膜拜，断然反对将党的工作重心转移到农村，顽固地坚持城市中心论。如果说大革命失败之初的城市武装暴动，还有反抗国民党反对派镇压革命人民的积极意义，那么在反动统治薄弱的农村，依靠广大农民进行武装斗争，开辟革命根据地的星星之火，正在形成燎原之势时，他们还强行实施全国中心城市起义和集中全国红军攻打中心城市的政治军事路线，则是一种食“本本”不化的典型表现。他们不懂中国的现实，不懂中国的历史，不了解中国的农村和农民，因而也就不了解中国革命。在他们的错误路线指导下，中国革命遭受严重挫折。

与当时的“左”倾领导人不同，毛泽东谙熟中国历史，了解中国农民的革命要求，不仅能用马克思主义分析中国的现实社会关系，而且能用马克思主义正确对待中国的文化传统和革命传统。以他为代表的中国共产党人在将秋收起义队伍拉上井冈山实行工农武装割据之后，大力开展游击战争，转战闽西赣南，将发展武装斗争、深入土地革命、建设革命政权三者密切地结合起来，创建了党领导的最大革命根据地——中央苏区。

讲中国特色革命道路的开辟，不仅要强调井冈山斗争，还要强调以中央苏区为中枢的全国各苏区的革命斗争。特别是中央苏区，它是以毛泽东为卓越代表的中国共产党人艰辛开辟的。中央苏区有近6年的历史，对于在马克思主义中国化思想指导下进行的后来被称为新民主主义的革命具有十分重要的意义。(一)从时间来说，这个时期占民主革命的四分之一，在党领导的民主革命历史上所受艰难困苦的时间最长。(二)从内涵来看，它对农村包围城市、武装夺取政权的中国特色革命道路进行了极其艰苦的探索，对于中国革命的许多重大理论问题有了进一步认识，毛泽东提出的反对“本本主义”，强调中国共产党人的思想路线是“从斗争中创造新局面的思想路线”，“中国革命斗争的胜利要靠中国同志了解中国情况”等，标志着马克思主义中国化理论在孕育着飞跃。(三)从意义来讲，党在这个时期的指导思想无疑犯了许多严重的“左”的错误，毛泽东受过排挤打击，但其间创建的中华苏维埃共和国作为新中国的最初雏形，是中国共产党第一次建立的国家政权形态。它磨砺和造就了以毛泽东为核心的第一代中央领导集体，培养了一大批治国安邦的党政军领导干部，人民军队经受了艰苦卓绝的锻炼。如果要论中国共产党的局部执政，实际是从这里开始。党在这个时期不仅积累了丰富的治国治军经验，而且为保持工人阶级先锋队性质，在加强党的先进性建设中开创了新的途径，初步地形成了党的三大优良作风，锻炼了党的执政能力。这是马克思主义中国化的一个重要实践基地。

马克思主义中国化是个极其艰难的过程，探索出中国特色的革命道路付出了非常巨大的代价。“左”倾错误领导不仅使包括中央苏区在内的广大苏区几乎全部丧失，而且在战略转移的长征途中又几乎使党和红军濒临绝境。中共中央政治局召开的以 1935 年 1 月遵义会议为代表的系列会议，批判“左”倾错误领导，在改组中央后，实际上确立了毛泽东在红军和党中央的主要领导地位。遵义会议的拨乱反正，使中国革命转危为安，实现了党的历史上第一次伟大转折。

从土地革命战争后期至抗日战争后期的 10 年，以毛泽东为代表的中国共产党人，经过对中国革命正反两方面经验教训的不断总结，对中国社会的现状和历史、对中国革命的特点和规律有了更为深刻和完整的认识，基本上明确了什么是新民主主义革命和怎样进行新民主主义革命的一系列根本问题。这是马克思主义的中国化获得历史性大飞跃的10年。在这个大飞跃过程中，就马克思主义中国化的总体和宏观方面论，获得了四个最重要的成果，或者说经历了理论的四次提升。

一是提出“马克思主义中国化”的科学概念。这个思想虽早已有之，但要形成明晰的科学概念，既要有实践的积累，又要有理论的准备，至抗日战争前期，这两个条件都已具备。以毛泽东为代表的中国共产党人对中国革命的历史经验进行初步总结，写出了许多重要著作，特别是《中国革命战争的战略问题》《实践论》《矛盾论》的写作，为在理论上实现马克思主义中国化的历史性飞跃奠定了坚实的哲学基础。有了这个前提，提出至今仍为“显学”的科学概念乃势之必然。毛泽东在党的六届六中全会上作《论新阶段》报告，提出这个科学概念说：“共产党员是国际主义的马克思主义者，但马克思主义必须通过民族形式才能实现。没有抽象的马克思主义，只有具体的马克思主义。所谓具体的马克思主义，就是通过民族形式的马克思主义，就是把马克思主义应用到中国具体环境的具体斗争中去，而不是抽象地应用它。成为伟大中华民族之一部分而与这个民族血肉相连的共产党员，离开中国特点来谈马克思主义，只是抽象的空洞的马克思主义。因此，马克思主义的中国化，使之在其每一表现中带着中国的特性，即是说，按照中国的特点去应用它，成为亟待了解并亟须解决的问题。”[①]在这里，马克思主义中国化是“民族化”这一基本内涵非常明确。此后，毛泽东又提出“马克思列宁主义的理论(或普遍真理)和中国革命的实践(或具体实践)相结合(或之统一)”的科学概念，来表述马克思主义中国化思想。这两个概念是等值的。或者说，后者是“学名”(标准称谓)，前者是“小名”(通俗用语)。这两个科学概念的提出，是马克思主义中国化认识史的第一块里程碑。

二是明确“农村包围城市”的中国特色革命道路。先是在六届六中全会报告中，毛泽东根据抗日战争新形势，分析中国社会的特点，指出在半殖民地半封建的中国，中国的革命不是先占城市后取乡村，而是走相反的道路。这个相反的道路，就是共产党要利用城市不能完全统制乡村，而广大的人力物力又在乡村；国家疆域大，有回旋余地这样一些有利条件，组织人民进行“长期的广大的战争，去反对占领城市的敌人，用犬牙交错的战争，将城市包围起来，孤立城市，从长期战争中逐渐生长自己力量，变化敌我形势，再配合之以世界的变动，就能把敌人驱逐出去而恢复城市”。这就是乡村能够最后战胜城市的道路。[②] 随后，在《〈共产党人〉发刊词》《中国革命和中国共产党》等著作中，毛泽东进一步阐释了中国革命走这条道路的必然性、必要性和可能性等问题，并且深刻地论述了这条道路是中国革命胜利之路的基本经验，这就是统一战线、武装斗争和党的建设的“三大法宝”思想。这“三大法宝”思想是中国革命道路不可或缺的基本要素。它的提出使中国革命道路理论具有了完整性，标志着中国共产党人对中国革命道

① 中央档案馆编：《中共中央文件选集》第11册，北京：中共中央党校出版社1991年版，第658～659页。

② 中央档案馆编：《中共中央文件选集》第11册，北京：中共中央党校出版社1991年版，第590～591页。

路理论的认识走向成熟。“农村包围城市，武装夺取政权”这条有中国特色的革命道路的开辟及其理论上的成熟，是马克思主义中国化第一次历史性飞跃的重大成果。

三是构建作为马克思主义中国化第一次历史性飞跃的核心理论的新民主主义理论。“农村包围城市”的中国革命道路理论无疑是中国革命的重要基础理论，但是，如何对党在20世纪上半叶领导的革命进行定位，更为系统、深入地回答中国革命的一系列重大问题，则不是这个理论所承担的任务，而需要外延更大、层面更高的理论来解决。抗日战争的伟大实践，锻炼了中国共产党人正确处理民族矛盾与阶级矛盾相互交错呈现的极端复杂局面的驾驭能力和斗争本领。毛泽东在《新民主主义论》中，进一步总结中国革命的历史经验和抗日战争的新鲜经验，提出“新民主主义”概念，对党领导中国革命的性质进行科学定位。以毛泽东为主要代表的中国共产党人在这时构建的和后来继续丰富的新民主主义理论，精辟地论述了“什么是新民主主义革命，怎样进行新民主主义革命”的对象、任务、领导权、动力、前途、发展阶段、总路线，以及新民主主义的经济、政治、文化的基本纲领和政策等诸多重大问题。这个理论为最终实现马克思主义中国化第一次历史性飞跃作了最重要的理论建构。

四是创立中国化的马克思主义理论——毛泽东思想，集马克思主义中国化第一次历史性飞跃成果之大全。在抗日战争中，一方面党制定了正确的政治路线，高举抗日民族统一战线的旗帜，坚持独立自主方针，成为抗战的中流砥柱，人民革命力量得到空前的发展壮大；另一方面，在思想路线上由于对过去党内盛行的把马克思主义教条化、把共产国际决议和苏联经验神圣化的错误倾向没有得到根本纠正，对党的许多重大历史问题，特别是以王明为代表的“左”倾教条主义的路线是非在党的领导干部包括高层领导中并没有统一认识，致使在一部分重要地区又发生新的错误。在抗日战争进入新的发展阶段后，为了提高全党的马克思主义理论水平，坚决贯彻中央的路线和方针政策，去夺取抗日战争的最后胜利，党中央决定开展整风运动。这次整风运动，既是马克思主义思想教育运动，也是马克思主义中国化思想达到一个新境界的理论提升运动。通过整风学习，批判指导思想发生过的“左”、右倾机会主义错误，从政治路线、军事路线、组织路线和思想路线诸方面总结建党以来二十多年的历史经验，全党更加对毛泽东的正确领导心悦诚服，对他将马克思主义中国化的独特理论创造赞佩有加。党的扩大的六届七中全会通过的《关于若干历史问题的决议》指出：二十四年来中国革命的实践证明了，并且还将继续证明，毛泽东所代表的我们党和全国广大人民的奋斗方向是完全正确的；党在奋斗的过程中形成了“中国化的马克思主义的思想体系——毛泽东思想体系”，以这个思想体系更普遍地更深入地掌握干部、党员和人民群众，必将给党和中国革命带来伟大的进步和不可战胜的力量。

有了《历史决议》的思想基础，在党的七大，全党形成共识，决定以毛泽东的名字命名的“毛泽东思想”为党的指导思想。七大高度评价毛泽东思想，指出：“毛泽东思想，就是马克思列宁主义的理论与中国革命的实际之统一的思想”，“是唯一正确的救中国的理论和政策”。它既是马克思主义民族化的优秀典型——中国化的马克思主义，又是“我们这个民族的特出的、完整的关于中国人民革命建国的正确理论”。① 七大通过的新党章规定：“中国共产党，以马克思列宁主义的理论与中国革命的实践之统一的思想——毛泽东思想，作为自己一切

① 《刘少奇选集》上卷，北京：人民出版社1985年版，第333页。

工作的指针”。这样，中国共产党自创立以来第一次将自己经过千辛万苦而获得的马克思主义中国化的伟大理论成果，确立为党的指导思想了。

在这个中国化的马克思主义理论——毛泽东思想的正确指引下，党不仅为中华民族在近代第一次打败外国侵略者作出了巨大贡献，而且取得解放战争的辉煌胜利，创建了新中国。这是马克思主义中国化的第一次历史性飞跃的最伟大的实践成果。

二、新中国成立后社会主义的胜利和曲折，与马克思主义中国化第一次历史性飞跃的延伸和第二次历史性飞跃的准备

从新中国成立到党的十一届三中全会前的29年，是党在探索建设中国自己的社会主义道路的过程中既有重大胜利又遭受比较多的曲折和比较严重的挫折的一段历史。对这段历史怎么认识，尽管1981年通过的《关于建国以来党的若干历史问题的决议》已有结论，对许多重大历史问题形成共识，但是对这个《决议》中的一些重要问题的论断如何解读，在理论界和党史界迄今仍有不同看法，有的分歧还不小。在大家都赞同《决议》的大前提下，对一些问题见仁见智应当允许，通过百家争鸣来求同存异。这里，我想根据我们《马克思主义中国化的历史进程和基本经验》课题组首席专家龚育之提出的马克思主义中国化第一次历史性飞跃的延伸和第二次历史性飞跃的准备的思想，就如何解读这段历史，讲点个人看法。

(一)新中国成立后29年的历史发展

新中国的成立开辟了中华民族历史的新纪元，是中国共产党历史发展的新篇章。怎样建设新中国呢？按照在《新民主主义论》中提出、

经过党的七大和七届二中全会决议发展了的认识，首先在全国范围内建设新民主主义社会，经过新民主主义转变为社会主义。因此，新中国成立伊始通过的第一部大法典《共同纲领》，是部新民主主义的建国纲领，制定了建设新民主主义的各项政策。

新中国的头三年就是建设新民主主义，准确地说，是建设一个比在根据地局部的发展更为全面、形态更为完备、模式更具典型意义的新民主主义的高级阶段。到 1952 年，土地改革和其他民主改革基本完成，遭到严重破坏的各项事业得到初步恢复，国家的经济状况超过历史最高水平。正在这时，由于国内因素和国际因素的综合作用，党中央对于如何向社会主义过渡作了新的思考，提出并实施了过渡时期总路线这一过渡到社会主义的新理念，将原来设想的先工业化后集体化和国有化，改变为社会主义工业化和对生产资料私有制的社会主义改造同时并举。从 1953 年开始，在开展大规模经济建设，实施第一个五年计划的同时，到 1956 年提前完成社会主义改造任务，初步地建立起社会主义基本制度，我们国家进入按照党后来的认识，这时进入的只是社会主义的初级阶段。

1956 年召开的党的八大，总结七大以来特别是新中国成立以来的历史经验，根据社会主义改造任务基本完成后的新形势和国家面临的新问题，明确指出：我国无产阶级同资产阶级之间的矛盾已经基本解决，国内的主要矛盾是人民对于经济文化迅速发展的需要同当前经济文化不能满足人民的需要的状况之间的矛盾；国家的主要任务是要在新的生产关系下集中力量发展生产力，“尽可能迅速地实现国家工业化，有系统、有步骤地进行国民经济的技术改造，使中国具有现代化的工业、现代化的农业、现代化的交通运输业和现代化的国防。”这是党对现代化思想的初始表述。在八大前后，党还提出了许多具有积极探索意义的新的方针和设想，从而，这个时期成为党探索中国自己建设社会主义道路的良好开端。

1957年夏天，党决定进行整风运动，并号召全国各界帮助成为执政党的中国共产党的整风。由于鸣放和整风运动中出现一些攻击性言论，由于对这些攻击性言论作了过度反应，党在开展的反右派运动中严重混淆两类不同性质的矛盾，并使党对八大明确了的社会主要矛盾的认识发生逆转。接着，党的指导思想又经历曲折，出现了“大跃进”和人民公社化运动，出现了反右倾运动。就是说，八大以后，党的指导思想出现两个发展趋向。一个发展趋向是正确的和比较正确的，它包括党在探索中国自己的建设社会主义道路的过程中形成的一些正确和比较正确的理论观点和方针政策，积累的一些正确和比较正确的实践经验。这除了八大前后一年半多的探索外，还有1959年庐山会议以前八九个月的纠正“大跃进”和人民公社化运动中“左”的错误和1960年冬天以后五年调整中取得的积极成果。另一个发展趋向是错误的趋向，这就是党在探索过程中形成的一些错误的理论观点、政策思想和实践经验。它主要表现为两个方面：一是在经济建设指导方针上急于求成，超越了历史发展阶段，1958年开始的三年“大跃进”和人民公社化运动对社会生产力的发展造成了极大破坏，给人民生活带来严重困难；二是政治领域形成了阶级斗争为纲的指导方针，在1957年反右派斗争后又发生了1959年的反右倾斗争和1962年八届十中全会以后从城乡社会主义教育运动到意识形态的大批判运动。在这10年中，党的指导思想的两个趋向交错发展。一方面，由于正确和比较正确的发展趋向的努力，为我们国家打下了赖以进行现代化建设的一定的物质技术基础，取得的成绩是主要的；另一方面，错误的发展趋向后来压倒了正确和比较正确的发展趋向，致使“文化大革命”

爆发。

从1966年开始的“文化大革命”，对社会主义道路的探索陷入了严重迷误。广大干部被打倒，各级党委和政府机构长时间瘫痪，社会处于混乱状态，广大人民的生命财产蒙受巨大损失，党和国家遭到新中国成立以来最严重的挫折。但就党的指导思想而言，实际上也存在着两个发展趋向。尽管错误的发展趋向在10年间的全局上占据着主导地位，但在“文化大革命”前积累的正确的和比较正确的发展趋向还在艰难地发挥作用，因此，对“文化大革命”的各种形式和各种程度的抵制和抗争没有停止过。特别是两度在毛泽东支持下由周恩来在1972年领导的批判极左思潮和邓小平在1975年领导的全面整顿，曾经遏制了社会动乱，遭受严重破坏的国民经济有所好转。在对外关系上，尽管也受到过林彪集团和“四人帮”的干扰，但绝大部分时间坚持了正确的和比较正确的发展趋向，顶住国际上霸权主义和强权政治的压力，维护国家安全，支持各国人民的正义斗争，外交格局有重大的新突破。正是由于正确的和比较正确的发展趋向在努力前行，对“文化大革命”进行抵制和抗争的力量日益发展，给党和国家带来巨大灾难的“文化大革命”越来越被广大人民群众所唾弃，最后由代表正确的和比较正确的发展趋向的党中央一举粉碎“四人帮”，结束了“文化大革命”的10年内乱。此后，虽然出现了“两年徘徊”，但历史前进的潮流不可阻挡，最后在1978年底的十一届三中全会终于克服党的指导思想的“左”的错误，实现了党的历史又一次伟大转折，国家的发展进入一个新的阶段。

(二)用马克思主义中国化理念对29年历史的解读

新中国成立后29年经历的曲折和挫折同新中国成立前党领导革命28年经历的曲折和挫折，不能完全等量齐观。就领导主体言，两者既有相同的一面，又有不同的一面。

两者相同的是：第一，党的领导没有经验，一是领导革命没有经验，一是领导建设没有经验，都是在探索过程中犯的错误。第二，两个时期主要都是“左”的错误。在大革命后期和抗日战争前期虽然犯有右的错误，但在土地革命战争前期连续三次“左”的错误，特别是第三次“左”倾路线错误，给中国革命的损失最为严重。新中国成立后党所犯的主体错误也是“左”，特别是三年“大跃进”运动和十年“文化大革命”是全局性的“左”倾严重错误，其时间之长超过了党的历史上的任何一次。第三，两者错误的内涵就思想路线言都带有教条主义和经验主义性质，尽管其具体形态不同。大革命后期和土地革命前期的主要错误倾向，是把马克思主义教条化、把共产国际决议和苏联经验神圣化，经验主义成为教条主义的俘虏。新中国成立后所犯的阶级斗争扩大化乃至人为制造阶级斗争的错误，既有将马克思主义著作的误解或教条化的问题，又有习惯于将革命战争年代群众性斗争的旧方法和旧经验照搬的问题。“大跃进”运动的错误，是用大搞群众运动的办法来搞经济建设。就此而言，党在新中国成立前后犯错误，其思想方法有相通的一面。

两者的错误又有很大的不同。一为新中国成立后是党在全国范围执政条件下犯的错误，其危害和影响比过去要大得多，其承受和克服错误的耐力也比过去要大得多。在战争年代，以中华苏维埃共和国鼎盛时期言，总面积只有 40 余万平方公里，总人口约 3000 万。党所犯“左”的错误的影响主要在这个范围。新中国成立后作为执政党，所犯的错误带有全国性，其危害会影响整个中华民族。二为新中国成立后是在坚持马克思主义中国化的理念过程中犯的错误。过去为害最烈的“左”倾领导人犯错误，一个重要原因是认为“山沟里产生不了马克思主义”，将马克思主义中国化的思想视为“狭隘经验论”。新中国成立后党犯错误时则不然，其指导思想始终是坚持马克思主义中国化理念，要努力探索中国自己建设社会主义的道路，虽然这种探索也曾走上错误的歧途。这是与过去犯错误的一个重要区别。三为新中国成立后党是在批判苏联模式过程中犯的错误。过去犯错误的一个重要原因是将苏联经验神圣化，新中国成立后上述两次全局性的大错误都与“以苏为鉴”有不解之缘。“大跃进”运动的错误是为了反对照抄照搬苏联经验而引发的。“文化大革命”的错误是为了使中国不走苏联“蜕变”的老路，要“反修防修”而发动的。前者是将苏联作为正面参照物，后者则将苏联作为了反面参照物。这是又一个不同。

为什么坚持马克思主义中国化的理念还犯错误呢？其主观愿望与实际过程相背离的原因在于：

第一，坚持马克思主义中国化的理念并不等于对中国的真实实际能有正确的认识。新中国成立后党犯的错误，无论在经济生活方面还是在政治和意识形态领域，都是因为党的决策严重不符合那时中国的真实实际。“大跃进”和人民公社化运动的“左”的错误是如此，反右派斗争以后的历次政治运动，直至“文化大革命”所犯的错误莫不如此。正如毛泽东对调查研究的认识一样，开始是讲“没有调查，没有发言权”。随后补充道：“没有正确的调查，同样没有发言权。”同此道理，讲“中国化”，也要讲两句话：不仅要讲联系中国实际，还要强调正确地认识和联系中国真实的实际。这是最重要的。

第二，就马克思主义中国化的内涵来看，只强调“民族化”不够了，还要与时俱进，讲“当代化”。不与时俱进，不看到马克思主义的中国化也要“当代化”，同样会犯错误。在革命战争年代，讲马克思主义中国化，着重讲民族化、地域性，没有特别提出时代的问题，是因为列宁所说的世界处于帝国主义时代和战争与革命的主题在那时没有改变。但在第二次世界大战后，直至新中国成立后，世界的政治、经济和科学技术在发生着和酝酿着巨大变化。首先在上个世纪50年代已开始新的科学技术革命，在八大时期，党和政府看到这个大趋势，制定了12年科学发展规划。但是，1958年开始的“大跃进”运动，则抛开甚至背离这个时代潮流，在根本上是反科学的。那时强调的所谓“中国化”，没有与时俱进而是反时倒退，没有融入“当代化”而是“土法化”。随着科学技术的突飞猛进，社会主义与资本主义的关系在某些方面也在悄悄地发生变化，两者除了有相互对抗、斗争和排斥的一面，其相互贯通、相互渗透、甚至还相互补充的一面渐渐引人注目。一些社会主义国家从上个世纪50年代开始进行的改革，尽管有的国家没能把握好方向，但有的国家却在努力与时俱进。而那时我们国家尽管也迈开了改革的步伐，并取得了不少重要成果，但由于在许多方面处于与世隔绝的封闭半封闭状态，对社会主义与资本主义关系的认识比较滞后，因而那时讲的“中国化”没有融入“当代化”元素。这是在坚持马克思主义中国化过程中犯错误的又一个重要原因。

第三，对马克思主义著作的理解有“教条化”倾向。“马克思主义中国化”理念本来是在反对将马克思主义教条化的斗争中提出的。坚持马克思主义中国化的一个基本前提，就是反对从马克思主义著作中去寻找现成答案，强调它是行动指南的方法论。但是自开展国际共产主义运动大论战后，我们党对马克思主义著作的解读渐渐有了“教条化”乃至“原教旨”倾向，似乎这样就有“话语权”，具有“正宗性”。这不仅强化了国际共产主义运动的论争，跟论战的对方一起“都讲了许多空话”，而且影响国内的政治经济决策。如1981年《历史决议》所指出的：这种对马克思主义著作的某些误解或教条化，使一些决策显得很有“理论根据”，“使我们把关于阶级斗争扩大化的迷误当成保卫马克思主义的纯洁性”。这样，在主观坚持着马克思主义中国化的理念，而实际所探索的中国自己建设社会主义的道路却陷入歧途。这是新中国成立后党犯“左”的错误的一个重要理论根源。

（三）如何理解新中国成立后29年的历史发展是第一次历史性飞跃的延伸和第二次历史性飞跃的准备

讲马克思主义中国化的历史性飞跃，最初是党的十三大报告。那时的表述是“马克思主义与我国实践的结合”有“两次历史性飞跃”，探索出两条有中国特色的道路。第一次飞跃发生在新民主主义革命时期，找到了有中国特色的革命道路，把革命引向胜利。第二次飞跃发生在十一届三中全会以后，开始找到一条建设有中国特色的社会主义的道路，开辟了社会主义建设的新阶段。这是从实践层面讲的。在十四大报告中，又提出党领导进行两次伟大革命的思想。第一次伟大的革命不仅仅是夺取新民主主义革命的胜利，还包括建立起社会主义基本制度，将半殖民地半封建的旧中国变成社会主义新中国。第二次伟大的革命，是指改革开放和现代化建设这场新的革命。其历史起点是十一届三中全会，目标是将中国由不发达的社会主义国家变成富强民主文明的社会主义现代化国家，这是一个相当长的历史阶段。

据此，就马克思主义中国化第一次历史性飞跃与党领导的第一次伟大革命而言，两者的下限有一个时间差。前者是到1949年新中国的建立，后者是到1956年社会主义基本制度的建立。讲第一次历史性飞跃的延伸，就是延伸到1956年建立社会主义基本制度及其以后的一段调整。经过这段延伸，也获得两方面成果。就实践成果言，有两大成就，一是按照《共同纲领》建设新民主主义社会，即新民主主义革命道路的延伸；二是在过渡时期中创造性地开辟了适合中国特点的社会主义改造的道路，实现了从新民主主义向社会主义的转变。就理论成果言，那就是毛泽东思想在新中国成立后的丰富和发展。其丰富和发展的内容，第二个《历史决议》对毛泽东思想的论述已作了概括。这个新概括包括党在民主革命和社会主义建设时期的正确的基本理论和基本政策，涉及政治、经济、文化、民族、军事和国际问题等诸多内容，在总体上回答了在中国如何革命、夺取革命胜利和实现革命转变，走向社会主义的一系列根本问题，标志着党对中国革命发展规律的认识达到新的高度。

说这段历史又是马克思主义中国化第二次历史性飞跃的准备，是因为党在这个时期已提出要将马克思主义理论与中国社会主义建设实际相结合的问题。先是在苏共 20 大后的 1956 年 4 月，毛泽东指出：现在我们有了自己的初步实践，又有了苏联的经验和教训，应当更加强调从中国的国情出发，在结合上下工夫，“进行第二次结合，找出在中国进行社会主义革命和建设的正确道路。”①以后又在 1962 年七千人大会上的讲话中，毛泽东提出“我们必须把马克思列宁主义的普遍真理同中国社会主义建设的具体实际、并且同今后世界革命的具体实际，尽可能好一些地结合起来，从实践中一步一步地认识斗争的客观规律。”②这就是说，党要进行第二次伟大革命，探索中国自己的建设社会主义的道路，开始马克思主义中国化第二次历史性飞跃的任务，在那时已经提出。

事实上，如前所述，探索中国自己的建设社会主义道路已有良好

① 吴冷西：《十年论战——1956～1966 中苏关系回忆录》(上)，北京：中央文献出版社 1999 年版，第 23～24 页。

② 《毛泽东著作选读》下册，北京：人民出版社 1986 版，第 828～829 页。

开端。如果探索成功，第二次历史性飞跃的起点就应该从那时算起。但有谁能料，接踵而至的历史发生大的曲折，出现像“大跃进”和“文化大革命”那样全局性的严重失误，这个理论的起点没能变成历史的现实，即没能践行“第二次结合”的任务，实现第二次历史性飞跃。不过，从1956年党的八大开始探索中国自己的建设社会主义的道路，无论取得的成功还是经历的挫折，都为第二次历史性飞跃作了重要准备。这个准备，从总体上看，最重要的是：

——为第二次历史性飞跃提供了坚强的政治保障。国家的统一，民族的团结，政权的巩固，社会主义制度的建立，使党继续探索中国自己的建设社会主义的道路有根本的政治基础。

——为第二次历史性飞跃提供了一定的经济基础。工农业生产在动荡中曲折发展，终究建立起比较完整的工业体系和国民经济体系。这是在新阶段推进改革开放和现代化建设事业的历史基础。

——为第二次历史性飞跃准备了重要的思想条件。1957年后探索的偏离和“文化大革命”的迷误，首先是思想路线发生偏离和迷误。那时不是以实践作为检验真理的唯一标准，往往从本本出发乃至个人意志出发，思想僵化，迷信盛行，探索陷入歧途。“文化大革命”的灾难，促进广大人民群众的觉醒，这为十一届三中全会拨乱反正，实现历史的伟大转折准备了重要的思想条件和群众基础；而马克思主义思想路线的重新确立，是第二次历史性飞跃的思想基础。

——为第二次历史性飞跃提供了丰富的历史参照。这个时期已开始的对中国自己的建设社会主义的道路的探索，提出过许多重要的理论观点、政策思想，积累了深刻的实践经验，无论是正面的还是负面的，“文革”前的还是“文革”中的，都是继续进行有中国特色的社会主义道路探索的实践基础。

——为第二次历史性飞跃提供了宝贵的干部资源。在20年"左"的错误期间，许多干部经受了考验，尽管受到迫害，但后来得以幸存。十一届三中全会以后，经过拨乱反正，平反冤假错案，他们重新走上领导岗位，承前启后，继往开来，使进行第二次伟大革命和实现马克思主义中国化第二次历史性飞跃有重要的领导力量和组织基础。

这诸多方面的准备，对于实现马克思主义中国化第二次历史性飞跃，无论哪一点都是不可缺少的。没有这样的基础，很难有马克思主义中国化第二次历史性飞跃。历史的发展犹如环环相扣的链条，不管每个历史环节所起的作用如何，但没有这个环节就不可能形成历史之链。

三、社会主义改革开放的新时期与马克思主义中国化第二次历史性飞跃

1978年底十一届三中全会实现的伟大转折，标志着中国共产党重新奋起，带领中国人民进行改革开放和现代化建设的新的伟大革命，我们国家从此进入一个新的历史时期。这是党的历史发展的第三个大的阶段。从十一届三中全会至今也有28年。这28年的历史进程可以分为若干小的阶段。对此，党史界有不同分法，作为学术问题可以继续研讨。由于历史还在发展，即使是得到认同的分期也是可以调整和变动的。

根据这段历史发展到迄今为止的情况，我有一个初步想法，能否将这28年的历史分为"两大四小"阶段。所谓"两大"，即将28年一分为二，以1992年邓小平"南方谈话"和十四大为界限，前14年为一个阶段，即"拨乱反正，全面改革"阶段；后14年为一个阶段，即"加快发展，全面建设小康社会"阶段。为什么要以邓的"南方谈话"和十四

大作为划分两段历史的界碑呢？因为在上个世纪80年代末90年代初，我们国家又面临一个重要历史关头，邓的“南方谈话”和十四大排除干扰，牢牢地把握住航舵，决定我们国家的改革朝着建立社会主义市场经济体制的方向前进。这是决定中国命运的抉择，从此中国的发展进入了犹如高速公路的快车道。否则，中国的发展不可能有今天——到2005年，国内生产总值达到18.2万亿元(折合美金2.2万亿元)，跃居世界第4位。因此，应当凸显邓的“南方谈话”和十四大的历史作用。

所谓“四小”阶段，即上述两个阶段的前14年和后14年各自又可一分为二，这样就成为四个小的段落，即(一)从十一届三中全会至1982年党的十二大前，这4年可视为“拨乱反正，改革起步”阶段，实现了党的工作重心“从以阶级斗争为纲转到以发展生产力为中心，从封闭转到开放，从固守成规转到各方面改革”，初步开辟“建设有中国特色社会主义的全新的事业”。① (二)从十二大至1992年邓的“南方谈话”和十四大前，这10年可视为“全面改革，治理整顿”阶段。在前5年，改革从农村发展到城市，从对内搞活发展到对外开放；在后5年，着重治理整顿、协调发展，为经济和社会沿着健康方向前进夯实基础。(三)从邓的“南方谈话”和十四大到两个世纪之交的7年，可视为“深化改革，加快发展”阶段，明确了改革的目标，强调正确处理改革、发展和稳定的关系，加快向社会主义市场经济体制转变。(四)从2000年至今，我们国家进入全面建设小康社会、加快推进社会主义现代化建设的新的发展阶段。这个划分，不是单纯地按照党的会议，而是既考虑党的会议确定的任务又考虑历史发展的实际状况来综合把

① 《邓小平文选》第3卷，北京：人民出版社1993年版，第269页。

握。每一小段落的称谓，基本上参照党的历史文献的说法，但有个别调整。就算一家之言吧！

用马克思主义中国化理念怎样解读十一届三中全会以来的28年是第二次历史性飞跃时期呢？

马克思主义中国化的理念是具体的、历史的、发展的。党在领导进行改革开放和现代化建设的新的伟大革命时，对马克思主义中国化的理念开始更加强烈地注入“当代化”元素。作为这场伟大革命总设计师邓小平的指导思想一直很明确，一方面反复强调：我们搞改革开放，把工作重心放在经济建设上，没有丢马克思，没有丢列宁，没有丢毛泽东。老祖宗不能丢啊！另一方面不断指出：世界形势日新月异，特别是现代科学技术发展很快。现在的一年抵得上过去古老社会几十年、上百年甚至更长的时间。不以新的思想、观点去继承、发展马克思主义，不是真正的马克思主义者。邓小平的这种鲜明的世界眼光，开辟了马克思主义中国化的新境界，是将“当代化”元素注入马克思主义中国化思想的原生态。为了使这场新的伟大革命在融入经济和科技发展的全球化大潮中健康运行，邓小平还逐渐形成了领导这场新的伟大革命的步骤和方法的哲学之道，强调我们进行的改革开放是前人没有做过的天翻地覆的事业，是“伟大的试验”，有很大的风险，采取的方针是“胆子要大，步子要稳”；既要敢闯新路，又要努力求是；小错误难免，但要避免犯大错误。在这个伟大革命的过程中，党自始至终注重以多种视角，从多个侧面，不断总结建设社会主义的历史的和新鲜的、中国的和外国的、成功的和失败的经验教训，来实现马克思主义同中国实践和时代特征相结合的第二次历史性飞跃。这个飞跃还在继续，直至目前已获得一个实践成果，两个理论成果。无论实践成果，还是理论成果，都包括“民族化”和“当代化”两个内涵。

所谓一个实践成果，即探索出了一条建设中国特色的社会主义道路。这条道路是逐渐明确和完善起来的。一是1981年的《历史决议》，通过总结新中国30年来建设社会主义的历史经验，对十一届三中全会以来的路线、方针、政策作了初步概括，指出党已在逐步确立一条适合我国情况的社会主义现代化建设的正确道路。二是1982年党的十二大，邓小平强调现代化建设必须从中国的实际出发，同时要注意学习和借鉴外国经验，提出"走自己的道路，建设有中国特色的社会主义"的任务，使中国共产党探索的道路有了非常切题的称谓。自此以后，建设有中国特色社会主义成为凝聚全国人民的共同理想和强大动力。三是1984年十二届三中全会通过的《关于经济体制改革的决定》，鉴于世界经济发展的历史经验，突破了把计划经济同商品经济相对立的传统观念，为建设有中国特色社会主义道路提供新的理论指导，使这条道路越走越宽广。四是1987年党的十三大明确指出，"在总结建国三十多年来正反两方面经验的基础上，在研究国际经验和世界形势的基础上，开始找到一条建设有中国特色的社会主义的道路"。① 同时，还对党在社会主义初级阶段的基本路线作了比较完整的概括和阐发，从而明确了建设中国特色社会主义道路的主体内涵。五是1997年党的十五大，立足于和平与发展已成为当今时代的主题，进一步总结党建设有中国特色社会主义的经济、政治和文化的经验，对什么是社会主义初级阶段有中国特色社会主义的经济、政治和文化，怎样建设这样的经济、政治和文化作了深刻论述，明确了建设有中国特色社会主义的经济、政治和文化的基本目标和基本政策，形成

---

① 中共中央文献研究室编：《十三大以来重要文献选编》上册，北京，人民出版社1991年版，第56页。

党在社会主义初级阶段的基本纲领。这个纲领是党的基本路线在经济、政治和文化等方面的展开，从而丰富了建设中国特色的社会主义道路的内容。最后，2002 年党的十六大，面对世界多极化和经济全球化的新趋势，又总结了党领导人民建设中国特色社会主义必须坚持的基本经验。至此，建设中国特色社会主义道路的方向和内涵更加明确，党领导人民坚持这条道路去实现全面建设小康社会的宏伟目标更加充满信心。

所谓两大理论成果，首先是邓小平理论。邓小平理论的创立基本上是与概括建设中国特色社会主义道路的内涵同步的。这是对历史经验和新鲜经验从不同层面作的概括。1981 年的《历史决议》，初步概括的适合我国情况的社会主义现代化建设道路的基本点，可视为邓小平理论的原始雏形。邓小平在十二大提出的"建设有中国特色社会主义"的概念，为后来概括邓小平理论明确了主题。据此，十三大首次提出"建设有中国特色社会主义理论"称谓，并从我国建设社会主义的阶段、任务、动力、条件、布局和国际环境等方面，对实践中形成和发展的一系列理论观点作了归纳，使这个理论有比较清晰的轮廓。对邓小平理论的最后形成起决定性作用的，是邓的"南方谈话"和十四大。邓的"南方谈话"既回答了困扰和束缚人们思想的许多疑虑，又提出了许多重大理论和政策问题，以新的观点和论述丰富和发展了"建设有中国特色社会主义理论"。"南方谈话"既是邓小平思想之集大成者，又标志着邓小平的思想发展到一个新高度。十四大以"南方谈话"为基础，对"建设有中国特色社会主义理论"的形成条件、基本内容和伟大意义作了展开论述，使这个理论形成规范化体系。并且，还在这个理论名称前面冠以主体称谓，正式表述为"邓小平同志建设有中国特色社会主义理论"。十四大实际上首次确立了这个理论在全党的指导地位，高度评价这个理论第一次比较系统地初步回答了中国这样经济文化落后的国家如何建设、巩固和发展社会主义的一系列根本问题，是毛泽东思想的继承和发展，是当代中国的马克思主义。经过十三大、十四大对邓小平的思想理论概括之后，从 1993 年底开始，《邓小平文选》第 3 卷和增补过的第 2 卷相继出版，全党和全国人民对邓小平思想理论的认识更加深刻。有了这样深厚的群众基础，1997 年 9 月党的十五大，首次使用“邓小平理论”这个科学称谓，正式确立邓小平理论为党的指导思想；并且对邓小平理论的历史地位、指导意义、科学体系和时代精神作了新的阐述。十五大强调：作为马克思主义与当代中国实践和时代特征相结合的邓小平理论是在和平与发展成为时代主题的历史条件下，在我国改革开放和现代化建设的实践中，在总结我国社会主义胜利和挫折的历史经验并借鉴其他社会主义国家兴衰成败历史经验的基础上，逐步形成和发展起来的。“它是贯通哲学、政治经济学、科学社会主义等领域，涵盖经济、政治、科技、教育、文化、民族、军事、外交、统一战线、党的建设等方面比较完备的科学体系”。还说：邓小平理论“坚持科学社会主义理论和实践的基本成果，抓住‘什么是社会主义、怎样建设社会主义’这个根本问题，深刻地揭示社会主义的本质，把对社会主义的认识提高到新的科学水平”，“是马克思主义在中国发展的新阶段”。在当代中国，只有邓小平理论，“而没有别的理论能够解决社会主义的前途和命运问题”。这样，全党对邓小平理论的认识进入一个新境界——它将科学社会主义理论由原创形态发展为当代形态，是马克思主义的新社会主义观。

马克思主义中国化的又一个理论成果，是“三个代表”重要思想。以江泽民为核心的第三代中央领导集体，同前两代中央领导集体一样，具有与时俱进、不断创新理论的不平凡品格。江泽民指出：理论创新就是要使党的基本理论不断吸取新的实践经验、新的思想而向前发展。现在面对新世纪，必须继续坚持“解放思想、实事求是的思想路线，紧跟时代发展的潮流，不断研究新情况、解决新问题、形成新认识、开辟新境界。”①

当历史进入号称千年世纪之交的2000年之际，当代中国和世界都发生了巨大变化。面对世纪之交的世情、国情和党情的变化，如何跟上时代的步伐，不断把中国特色社会主义事业推向前进，使社会主义中国在激烈的国际竞争中更加发展壮大，使中国共产党始终成为带领人民建设中国特色社会主义的领导核心，这是新一代中国共产党人必须承担的重大使命，也是必须经受的严峻考验。提出“三个代表”重要思想，就是要通过大力发展先进生产力、弘扬先进文化和加强党的建设，使中国共产党的执政具有更加强大的物质基础、精神基础和群众基础。“三个代表”重要思想，是顺应时代前进、社会发展和全面建设小康社会、实现中华民族伟大复兴的客观需要的产物。

“三个代表”重要思想在2000年春天提出后，也经历了一个不断丰富和发展的过程。对其历程发生重要影响的，有这样几个关节点：一是2000年2月江泽民的广东之行，首倡“三个代表”思想，提出了它的基本要求。二是同年5月江泽民的华东之行，论述了它的重要意义，号召要把它贯彻到党的全部工作中去。三是在同年10月的十五届五中全会上，明确提出党的各项工作，都要以是否符合“三个代表”要求来衡量，“符合的就毫不动摇地坚持，不符合的就勇于实事求是地纠正”。这将它的认识提升到一个新的高度。四是2001年江泽民的

① 《十五大以来重要文献选编》，中册，北京：人民出版社2001年版，第1328页。

“七一讲话”，对它进行了全面深刻的阐述，并针对改革开放以来我国社会状况的巨大变化，回答党的建设遇到的一系列重大理论和现实问题，提出了许多新的观点和论断。经过“七一讲话”的理论建构和展开论述，“三个代表”重要思想具有初步的理论形态，开始具有理论体系。五是2002年的“五·三一”讲话，首次指出“三个代表”重要思想同马克思列宁主义、毛泽东思想和邓小平理论一脉相承，反映当代世界和中国的发展变化对党和国家的新要求，是推进我国社会主义制度自我完善和发展的强大理论武器。这表明了“三个代表”重要思想的指导地位意向。六是2002年党的十六大对“三个代表”重要思想作了明确定位。经过两年多的阐发，“三个代表”重要思想的时代背景、实践基础、立论依据、科学内涵、基本要素、传脉关系、精神实质、体现途径、历史地位等问题，都得到比较充分的说明。在全党广泛认同的基础上，十六大将其确立为中国共产党必须长期坚持的指导思想。

怎样认识“三个代表”重要思想与马克思列宁主义、毛泽东思想和邓小平理论，既一脉相承又与时俱进的关系呢？马克思主义作为一门科学是与时俱进的，具有开放性和包容性，因而是在不断发展着的理论。从中国共产党的视角看，列宁主义、毛泽东思想和邓小平理论，以及“三个代表”重要思想，是它的理论传脉。马克思和恩格斯创立的原生形态的科学社会主义理论，同其他具有发展特性的科学理论一样，也具有属于共性和个性两部分内容。所谓“一脉相承”，即是后继理论将其共性的“基因”加以辩证的吸收，使之代代相传。所谓发展，即是将原生形态或前代形态理论中的那些属于个性的成分，根据社会历史的变化、革命实践的发展和科学技术的进步进行改变，产生新的个性元素，与继承下来的共性“基因”重新结合，从而形成与时俱进的新的理论。列宁主义被认为是帝国主义时代的马克思主义，可视作马克思主义的俄国化。从毛泽东思想始，其后的传脉都属于马克思主义中国化的理论。就中国共产党的理论发展史而言，毛泽东思想被视为中国化的马克思主义。它比较系统地解决了什么是新民主主义革命和在中国怎样进行新民主主义革命，以及由新民主主义转变为社会主义的问题，是对马克思主义革命理论(包括革命转变理论)的伟大创新。邓小平理论被视为当代中国的马克思主义。它比较系统地解决了什么是社会主义和在中国怎样建设社会主义的问题，是对马克思主义社会主义理论形态的伟大创新。"三个代表"重要思想是对邓小平理论的丰富和发展。它的一个重要特点，是由治党及至治国的理论，是对"治党治国新的宝贵经验"的科学总结。其理论建构是直接在邓小平理论基础上，既进一步回答了什么是社会主义和怎样建设社会主义的问题，又创造性地回答了建设一个什么样的执政党和怎样建设这样的执政党的一系列重大问题，深刻地揭示了马克思主义执政党建设的规律，更鲜明地体现党的建设的时代气息，因而实现了对马克思主义的党的理论、特别是执政党建设理论的伟大创新。这是马克思主义基本原理与中国具体实际相结合的第二次历史性飞跃的继续和深入，是马克思主义中国化的新发展，是面向 21 世纪的中国化的马克思主义。

十六大以后，以胡锦涛为总书记的党中央，一方面在继续从理论和实践两方面向前推进邓小平理论和"三个代表"重要思想；另一方面又根据我国经济和社会发展的新的要求，提出树立科学发展观和构建社会主义和谐社会的两大战略思想。这两大战略思想，在实践上将有助于我们国家在战略机遇与矛盾凸显的关键时期，以更加宽广的世界眼光，立足科学发展，促进社会和谐，开创社会主义经济建设、政治建设、文化建设、社会建设的新局面；在理论上进一步揭示了经济社会发展的客观规律，丰富了马克思主义理论与中国实践相结合的内容，是中国特色社会主义理论的新发展，是马克思主义中国化的新收获。

1985年来，马克思主义中国化的历程波澜壮阔，绚丽斑斓。中国共产党的历史过去是马克思主义中国化的历史，今后仍然是马克思主义中国化的历史。邓小平说过："马克思主义必须是同中国实际相结合的马克思主义，社会主义必须是切合中国实际的有中国特色的社会主义。"①当然，"中国实际"的内涵会愈益丰富，"结合"和"切合"的方法会与时俱进。因此，马克思主义中国化的道路会愈走愈宽广，马克思主义中国化的理论将以不断地反映鲜明的时代精神和实践要求而向前发展。

① 《邓小平文选》第3卷，北京：人民出版社1993年版，第63页。

中国革命前进的伟大基地*

——毛泽东与中央革命根据地的创建和中华苏维埃共和国临时中央政府的成立

江西是我们国家的一块红色土地。这片红土地，对于共和国而言，与其说是大自然的造化，还不如说是无数革命先烈的鲜血染就的。我作为一名党史研究工作者早就神往这里。因此，当我伫立在这片红土地上时，油然生发出一种无限敬仰的情怀。

2001 年 10 月 24 日，在北京召开了纪念中央革命根据地创建暨中华苏维埃共和国临时中央政府成立七十周年座谈会，胡锦涛代表党中央发表了重要讲话。今天我们从祖

---

* 这是 2001 年 11 月 6 日作者在瑞金召开的“纪念中华苏维埃共和国成立七十周年理论研讨会”上的讲话。作者对学界有不同看法的中华苏维埃共和国这段历史作具体分析，讲了三个问题。(一)对中央革命根据地的创建和中华苏维埃共和国临时中央政府的成立作了历史考察；(二)对中央革命根据地和中华苏维埃共和国在中国革命发展中的历史作用从 6 个方面作了论述；(三)阐述了对研究中华苏维埃共和国历史的几点看法，着重分析了如何研究中华苏维埃共和国历史的复杂因素、成立中华苏维埃共和国决策的历史局限和如何科学地对两个共和国进行历史比较。原载《中共党史研究》2002 年第 1 期，收入本书时有个别文字改动。

国各地来到这个在党的历史上曾经被称为“红都”的“瑞金”，按照“三个代表”的光辉思想，站在21世纪的时代高度，再次回顾和研讨这段重要历史，是非常有意义的。

一、中央革命根据地的创建和中华苏维埃共和国临时中央政府的成立

80年前，中国共产党的创立将中华民族的历史揭开了具有“开天辟地”意义的新的一页。此后，中国大地不断掀起革命风暴。中国共产党领导的中国革命是世界上最为波澜壮阔的伟大革命之一。

中国共产党创立后不久，就参与领导大革命运动。在这次大革命运动中，中国共产党人充分发挥自己的政治优势、组织优势和群众优势，表现了领导革命的卓越才能，对赢得大革命运动前期的辉煌胜利起了决定性的作用。这是中国共产党在80年历史上所创造的第一度伟大辉煌业绩。

但是在1927年大革命失败后，中国革命迅速转入低潮，原来生机勃勃的中国南部顿时陷入一片血雨腥风，中国共产党经受着自它成立以来最严峻的考验。从1927年3月到1928年上半年，共产党人和革命群众被杀害的达31万多人，其中共产党人达2.6万多人。党员人数从大革命高潮时近6万人减少到1万多人。国内政治形势发生逆转，反革命势力大大超过党领导的革命力量。在这种形势下，共产党人要生存下去，唯一的出路只能是继续斗争。正如毛泽东所指出的：中国共产党和中国人民并没有被吓倒，被征服，被杀绝。他们从地下爬起来，揩干净身上的血迹，掩埋好同伴的尸首，又继续战斗了。

在当时的历史条件下，除了解决“要不要革命”这个首要问题外，还有一个“如何坚持革命”的问题。如果说，对“要不要革命”的选择是

对中国共产党人革命坚定性的考验，那么，对“如何坚持革命”的选择，则是对中国共产党人的战略策略和革命应变能力的考验。

中国共产党人为反抗国民党对共产党员和广大革命人民的血腥屠杀，高举起武装斗争的旗帜，先后发动了八一南昌起义、秋收起义和广州起义等上百次起义。此后，就开始了中国共产党独立领导的武装斗争时期。22年的武装斗争，从形式上看，同中国历史上的农民战争没有多少区别。然而，只要透过表面现象，就不难看出，这两者之间有着本质的不同。第一，20世纪20年代后期开始的以农民为主体的武装斗争，有着代表先进生产力的中国工人阶级政党的领导；第二，它有着代表人类先进思想理论的马克思主义的指导；第三，它凝聚了中华民族救国救民的大批优秀分子，特别是凝聚了能够将马克思主义理论与中国具体实际相结合的知识分子。因此，它是中国历史上新型的农民革命战争。

在党领导的民主革命时期，这一新型革命战争的星星之火就是从江西大地开始形成燎原之势的。到30年代初，各地农民武装斗争风起云涌，一个个农村革命根据地相继接踵建立。毛泽东在领导秋收起义后，率领起义部队在罗霄山脉中段创立了井冈山根据地。1928年4月，朱德、陈毅率领南昌起义部队，到达井冈山与毛泽东领导的部队会师，建立了工农红军第四军。1929年1月，毛泽东、朱德率领红四军主力从井冈山出发，转战赣南、闽西，努力开创建立大块革命根据地的新局面。3月，红四军前委决定在赣南、闽西地区发动群众，建立苏维埃政权，开展游击战争；4月，红四军前委提出“争取江西，同时兼及闽西、浙西”的战略方针。12月，在闽西上杭古田召开的中共红四军第九次代表大会，明确了红军的性质和任务，以及加强红军建设的方针政策和需要正确处理的各种关系，对于土地革命战争的发展和革命根据地的建设产生了重大影响。红四军经过反复转战，发展地方武装力量，1930 年 3 月，相继成立赣西南、闽西苏维埃政府。8 月，毛泽东、朱德领导的红一军团与彭德怀、滕代远领导的红三军团在湖南浏阳永和会师，合编为红一方面军。10 月，红一方面军攻克吉安，使赣江中段和南段的红色区域连成一片，建立了江西省苏维埃政府。与此同时，闽西根据地也得到很大发展。1930 年底至 1931 年 9 月，红一方面军在毛泽东、朱德的指挥下，连续取得粉碎国民党第一、二、三次“围剿”的胜利，赣南、闽西两块革命根据地不仅基本连为一体，而且扩大到占有赣南、闽西 21 个县城(赣有瑞金等 11 个，闽有长汀等 10 个)的广大地区，形成了管辖 5 万平方公里、拥有 250 万人口的全国最大的革命根据地。从而，这块中央革命根据地成为党领导的武装斗争最初的主战场。

由于三次反“围剿”的连续胜利，由于几个大的和较大的革命根据地经过反“围剿”之后出现的新的局面(作为主力红军的红一、四方面军和第二、六军团已发展到 15 万人；各个革命根据地的区域面积已扩大为十五六万平方公里，拥有近百个县，总人口达一千多万)，也由于共产国际的不断电令，在 70 年前的 1931 年 11 月 7 日，中华苏维埃第一次全国代表大会在瑞金召开，中华苏维埃共和国临时中央政府成立，毛泽东被选举为这个新政权的主席，朱德担任中华苏维埃共和国中央革命军事委员会主席。这样，一个以瑞金为中心的中央革命根据地正式形成。这也标志着包括中央革命根据地和其他一些革命根据地在内的根据地发展进入全盛时期。

中央革命根据地的创建和中华苏维埃共和国临时中央政府的成立，是中国共产党领导中国革命的一个重要发展阶段。它表明中国革命有了继续前进的伟大基地。据说，江西人民以为中国革命提供“三个摇篮”而自豪，即八一南昌起义是人民军队诞生的摇篮、井冈山革命根据地的创立是探索中国革命道路的摇篮、中华苏维埃共和国在瑞金的创建是打造中华人民共和国的摇篮。这个说法也许不那么准确，但它生动地说明了一个基本事实：江西人民对中国革命做出了非常了不起的特殊贡献。我们党史工作者不能不对江西人民的伟大贡献表示崇高敬意。

但是，革命的道路不是一帆风顺的。中央革命根据地在铸造辉煌的时候也经历了巨大的曲折和挫折。没有多久，一个不断发展的大好革命局面，被越来越严重的“左”倾错误所破坏，根据地愈来愈缩小，直至最后被断送。这个时期，对党的历史发生重大影响的“左”倾错误和对“左”倾错误进行抵制，使革命斗争在曲折中前进的复杂情况，在党领导的新民主主义革命 28 年斗争史上是罕见的。这是党的领导层的两个发展趋向的对立和冲突的集中表现。这种对立和冲突，从中央革命根据地形成之后算起，至少有这样几次：

一是在 1931 年 11 月初瑞金叶坪召开的赣南会议上，毛泽东对中央红军和根据地的正确领导受到指责，“左”倾错误领导将毛泽东逐渐排挤出重要领导岗位。此后，由于坚持毛泽东的正确主张的干部对“左”倾错误的抵制和斗争，中央苏区才得以继续发展，红军继续壮大。1932 年 4 月，红一军团在毛泽东、周恩来的指挥下，取得了攻占闽南重镇漳州的胜利；7 月，红军在南雄水口击溃粤敌 15 个团之多，巩固了中央苏区的南方阵地。

二是 1932 年 10 月在宁都小源村召开的宁都会议上，“左”倾错误领导不顾周恩来等的不同意见，撤销了毛泽东的红一方面军总政委的职务，并决定将毛泽东调回后方。在毛泽东离开红军后，周恩来、朱德在反“围剿”的斗争中，继续坚持毛泽东的正确路线，获得了第四次反“围剿”斗争的胜利。1933 年 4 月，连接闽浙赣苏区和中央苏区的闽赣省革命委员会成立。至此，中央革命根据地辖有江西、福建、闽赣三个省级苏维埃政权，中央红军拥有 1、3、5、7 四个军团。这是中央革命根据地经过艰苦卓绝的斗争取得的重要成果。

三是 1933 年 1 月，以博古为首的临时中央政治局由上海迁到瑞金，“左”倾错误进一步得到发展。2 月，为了全面推行“左”倾冒险主义，反对毛泽东为代表的正确路线，首先在福建苏区开展反对所谓“罗明路线”的斗争，将福建省委代理书记罗明打成“退却逃跑的右倾机会主义者”；接着，又在江西苏区开展反对所谓“江西罗明路线”的斗争，打击坚持正确主张的邓小平、毛泽覃、谢唯俊、古柏。这期间，毛泽东在离开苏区党和红军的领导岗位后，专门从事苏维埃中央政府的工作。他以极大的努力，进行调查研究，推动中央苏区的政权建设、经济建设、文化建设和社会文明的进步。他分别主持召开中央苏区南部 17 县和北部 11 县经济建设大会，进行了著名的长冈乡调查和才溪乡调查，阐明了处理革命战争与经济建设的正确关系，倡导建立农村互助合作组织，努力推动根据地农业生产的发展。他还加强对查田运动的领导，努力纠正侵犯中农利益和对待地主、富农的“左”的政策，使土地革命的成果有利于社会稳定。在苏区经济得到一定发展后，在国民党反动派再次对根据地进行大规模“围剿”时，苏区人民为了保卫翻身的胜利果实和红色政权，踊跃参军参战。据资料统计，仅赣南苏区青壮年男子参加红军的达 33 万之多，有力地支持了反“围剿”战争。但是，由于临时中央“左”倾错误的继续发展，这些努力并没有能够扭转中央苏区日益困难的局面。

四是 1934 年 1 月在瑞金举行的六届五中全会，中央主要领导的“左”倾冒险主义错误发展到了顶点。这时，蒋介石正统率百万大军发动第五次反革命“围剿”，中央革命根据地的形势异常紧张。六届五中全会却错误地认定中国存在着“直接革命的形势”，第五次反“围剿”是“革命道路与殖民地道路的决战”。这种认识完全不符合当时的实际情况。这样，从1933年10月开始的中央苏区第五次反“围剿”，在“左”倾冒险主义的直接指挥下，历时一年之久，不仅没有能打退敌人的进攻，而且中央苏区的绝大部分县域都先后丢失，最后中央红军不得不放弃这块红色土地，实行战略转移，开始极其艰苦的长征。中华苏维埃共和国临时中央政府的最初依托不再存在。随着民族危机的加深和团结抗日、共赴国难局面的到来，中华苏维埃共和国在1935年底改名为中华苏维埃人民共和国一年半后，于1937年9月6日以陕甘宁边区政府取代人民共和国中央政府西北办事处，从而正式退出历史舞台。

中央革命根据地时期(从1929年1月毛泽东、朱德率领红四军主力开辟赣南、闽西根据地算起，到1934年10月中央红军撤离转移)，与中华苏维埃共和国从创建到结束的起止时间虽然不同，但大体都经历了六七个年头的奋斗历程。这在党的历史上可谓是“国际悲歌歌一曲，狂飙为我从天落”的时期。

二、中央革命根据地和中华苏维埃共和国在中国革命发展中的历史作用

70年过去了，回首历史，怎样认识中央革命根据地和中华苏维埃共和国在中国革命发展中的作用呢?

对于中央革命根据地在中国革命中的作用，1981年党的十一届六中全会通过的《关于建国以来党的若干历史问题的决议》指出：“在土地革命战争中，毛泽东、朱德同志直接领导的红一方面军和中央革

命根据地起了最重要的作用。”对于中华苏维埃共和国临时中央政府，胡乔木有一段很中肯的评价。他说：“成立中央政府不但对我各根据地、各部分红军加强了合法中枢指导作用(否则‘中央红军’这一名词也缺乏法律根据)，在以后对张国焘斗争中的意义不可低估，而且对尔后与东北军、西北军开展统一战线，发表《八一宣言》和在与蒋介石谈判中取得一定的对等地位和成立各地边区政府，八路军、新四军自成系统也有重要作用。”在我看来，这样的评价是客观公正的。

这个时期是党的历史异常复杂的一段。一方面，革命事业在向前发展；另一方面，“左”的错误空前严重。由此，许多历史问题研究起来就相当困难，评价起来就要更为慎重。

我曾经把中国共产党历史的发展比作是一个前后承接的链条，每一阶段的历史都是这个链条上的一个环节。评价历史事件应当从环与链的关系这个角度作总体的把握。对于中央革命根据地和中华苏维埃共和国这段历史也应当这样来认识。概括起来，至少应当肯定这么几个方面：

第一，这是我们党领导的28年民主革命历史上所受的艰难困苦时间最长的一段时期。

中央革命根据地从基础的奠定，到建立、发展，再到最后放弃，横跨上个世纪的20年代末到30年代前期的土地革命战争时期。在民主革命28年中，它占了近1/4的时间。

大革命失败后，党领导的民主革命进入最为艰苦的时期，一方面是由于国民党反动统治者的血腥屠杀和疯狂“围剿”，党不能不进行反对国民党的残酷武装斗争；另一方面，又经历着严重的党内错误的统治。一次又一次地反对国民党“围剿”的战争，已经使党处在极端恶劣的环境之中；接二连三发生的“左”倾错误，使党的状况如雪上加霜，愈来愈濒临绝境。

在创建中央革命根据地以前，党已经历了从1927年底到1928年初的第一次“左”倾错误。在开创中央革命根据地以后，从1930年6月到9月，从1931年至1934年，“左”倾错误又连续在党中央占据统治地位。尤其是1931年到1934年，以王明为代表的“左”倾教条主义最为严重。尽管从时间上看，加上第一次“左”倾错误在中央盛行的4个月左右(第二次是3个多月，第三次有4年)，总共是4年零8个月。这与土地革命战争的10年相比，“左”倾错误统治时间似乎并不很长。但是，“左”倾错误一再在中央占据统治地位，说明党的指导思想很不成熟，在党内存在着与以毛泽东等为代表的正确路线相对立的“左”倾错误发展趋向。从1927年底到1935年间，这个趋向长期影响着和主导着党的路线、重大的方针政策和重要决策。三次“左”倾错误在中央占据统治地位，也可以视为这个趋向在党内发展的三次高潮。而正是这三次“左”倾错误高潮，使党丧失了推进革命走向更大复兴的两次重要机遇。

第一次机遇，是六大结束后的两年时间，在全国范围出现的革命复兴局面没有能够坚持。

六大以后，党中央比较能够从中国实际情况出发，路线也基本正确。这个时期党在全国各地做了大量有成效的恢复工作。六大时全国党员人数是4万多人，到1929年6月六届二中全会时，党员人数已经增加到6.9万人，到1930年3月发展到10万人。在党的组织得到较快发展的同时，工农红军和农村革命根据地建设也有很大发展。除赣南、闽西根据地外，重要根据地还有鄂豫皖、湘鄂西、闽浙赣、湘鄂赣等。到1930年3月，全国红军已有13个军，达6.2万人。也就是在这个时候，从1929年3月蒋桂战争爆发，国民党统治集团重新陷入军阀混战之中，许多原来“清剿”红军的军队纷纷转入军阀混战的战场。而在国民党统治区，随着法西斯统治的加强，社会内部各种矛盾不断激化，人们的不满情绪在增长。这时中国革命形势开始有所好转。

可是，面对这样的有利局面，党内的“左”倾急性病发展起来了。以李立三为代表的“左”倾冒险主义错误，以1930年6月11日召开的中共中央政治局会议通过的《新的革命高潮与一省或几省首先胜利》决议为标志，开始在中央占据统治地位。这次“左”倾错误再次造成严重后果。由于敌我力量的悬殊，发动中心城市的武装暴动，一方面使党在国民党统治区的许多组织机关遭到破坏和瓦解；另一方面在红军奉命攻打大城市时也遭到很大损失，从而使正在复兴的革命形势发生逆转。

再一次机遇，就是1931年九一八事件之后，民族觉醒的浪潮高涨。日本帝国主义的入侵，使中日之间的民族矛盾逐步上升到主要地位，中国国内的阶级关系发生重大变动，不仅工人农民要求抗日，青年学生和城市小资产阶级在经过四年多的低沉状态后，也积极行动起来，要求抗日。在这种情况下，国民党政府面对日本帝国主义的进攻却一再妥协退缩，坚持“攘外必先安内”的方针，引起全国各界民众的强烈不满。这时党的任务应当是，正确认识由于空前严重的民族危机引发的国内阶级关系的深刻变化，承担起挽救民族危亡的历史重任，把中国的民族民主革命推向前进。而就在这个关键时刻，以王明为代表的“左”倾冒险主义在党中央再次取得统治地位。中共临时中央领导人不能正确地认识形势，把握已经变化了的或正在变化的各种关系。他们不切实际地认为，日本侵占东北，接下来又是华北，这是“向反苏战争又前进了一步”。中国革命的任务是“武装保卫苏联”；认为在当时的情况下，中间派别是“最危险的敌人”，“应该以主要的力量来打击这些妥协的反革命派”，等等。对形势所作的这样的错误判断，完全脱离中国实际，违背中国人民的要求。此后，根据共产国际的指示，对于此间发生的福建人民政府成立这一重大政治事变，采取拒绝联合的自我孤立政策，使党的处境更加不利。这次“左”倾错误，不仅给共产党在国民党统治区的工作造成恶劣影响，而且，随着临时中央迁到中央苏区，“左”倾冒险主义方针更在党、红军和根据地内得到全面贯彻执行，最终导致第五次反“围剿”的失败，被迫开始战略转移。

这样，各种内外因素相互作用的结果，党在这个时期不能不经历最艰难的岁月。

第二，这是对中国革命道路进行艰苦探索，并奠定了坚实基础的时期。

大革命的失败，使以毛泽东为代表的中国共产党人，开始从中国实际出发，探索中国革命的道路。既然在城市里反革命势力异常强大，一个又一个的城市暴动都没有坚持下来，那么就只有将革命力量转向敌人统治薄弱的偏远农村。毛泽东的过人之处就在于，意识到省会长沙打不下来就不去硬打，及时将秋收起义队伍拉向了井冈山。从这时起，他认识到只有把党的工作重心由城市转入农村、转向山区，建立自己的根据地，革命才有出路。在感到井冈山根据地面对敌人的不断“会剿”和封锁难以守住之后，他又毅然率领红军下山，进行大迂回的转战，穿梭于闽西、赣南创建新的革命根据地。在以瑞金为中心的中央革命根据地巩固后，经过几年反“围剿”战争的革命实践，在攻打赣州、南昌这样的城市遭受挫折的同时，也取得过夺取吉安、漳州这样的重镇的胜利。这就使对工农武装割据的斗争形式的认识进一步发展为农村包围城市、武装夺取全国政权的革命道路思想有了比较现实的实践基础。尽管革命道路的理论是在后来概括出来的，但探索这条道路的艰难困苦的实践，主要是在这个时期进行的。

毛泽东在《战争和战略问题》的开篇对革命道路问题有一段论述。他指出：革命的中心任务和最高形式是武装夺取政权，是战争解决问题。这个马克思列宁主义的革命原则是普遍地对的，不论在中国在外国，一概都是对的。但是在同一原则下，就无产阶级政党在各种条件下执行这个原则的表现说来，则基于条件的不同而不一致。他认为，资本主义各国无产阶级政党的任务是：组织工会和教育工人，进行长期的合法斗争，利用议会讲坛，开展经济的和政治的罢工。那里的组织形式是合法的，斗争形式是不流血的(非战争的)。共产党不到资产阶级处于真正无能之时，不到无产阶级的大多数有了武装起义和进行战斗的决心之时，不到农民群众已经自愿援助无产阶级之时，起义和战争是不应该举行的。到了起义和战争的时候，又是首先占领城市，然后进攻乡村。资本主义国家共产党的这条革命道路，就是俄国的十月革命所实践的道路。对于中国革命的道路，毛泽东明确指出：中国由于不是一个独立的民主国家，而是半殖民地的半封建的国家，在内部没有民主制度，而受封建制度压迫，在外部没有民族独立，而受帝国主义压迫。因此，无议会可以利用，无组织工人举行罢工的合法权利。“在这里，共产党的任务，基本地不是经过长期合法斗争以进入起义和战争，也不是先占城市后取乡村，而是走相反的道路。”①

毛泽东的这段话是在60多年以前讲的，有的认识和表述不能不带有历史的烙印，但这是对中国革命道路的最早概括。就中国革命道路而言，中国共产党领导民主革命，从“走俄国人的道路”到“走自己

① 《毛泽东选集》第2卷，北京：人民出版社1991年版，第542页。

的道路”，经历了十多年时间。对这段历史过程，应当作具体分析。首先，对俄国十月革命道路的基本原则和十月革命道路的具体表现形式应当加以区别。十月革命道路的基本原则，即以马列主义为指导思想进行革命斗争，推翻反动国家机器，建立人民当家做主的革命政权，是中国革命走向胜利的指针；但是就十月革命道路的具体表现形式而言，它先在城市夺取政权，然后在全国夺取政权，这是由俄国的特点决定的，是不能简单地照抄照搬的。因此，对俄国十月革命道路不能采取简单否定的态度。

完整地看中国共产党选择中国民主革命道路的实践，大致经历了这么三个阶段。第一阶段是党参与领导的大革命时期，由于实行国共合作，当时进行的国民革命，实际上走的是资产阶级民权革命的道路。第二阶段是从土地革命战争开始到1935年1月的遵义会议这段时间。由于党内存在两个发展趋向，城市中心论的革命道路思想与农村中心论的革命道路思想的对立比较尖锐，即三次“左”倾领导奉行的进攻中心城市的错误路线与毛泽东等人开辟的首先是建立和发展农村革命根据地，待红军力量强大之后再进攻城市的路线(这是农村包围城市，武装夺取政权道路思想的具体化)进行着反复的激烈斗争。第三阶段是遵义会议以后的历史时期。由于确立了毛泽东在党中央和红军中的领导地位，经过抗日战争，农村包围城市，武装夺取政权这一符合中国具体国情的革命道路思想，终于在全党获得共识。这就是说，对于中国革命道路的选择问题也应当作具体分析，同样不能简单化。

开创新的革命道路的实践，是开辟中国革命新局面的历史起点。它预示着中国革命经过艰难困苦之后一定会取得最后的胜利。

第三，这是作为中国共产党指导思想的理论成果——毛泽东思想正在形成的时期。

以毛泽东为代表的中国共产党人在实践中艰苦探索中国革命道路的同时，也在理论上努力将马克思主义基本原理同中国具体实际相结合，研究中国革命的形势、性质、阶段、任务、目标、依靠力量等许多重大问题。当时，党内盛行的把共产国际决议和苏联经验神圣化，把马克思主义教条化的倾向非常严重。1930 年 5 月，毛泽东写了《调查工作》(即《反对本本主义》)一文，在党内最早鲜明地举起反对教条主义的旗帜。他尖锐地批评了那种轻视中国革命实践，轻视群众斗争经验，开口“拿本本来”，动辄照抄照搬六大决议、共产国际指示和苏联经验的错误倾向，指出，这种作风“完全不是共产党人从斗争中创造新局面的思想路线，完全是一种保守路线”。他说：“我们说马克思主义是对的，决不单是因为马克思这个人是什么‘先哲’，而是因为他的理论，在我们的实践中，在我们的斗争中证明了是对的。”“我们说上级领导机关的指示是正确的，绝不单是因为它出于‘上级领导机关’，而是因为它的内容是适合于斗争中客观和主观情势的，是斗争所需要的。”因而“单纯建立在‘上级’观念上的形式主义的态度是很不对的”。他还指出：“马克思主义的‘本本’是要学习的，但是必须同我国的实际情况相结合，我们需要‘本本’，但是一定要纠正脱离实际情况的本本主义”。尽管这段话是后来正式出版时加上的，但这个思想却已明白无误地蕴含在这篇文章中了。在这里，毛泽东还从思想路线的高度，揭露了教条主义对中国革命的危害，指出：“离开实际调查就要产生唯心的阶级估量和唯心的工作指导，那末，它的结果，不是机会主义，便是盲动主义”；并且提出“没有调查，没有发言权”的著名论断，从而得出了“中国革命斗争的胜利要靠中国同志了解中国情况”的重要结论。[1] 这样，毛泽东不但在中国共产党内最早提出了一切从实际出发，调查研究，理论和实际相结合的思想路线，而且为中国共产党人从教条主义的束缚中、从对共产国际决议和苏联经验的盲目迷信中解放出来，为坚持马克思列宁主义与中国革命实际相结合的原则，独立自主地解决中国革命问题指明了方向。这篇文章表明，毛泽东实际上区别了什么是与时俱进的马克思主义观，什么是教条主义的马克思主义观，这是中国共产党最早指出党内存在两种马克思主义观的重要文献。

毛泽东的这个正确思想虽然是在30年代初正式概括的，但其思想趋向则在他上井冈山时就已经有了。正是在这一思想指导下，毛泽东总结中国革命的独特经验，集中全党的智慧，使后来被视为“毛泽东思想”基石的中国革命道路理论初步形成。

在井冈山根据地建立之后，特别是在长期转战赣南、闽西的过程中，一方面由于生活条件极端艰苦，另一方面又由于不断地与反革命军队作战，暂时还没有大片巩固的革命根据地，因此，在党内和红军里就产生了“红旗到底能够打多久”的疑虑。革命斗争需要对这样的问题做出回答。毛泽东先是在湘赣边界党的第二次代表大会上回答了“红色政权为什么能够存在”的问题。他深刻地阐述了在白色政权包围中若干小块红色政权能够存在和发展的社会环境、历史根源、客观条件和主观因素，提出了红色政权能够以“工农武装割据”形式长期存在和发展的著名论断。接着，他在1930年1月写给林彪的信(即《星星之火，可以燎原》)中，着重阐述了建立农村根据地在中国革命中的重要地位和历史意义，指出正确的政策应是“朱德毛泽东式、方志敏式

① 《毛泽东选集》第1卷，北京：人民出版社1991年版，第111、116页。

之有根据地的、有计划地建设政权的，深入土地革命的，扩大人民武装的路线”。他总结红色政权理论的基本内容，就是以根据地为依托、以政权为杠杆、以土地革命为基本内容、以武装斗争为主要形式。这样，《星星之火，可以燎原》一文，在《中国的红色政权为什么能够存在?》提出的“工农武装割据”思想的基础上前进了一大步。它既把小块红色政权与夺取全国政权联系起来，又在城市工作与农村工作关系的认识上，把工作重点放在农村，从而基本形成在农村建立革命根据地，最后取得全国胜利的农村包围城市道路的理论轮廓，以及根据这个总的理论框架而派生的若干具体理论认识。这应当看成是马克思主义与中国革命具体实践相结合产生的第一次历史性飞跃的开始；是以毛泽东为主要代表的中国共产党人经过实践的反复探索，在总结成功和失败经验的基础上而获得的新的理论认识的开端。作为党的指导思想的毛泽东思想的形成是一个历史过程，这里的理论轮廓，标志着形成毛泽东思想的历史长过程已经起步。

第四，这是中国共产党开始形成第一代中央领导集体，并为保持党的工人阶级先锋队性质，在加强党的自身建设中开创新的途径和形成党的优良作风的时期。

大革命的最后失败和土地革命战争期间遭受的严重挫折表明：党虽然富有蓬勃的革命朝气和勇于牺牲的革命精神，但缺乏足够的理论准备和实践经验；在群众运动中虽然表现了出色的组织才能，但不能娴熟地运用革命领导艺术；在革命斗争中虽然涌现了一大批优秀的革命活动家，但未能形成强有力的领导核心。随着对敌斗争的发展和党内斗争的展开，为了革命事业的需要，以毛泽东为核心的、代表着党的正确路线的力量，在艰苦探索中国自己革命道路的过程中开始凝聚起来。遵义会议之前，代表正确和比较正确发展趋向的力量在党内不是主流，不少时候还屡遭“左”倾错误领导的排挤和打击。但是，土地革命战争的艰辛历程证明，什么时候能贯彻执行以毛泽东为代表的正确路线，革命根据地就发展壮大，革命形势就朝有利于党的方向发展；而什么时候否定了毛泽东的正确主张，革命就遭到挫折，战争形势就发生逆转。这种反复出现的情况，使全党、首先是党的高级干部逐渐认识了毛泽东、积极拥护毛泽东，从而为在遵义会议上实际确立毛泽东在党中央和红军的领导地位作了重要准备。在遵义会议后，以毛泽东为核心的中央第一代领导集体逐步形成并稳定下来。

这个时期不仅为形成党的正确领导作了重要准备，而且在加强党的建设方面探索出了极为重要的经验。在革命的重心转向农村以后，中国共产党面临着自创建以来进行党的建设最复杂、最困难的局面。为了壮大党和革命的力量，不能不将大量贫苦农民出身的以及其他非无产阶级出身的革命先进分子吸收到党内来。非无产阶级成分的人多了，各种非无产阶级思想就难免对党和红军产生消极影响。这样，如何在落后的农村和战争环境下，使以农民为主体的党的队伍仍然保持党的工人阶级先锋队性质，就是党的建设面临的首要任务。以毛泽东为代表的中国共产党人通过著名的古田会议决议，强调从思想上建设党，坚决克服党内的非无产阶级思想；强调加强组织建设，坚决地同涣散组织的无政府主义倾向作斗争；强调政治建设，坚持党对军队的坚强有力的领导，从而卓越地解决了这个问题。这为在艰苦的农村和革命战争环境下加强党的建设，保持党的先进性，并在理论上为丰富和发展马克思主义的党的学说作出了重要贡献。这以后，党中央虽然多次强调发展产业工人入党，以加强党的无产阶级基础；但在广大农村要大量发展产业工人党员是相当困难的。不过，在中央苏区，党就重视了从思想上建设党这个问题。因此，即使产业工人成分少，也没有影响党的工人阶级先锋队性质。许多农民出身的党员，无论在战场上还是在工作中，处处都表现出了先进觉悟。有的党员在牺牲前写下誓言："死到阴间不反水，保卫共产党万万年"，表现了对共产主义事业的无限忠诚。

这个时期，党为保持自身的先进性所作的努力不是抽象的。它具体体现在党的作风建设上。由于党有了自己的根据地，党的队伍已发展到 12 万人之多，加强党的作风建设，不仅有必要，而且有了现实可能。党的一些基本作风都是在这个时期形成起来的。

毛泽东率先开展调查研究，在做了寻乌调查和写下《反对本本主义》之后，还做了长冈乡、才溪乡、兴国等一系列调查，为全党树立理论联系实际的作风做出榜样。在他的带动下，党的其他领导人也深入实际调查研究，通过掌握第一手情况，既给予基层以具体指导和帮助，也对当时一些"左"的政策的危害有了切实了解。这为后来纠正"左"的错误、使实事求是的马克思主义思想路线逐渐成为党的指导思想做了一定准备。

由于革命战争的需要，党在这个时期发动群众、宣传群众和组织群众的广度和深度是此前未曾有过的。没有全苏区人民群众物质的和精神的支持，没有数十万青壮年的踊跃参军参战，中央革命根据地不可能存在一天，中华苏维埃共和国不可能存在一天，前四次反"围剿"不可能取得胜利，第五次反"围剿"也不可能坚持一年之久。在此之间，毛泽东提出了真正的铜墙铁壁是"千百万真心实意拥护革命的群众"的著名论断，要求广大党员干部和红军指战员像和尚念"阿弥陀佛"那样天天念叨并帮助解决群众的疾苦。广大党员干部和红军指战员懂得人民群众是党的力量之源和胜利之本这个道理之后，就将密切联系群众、努力为人民群众谋利益作为一种自觉的行动，与群众"有盐同咸，无盐同淡”，艰苦与共，患难相依。也由于这是在开创新局面之后出现的一个特别困难的时期，愈是困难，党的团结就愈为重要。

批评与自我批评的作风是增强党的团结的有力思想武器。在古田会议决议中，毛泽东已明确地指出了它的重要意义。1931 年 11 月初召开的中央苏区第一次党代表大会通过的《党的建设问题决议案》也指出：“实行党内自我批评，是保障党正确路线执行推动党的进步的最有力的方法。这可以防止党内腐化官僚化和其他一切怠工消极等不正确倾向与现象的产生与发展。”①各级党组织逐渐将开展批评与自我批评的组织生活制度化，尽管这个时期也有过火的党内斗争和错误的批评，但包括毛泽东在内的党的高级干部都能顾全大局、正确对待这类问题，因而维护了党的团结和统一。这是中国共产党最终能够战胜敌人的一个重要保证。

完全可以说，党的七大概括的中国共产党区别于其他一切政党的“三大作风”，也渊源于这个时期的光辉实践。

第五，这是中国共产党第一次建立国家政权形态的时期，几年的实践为后来新中国的政治、经济、文化等多方面的建设提供了丰富的历史经验。

自土地革命战争开始，随着各革命根据地的纷纷创建，地方苏维埃政府从 1927 年 11 月在广东海陆丰地区率先成立以后，至 30 年代初相继已有十多个。为了统一领导全国各个根据地的革命斗争，发挥中枢指挥作用，也为了建立一个与南京反动政府相对抗的人民革命政

---

① 中央档案馆编：《中共中央文件选集》第 7 册，北京：中共中央党校出版社 1991 年版，第 474 页。

权，并在与南京政府和其他地方势力的政治关系上取得对等地位，在经过一年半的筹备之后，在中央苏区第三次反“围剿”取得胜利而国民党政府的第四次“围剿”尚未发动之前这一相对稳定的时候，在第一个地方苏维埃政权建立 4 年之后，中华苏维埃共和国临时中央政府这样的国家政权宣告诞生。

中华苏维埃共和国临时中央政府的成立，使长期被压迫的广大工农群众在共产党领导下第一次翻身成了社会的主人。中国共产党的一个重要使命，就是要建立使劳动人民当家做主的新政权。大革命的失败，使一度以为能够实现的这个目标破灭了。中华苏维埃共和国的成立，使这个目标在苏区范围初步实现。为此，党整整奋斗了 10 年。中国共产党制定的第一部国家根本大法——《中华苏维埃共和国宪法大纲》明确指出，中华苏维埃共和国是“工人和农民的民主专政国家”，“全部政权是属于工人、农民、红军兵士及一切劳苦民众的”。《中央为第一次全国苏维埃代表大会告全国工农劳苦民众书》也强调：大会成立的临时中央政府，“毫无疑义地将要成为全国工农革命运动的指导者与组织者”。“它将一定成为中国工农民主专政在全国范围内胜利和奠定的先声，创造中国新社会的序幕。”①这样，在中国政治舞台上，存在着两个性质截然不同的政权。革命的苏维埃政权与反动的国民党政权形成了鲜明对立。正如毛泽东所言，江西中央苏区成为“全国苏维埃运动的大本营”②，加强了对各根据地、各部分红军的中枢指挥作用，扩大了党的影响。

---

① 中共中央书记处编：《六大以来》(上)，北京：人民出版社 1981 年版，第 155 页。

② 江西省档案馆、中共江西省委党校党史教研室编：《中央革命根据地史料选编》下册，南昌：江西人民出版社 1982 年版，第 297 页。

中华苏维埃共和国临时中央政府的成立，为中国共产党领导和管理国家政权作了首次预演。中华苏维埃共和国先后统辖分散在全国各地的 13 块根据地，建立了 18 个省级单位、4 个特区以及 4 个直属县，总共有 40 余万平方公里，3000 余万人口。省以下的县、区、乡三级苏维埃政府，同样实行工农兵代表会议制度，形成了从中央到地方的比较完整的政权结构。在中央苏区进行过三次从乡级开始的逐级选举运动，人民的民主权利得到初步体现。苏维埃共和国还颁布过许多法律、法规和条例，在提倡廉洁勤政、民主新政、加强法制建设等方面作了很大努力。临时中央政府先后设置近十多个部、委、局、厅等部门，负责政权的有效运转。苏区政府首先实行土地革命，使占人口 80％的广大贫苦农民获得了土地；以“一要打仗，二要建设”的思想作为经济建设的基本方针，进行一切可能和必要的经济建设，既供给战争需要，同时努力改善群众生活。几年的经济建设，特别是农业生产的发展，使十几万红军的给养和几百万人口的吃穿大体有基本的保障。这是苏区能够存在、战争能够进行的经济基础。苏区政府也很注重文化教育建设，兴办各种形式的学校，开展扫盲识字运动，普及小学教育，加强干部的文化理论教育；创办不拘形式的多种报纸杂志，编译出版急需的各种图书，组织开展群众喜爱的文艺体育活动等。苏区政治、经济和文化等各方面建设的初步开展，给党提供了一次在一定范围领导和管理国家的机会。

中华苏维埃共和国临时中央政府的成立，为党和人民培养造就了一大批治国安邦的领导干部。据有的材料统计，在中华苏维埃共和国鼎盛时期，苏维埃政府系统约有干部 1.3 万人，党团系统干部约 2 万人。他们开创了苏维埃政权，不少幸存者还成为后来新中国的开国领袖和各部门的领导骨干力量。党的两代中央领导集体的不少重要成员，都曾是临时中央政府的重要负责干部；130 多人在新中国成立后担任中央各部委、各省市自治区的主要领导职务，以及首批驻外大使等。因此，领导和管理苏维埃共和国的实践，为新中国的诞生作了重要的组织准备和干部准备。

第六，这是中国共产党领导的人民军队经受最为艰苦卓绝的锻炼，并为建设人民军队、开展人民战争积累丰富经验和造就治军领导人才的重要时期。

各地红军的建立，标志着中国共产党有了自己的革命武装力量。工农红军既是开展土地革命的先锋队，也是苏维埃政权得以存在和发展的柱石。古田会议决议使工农红军的建设有了明确的政治纲领。此后，人民军队的建设逐渐展开。1931 年秋，第一所正规的红军学校——中央军事政治学校创办，先后 6 期，培养了大批红军干部。1932 年 1 月，红军总政治部将“提高并巩固党在红军中的绝对领导”，作为红军建设的中心任务。1933 年冬，红军政治工作的第一个正式条例《中国工农红军政治工作暂行条例(草案)》拟定，进一步明确了红军政治工作的任务、目的和内容等。1934 年 2 月召开的红军第一次政治工作会议首次提出“政治工作是我们红军的生命线”的重要思想。为了打破国民党发动的第五次“围剿”，从 1934 年 5 月起开展扩大红军运动。仅这一年，全国红军正规部队就发展到约 30 万，非正规武装达到 60 万以上。一次又一次的反“围剿”战争，红军虽然付出惨重的牺牲，但练就了敢打硬仗、久拖不垮的优秀素质和作战本领，开始形成一套革命战争的战略和战术原则，积累了开展游击战、运动战的丰富经验，为党的人民军队、人民战争理论的创立奠定了重要基础。

同时，战争造就了治军人才。新中国成立后的 10 位元帅中有 9 位、10 位大将中有 7 位都曾是中央苏区的重要军事领导人。“文化大革命"前被授予军衔的从少将到上将的将军中有588位都曾是中央苏区红军的指战员，其中上将和中将数占全国的一半以上，少将占全国的1/3。毛泽东总结这段历史时深情地说："党开辟了人民政权的道路，因此也就学会了治国安民的艺术。党创造了坚强的武装部队，因此也就学会了战争的艺术。""我们不但会运用马克思主义去解决政治问题，而且会运用马克思主义去解决战争问题；不但造就了一大批会治党会治国的有力的骨干，而且造就了一大批会治军的有力的骨干。这是无数先烈的热血浇灌出来的革命的鲜花"。①

中央革命根据地的创建和中华苏维埃政权的成立，在中国革命历史上的作用不可磨灭。不仅一大批治党、治国、治军的栋梁之材是无数先烈的鲜血浇灌出来的革命的鲜花，就是新中国的诞生和共产党的执政也是无数先烈的鲜血浇灌出来的革命的鲜花。没有党的艰苦卓绝斗争历史的昨天，就没有党的辉煌成就历史的今天。

三、对研究中华苏维埃共和国历史的几点看法

中华苏维埃共和国的历史，在党的80年历史中虽然是一个短暂的时期，但对它的历史作用却长期存在不同看法。见仁见智，大体有三类观点。一是完全肯定，把它的创建看做是马克思主义基本原理同中国实际相结合的结晶。二是在根本上持否定态度，把它视为"左"倾路线的产物。三是基本肯定它的历史作用，但认为它的成立及其一些重要政策有浓厚的"左"的色彩。在每类观点中，认识的视角、把握的分寸也有这样那样的差别。但按其基本倾向看，大体上是这么三类。

怎样认识这样的不同观点呢？一方面，作为学术问题，完全可以

① 《毛泽东选集》第2卷，北京：人民出版社1991年版，第611、548页。

保持自己的看法，不必强求统一。事实上，学者们的人生阅历、知识结构、研究方法，以及情感倾向等诸多因素的不同，使其学术观点有所不同是很自然的，想统一也是统一不起来的。在历史已经进入到今天，也不应当再做那种强求一律的傻事。另一方面，既然是学术问题，也可以在学术权利平等、相互尊重的前提下，进行切磋、探讨和争鸣，以求对历史问题的认识和评价更为客观、更加全面、更接近真理性，因而也能为更多的研究者和读者所认同。基于此点，谈点个人看法。

(一)研究中华苏维埃共和国历史的复杂因素

从研究历史的基本方法论来说，研究复杂的历史问题一定要考虑多种复杂因素。前已指出，中央革命根据地创建时期的历史相当复杂，中华苏维埃共和国临时中央政府的成立又是这段复杂历史中最为复杂的一个历史问题。对这个复杂历史问题的研究至少要考虑这样几个因素：

一是国共两党合作关系破裂后的对抗冲突关系。1927 年大革命后期，国民党的蒋介石、汪精卫集团先后背叛革命，对一直共同战斗的友善同盟者和坚决支持北伐革命的广大劳动者顿时反目为仇，进行血腥屠杀和疯狂镇压。共产党人被迫进行武装反抗，开展土地革命战争。在革命力量得到一定发展，革命形势有了一定好转的情况下，成立中华苏维埃共和国临时中央政府，造成两个政权的对峙局面，用统一的革命的苏维埃政权反抗反革命的国民党政权，更好地领导起全国的革命运动，这不能不说是大革命以后国共两党你死我活残酷斗争历史发展的必然逻辑。

二是阶级矛盾与民族矛盾的变化关系。1931 年日本帝国主义发动对中国的侵略战争，悍然占领中国东北，中日民族矛盾开始向主要矛盾地位转化。九一八事变对于中国近代历史发生了多方面的深刻影响。其中之一是使中国国内的阶级关系迅速发生变化，曾经脱离过革命的民族资产阶级又转变立场，靠拢中国共产党。全国各民族、各阶级、各阶层、各党派团体的爱国人士纷纷要求停止内战、共同抗日。这对国民党政府是一个很大的政治压力，极有利于党领导的革命斗争的发展。蒋介石坚持的“攘外必先安内”的不抗日、打内战的反共政策不得人心。在这个事变之后成立的中华苏维埃共和国临时中央政府，如果能根据国内阶级关系的急剧变化，及时改变政策，缓和与民族资产阶级的紧张关系，调整政权的性质，那么在政治上会更加主动。在蒋介石没有放弃反共政策之前，要求共产党取消在这个事变前早已作出的成立中华苏维埃共和国的决定是不可能的，也是不现实的。这不是共产党单方面的问题，而是由国共两党双方关系的发展趋向来决定的。但是成立的苏维埃政权将其性质和某些政策进行调整，这应当是可能的。但是，中华苏维埃共和国宪法大纲却没有能适应国内形势的变化与时俱进，这不能不说是一个需要总结的历史教训。

三是党内的正确路线与错误路线的斗争关系。在中央革命根据地时期，以毛泽东为代表的正确路线同以李立三、特别是以王明为代表的“左”倾错误路线的对立和冲突是异常激烈的。“左”倾错误路线长期在党中央和苏区中央局占主导地位，毛泽东的许多正确主张不仅没有被采纳，而且多次遭受错误路线的排挤和打击。这是毛泽东一生处于逆境的主要时期。毛泽东虽然也赞同成立中华苏维埃中央政权，但对“左”倾领导的军事路线和土地革命的某些政策却一直是不赞成的。就是在成立中华苏维埃中央政权之前一个星期的赣南会议上，他还受到“左”倾错误领导的严厉批评。他提倡的反对本本主义被指责为“狭隘的经验论”；他提出的“抽多补少、抽肥补瘦”被指责为“富农路线”；

他的军事主张被指责为“没有完全脱离游击主义传统”。正是在此后立即召开了中华苏维埃全国代表大会，并由他来正式宣告中华苏维埃共和国临时中央政府的成立。此时此刻，毛泽东是怎样的心境是可想而知的。尽管他被选为中央执行委员会和人民委员会两主席，但这并不意味着“左”倾领导对他委以重任，实际上这是在逐步地将他从更为重要的红军领导岗位上排挤出去。因此，这与他18年后在天安门向全世界宣告中华人民共和国中央人民政府的成立，是不能同日而语的。对这个问题，不考虑党内路线斗争的大背景和毛泽东那个时期的特殊境遇来作分析和评价，恐怕是把复杂的问题简单化了。当时的情况与毛泽东在遵义会议之后的情况是很不一样的，不能忽视这个历史的区别。

四是中国共产党与共产国际的特殊关系。党从成立伊始，就是共产国际的一个支部，必须接受它的领导。这种组织关系是一定历史条件的产物，毋须厚非。这就是历史，非议它无助于研究历史。关键在于对共产国际的指示要作具体分析。正确的指示推动中国革命，不正确的指示，给中国革命造成程度不同的影响，及至严重危害。中央革命根据地时期，共产国际对中国党和中国革命既有正确的指示，也有不正确的指示，是干预最多的时期。但那时的“左”倾领导不能对共产国际的指示加以分析，而是将共产国际的指示和苏联经验神圣化，盲目地贯彻执行。尽管兴起全国范围的苏维埃运动和建立地方苏维埃政权是中共中央提出的，但要求尽快建立全国性的苏维埃政权则是共产国际的指示。从1929年冬开始，共产国际就一再电令中共中央，“建立临时中央苏维埃政府”。甚至连成立中央苏维埃政权需要制定的许多法律法规，如《中华苏维埃共和国宪法》《劳动法》《土地法》《经济政策》等重要文件，最初都是由共产国际远东局直接指导上海的中共临时中央草拟的，虽然后来根据中国的情况作了修改，调整了不少条款，但包括《宪法大纲》在内，以苏联经验为范本，照抄照搬的烙印是明显的。由于共产国际的一再催促，无论是立三路线时期还是王明路线时期，都把尽早建立中央苏维埃政权作为“最迫切的任务”、“第一等工作”。

当时具不具备建立中华苏维埃共和国的客观基础呢？国际国内形势的发展虽然对中国革命有利，但即使取得了三次反“围剿”战争的胜利，但从总体上看，革命高潮也并未到来，敌强我弱的基本态势没有根本改变。建立中华苏维埃共和国，造成两个政权的对抗，尽管有革命斗争需要的一面，但毕竟是对革命形势的发展作了不切实际的过高估计。共产国际以为全国革命的胜利即在不远的时日，故多次催促尽快成立苏维埃政权。中共中央的“左”倾领导同样犯了革命的急性病和幼稚病，盲目乐观，不仅对中国革命的长期性、艰巨性和反复性缺乏应有的思想准备，就是对第五次反“围剿”可能遭到失败，在最初也从未想过，似乎革命就只有胜利，不可能有失败。这就是当时急于成立中华苏维埃共和国的认识基础。因此，就当时“左”倾领导的这种指导思想而言，尽管做了一年多的筹备工作，但成立中华苏维埃共和国的历史条件是不成熟的。

五是中央领导的“左”倾错误与人民群众艰苦卓绝斗争的相悖关系。在党的80年历史上，这种相悖关系多次发生，这是使党的历史具有悲壮色彩的重要因素。这个时期就是党的历史异常悲壮的一幕。中央领导层有两种不同的指导思想，且斗争激烈，但广大人民群众不知道。只要是党的号召，人民群众都积极响应、坚决贯彻，再大的困难也努力克服。粮食是当时战争最大的消耗，也为红军急需。根据地人民厉行节约，缩食省用，倾其所有，借粮献粮，支援红军。在“扩红”运动中，到处都有父送子、妻送郎、兄弟争当红军、父子争上前方的可歌可泣的动人情景。有的县、区、乡的16岁至55岁的男子，也就是说凡是身体合格的男人都争先恐后地走了。他们哪能不知道“壮士一去兮不复还”呢！但是他们毅然决然地当兵开赴沙场。中央苏区参加红军的数十万人，经过第五次反“围剿”，到中央主力红军开始长征时只剩下约10万人。兴国县参军参战的8万多人，牺牲的就达5万多。仅在长征路上，兴国籍战士牺牲的就有1.2万多人，平均每前进一公里就有一个兴国籍战士倒下。苏区人民对中央革命根据地的斗争做出了多么巨大的奉献和牺牲啊！不管领导层的路线如何，人民群众这样的惊天地泣鬼神的奉献和牺牲精神，在任何时候都需要大书特书。

（二）成立中华苏维埃共和国决策的历史局限

前面已经充分肯定了成立中华苏维埃共和国在党领导的革命历史上的作用。当然，对这个作用肯定到这种程度够不够？可能会有不同看法。因为有一种意见认为，成立中华苏维埃共和国是马列主义理论与中国实际相结合的产物。对此，我个人还难以苟同。就中央革命根据地的创建言，可以这样说。因为它是创建井冈山革命根据地的继续，是探索中国革命道路创造性的实践，而且是毛泽东亲自开辟的。但中华苏维埃共和国的成立与它不完全是一回事，两者既有联系，又有区别。为什么不能说它是马列主义理论与中国实际相结合的产物呢？

——它的成立与当时中央“左”倾领导争取“革命在一省与数省的首先胜利”的行动纲领有密切关系。有如前述，成立中华苏维埃共和国有其革命发展的特殊历史背景，不能简单化地说成是“左”倾路线的产物，但是它的成立又不能说与当时指导思想“左”的倾向没有关系。

一方面，它的成立是为了造成两个政权的对抗，显示革命政权的进步性；另一方面，又认为现在已经是积极准备争取一省与几省的首先胜利，建立全国革命政权的时候了。在苏维埃中央政府成立后，“革命在一省与数省的首先胜利，就在目前”①。显然，这是立三路线和王明路线的错误指导思想。

——它的成立与共产国际和中共中央“左”倾领导对革命形势的发展所作的不切实际的估计有密切关系。前已指出，成立中华苏维埃共和国的历史条件是不成熟的。但共产国际和中央“左”倾领导却不这样认为。1929年10月，共产国际就说，“中国进到了深刻的全国危机的时期”②。1930年夏，共产国际提出，建立中央苏维埃政府，准备同国内外反动势力进行最后决战。受共产国际指示的影响，中央“左”倾领导也提出，两个政权的尖锐对立，“必然的要形成为残酷的国内的阶级决战”。“一定要很快取得全中国革命的胜利”③。事实上，当时并没有形成这样的革命形势。上述估计不符合中国革命的实际。

——它的若干重要基本政策混淆了民主革命与社会主义革命两个阶段的区别。“左”倾领导的一个基本错误，就是毕其功于一役，把作为社会主义革命对象的资产阶级提前到民主革命阶段就加以打击。他们没能随着九一八事变给国内阶级关系带来的变化而调整政策，仍然把中间势力视为最危险的敌人；把整个资产阶级与地主一起视为革命

① 中共中央书记处编：《六大以来》(上)，北京：人民出版社1981年版，第138页。

② 中央档案馆编：《中共中央文件选集》第5册，北京：中共中央党校出版社1990年版，第791页。

③ 中央档案馆编：《中共中央文件选集》第7册，第495页；《红色中华》第1期，1931年12月11日。

对象，而不能将资产阶级加以区分。《宪法大纲》规定：中华苏维埃政权要“打破地主资产阶级经济的和政治的权力”，“只有军阀，官僚，地主，豪绅，资本家，富农，僧侣及一切剥削人的人和反革命分子是没有选派代表参加政权和政治上自由的权利的”；要“限制资本主义的发展，更使劳苦群众脱离资本主义的剥削，走向社会主义去”。在《土地法》《劳动法》和《经济政策》等文件中以及在查田运动中，都规定了一些“左”的政策。这些政策不符合当时中国的实际，违背新民主主义革命阶段的要求，不能不对革命形势造成不利影响。

上面论列的几点，说明中华苏维埃共和国的成立是有“左”的明显倾向的。我也不赞成把这些“左”的错误无限夸大，仅仅根据这些就将中华苏维埃共和国的成立完全看成是“左”倾路线的产物。但是，无视这些“左”的明显倾向，甚至将其戴上马列主义理论与中国实际相结合的产物的桂冠，这绝不是实事求是的。

(三)两个共和国的历史比较

从中华苏维埃共和国到中华人民共和国，走过了18年的历史之路。对这两个共和国作历史比较是党史研究的一个重要课题。10多年来，这方面的比较研究文章不少。有的给人们以很大启迪，有的却有些简单化。说中华苏维埃共和国的国家政权是中华人民共和国的原始雏形，一般地讲没有错。问题在于怎么理解“雏形”？马克思讲的“人体解剖对于猴体解剖是一把钥匙”的思想可以作为比较研究的科学方法论。他说：“低等动物身上表露的高等动物的征兆，只有在高等动物本身已被认识之后才能理解。因此，资产阶级经济为古代经济等等提供了钥匙。但是，决不是像那些抹杀一切历史差别、把一切社会形式都看成资产阶级社会形式的经济学家所理解的那样。人们认识了地租，就能理解代役租、什一税等等。但是不应当把它们等同起来。”①这就是说，人体解剖对于猴体解剖是一把钥匙，但决不能把猴体等同于人体。我们既要看到两者的联系，更要看到两者的差别；既要比较相同的一面，又要比较相异的一面；有的比较强调两者的“同”，忽视两者的“异”，这就有可能导致将“猴”人化的倾向。

一些文章爱作两个共和国的“国体”比较，比较多地强调“工农民主专政”与“人民民主专政”之间的“同”，对两者的“异”则讲的较少。在我看来，这个“异”在党领导的民主革命历史上的作用可能大于“同”。因为我们党的理论贡献和革命成功的法宝之一主要在于“异”。这个“异”是什么呢？就是对于资产阶级的分析。按照“左”倾领导理解的马列著作的“本本”和苏联经验的条条，对资产阶级毋须分析，一概是革命对象。党在大革命时期作了分析，因而同国民党建立了统一战线。土地革命战争初期，由于民族资产阶级脱离革命阵线，采取不联合的政策是正确的。但是在九一八事变后仍然不把民族资产阶级包括在新建立的国家政权形态的阶级基础之中，则是不正确的。红军长征到达陕北后，在瓦窑堡会议上，党的政策的一个重大调整，就是改变了对民族资产阶级的态度。只有作了这样的改变，才有可能在后来创立新民主主义的科学理论，也才有可能在这个理论的指导下取得新民主主义革命的伟大胜利，建立中华人民共和国。因此，对两个共和国的历史比较不能忽视这个“异”，不能将两者简单地等同起来。

（四）北京纪念座谈会名称的改变和对纪念主题的把握

大家知道，10 月 24 日在北京召开的纪念座谈会，原定名称是“纪念中华苏维埃共和国成立暨中央革命根据地创建七十周年座谈会”。

① 《马克思恩格斯选集》第 2 卷，北京：人民出版社 1995 年版，第 23 页。

后来改为“纪念中央革命根据地创建暨中华苏维埃共和国临时中央政府成立七十周年座谈会”。为什么要做这样的调整呢？这涉及对纪念主题如何加以科学的把握。党史上许多重大事件都是活生生的教科书，对革命的发展有重大影响，要放开纪念，几乎每天都要开纪念会。但是不能为纪念而纪念，凡需要举行重大纪念活动的，都要明确纪念的主题。这次纪念的主题应当是什么呢？毫无疑问，应当是纪念以毛泽东为代表的老一辈无产阶级革命家经过长期艰苦奋斗，进行不懈探索，开创的有中国特色革命道路的不朽业绩。既然是这么一个主题，就不能不对原来的名称进行调整。因为中央革命根据地既是毛泽东亲手创建起来的，又是探索有中国特色革命道路的主要实践，能更好地说明中国共产党人将马列主义理论与中国具体实际相结合作出的伟大贡献。中华苏维埃共和国也有重大历史意义，但由于存在上述局限性，就不可能把这个主题讲得很充分。把握不好，既影响历史的科学性，又可能扩大党史界的纷争。突出中央革命根据地的创建，丝毫不损害中华苏维埃共和国在党的历史上应该享有的荣誉。对纪念主题做这样的调整本身，就是当年培育起来的党的实事求是的优良传统和作风的再次体现。

中央苏区与苏区精神*

中央苏区的历史是中国共产党领导新民主主义革命的一段非常重要的历史。从时间来说，它占民主革命的近四分之一；从内涵来说，它是以毛泽东为代表的中国共产党人探索农村包围城市、武装夺取政权的中国特色革命道路的关键时期；从意义来说，这个时期成立的中华苏维埃共和国是新中国的最初雏形。这是中国共产党开辟的一片神奇土地，有极为深邃的历史价值和极其丰富的红色资源。改革开放以来，对它的历史价值，包括其红色资源尽管有相当高度的认识，但作深度的研究、开发、利用和宣传还

---

* 这是作者2005年10月19日在江西兴国召开的"纪念毛泽东作'兴国调查'75周年暨弘扬苏区精神理论研讨会"上作的主题报告。文章认为，中国共产党在革命战争年代形成了一系列的伟大革命精神。它是党领导的革命得以进行的强大精神力量。苏区精神是土地革命战争时期中国共产党在领导创建、保卫苏维埃区域革命实践中培育形成的，是表现党领导的民主革命历程"精神"系列的重要组成部分。它是井冈山精神的传承和发展，是长征精神的直接源泉。它的基本内涵可以概括为：星火燎原，信念坚定；反对"本本"，开拓进取；执政为民，争创第一；艰苦奋斗、廉洁奉公；无私奉献、不怕牺牲。原载《中共党史研究》2006年第1期。

是有限的。从新世纪开始，这个情况在不断改变。就我所知，仅在赣州市的所属地区，已召开过三次全国性的理论研讨会，聚集了一批来自全国各地的专家学者对其历史价值进行再认识，作新的挖掘。2001年11月，围绕中央革命根据地即中央苏区的开辟和中华苏维埃共和国临时中央政府成立70周年这个主题，就如何科学地评价其历史地位进行了多侧面、全方位的探讨。2003年11月，就毛泽东的《寻乌调查》报告和《反对本本主义》文献进行了再研究。一年前的2004年10月，还专门研讨了中央红军从中央苏区进行长征的历史问题。今天，我们在这里研讨苏区精神，这是对中央苏区的历史作深度研究的又一次重要努力。

苏区精神不仅仅是中央苏区的精神。在中华苏维埃共和国鼎盛时期，曾建立有13个苏区，面积约40余万平方公里，所辖人口达3000万。中央苏区只是其面积的五分之一，人口近七分之一。苏区精神，毫无疑问，应当是代表当时所有苏区的军民用鲜血和生命所铸就的革命精神。研讨苏区精神，最好是以全苏区的历史作背景来进行论述，这样更全面、更准确、更完整。就我个人言，尽管对13个苏区的情况略知一二，但不少地区没有去过，对许多地区缺乏深入研究，不敢冒昧地站在当年全苏区的立场来奢谈苏区精神。这些年来，我践行“走走党史”的理念，四“走”中央苏区，实地考察了赣州市的18个县(区)、吉安市的4个县(区)、抚州市的8个县(区)，还有福建龙岩市的6个县(区)。来此开会前，我又走了属于福建三明市的5个县，这样，大体可以说，原中央苏区的核心区域和主要版图，我基本上作了一番体验，积累了一些感性认识。这里我以这些年的实际考察为基础，立足于中央苏区，来谈对苏区精神的一些不成熟看法(关于“兴国调查”问题，因为在2003年11月的寻乌研讨会上专门讲过“寻乌调查”，其中也论及“兴国调查”，这里就不再说了）。

一、从中央红军和中央苏区的发展历史看土地革命战争时期的发展阶段

10年土地革命战争，是党领导的民主革命最为艰苦的一个时期。从党史学的视角言，过去我们很少对这段历史的发展阶段问题展开研究。有一种看法，将这10年历史一分为二，认为遵义会议前是一个阶段，此后是一个阶段，但未见有这样的专门著述。对土地革命战争历史的发展阶段，尽管未在理论上作明确划分，但事实上已经出版了反映这段历史发展阶段的若干专著。这说明，这10年的历史是有一个发展阶段问题的。我以为，这10年的历史不算短，在10年间，其主要矛盾和斗争内容虽然没有根本改变，但这10年的历史发展，就其斗争的形式和特点而言，还是有不小变化的，在一些主要区域显现出了比较明晰的阶段性。因此，明确提出土地革命战争时期的历史发展阶段问题是必要的。

当然，在各个苏区即革命根据地，由于历史的发展和斗争的情况不同，其阶段的划分可能不尽相同。如有红军长征的苏区和没有进行长征的苏区的历史发展就不会一样；就是有红军长征的几个苏区的历史发展也各有若干特点。因此，对这10年历史的阶段划分，不可能一刀切、简单化。能划者则划，不能划者不要硬划。这里，仅就作为土地革命战争时期的核心主体——中央红军和中央苏区的发展脉络和历史演变，来看土地革命战争时期显现的发展阶段问题。我以为，这一块是可以划的，且其重要的历史地位显而易见。研究它的历史发展阶段有助于深入认识土地革命10年历史的发展规律。

在我看来，以中央红军和中央苏区的发展历史为背景来看土地革

命战争时期的发展阶段，大体可以分为这样四个时期：

——井冈山时期。从1927年9月毛泽东率领秋收起义部队上井冈山建立革命根据地，到1929年1月毛泽东、朱德和彭德怀先后率红四军和红五军下山，井冈山根据地主体部分失守，革命斗争的中心区域随着毛、朱率红四军离去而转移了。这个阶段有1年零三四个月。

——中央苏区时期。1929年1月毛泽东、朱德率红四军下井冈山后转战赣南、闽西，经过1年半多的艰苦斗争，开辟了中央苏区。在连续取得三次反“围剿”胜利后，1931年11月，成立了中华苏维埃共和国临时中央政府。在1933年二三月间取得第四次反“围剿”胜利后，中央苏区发展至鼎盛。第五次反“围剿”失败后，中央红军不得不于1934年10月实行战略转移，中央苏区的主体部分随之丧失。这个时期有5年零10个月。

——中央红军长征时期。1934年10月，中央红军开始长征。1935年1月，召开遵义会议，毛泽东参与中共中央核心领导和指挥军事行动，实现了党的历史发展的一次伟大转折。经过千辛万苦，中央红军于1935年10月到达陕北。红二、四方面军尽管在1年后才到达这里，实现三军大会师，但由于日本帝国主义扩大了对华侵略，党和红军的任务有所变化，因此这个阶段划到瓦窑堡会议召开以前，有1年多一点时间。

——瓦窑堡会议后的准备抗日时期。随着日本侵略者扩大对我华北的入侵，以“一·二九”运动为代表掀起了抗日救亡运动的新高涨。1935年12月，中共中央召开瓦窑堡会议，调整党的路线和政策，号召建立最广泛的抗日民族统一战线。从此以后，直至1937年7月抗日战争全面爆发，这1年半多时间可视为实行革命内容转变、准备抗日的阶段。

对这四个阶段的划分，见仁见智，可能有的学者不一定认同(也不必强求一律)。这里也不想去一一陈述为什么划分四个阶段的理由，而要着重说明将井冈山时期和中央苏区时期划分为两个阶段的历史必要性。

不少讲党史的本子都是将中央苏区时期与井冈山时期混在一块来叙述的。的确，这两者有它的共同点和延续性，特别是井冈山道路的伟大意义在那里，将中央苏区的历史作为它的自然延伸来讲，更能充分说明这条道路的伟大。在这一历史光环的普照下，中央苏区历史的一些曲曲折折也不那么凸显。这么叙述历史有它的好处，这样讲也不是不可以。但从深入研究历史的角度看，这两段历史的实际发展是不能完全混同的，各有其与那段历史相联系的具体特质。中央苏区时期近 6 年的历史也有其绚丽的光环，是应当单独凸显的。

在我看来，将井冈山时期与中央苏区时期划分为两个发展阶段，有这么五点理由：

一是两者的时间长短差距较大。有如前述，中央苏区时期比井冈山时期要长 4 年多。尽管两者是一前一后，后者与前者有延续关系，但以时间短的完全代表时间长的来讲这段历史，似不容易将其发展脉络讲清楚。

二是两者的活动地域不同。井冈山时期的活动区域就在井冈山地区，即赣、湘两省的“六县一山”，其鼎盛时的面积达 7200 多平方公里，人口 50 余万。中央苏区时期的活动区域主要在赣南和闽西，还包括今属抚州和吉安的若干县区。其鼎盛时的面积达 8.4 万平方公里，人口有 450 余万，辖 4 个省级苏维埃政权，拥有 60 个行政县，成为全国最大的革命根据地。这两个区域都包括江西，但一个涵赣西诸县，一个涵赣南、赣中和赣东诸县。后者的地域比前者大得多，以小盖大，或以小带大，是很困难的。

三是两者的思想理论形成的实践活动基础不同。井冈山的斗争，创建了中国革命的第一块根据地，实现了党领导下的“工农武装割据”局面。它以实践斗争说明了中国革命重心应由城市向农村进行战略性转移，开创的“井冈山道路”代表了中国革命的新方向。但由于时间短，许多光辉的思想理论还未完全展开，在这时还不能说形成了关于中国革命道路的理论。在中央苏区时期，由于时间较长，毛泽东的实践活动异常丰富，他的思想理论得到了多方面的展开，关于中国革命道路的理论则主要是在这个时期丰富发展起来的。中央苏区时期，是毛泽东思想丰富发展的一个非常重要的时期。它不应当被遮盖在被一般人视为井冈山斗争这个开创时期之中。

四是两个时期的领导主体的变化情况不应当忽视。在井冈山时期，尽管也有上级领导和中共中央的指导，但那里的实际领导人是毛泽东。那一年多，基本上是贯彻执行他的思想主张，因而实践斗争的发展比较顺当，干扰因素比较少。在中央苏区时期，领导的主体变化较大。党中央“左”的错误逐渐得到全面推行，毛泽东负责的党权、军权和政权先后实际上被剥夺，他的正确和比较正确的主张不断遭受批判。这与在井冈山时期的情况大不一样。这一特点不应当被忽略。

五是两者所进行的战争的规模不能同日而语。在井冈山时期，红军的兵力最多时达到1万人，国民党地方军队进行“会剿”的兵力，最多时有3万多人，红军反“会剿”主要是游击战。在中央苏区前期，情况大体同于井冈山斗争时期。但到1930年秋开始的反“围剿”战争后，情况则很不一样了。国民党军不但是出动了嫡系主力部队，而且其数量之巨，由10万、20万、30万骤升至50万；红军的总兵力也一度达到12万多人。战争的主要形式变成了大规模的运动战，乃至阵地战。对红军来说，打阵地战是错误的，但这从一个侧面说明了红军的实力。

根据以上几点，我以为，还是将井冈山时期与中央苏区时期划分为两个发展阶段为好。

二、中央苏区的历史贡献和苏区精神的基本内涵

上面将井冈山时期与中央苏区时期划分为两个发展阶段，是对这两段历史的异同加以比较而提出的。再从中央苏区本身来看，它在党的历史上有许多特殊的贡献。只有单独作为一个发展阶段立论，才能凸显它的特殊历史贡献。在前年给《中央苏区人物志》写的序言和去年在赣州召开的纪念长征出发70周年大会上的讲话中，我曾经讲过一些看法。这里对它进行再认识，重新论列八条。

第一，中央苏区时期是党领导的民主革命历史上所受的艰难困苦时间最长的一个时期。中央革命根据地从基础的奠定，到建立、发展至鼎盛，再到最后丧失，横跨20世纪20年代末到30年代前期。在民主革命的28年中，其时间占了近四分之一，在空间上是异常残酷的土地革命战争的核心地区。

第二，中央苏区时期是对中国革命道路进行艰苦探索，并奠定了坚实基础的时期。井冈山时期，对中国革命道路的探索只是开端，指出了正确的革命方向。在中央苏区时期，经过多年的武装斗争、土地革命和根据地建设“三位一体”的革命实践，井冈山时期的工农武装割据思想才进一步发展为比较明确的农村包围城市、武装夺取全国政权的革命道路思想。尽管革命道路的理论是在后来概括起来的，但对这条道路探索的艰难困苦的实践，主要是在这个时期进行的。

第三，中央苏区时期是作为中国共产党指导思想的第一个伟大理论成果——毛泽东思想正在发育成型的时期。以毛泽东为代表的中国共产党人在实践中艰苦探索中国革命道路的同时，理论上也在努力将马克思主义基本原理同中国具体实际相结合，研究中国革命的一些基本问题。毛泽东思想在井冈山时期处于开创阶段。它的许多重要理论观点，包括后来被视为其活的灵魂的三个基本点，则主要在中央苏区时期才显雏形。毛泽东思想的形成和成熟是个历史过程。这个时期，党在理论上的第一次历史性飞跃开始起步。从这个意义上说，中央苏区可视为毛泽东思想的主要发祥地。

第四，中央苏区时期是开始磨砺和造就以毛泽东为核心的第一代中央领导集体的时期。毛泽东等一批革命家在大革命时期已崭露头角。大革命最后失败和土地革命战争期间遭受的严重挫折表明：党虽然富有蓬勃的革命朝气和勇于牺牲的革命精神，但缺乏足够的理论准备和实践经验；在群众运动中虽然表现了出色的组织才能，但不能娴熟地运用革命领导艺术；在革命斗争中虽然涌现了一大批优秀的革命活动家，但未能形成强有力的领导核心。随着革命斗争的发展和党内斗争的展开，以毛泽东为代表的党的正确发展趋向力量，在艰苦探索中国革命道路的过程中开始聚集在这里，并逐渐凝聚起来。遵义会议前，这方面的力量在党内不是主流，不少时候还屡遭“左”倾错误领导的排挤和打击。但是，土地革命战争的艰辛历程证明，贯彻执行以毛泽东为代表的正确主张，革命根据地就发展壮大，革命形势就朝有利于党的方向发展；否定毛泽东的正确主张，革命就遭到挫折，战争形势就发生逆转。这种反复出现的情况，使全党、首先是中央苏区的党的高级干部逐渐认识了毛泽东、积极拥护毛泽东，从而为在长征开始后的遵义会议上确立毛泽东在党中央和红军的领导地位作了重要准备。此后，逐渐形成的第一代成熟的中央领导集体的主要成员，都经历过中央苏区的血与火的洗礼。

第五，中央苏区时期是中国共产党为保持党的工人阶级先锋队性质，在加强党的先进性建设中开创新的途径和形成党的优良作风的时期。在革命的重心转向农村以后，为了壮大党和革命的力量，不能不将大量贫苦农民出身的以及其他非无产阶级出身的革命先进分子吸收到党内来。这样，各种非无产阶级思想就难免对党和红军产生消极影响。以毛泽东为代表的中国共产党人通过古田会议决议等，强调从思想上建设党，坚决克服党内的非无产阶级思想；加强组织建设，坚决地同涣散组织的无政府主义倾向作斗争；注重政治建设，坚持党对军队的坚强有力的领导，从而，解决了以农民为主体的党的队伍仍然保持党的工人阶级先锋队性质的问题。这为在艰苦的农村和革命战争环境下加强党的先进性建设，并在理论上为丰富和发展马克思主义的党的学说作出了重要贡献。这个时期，党为保持自身的先进性还努力加强党的作风建设。党的七大所概括的我们党区别于其他一切政党的“三大作风”，主要渊源于这个时期的光辉实践。

第六，中央苏区时期是中国共产党第一次建立国家政权形态，积累治国经验和锻炼执政能力的时期。自土地革命战争开始，随着各地革命根据地的纷纷创建，为了统一领导全国各个根据地革命斗争，也为了建立一个与南京反动政府相对抗的革命政权，有如前述，成立了中华苏维埃共和国临时中央政府。党在这个时期的指导思想无疑有“左”的错误，但中华苏维埃共和国的成立，毕竟是长期被压迫的广大工农群众在共产党领导下在局部地区第一次翻身成了社会主人的一个重要标志，从一定意义上说，是中国共产党领导和管理国家政权的首次预演。即使是短短几年的实践，也为后来新中国的政治经济文化等多方面的建设提供了一定的历史经验。

第七，中央苏区时期是党领导的人民军队经受艰苦卓绝的锻炼，为建设人民军队、开展人民战争积累经验的时期。此前，党虽然建立了人民军队，但人民军队的建设主要是在这个时期开始有了自己的一套经验。这时的工农红军既是开展土地革命的先锋队，也是苏维埃政权得以存在和发展的柱石。从古田会议决议始，红军的建设有了明确的政治纲领。此后，人民军队的建设思想逐渐展开。关于红军建设的中心任务是“提高并巩固党在红军中的绝对领导”的思想，关于政治工作是红军的生命线的思想，以及关于红军政治工作的任务、目的和内容等，已初步明确。一次又一次的反“围剿”战争，红军虽然付出惨重的牺牲，但练就了敢打硬仗、久拖不垮的优秀素质和作战本领，开始形成一套革命战争的战略和战术原则，也积累了进行游击战、运动战的丰富经验，为人民军队人民战争科学理论的创立奠定了重要基础。

第八，中央苏区时期是为党和人民培养造就一大批治国安邦的党政军优秀领导干部的时期。据有的材料统计，在中华苏维埃共和国鼎盛时期，苏维埃政府系统约有干部 1.3 万人，党团系统干部约 2 万人。这些人中的不少幸存者是新中国的领导骨干力量。党的两代中央领导集体的不少重要成员，都曾是临时中央政府的重要负责干部。10 位元帅中有 9 位、10 位大将中有 7 位，都曾是中央苏区的重要军事领导人。此外，有 130 多人担任中央各部委、各省市自治区的主要领导职务，以及首批驻外大使等；在“文革”前被授予军衔的从少将到上将的 588 位将军，都曾是中央苏区红军的指战员，其中上将和中将数占全国的一半以上，少将占全国的三分之一。这个时期的斗争实践，为新中国的诞生作了重要的干部准备。

为什么在中央苏区时期能做出这么巨大的历史贡献呢？这个原因

是多方面的，其中重要一点就是我们正研讨的“苏区精神”在起作用。它是这个时期异常艰苦卓绝的革命斗争凝聚起来的一种强大的精神力量。有了这种精神力量，就能创造惊天动地的伟业，就能做出上述巨大的历史贡献。

目前，各种媒体对这样那样的“精神”讲得很多，可谓形成了目不暇接的“精神”系列。如以人物高尚品德立论的，有白求恩精神、雷锋精神、焦裕禄精神、铁人精神、孔繁森精神、乃至周恩来精神等；以地区革命精神的特点立论的，有红安精神、红岩精神、太行精神、沂蒙精神等；以重要会议立论的，有古田会议精神、遵义会议精神等；以在非常状态下执行非常任务、表现出的非常精神面貌立论的，有“两弹一星”精神、98 抗洪精神、抗非典精神以及最近提出的载人航天精神等；还有以表现革命历程立论的，井冈山精神、长征精神、延安精神、抗战精神、西柏坡精神等。这些精神汇合起来，就是中国共产党的革命精神，就是伟大的中华民族精神。

从表现中国共产党民主革命历程的“精神”系列言，似还可加上别的内容，比如苏区精神。有如前述，从井冈山时期到长征时期，这个跨度太大，只有加上反映苏区时期的苏区精神，这个“精神”系列才比较完整，不会使人有缺环断档之感。既然党的每段历史都有它的特质，那么反映这段历史的“精神”就会有它的特定内涵，或某些特点。就苏区精神言，它的特定内涵应当怎样认识呢？这也是个仁者见仁、智者见智的问题。从不同的角度，彰显不同的侧面，会有不同的概括，形成不同的表述。当然，各种表述是大同小异的，因而是可以并存不悖的，不必非要定于一尊不可。

我个人想按照历史与理论相结合的逻辑，以毛泽东的某些表述作基础——在我看来，这实际上是对苏区精神某个内容的提炼，因而应视为其本身具有的，不是我们外加给它的——来概括苏区精神的基本内涵，或主要特点。

这样，苏区精神至少应当包括以下主要内容：

第一，深信“星星之火，可以燎原”，中国革命必然胜利的坚定信念。许多对“精神”内涵的概括都要首先讲理想信念这一条，因为它是产生巨大精神力量的根本源泉。邓小平说得好：“根据我长期从事政治和军事活动的经验，我认为，最重要的是人的团结，要团结就要有共同的理想和坚定的信念。我们过去几十年艰苦奋斗，就是靠用坚定的信念把人民团结起来，为人民自己的利益而奋斗。没有这样的信念，就没有凝聚力。没有这样的信念，就没有一切。”①邓小平讲的这一条，对于概括苏区精神的内涵来说特别合适，因为毛泽东讲的“星星之火，可以燎原”，正是对理想信念的形象表述。在 1929 年初，毛泽东、朱德率红四军下井冈山后在赣南、闽西间反复转战，直至 1930 年 1 月整整 1 年，还处在流动之中，没有建立起“安身立命”的巩固根据地。国内革命形势处于低潮，不仅在红四军官兵中产生了“红旗到底打得多久”的疑问，就是在中央领导机关如“二月来信”所表明的，对时局发展和革命力量的估量“都太悲观了”。那时林彪的一些看法，代表了这部分人的思想。毛泽东给林彪写信，虽有批评，但属关爱，不是作为一种非常严重的错误倾向进行严厉批驳的。我们应当客观地看待这封信。正是出于关爱，毛泽东才以谈心的方式，一口气写了近 8000 字的长信。这封信既指出了林彪的不健康情绪，又展示了自己怎样环视世界形势和中国政局而对中国革命必然胜利所作的深入思考。尽管当时的革命斗争异常困难，但毛泽东指出：“若从实质上看，

① 《邓小平文选》第 3 卷，北京：人民出版社 1993 年版，第 190 页。

便大大不然。这里用得着中国的一句老话：‘星星之火，可以燎原’。这就是说，现在虽只有一点小小的力量，但是它的发展会是很快的。”他满怀信心地说：“中国是全国都布满了干柴，很快就会燃成烈火。‘星火燎原’的话，正是时局发展的适当的描写。”“这个‘星星之火’，距‘燎原’的时期，毫无疑义地是不远了。”①革命形势的发展正如毛泽东指出的，经过一次又一次的反“围剿”战争，中央苏区建立起来了，其他苏区也在发展壮大。在毛泽东讲这个话之后仅仅 1 年零 10 个月，作为统一领导具有“燎原”之势的中华苏维埃共和国临时中央政府成立了。这以后，中央苏区的发展出现了曲折、甚至严重挫折，但是，中央红军的广大将士，中央苏区的革命人民，都抱着“星星之火，可以燎原”的坚定信念，坚信中国革命必然胜利，社会主义和共产主义的理想制度会一定实现，因而无论反“围剿”战争多么残酷，革命需要苏区人民作出多么巨大的牺牲，都前仆后继，义无反顾。中央苏区的主体能够坚持存在近 6 年时间，中央红军主力撤离后在这块土地上还能坚持 3 年游击战争，都是坚定的理想信念这个伟大的精神力量在起作用。因而，这一条不仅是中央苏区历史逻辑的自然要求，而且顺理成章地成为苏区精神的首要内涵。

第二，反对“本本主义”，深入实际调查，“从斗争中创造新局面”的开拓进取理念。20 世纪 20 年代后期和 30 年代前期，无论国际共产主义运动还是中国共产党内，将马克思主义教条化、将共产国际和苏联经验神圣化的错误倾向十分盛行。对“本本”的迷信、对上级领导机关的迷信，就是这种倾向的反映。红四军转战闽西、赣南期间，这种

① 《毛泽东选集》第 2 版第 1 卷，北京：人民出版社 1991 年版，第 99、102 页。

倾向对军队工作的影响相当严重，致使一个时期党内军内的团结遭到破坏，正确的制度不能坚持，不正确的思想蔓延开来。为了同这种错误倾向作斗争，毛泽东比在井冈山时期更加注重实际调查。在中央苏区时期，他先后作了“寻乌调查”、“兴国调查”、“长冈乡调查”和“才溪乡调查”等10来个农村调查，对近代中国的社会政治经济状况、农村的阶级阶层状况和政治态度、土地占有情况和工商业发展状况等有了比较切实的了解，从而为制定正确的政策提供了依据。中央苏区在主要由他领导的时期的路线和政策比较正确，得益于他深入实际的调查研究。他写的《反对本本主义》一文，尖锐地批评“本本主义”是“保守的思想路线”，“完全不是共产党人从斗争中创造新局面的思想路线”，提出“没有调查，没有发言权”，随后进一步指出“不做正确的调查同样没有发言权”。在他的倡导下，在中共临时中央到达苏区之前的时期，各级党政干部都十分注重调查研究，不断改进工作，开创新的局面。对于军事斗争，毛泽东、朱德率红四军开辟中央苏区时，更是强调深入了解实际，哪里的敌人力量薄弱就向哪里进军，因而不断在赣南、闽西间进行大穿插、大迂回；在他领导的前三次反“围剿”和在他的思想影响下进行的第四次反“围剿”期间，都不断反对保守的思想路线，坚持“从斗争中创造新局面的思想路线”，敢于在敌军驻地的缝隙间强行突围，多次化险为夷，从而在以弱对强的不利形势下取得反“围剿”战争的胜利。完全可以说，中央苏区的开辟和发展，就是不断反对“本本主义”，深入实际调查，坚持“从斗争中创造新局面的思想路线”这样的开拓性理念的结果。因此，这应当是苏区精神的重要内涵。

第三，民主建政、“真心实意地为群众谋利益”、创造“第一等的工作”的执著追求。在井冈山时期，尽管也建立了政权，进行了根据地建设，但由于时间短、战争频繁、根据地不巩固，因而还很难谈得上局部执政问题。在中央苏区则大不一样，不仅时间长，核心区域的政权比较稳固，且成立了具有国家形态的中央临时政府。如果要讲执政，这个时期才说得上共产党第一次成为局部地区的执政党。尽管成立中华苏维埃共和国的历史条件还不成熟，但毕竟在这块土地上空前地建立了民主制度、社会最底层的人民破天荒地享受了基本的民主权利。中国共产党也努力做好民主建政，锻炼全心全意为人民服务的执政能力。毛泽东在开辟中央苏区时就提出，每个共产党员要像和尚叨念“阿弥陀佛”一样时刻叨念争取群众。在中华苏维埃共和国成立后，他以中央政府主席身份提出了“真心实意地为群众谋利益”问题。他要求：对群众的从土地搭配、劳动互助到柴米油盐问题，从妇女生孩子到学生读书问题，从修桥补路到防病治病问题等，都应当提到政府的议事日程上来。“要使广大群众认识我们是代表他们的利益的，是和他们呼吸相通的。”“真心实意地为群众谋利益，解决群众的生产和生活问题”，“广大群众就必定拥护我们，把革命当作他们的生命，把革命当作他们无上光荣的旗帜。”①在这里，实际上阐述了执政为民的思想，并且这是党的文献关于这个问题最早的明确表述之一。苏区的党政干部和红军指战员，牢记党的这个执政宗旨，努力为最广大的群众谋利益，解决他们的实际困难。为了使各级党组织和政府完成好组织革命战争和改良群众生活两大任务，毛泽东还提出了要创造“第一等的工作”的奋斗目标，号召广大干部都像兴国县、长冈乡等地的干部那样成为模范工作者。于是在苏区各地形成了争创一流、争当先进的政治空气，涌现一大批在各方面创造了第一等工作的先进模范。广大

① 《毛泽东选集》第1卷，北京：人民出版社1991年版，第138～139页。

党员干部处处作出表率，自觉地发挥先锋模范作用，许多工作都提前超额完成任务。党在中央苏区的执政时间尽管有限，但已初步显示出共产党执政的政治优势和组织优势。这也是中央苏区能够作出巨大历史贡献的一个重要因素，因而也是苏区精神的一个重要内涵。

第四，艰苦奋斗、廉洁奉公的优良作风。由于敌人残酷的军事“围剿”和严密的经济封锁，中央苏区的物资严重匮乏，广大军民的生活极其困难。所有干部(除少量技术人员外)，从中央政府主席到乡苏工作人员一律没有薪饷，每人每天只发不到1角钱菜金和大半斤粮食，“有盐同咸，无盐同淡”。干部下乡或开会，必须自带干粮。那首脍炙人口的山歌——“苏区干部好作风，自带干粮去办公，日着草鞋分田地，夜打灯笼访贫农。”——正是对干部优良作风的形象概括。领导干部同普通干部一样，都要“节省每一个铜板，为着支援战争和革命事业”。省吃俭用、勤俭节约，成为整个苏区的普遍风尚。各级干部都要帮助红军家属和缺乏劳力的贫苦农民铲草犁田、车水抗旱、施肥割禾等，与人民群众完全是艰苦与共、患难相依。中央苏区的各级党政机关的办公场所也非常简陋。即使是中央临时政府的9部1局，大多挤在叶坪村谢氏宗祠用木板隔成的15个小房间里；每个房间有一张桌了，放着 ·部手摇电话机，还有几条凳子，部长和两三个工作人员一起办公。干部以做人民的公仆为无上光荣，没有一点特殊。为了使干部廉政清明、克己奉公，苏区职能部门还制定了许多法纪，建立了有效的监督机制。凡贪污腐化行为一旦发现必受严厉惩治。在1932年4月至1934年3月两年间，苏维埃中央政府和江西省苏维埃政府查处了4起贪污案，处决了8名腐败分子。广大干部的清正廉洁作风，至今还成为美谈。毛泽东说：艰苦奋斗体现了“我们的政治本色”。在中央红军离开中央苏区前，苏维埃中央审计委员会对中央各部发表的审计报告说："我们可以夸耀着：只有苏维埃是空前的真正的廉洁政府。"①正是由于有这种作风，苏区军民自力更生、艰苦创业，在十分落后的基础上和异常困难的条件下，创建和发展了苏区的经济、财政、文化、教育、卫生等各项事业，人民群众的生活有了一定保障。因此，无论从哪个方面作概括，艰苦奋斗、廉洁奉公的优良作风都是苏区精神不可或缺的基本内涵。

第五，无私奉献、不怕牺牲、一往如前、勇于捐躯的彻底革命精神。中央苏区这块红色土地的开辟，极不容易。在中央苏区存在的近6年和随后进行的3年游击战争，从某种意义上说，就是广大红军指战员和这里的人民群众，无私奉献、不怕牺牲、一往如前、勇于捐躯的彻底革命精神不断弘扬的过程。广大军民为开辟苏区、扩大苏区、保卫苏区，作出了无私的奉献和巨大的牺牲。在1930年10月第9次攻打吉安时，10万工农群众与红军一道奋勇顽强地投入战斗，其中冲上铁丝网，与敌人展开肉搏，牺牲近万人。1932年3月，红三军团攻打赣州时伤亡达3000多人。在第一、二、三次反"围剿"战争中，红军损失12000余人。在中央红军出发长征时，苏区人民踊跃参军，在扩红运动中到处出现有父母送子妻送郎、父子兄弟争挎枪的动人情景。在红军出发的8.6万多人中，仅赣南籍子弟就达五六万人，占总数的65%。有的县、区、乡的16岁至55岁的男子，凡是身体合格的都争先恐后地走了。苏区人民还提供了大量军需物资和军费。仅赣南地区，就提供了稻谷84万担、棉花8.6万余斤和制造枪弹的8万多斤铜等。红军过于都河时，群众拿出门板、棺材板架浮桥。在中央苏区时期，赣南13个苏区县总人口约240万，青壮年有50万，先后参

① 《红色中华》第232期，1934年9月11日。

加红军的有33万余人，支前的有60多万人。在捐躯牺牲的20余万人中，有名有姓的烈士为10.8万余人，占全国革命烈士总数的1/16。兴国、瑞金、于都、宁都等县的烈士都在1.6万人以上。国民党反动派在重新占领苏区后，实行最疯狂、最残酷的报复，仅瑞金全县被残杀的就达1.8万余人。许多地方成了“血洗村”、“无人村”，“闾阎不见炊烟，田野但闻鬼哭”。中央苏区的人民，为革命作出这么巨大的奉献和牺牲，在全中国是罕见的。这是苏区精神的一个震撼人们心灵的显著特点。

苏区精神的内涵极其丰富。这里着重强调了上述几点，但绝不止于此。如果要对上述内涵加以凝练的话，可否作这样的概括：星火燎原，信念坚定；反对“本本”，开拓进取；执政为民，争创第一；艰苦奋斗、廉洁奉公；无私奉献、不怕牺牲。

三、研究苏区精神的几个问题

我来参加研讨会时，有同志问：“苏区精神”这个提法站得住吗？人们有疑问，不奇怪。因为过去很少宣传，党的主要领导人没讲过，且中央苏区这段历史极其复杂。有种种想法，可以理解。这里，就几个问题谈点个人看法。

（一）关于“苏区精神”能否站得住

我赞成这样的说法：苏区精神是一种客观存在的革命精神力量。无论你承认它与否，它是中央苏区土地革命风暴那段历史能够发生、得以存在，并彪炳史册的精神元素的升华。前已指出，中央苏区这段历史不算短，且非常重要，无论在中国革命史还是中共党史上都是不可逾越的，也是避不开的，因此不可能没有一种与之相应的强大的“精神”存在。至于怎么称呼它，那是另外一个问题。领导人讲没讲过和怎么讲的，也要以是否符合历史实际为标准来检验。因此，“苏区精神”能否站得住，最根本的是看它在历史上是否存在，对历史是否发生重大影响。前面作那么长篇的论述，就是以期回答这个问题。我以为，“苏区精神”的存在，是毋庸置疑的。何况党的领导人和有关方面负责人对此还有过一些说法。比如：

——1951年8月，毛泽东曾为南方老革命根据地人民题词“发扬革命传统，争取更大光荣”。这里的“南方老革命根据地”，无疑应当包括中央苏区。实际上，当时的中央慰问团就是在慰问江西原中央苏区的人民时赠送这个题词的。这个“革命传统”，已具有精神形态，可视为“苏区精神”的初始表述。

——1996年9月，江泽民在视察赣南老区时指出：在革命战争年代，老区人民跟着党，艰苦卓绝，前仆后继，为了中国革命的胜利，付出了巨大的牺牲，作出了重大贡献，形成了光荣传统。我们任何时候都不能忘了老区人民。我们要把老区的精神和传统世世代代传下去，永远发扬光大！他还题词写道：“发扬江西老区的光荣传统，建设有中国特色的社会主义。”这可看作对“苏区精神”内涵和意义的初步概括。

——2003年8月，胡锦涛在视察赣南老区时也指出：回顾我们党在极端艰苦的条件下创建人民军队、开辟革命根据地、建立红色政权的那段峥嵘岁月，我们深深感到，毛泽东同志等老一辈革命家，不仅为实现民族独立、人民解放和国家富强建立了不朽的历史功勋，而且给我们留下了极其宝贵的精神财富。革命前辈们在艰苦卓绝的革命斗争中培育起来的革命精神和优良传统，对我们坚定信念、鼓舞斗志、做好工作具有重大的现实意义，永远是我们在前进道路上战胜各种困难和风险、不断夺取新胜利的强大精神力量。这里，“苏区精神”的思想已在呼唤之中了。

——2003年12月，即胡锦涛在视察赣南后3个多月，李长春到赣南考察时明确地提出了“苏区精神”。据2003年12月19日的《赣南日报》报道：“李长春说：这次到赣州来，更深刻地理解了毛泽东同志所阐述的‘星星之火，可以燎原’真谛，感受到毛泽东同志等老一辈无产阶级革命家所开创的伟大事业的艰辛，我们应该很好继承老一辈无产阶级革命家开创的伟大事业，沿着中国特色社会主义道路，不断开创新局面。”他还说，赣州有那么多的革命旧址、纪念地，要充分挖掘革命历史资源，把这些爱国主义教育基地管理好、建设好、利用好，使之成为弘扬和培育民族精神的重要阵地。他强调指出：“苏区精神是我们党在革命斗争中形成的伟大精神，是我们党优良传统的集中体现，是宝贵的精神财富。今年是毛泽东同志诞辰110周年。我们要紧密结合党的历史任务的变化，结合改革开放和发展社会主义市场经济的实践，不断赋予苏区精神以新的时代内涵，把它和贯彻‘三个代表’重要思想紧密结合起来，和思想道德建设紧密结合起来，把全民族的力量凝聚到为全面建设小康社会上来，为开创中国特色社会主义事业提供强大的精神动力。”

当然，提出“苏区精神”，不是因为领导人讲了，我们才跟着讲。以党史学界言，就我所知，研究中央苏区历史的知名专家余伯流、凌步机，在2001年出版的《中央苏区史》这部获得“中国图书奖”的专著中，已使用了“苏区精神”这个概念，并对其基本内涵作了阐述。这次专门研讨“苏区精神”，应当说是水到渠成，既有历史的深厚积淀根据，又有现实的资政育人需要。

(二)关于中央苏区的名称

有同志对“苏区精神”的提法产生怀疑，据说还与对中央苏区这个名称的变化有关系。我以为，这个顾虑应当消除。对此，我作过粗略考证。

第一，“中央苏区”是历史形成的概念，不应该抹掉这个历史称谓。“苏区”的“苏”虽源于俄语的“苏维埃”（“苏区”即“苏维埃区域”），但中国共产党使用这个概念反映了那段历史内容。从中央文件看，党在1927年的八七会议后，就在考虑建立苏维埃政权。① 同年9月，中央政治局会议通过的决议案指出：“现在的任务不仅宣传苏维埃的思想，并且在革命斗争新的高潮中应成立苏维埃。”②11月中共中央临时政治局扩大会议通过的决议案，进一步提出通过武装暴动建立苏维埃政权的任务。其间，广东海陆丰成立了工农兵苏维埃政府。紧接着，广州起义又成立了苏维埃政府。这是中国苏维埃政权的最早尝试。这以后，许多革命根据地都相继建立苏维埃政权。1929年6月的六届二中全会文件，将建立了苏维埃政权的区域称为“苏维埃区域”。③ 1930年10月，中央政治局根据六届三中全会扩大会议的决定，将各“苏维埃区域”，简称“苏区”；并拟将湘鄂赣与赣西南连接为一个大的区域，成为苏区的中央根据地。这是最早设想的“中央苏区”。但后来苏区的

① 1921年的《中国共产党纲领》第3条，不仅使用“苏维埃”一语，而且肯定了“苏维埃管理制度”。该条写道：“三、我们党承认苏维埃管理制度，要把工人、农民和士兵组织起来，并以社会革命为自己政策的主要目的。”这应当视为“苏区”的最初渊源。见中国革命博物馆编：《中国共产党党章汇编》，北京：人民出版社1979年版，第2页。

② 中央档案馆编：《中共中央文件选集》第3册，北京：中共中央党校出版社1989年版，第370页。

③ 参见中央档案馆编：《中共中央文件选集》第5册，北京：中共中央党校出版社1990年版，第158页。

实际发展，是赣西南与闽粤赣连为一体，成为“中央苏区”。[①] 毛泽东在1934年1月第二次全国苏维埃代表大会的报告中对此有高度评价。他说：中国苏维埃区域是全中国反帝国主义的根据地，“至于中央苏区，这里是苏维埃政府的所在地，是全国苏维埃运动的大本营。”这是毛泽东当年对中央苏区的定位。中央苏区这个名称在规范文本中一直使用到建国初期。

第二，1953年4月出版《毛泽东选集》第3卷，将《关于若干历史问题的决议》作为附录收入时始将“中央苏区”改名。1950年8月，毛泽东致信中央政治局：提议将《历史决议》“编入毛选第二卷作为附录，须作若干小的修改”。[②] 政治局圈阅同意，最后编入毛选第三卷。在对《历史决议》一些用语的修改方面，就有将“苏区”改为“根据地”，将“苏维埃运动”改为“红军运动”，将“暴动”改为“起义”等。从此“中央苏区”就改称“中央革命根据地”。对这几个用语的改动，我没有见到中央正式下文加以说明，是否有很深刻的政治背景不大清楚。不过，我想：这几个用语的改动，对没有经历这段历史的“新区”来说，容易理解，便于接受。这可能是当时的一点考虑吧。也应指出，“苏区”是十年土地革命的特指；“根据地”是泛指，在抗日战争时期的也称“根据地”，如果不冠以地名或时期就会混淆。有的能代替，有的可能不好代替。还有变成了特殊专有名称的，如“苏区中央局”就不好以“革命根据地中央局”相称，这里的“苏区”二字就不能代掉。再则，当时也没有下文禁用“中央苏区”名称，在一些出版物中仍在使用。

---

① 中央档案馆编：《中共中央文件选集》第6册，北京：中共中央党校出版社1989年版，第428～429页。

② 参见《胡乔木回忆毛泽东》，北京：人民出版社2003年版，第325页。

第三，原“中央苏区”的老百姓喜欢这个概念，应当尊重，不要人为地强行改去。这几年，我在赣南走原中央苏区的一些地方时，发现这里的干部和群众都习惯使用“中央苏区”的称呼，而不大用“中央革命根据地”这个概念，尽管“中央革命根据地”是规范用语。这说明“中央苏区”这个称谓，既代表了一段血与火的历史，也凝聚了一段血与火的情缘。半个多世纪过去了，这段刻骨铭心的历史情缘是割不断、抹不去的。既然如此，“中央苏区”与“中央革命根据地”两个称谓就可以并用，用哪个方便、合适，就用哪个。或者将两者视如人名的学名和小名(“中央革命根据地”就算学名了)，人们不爱呼学名，而爱喊小名，也没有什么不可以。

因此，“中央苏区”这个名称不应当存在什么问题，更不会成为影响提出“苏区精神”的障碍。

(三)关于苏区精神与党的“左”倾错误如何区别

中央苏区时期，在党领导的民主革命历史上既是战争最为艰苦、也是党内斗争最为复杂曲折的时期。毋庸讳言，这是党的指导思想接二连三犯“左”倾错误，而且后果极为严重的时期。这也是影响提出“苏区精神”的一个重要因素。但是，应当理直气壮地说：这是两码事，完全能够将两者加以区别开来。

——苏区精神是积极的思想理念、精神风貌、道德情操等，党的“左”倾错误则完全是消极的负面的精神形态内容。上面论述的苏区精神的基本内涵或主要特点，都不属于“左”倾错误的范畴。讲苏区精神不是要掩盖或淡化那个时期的“左”倾错误；同样道理，也不能因为那时有严重的“左”倾错误就否认苏区精神的存在，或不提“苏区精神”这个概念。

——苏区精神主要是以毛泽东为代表的中国共产党人领导苏区的

广大军民创造和培育起来的宝贵精神财富。它主要体现在毛泽东等老一辈革命家领导创建苏区的革命实践活动中，体现在广大红军指战员和人民群众的精神风貌中。“左”倾错误在许多方面对苏区精神是一种抑制，不少苏区精神是在同“左”倾错误的斗争中得到发扬的。

——对“左”倾错误领导和执行“左”倾错误的同志也要作具体分析。作为“左”倾的思想和政策无疑是完全错误的，但作为犯了“左”的错误的个人来说，则不是时时、事事、处处都是“左”，也会有不“左”的时候。在不是“左”的思想指导下，也会有好的和比较好的表现，因而在某个时候和某些事情上展现出苏区精神来，甚至会闪现出耀眼的亮点。

——在有的时候，苏区精神的表现与贯彻执行“左”的主张可能会交织在一起，这就需要作剥离、解析的工作。不能因为贯彻执行的是“左”的主张，就抹杀或否认在这件事情中表现出的苏区精神。这在一些战斗中最为明显。比如，前面说的打赣州，还有第五次反“围剿”等。从军事决策或指挥来说是错误的，不该打或不能那样打。但广大指战员和参战支前的群众并不知道上面的决策，该不该打和怎样打，那是上面的事。他们的职责和任务就是执行命令，服从分配，听从指挥。仗没打好，甚至遭到很大挫折，或失败了，那也是上面的事。他们在战斗中表现的英勇奋战、不怕牺牲的精神仍然是可歌可泣的。即使是领导人，尽管他们的决策是错误的，但如果他们有卓越表现，那也应当予以肯定。对他们的思想行为一定要作细致的剖析。

——“左”倾错误是政治和政策层面及与其相关的理论和实践。苏区精神则除了与政治、政策等相关的内容外，还有属于伦理道德、思想品行这方面的内容，且占很大比重。因此，会有这种矛盾现象，即有的人在政治上可能很“左”，但他的道德操守则是高尚的，能做到

“威武不能屈，富贵不能淫”，表现出英雄气概。这更应当加以区别。

基于以上分析，我认为，决不能因为中央苏区时期有“左”的错误，就否认这段历史，就否认苏区精神。再则，对“左”倾错误也不能单纯从消极方面去看待，应当用辩证思维去反思，即要有历史的观点、转化的观点作分析，将错误变成宝贵的精神财富。

(四)关于苏区精神与井冈山精神和其他精神的关系

据说，江西学界对苏区精神与井冈山精神的关系有不同看法。作为学术问题完全可以继续平等争鸣，和谐探讨。不过就我个人来说，我是将苏区精神与井冈山精神作为两个相对独立的“精神”元素来看待的。前已指出，这个“精神”、那个“精神”，都是与特定时期和特定地域的历史发展相联系的，会打上鲜明的时间和空间印记。井冈山时期与中央苏区时期，既然是10年土地革命历史的两个发展阶段，那么，作为反映这两个阶段历史发展的精神形态就会有两种“精神”。

当然，这两种“精神”既会有各自的个性特点，也会有许多相通的共同之处。就共同点来说，这两种“精神”都反映了中国共产党领导这两个区域的人民探索具有中国特色革命道路的艰难历程，集中体现了那个时期形成的革命理论、路线、方针、政策，以及工作方法和工作作风等，深刻凝聚了广大军民在战斗、生产、工作和生活中表现出来的理想、意志、情感和价值观念等。就不同点来说，井冈山精神是中国共产党人对中国特色革命道路的探索精神的源头，具有伟大的开创性、奠基性和初始性。它的主要内涵是紧紧围绕土地革命、武装斗争和根据地建设这“三位一体”的“工农武装割据”崭新理念而展开的。按照江泽民的说法，包括“坚定信念、艰苦奋斗，实事求是、敢闯新路，依靠群众、勇于胜利。”我以为，其显著的个性化特征是“敢闯新路”。当然，由于井冈山斗争时期不长，许多革命精神还处于初始形态，未能得到充分展开。苏区精神则是井冈山精神的自然延续。它的基本内涵有如前述，最显著的特点就是开始“执政为民”。因为这个时期有了国家形态的政权，共产党在局部范围锻炼执政。从这个意义上说，苏区精神是井冈山精神的巨大深化、拓宽、丰富和发展。

将苏区精神与井冈山精神这样分开，作为两个相对独立的“精神”元素，是否会影响对井冈山精神的认识呢？不会的。一个“精神”的伟大意义不在时间长短，而在其内涵本身。井冈山精神开辟的作为中国特色革命道路的井冈山道路，这是任何其他“精神”不可能取代的，仅此就会永垂党的青史。这样分开之后，不仅井冈山精神的价值不会受到影响，而且苏区精神会凸显它在党的历史上应有的地位。至于说将两者分开后，江西一省出现两个“精神”，是否会导致宣传“混乱”，这种担心是多余的。因为这两个“精神”，都不只是江西一省的，尽管以它为主体，但还包括湘、闽等省。再则，这种好的“精神”多了又有什么不好？它恰恰说明这块红土地对中国革命的特殊贡献。

苏区精神与其后的长征精神、延安精神、抗战精神、西柏坡精神等的关系，也是一脉相承、延续发展的关系。长征精神，根据我走了长征路的实际体验，它的内涵可以概括为：忠诚革命、必胜信念，不畏险阻、艰苦奋斗，实事求是、机动灵活，顾全大局、严守纪律，互助友爱、患难与共，一往无前、不怕牺牲。对延安精神，江泽民有一个概括，即“坚定正确的政治方向，解放思想、实事求是的思想路线，全心全意为人民服务的根本宗旨，自力更生、艰苦奋斗的创业精神。”对抗战精神和西柏坡精神，目前还没有对其内涵形成共识的非常凝练的规范表述。我没有深入研究这几个“精神”，无法概括。但其基本含义，跟大家一样还是明白的。在我看来，井冈山精神、苏区精神、长征精神、延安精神、抗战精神、西柏坡精神等，构成了探索中国特色革命道路的“精神”系列。苏区精神同这些“精神”的关系，如果说对井冈山精神是“承上”关系，那么它对长征精神等则是“启下”关系。若就土地革命战争10年来说，井冈山精神、苏区精神、长征精神、延安精神，则形成了比较完整的“精神”系列。当然，延安精神在这时还只是处在肇始阶段，但是这个“精神”系列的组成部分。

中国共产党领导的革命长河极其波澜壮阔，在长期革命斗争中培育的革命精神也异常丰富多姿。这些精神不仅是宝贵的人文精神财富，而且有巨大的时代价值。许多“精神”得到了很好的宣传，像苏区精神这样过去没有认真宣传过的，更应当大力宣传。它是中国革命精神之链中的不可或缺的精神之环。在全面建设小康社会、加快推进社会主义现代化建设的新的历史阶段，弘扬苏区精神等革命精神，对于团结人民激励奋发向上的斗志，保持昂扬进取的精神状态，努力建设物质文明、政治文明、精神文明与和谐社会，将会发挥巨大作用。

红军长征和长征精神*

今年是中国工农红军长征胜利70周年。这些年，我"走走党史"，首先断断续续地走完了中央红军、红二方面军和红四方面军的长征路，同时也走了红25军的部分长征路。这里，根据我"走走党史——长征行"的体验，谈谈对红军长征和长征精神的一些看法。

---

* 2006年10月19日，中国中共党史学会、中央党史研究室第一研究部、中共甘肃省委党史研究室和甘肃省中共党史学会在兰州召开纪念红军长征胜利70周年理论研讨会。这是作者在会上作的学术报告。作者在新世纪开始后，提倡"走走党史"。前些年基本走完了四路红军的长征路。本文是根据长征行的体验，讲了对红军长征和长征精神的一些看法。主要论述了：(一)红军长征的基本内涵，认为革命与反革命两种力量、光明与黑暗两种命运的大搏斗；共产党内指导思想的尖锐斗争；还有极端恶劣的自然环境，使红军一再面临着能否克服艰难险阻、经受饥寒伤病折磨的严重考验，这三方面的斗争构成红军长征的基本内涵。(二)红军长征的基本发展阶段，根据上述三方面斗争的情况大致分为五个阶段，对若干党史问题提出了一些新的看法。(三)对作为党的先进性之魂的长征精神的五个内涵，作了深入阐述。原载2007年《中共党史研究》第1期。收入本书时有个别文字改动。

一、红军长征的基本内涵

红军长征早已成为历史。对它的研究仍然是个常研常新的课题。

在走长征路过程中，我萌生一个问题：红军长征的基本内涵是什么？怎样才能全面地、完整地把握它？这成了我长征行考察的重点。

经过考察，我感到红军长征的内涵很丰富，它不简单地是转战、打仗，应包括这三个方面的严峻斗争：首先是革命与反革命两种力量、光明与黑暗两种命运的大搏斗；其次是在这场惊心动魄的搏击中，共产党内部的指导思想有尖锐斗争；第三是极端恶劣的自然环境，使红军一再面临着能否克服艰难险阻、经受饥寒伤病折磨的严重考验。这三方面的斗争构成红军长征的基本内涵。

为了全面地、完整地把握红军长征的基本内涵，正确地说明长征历史，首先又必须明确长征的若干基本概念，澄清一些模糊认识。

（一）中国工农红军的长征是“3＋1”的长征

红军长征，毫无疑问，是以中央红军的长征作为历史起点的。但是，整个红军的长征是“3＋1”的长征。即红一（中央红军）、二（最初称红二、六军团）、四方面军的长征，再加红二十五军的长征。红军长征的时间，以1934年10月中央红军离开中央苏区算起；长征结束以三大主力红军（红二十五军于1935年11月并入红一方面军序列）于1936年10月在甘肃会宁和今属宁夏的将台堡会师为标志。

红军长征历时两个寒暑，纵横14个省（四川省分出重庆市，按现在地域说为15个省市），进行了600多次重要战役战斗，渡过了近百条江河，越过了约40座高山险峰，经过了10多个少数民族地区。其历时之久，规模之大，行程之远，沿途自然环境之恶劣，敌我兵力较量之悬殊，在人类战争史上不说绝无仅有，也极其罕见。

关于红军长征的里程，过去比较多的是讲二万五千里。这主要是讲的中央红军走的长征路。现在既然明确了整个红军的长征是“3＋1”的长征，那么仅仅讲二万五千里就不那么完整了。

据军史资料统计，红二、六军团（即红二方面军）的长征历时11个月，转战8省，行程20000余里。红四方面军的长征历时19个月，转战6省，有的三过雪山草地，行程1万多里。红二十五军的长征历时10个月，转战4省，行程约1万里。将上述四支红军的长征路，历经14个省的里程加在一起，长征的实际总里程为6.5万多里。因此，除了继续肯定中央红军的长征里程两万五千里外，还应当广泛宣传整个红军长征的里程为六万五千里，要强化这个概念。这样才比较全面、完整。

（二）对红军为什么要长征，要将进行战略转移的原因同作出战略转移的决策加以区别

这是两个有密切联系的问题，但又不能混为一谈。红军长征首先从中央红军的长征开始。中央红军所在的中央苏区，在鼎盛时期的面积为8.4万平方公里，比现在的宁夏回族自治区还大，相当于两个半海南岛；人口450多万，是全国最大的革命根据地；中央红军的人数也达到12万。以中央苏区为依托的中华苏维埃共和国，先后拥有13个苏区，总面积达40余万平方公里（相当于4个江苏省），人口约3000万。这么大一个中央苏区和“红色中国”，怎么几乎丧失殆尽呢？从党的指导方面言，这主要是在中共中央占据统治地位的“左”倾教条主义推行错误的政治和军事路线的结果。由博古负总责的中央领导，面对国民党反动集团调集50万重兵发动空前规模的第五次“围剿”，不仅将毛泽东排斥出党政军领导岗位，还抛弃前四次反“围剿”战争在毛泽东、朱德、周恩来指挥下取得胜利所采用的战略战术，在许多方面听凭所谓共产国际派来的军事顾问李德的错误军事指挥，历经一年的消耗，中央红军遭受重创，中央苏区愈益缩小，最后不得不实行战略转移。周恩来总结这段历史说：万里长征，就因为在江西打败了，硬拼消耗，拼到最后挡不住，不得不退出江西。他一针见血地指出了中央红军战略转移的直接原因。

在这里，往往被忽视但却是非常重要的一个问题，即要将进行战略转移的原因同作出战略转移的决策区别开来。第五次反“围剿”在中央苏区的失败，无疑要归咎于错误路线。但导致这个结果后怎么办？在当时只有两种选择：一是继续死守，与中央苏区共存亡；一是撤出中央苏区，进行战略转移。前者说白了，是死路；后者是活路，以保存革命力量再图发展。因此，错误路线的领导使红军遭致严重失败，这是一个问题；在这个危急关头作出进行战略转移即长征的决定，则是另一个问题。两者是因果关系，但不是一般顺向的因果，而是反向的因果。对“因”——错误路线导致第五次反“围剿”失败，要否定；对“果”——进行战略转移，以保存革命力量再图发展，要肯定。我们不能因为否定前者，就不作分析地认为：在中央红军生死存亡的关头，作出战略转移的决定即长征也是错误的。

(三)对中央红军战略转移初始的几个问题要作具体分析

经过这几年在赣南苏区的考察，感到中央红军战略转移初期的一些问题很复杂，对这段历史的具体问题要作具体分析，切忌简单化。除上述问题外，还要作这样两个区分：

一是要将红军长征有无准备同准备的充分和合理与否加以区别。说长征没有准备，是仓皇逃跑没有历史根据。红军长征是作了一定准备的，中央派红七军团北上转战闽浙皖赣、红六军团西进寻找红二军团等，都应视为进行转移所作的战略性准备。至于战术准备，在很短时间内将“坛坛罐罐”都带上了，从另一个角度说明还是有准备的。但就战略大转移这样重大问题没在政治局讨论，绝大部分中央负责同志和各军团主要负责人事前都未与闻，因而高层领导大多缺乏充分思想准备，这是事实。再则，这样大的军事行动，直至9月才具体着手筹划和部署，有些准备工作是在7天时间内进行的，因而，确实很仓促；搞“大搬家”，是违背大转移军事常识的。这也是不能否认的。

二是要将红军战略转移选择的最初路线同不顾军事形势的变化，顽固坚持去湘西北与红二、六军团会合的行动方针加以区别。最初，选择沿红六军团突围的路线西行，无可非议。中央红军比较顺利通过前面的封锁线就说明了这一点。但是，在转移途中，不顾军事形势的变化，继续坚持去湘西北与红二、六军团会合，这就错了。因为在红六军团渡过湘江后，蒋介石已责令桂军加强湘江戒备，五路围堵，张网锁江。红军要强渡湘江，等于自投罗网。有鉴于此，毛泽东提出在群众基础较好的湘南杀回马枪的建议，彭德怀也提出掉头北进、插向湘中、威胁长沙的建议，均遭博古、李德拒绝。他们顽固坚持继续沿红六军团路线西进；又没有断然下令抛弃一切辎重、中央纵队要不顾一切地快速前进。这就不能不使中央红军在湘江之战中遭致惨重损失。过去对这个区别注意较少。其实，这是博古、李德指挥长征错误的一个重要症结。

(四)红军长征出发地不是一元的，而是多元的

由于1991年版《毛泽东选集》第1卷的注释关于中央红军长征出发地的修改，引发了对红军长征出发地的争论；特别是开展红色旅游后，一些地方争着打“长征出发地”牌，其争论愈趋激烈。经过这些年考察，我形成了“长征出发地的多元论”概念，即长征的出发地是多元的，属于不同层面的出发地不只一个。比如，就中央红军言，瑞金是中央首脑机关的长征出发地，带有标志意义；于都是中央首脑机关和红军主力四个军团的集结出发地。还有红军部队从其他地方直接出发作战略转移进行长征的，如红九军团就是从会昌出发的，因而也是长征出发地。属于这个层面的出发地，还有石城、长汀、兴国、宁化等县。讲红军长征出发地的多元性，并不等于说红军战斗过的地方都是长征出发地。这以什么作标准？就中央红军言，大体以1934年10月7日中革军委下达撤离战斗前线到集结地的情况来确定。各部队接到命令时所撤离的那个地方，均可视为长征出发地。上述所列，只是中央红军的长征出发地。长征既然是“3＋1”的长征，其他红军还有各自的长征出发地，比如，红二、六军团的长征出发地在湖南桑植，红四方面军的长征出发地在四川苍溪，红二十五军的长征出发地在河南罗山何家冲等。因此，红军长征出发地更不是唯一的，而是多元的。

（五）“长征”概念的最早使用和长征目的地的不断变化

红军长征，最初叫“战略转移”、“西征”、“远征”。什么时候开始叫“长征”呢？我最初也以为是1935年5月以朱德名义发布的《中国工农红军布告》。后来在写《长征行》过程中了解到报刊提供的信息，一查资料，应在此前的2月。在1935年1月遵义会议后，中央红军转战川黔边二渡赤水，在发动第二次遵义战役之前的2月23日红军总政治部发布了《告工农劳苦群众书》。该文告已使用了“长征”一词。随后5月在巧渡金沙江、通过彝族区时，以朱德名义发布的布告讲了“红军万里长征”，这样便用开了。①

红军长征到陕北，这不是预先设定的。进行战略转移，开始并没

① 唐朝诗人王昌龄的乐府《出塞》诗云：“秦时明月汉时关，万里长征人未还。但使龙城飞将在，不教胡马度阴山。”“万里长征”一语可能因此而来。

有打算走很远。长征的路线和目的地是根据军事形势和作战情况而不断变化的。这是一个动态过程。红军长征目的地，据我初步统计，仅中央红军言，先后有8个设想：(1)在瑞金出发时是到湘西与红二、六军团会合，发展复兴后再回来；(2)黎平会议决定到黔北的遵义地区建立新根据地；(3)遵义会议决定过长江到川西建立根据地；(4)会理会议决定到川西北与红四方面军会合去建立根据地；(5)两河口会议决定去川陕甘一带开辟新的根据地；(6)毛儿盖会议进一步明确到甘南在洮河流域创建新根据地；(7)俄界会议决定到与苏联接近的地方创建根据地，将来向东发展；(8)在哈达铺初步决定到陕北去，随后的榜罗镇会议正式决定陕北为长征的最后落脚点。中央红军到达吴旗镇后，中央政治局召开扩大会议批准了榜罗镇政治局常委会议的决定，宣告中央红军长征胜利结束。随后，中共中央将“红都”设在瓦窑堡，陕北成为中国革命大本营。

明确了上述几个问题，再来看红军长征的基本内涵，就能作全面、总体地把握了。红军长征的基本内涵所包括的三方面的斗争，都有丰富的内容。

第一方面的斗争，中央红军以湘江战役、四渡赤水和强渡大渡河、飞夺泸定桥，最为惊心动魄。红四方面军以嘉陵江战役、名山百丈关战役和甘南的“岷(县)、临(潭)、舟(曲)战役”最为激烈。红二、六军团包括后来的红二方面军的战斗则以在云贵高原转战乌蒙山的大迂回作战和在陇南的“成(县)、徽(县)、两(当)、康(县)战役”最为著名。红二十五军以在河南方城独树镇和甘肃泾川王母宫塬的血战最为艰险。

第二方面的斗争包括两个内容，突出地表现在两个系列会议上。一是与博古、李德的“左”倾冒险主义的斗争，以通道会议、黎平会议、猴场会议和遵义会议最为关键。二是与张国焘分裂主义的斗争，这又分为两个方面：一是从两河口会议开始，直到俄界会议，由以毛泽东为实际核心的党中央同张国焘的直接斗争；二是在红军总部随红四方面军长征后在阿坝会议和卓木碉会议上，由以朱德为代表的红军领导人进行的反对张国焘分裂党中央的尖锐斗争。

第三方面的斗争，以过雪山草地最为艰难。红一方面军以翻越夹金山，红四方面军以翻越党岭山，红二方面军以翻越从中甸至乡城的系列雪山，牺牲的指战员为最多。过草地是长征途中所遭遇的最大的自然艰难险阻。三个方面军都经过了“水草地狱”，牺牲的指战员更多。

红军长征在上述三方面的斗争中既突破了反动派军队的围堵，又克服了党内错误指导思想遭致的困难，还战胜了自然界设置的种种艰难险阻，实现了从东南至西北的战略大转移。长征的胜利，是中国共产党和中国革命从挫折走向胜利的伟大转折点。

二、红军长征的基本发展阶段

红军长征上述三个方面斗争的交错发展，使长征两年历程显出若干阶段性。我初步地将红军长征历程分为五个阶段。这五个阶段的划分，是以中央红军的活动为主线来确定的，因为中共中央在中央红军，这样划段比较好把握全局。这里，我基本按时序讲五个阶段中对红军长征发生重大影响的若干重要经历和重大事件的看法。

(一)第一阶段：1934年10月中央红军长征出发至1935年1月遵义会议前

这是中央红军长征的初始阶段。在这一阶段，中央红军的牺牲最为惨重。最重要的事件莫过于湘江之战。中央红军突破前三道封锁线基本没打大仗。但蒋介石在判明中央红军西进的战略意图后，调集30余万兵力，组成5路大军，沿湘江、潇水两岸建起550多座碉堡，筑构第四道封锁线，妄图以其优势兵力和精良装备，前堵后追，左阻右截，对红军实现“围歼”。有如前述，面对严峻的形势，博古、李德顽固坚持继续沿红六军团路线西进，再加上又是“大搬家”甬道式行军，一再耽误了抢渡湘江的时间。湘江之战，从11月25日中革军委下达作战命令，到12月3日中央红军后卫部队被歼，共经历9天血战。红军广大指战员表现了顶天立地的英雄气概和大无畏的牺牲精神，前仆后继，神勇杀敌，虽然歼灭了不少敌人，但红军自己折损了3万多人。这是建军以后在一次战役中所遭受的最惨重损失。湘江之战所以打得如此惨烈，从红军方面讲，一是错误路线的领导在通过前三次封锁线后还顽固坚持向湘江推进；二是坚持错误路线的领导拒绝接受毛泽东、彭德怀的正确建议；三是坚持错误路线的领导实行“大搬家”甬道式行军的恶果。

但是，对湘江之战也不能只完全从消极方面看。“祸兮福所伏”。就此而言，它有两大重要历史意义：一是它证明了红军具有英勇顽强的战斗作风和不怕流血牺牲的革命英雄主义精神，党领导的人民军队是任何力量消灭不了的。二是它教育了广大红军指战员，为遵义会议的召开奠定了实践基础。

在中央红军长征出发后1个月，从鄂豫皖转移到河南罗山的红二十五军也开始长征。

(二)第二阶段：从1935年1月遵义会议至1935年6月两河口会议前

这5个月，中央红军长征尽管比较艰苦，但完全改变了此前的被动局面。其间的重要事件较多，比如遵义会议、四渡赤水、巧渡金沙江、抢渡大渡河、飞夺泸定桥、翻越夹金山和红四方面军开始长征，在小金实现了两军会师等。

这里主要讲讲遵义会议。我有一个观点，认为实现党的历史的第一次伟大转折是以遵义会议为代表的系列会议。经过惨烈的湘江之战，广大指战员强烈要求改变错误领导的情绪愈益高涨。中央一路开会。最重要的会议从通道会议算起，有黎平会议、猴场会议，直至遵义会议，在遵义会议后还有“鸡鸣三省”会议、扎西会议、苟坝会议和会理会议等。党的历史发生的第一次伟大转折就是这一系列会议共同作用的结果。因此，对这个伟大的历史事件如何科学表述，我以为应当讲两句话：一是要强调系列会议的合力作用；二是要突出遵义会议的标志作用。

从通道会议开始的系列会议，可以看作是党的历史发生第一次伟大转折的一段历史链条，每次会议都是其中的一个环节，有其不可抹杀的作用。从这个意义上说，党的历史发生第一次伟大转折，不应当只孤零零地看作是遵义会议的成果，而是这段历史链条共同推动的合力作用。此外，还应当强调，遵义会议起的历史作用是其他会议不能代替的，是这一系列会议的卓越代表和伟大标志。这是因为：第一，此前的几次会议没有从根本上拨军事路线之乱（这在当时是最紧迫的），只有遵义会议才解决这个问题。第二，此前的会议没有解决组织领导问题，只有遵义会议才开始改组中央领导，逐渐形成以毛泽东为核心的第一代中央领导集体。第三，此前的会议是小范围的，只有遵义会议才扩大到主要军事领导人，有利于发扬党内民主、统一全军的思想。遵义会议在这一系列会议中所起的决定性作用，才使系列会议能发生合力作用。

这两者的关系是基础与主导的关系。没有系列会议的基础作用，就不可能有遵义会议的主导作用；反之，如果没有遵义会议标志作用的凸显，系列会议的合力作用很难为历史所承认。

(三)第三阶段：从 1935 年 6 月两河口会议至 9 月中央红军到达哈达铺前

红军长征途中，中央开了许多重要会议。从宏观而言，可以将中共中央在中央红军长征途中召开的主要会议，大致分为三个系列。第一个系列会议，是前面所讲的从通道会议开始的、以遵义会议为代表的、直至会理会议的 8 个主要会议。它的一个重要历史作用，是最终巩固地确立了毛泽东在党中央和红军的实际主要领导地位。第二个系列会议，就是从两河口会议开始，直到俄界会议，主要有 7 个。这些会议，不断地为统一红军会师后的战略行动方针而与张国焘的分裂主义展开斗争。第三个系列会议，在下一阶段再讲。

目前所讲的这第三阶段，主要包括第二个系列会议时期所经历的事，比如红四方面军与中央红军的小金会师、两河口会议，黑水芦花会议、沙窝会议和毛儿盖会议，右路红军过草地，九九“电报”与巴西会议和俄界会议等。这些经历和事件在党史、军史上有很大影响。

这里主要讲讲右路红军过草地和“九九电报”问题。

过去对红军过草地的了解是抽象的，我在 2003 年 9 月走草地所见到的情况尽管与当年红军过草地的面貌发生了很大变化，但所了解的红军过草地的那段历史，令我深受教育。讲红军长征不能不讲这段经历。

1935 年 8 月下旬，改编为右路军的红一方面军和红四方面军一部，经过 1 个月左右的准备后，由中共中央和毛泽东以及前敌指挥部率领，开始向着渺无人烟的广袤草地进发。

红军长征以来，经过了许多艰难险阻。但是，穿越数百里草地，则是自然界设置的最大艰难险阻。草地汊河横生，水流淤滞。经年水草，盘根错节。草甸之下，积水淤黑，浅处齐膝，深处没顶。远远望去，似一片灰绿色海洋，不见山丘，不见树木，鸟兽绝迹，人烟荒芜，茫茫无垠。草地气候恶劣，昼夜温差极大。雨雪风雹来去无常，晴空迷雾变幻莫测。每年的5月至9月为雨季，滞水泥泞的沼泽更成漫漫泽国。红军正是这个季节过草地的。

经过考察，我将红军穿越草地归纳为有四难。

——首先行走难。一望无涯的草地没有路，人和骡马须跳跨草甸前进。过草地，一怕没踩着草甸陷进泥沼，来不及抢救被污泥吞噬；二怕下雨，滑倒了掉进泥沼；三怕过河，虚弱的身体经不住冰冷河水的刺激，被急流冲走。

——其次食饮难。准备的青稞麦炒面或麦粒，两三天就吃完了。还有一多半路程靠吃野菜、草根、树皮充饥。有的有毒，吃了会死。后续部队吃不上野菜、树皮，就将皮带、皮鞋，甚至皮毛坎肩，还有马鞍子，煮着吃。有的战士饿得实在没吃的，就将厕的屎里没有消化的青稞麦挑出来，洗了再煮吃；潴水有毒，没有喝的，就喝人尿、马尿。

——第三御寒难。草地天气，一日三变。下午往往黑云密布，暴雨冰雹铺天盖地而来，或者雾雨朦胧。指战员身上的衣服总是湿的。夜间降温至零度左右，冻得瑟瑟发抖。

——还有宿营难。找不到干地，就在泥泞渍水里铺点东西露宿，或就地而卧，或坐着打盹，或背靠背睡一会。若风雨交加，就在淋浇之下煎熬。次日清早，往往会看到草地上长眠一些战士，甚至是跟自己背靠背的战友。在将走出草地的最后两天，长眠在草地的战士成片成堆。

红军过草地究竟牺牲了多少同志，阿坝藏族自治州给我一个材料说：红军三大主力在两年数次过雪山草地期间，非战斗减员在万人以上。刘英在回忆录中说：红军过草地牺牲最大，这七个昼夜是长征中最艰难的日子。走出草地后，“我觉得是从死亡的世界回到了人间”。1935年8月底，右路红军克服世所罕见的艰难困苦，到达巴西地区。

右路红军过草地后，党中央同张国焘间关于战略行动方针的争论表面化了。这里，对张国焘也要看到，他有一个变化过程。在开辟川陕苏区和为迎接中央红军进行转移作战略策应的长征到建立松、理、茂红色区域这个时期，还是做了许多有益工作的。但自两河口会议始，一是在两军会合后到哪里去建立根据地的战略方针上与中央意见相左，中央提出拟向东、向北去川陕甘开辟根据地，而张国焘却主张两军会合后，控制川西北地区，向南进攻；二是了解到中央红军不足3万人，而他有8万多人，开始自恃人多枪多，野心逐渐膨胀，一方面不同意中央的北上方针，另一方面又伸手要权。此后，与张国焘分裂主义的斗争，对于党和红军的前途成为一个重要问题。在人烟稀少的川西北地区，红军与国民党的战争危机暂时不尖锐了，党内危机却逐渐严重起来。

尽管党中央在黑水芦花会议、沙窝会议和毛儿盖会议上，作了许多工作，但张国焘仍坚持南下方针。8月底，张国焘在中央一再电催下，率部进入草地没两天，又借故返回阿坝。中央为早日北进，已派先头部队向甘南俄界开拔；同时继续争取张国焘北上。9月8日，徐向前、陈昌浩电向张国焘转达了中央意见。张国焘仍执迷不悟，接电后，即令徐向前、陈昌浩率右路军南下。当晚，中央领导人张闻天、毛泽东、博古、王稼祥，还有徐向前、陈昌浩，在养病的周恩来处开会，讨论北上南下问题。深夜10时，以与会7人名义电张国焘，敦促他速率部北上。

9月9日，张国焘对中央接连两电置若罔闻，而以十分严厉的措辞电令陈昌浩，务必率右路军南下。这就是盛传的“密电”。陈昌浩见张国焘电后，改变态度，同意南下。毛泽东等紧急磋商，认为张国焘有分裂和危害中央企图。当晚，毛泽东等在周恩来的牙弄住地举行紧急会议(即巴西会议)，决定连夜率彭德怀部和军委纵队先行北上。这样，右路军一分为二，原一方面军大部北上甘南；原红四方面军绝大部分随后重新过草地南下。

“九九电报”是张国焘分裂红军分裂党的一个严重步骤。但自上个世纪80年代以来，这个问题却成为研究红军长征史的一大热点。这两年走长征路，我到发生这个事件的巴西、阿西、潘州、班佑等地作了实地考察，进一步了解当时中央研究处理此事的情况。我以为：

第一，应当承认有“密电”。毛泽东1937年3月在延安召开的中央政治局扩大会议上批判张国焘的错误时讲过此事。第一个看到“密电”的叶剑英，多次说过此事的具体情况。张国焘坚持“南下”的思想很顽固，电报很多，这不过是一个具体情节。再则，张国焘的要害是另立“中央”，因此，没有必要杜撰此事。说没有此事的同志，没能讲出有令人信服的证据证明没有此事。仅以中央档案馆没有这个电报，不能说明没有此事。因为此后战事频繁，丢失是有可能的。还有，若要讲保存电报，首先应查收电人和发报机关。该电不是发给中央和毛泽东的，在党中央的文电档案里找不到“密电”没有什么奇怪。

第二，关键是“密电”内容。收电人员最初讲的“武力解决”之类的话，曾产生轩然大波。经过考证，这个说法没有文献根据。这样重大的事，不拿出确凿证据就讲是不合适的。现已得到澄清。目前对此都以毛泽东1937年3月在延安批判张国焘的会议上讲的为准。其核心内容是“南下，彻底开展党内斗争”。这有会议记录，比个人记忆准确。这是一个教训。由此，使我对目前风行的口述历史不能不持谨慎态度。凡是党史上的重大问题，都不能仅凭个人记忆，一定要查档案，找文字根据，不能轻信脑袋瓜子。

第三，对“密电”问题不宜“炒作”。上面已经说了，张国焘的首要错误是另立中央，搞分裂主义。第二大错误是坚持“南下”路线，使红四方面军遭受不应有的许多挫折，也影响了中央的北上进军。尽管从时序上讲，“密电”南下错误在前，另立中央错误在后，但像张国焘这样拥兵自重，公然扯起第二“中央”的旗号，在党的历史上还没有第二例。再则，“密电”只是张国焘坚持“南下”路线的电报之一，而不是唯一之电。事实上，“密电”是密而不奇。作为当事人之一的杨尚昆，对此事有个说明。他说：“密电”问题，凡军用电报“都是以专用的密码拍发的，而且不止一套密码，还有不同的密级，也可以说都叫密电。”①这说明，这份电报跟其他许多电报具有一样的保密性，不是说只有它是“密电”，其他不是。“密电”说法，若不作正确理解，会给人产生误导。因此，《中国共产党简史》没有使用“密电”说法，只是说：张国焘坚持南下，“9 月 9 日，他电令右路军政治委员陈昌浩率部南下，‘彻底开展党内斗争’”。② 这样的表述，就是想淡化“密电”之“密”给人的猎奇感。我以为，以后就讲“九九电报”，不使用“密电”之说是可以的。

(四)第四阶段：中央红军从 1935 年 9 月到哈达铺至 12 月瓦窑堡

---

① 《杨尚昆回忆录》，北京：中央文献出版社 2001 年版，第 144 页。

② 中共中央党史研究室著：《中国共产党简史》，北京：中共党史出版社 2001 年版，第 44 页。

会议前

在这个阶段，中央也开了许多会议，属于中央红军长征期间的第三个系列会议。这些会议为中央红军到达陕北和在陕北开展新的斗争而作出了一系列重要战略部署。其间的重要事件有：哈达铺确定长征落脚点和榜罗镇会议，红二十五军和中央红军先后到陕北，胜利结束长征；直罗镇战役和纠正陕北“肃反”错误的两个“奠基礼”；张国焘分裂党的阿坝会议和卓木碉会议；红二、六军团开始长征等。

这里主要讲讲为什么我以哈达铺会议而不以俄界会议作为划分长征历程阶段的界碑和两个“奠基礼”问题。

我在2004年提出长征史划分阶段的问题后，有同志对此提出应以俄界会议作为划分阶段的标志。我以为，这里有一个分析问题的切入点问题。我是这样考虑的：

一是哈达铺会议与俄界会议讨论的主要问题不一样。俄界会议是巴西会议的继续。在“九九电报”之后，中央秘密北上俄界，要对中央内部分歧的严重情况以及为什么要紧急分兵单独北上向全军有一个交代，因此召开俄界会议。这就决定了讨论张国焘问题是会议的主题，首先要作出《关于张国焘同志错误的决定》。对俄界会议如何定位，我以为，这个主题应当成为主要依据。因此，我将其归为上一阶段的终结，因为从两河口会议开始，中央的一系列会议讨论的问题都是围绕张国焘而展开的，俄界会议作出《关于张国焘同志错误的决定》，算是对张国焘由反对中央的战略方针发展而成的分裂主义错误作出了一个阶段性的结论。再看哈达铺会议，由于俄界会议对张国焘的问题已作了决议，它根本未再讨论这个问题，因此，这两个会议的主题显然不同。就这一点而言，说哈达铺会议是俄界会议的继续，似很难说得通。

二是哈达铺会议与俄界会议关于对长征落脚点的选择不一样。这两个会议都讨论红军的发展方向问题。俄界会议鉴于张国焘的分裂行径严重削弱红军力量，决定改变原定的到川陕甘去的战略方针，而到靠近苏联的中国边境地区开展游击战争，以便取得国际援助。因此，当时没有立足陕北的思想。而哈达铺会议则不一样了。由于通过报纸了解到陕北有刘志丹的红军，红二十五军到陕北去会合了，于是改变了俄界会议关于到靠近苏联的中国边境地区开展游击战争，以便取得国际援助的战略方针；初步决定到陕北去，将它作为红军长征的落脚点。这是指导思想的重大变化，而不是俄界会议那个战略方针的进一步明确的问题。我同意这样的说法：自两河口会议提出到“川陕甘地区”建立根据地的战略目标以来，都只是有一个“大的方向”，红军究竟到哪里去落脚，最终目的地在何处？党中央和毛泽东都“心中没有底”。只是到了哈达铺才第一次解决了这个问题。如有的同志说：过去只明确了“定向”的问题，哈达铺才解决了“定点”的问题。这个说法很好。解决“定点”不是个一般性问题，它使一年飘忽不定、不断转战的红军有了一个“家在哪里”的归属。正因为这样，全军上下才那样欢呼雀跃。对于中央红军来说，这是自小金会师以来又一次的欢悦，一扫两河口会议以来包括俄界会议在内中央领导人心中由于张国焘问题产生的阴霾。哈达铺会议提出到陕北去找刘志丹、找徐海东，与那里的红军相会合的战略发展方针，不仅是一个关系中国革命发展前途和红军命运的重大决策，而且在长征发展历程中具有阶段性的里程碑意义。

基于上述两点考虑，我以为哈达铺会议是长征历程划分发展阶段的一个重要标志。上个月参加哈达铺在红军长征中的历史地位专题理论研讨会，我也讲了这个问题。我将哈达铺作为长征历程划分发展阶段的一个重要标志的看法，正好与甘肃同志关于提升哈达铺历史地位的想法不谋而合。当然，对哈达铺历史地位的表述可以多元化，目前的三种主要说法(一曰“名副其实的加油站”；二曰走向胜利的转折点；三曰改变红军长征命运的决策地。)可以并存。我个人基本赞同“决策地”的定位，但在表述上应斟酌一下。我认为，在遵义会议后由于毛泽东是党中央的实际领导核心，应当突出党中央的历史作用。因此，是否可以将哈达铺定位为“中共中央和中央红军长征落脚陕北的决策地”。这是个人的一点想法，专家们还可提出新的说法，经过一段时间沉淀后，大家形成共识了，再来明确一个公认的说法。

关于两个“奠基礼”问题。中央红军缩编为陕甘支队到达陕北后，于1935年11月初与红十五军团会师。中央决定，恢复红一方面军番号，陕甘支队编为红一军团，红十五军团并入红一方面军。这时，国民党军对于红军的会合，加强了“围剿”部署。敌军增至3万余人，红军只1.2万人。当时已入寒冬，红军的军需、给养困难很多。为打破“围剿”，从11月20日到26日进行了直罗镇战役。此仗战果辉煌，歼敌1个师又1个团，击毙敌109师师长等官兵1000余人，俘敌5300多人。这次胜利，彻底粉碎了敌人的“围剿”，为党中央和红军在西北建立大本营，举行了奠基礼。这在党史、军史上已成定论。

当时的奠基礼，在我考察后认为，应当是两个：除直罗镇战役是军事奠基礼外，中央纠正陕北的肃反错误可视为“政治奠基礼”。因为陕北的“肃反”造成的政治危机，丝毫不亚于国民党军的“围剿”。当时，国民党军正在实施“围剿”，而在中央红军到陕北前的领导机关中共中央北方局驻西北代表团，认为陕北党内有严重的“右倾取消主义”和“右派”活动；不顾前线紧张的军事形势，开展“肃反”运动；派人到前方和陕甘边逮捕干部，甚至将已任红十五军团副军团长的刘志丹也关押起来。红二十六军的营以上、陕甘边苏维埃政府区以上干部，还有一些从国统区过来的青年知识分子，共200余人惨遭杀害。对刘志丹等60余人施以重刑，昼夜审讯，索取口供。这样大规模的捕杀，使陕北根据地面临严重危机。党中央和毛泽东在吴旗获悉情况后，立即指示：停止逮捕、停止审查、停止杀人，一切听候中央解决。经过以董必武为书记的五人领导小组对案卷材料的审核和广泛调查，认为强加于刘志丹等的罪名不能成立。在党中央的直接干预下，被捕的刘志丹、高岗、习仲勋等所有人员全部释放，宣布平反，恢复工作。中央纠正这一严重的肃反错误，为巩固和扩大陕北苏区奠定了政治和组织基础，因此，可将其视为“政治奠基礼”。

(五)第五阶段：从1935年12月中央瓦窑堡会议至1936年10月红军三大主力在陕甘宁会师

这一年，中国的政治形势发生很大变化，中央红军为巩固和扩大陕甘宁根据地作了很大努力。张国焘的分裂主义破产后，红军三大主力实现会师。其间的主要经历和事件有：瓦窑堡会议与红军的东征和西征，红二、六军团长征北上在甘孜同红四方面军会师，三军的大会师和大会战等。这里主要讲讲红四方面军长征的历史贡献。

关于红四方面军对长征的贡献，过去讲得很少，因为张国焘分裂党、成立第二中央，是在红四方面军长征途中发生的。我在2004年考察红四方面军的长征路后深深感到：张国焘的错误对红四方面军的长征无疑有很大影响，但不能因此就淡化乃至否定红四方面军长征的贡献。我初步地将红四方面军的贡献归纳为五点：

一是红四方面军开辟的川陕苏区，将党领导的土地革命战争由东南引向西北。它作为红四方面军的长征出发地，对中央红军北进川西发挥了重要的策应作用。

二是对中央红军克服物资匮乏、补充兵员起了巨大的支援作用。红军两大主力在小金会师后，红四方面军除给中央红军数十万斤粮食，上千件防寒物品外，还调拨了3个团，近4000人，充实中央红军。这对中央红军增强战斗力、改善军需，如雪中送炭。

三是在所经过地区发挥了强大的“宣传队”作用。他们广泛宣传抗日救国主张和党的民族宗教和经济政策，著名的“红军石刻”，已成为爱国主义教育和革命传统教育的生动教材。

四是在所经过地区发挥了“播种机”作用。广大指战员坚持地方群众工作，帮助建立各级苏维埃政权和游击队武装。这些革命火种，对于团结藏胞投入抗日战争等发挥了积极作用。

五是壮大了党领导的革命军队力量。红四方面军在几经周折到延安后，人数仍是最多的。1955年授衔的将军，以原红四方面军为最多。这说明，它是忠于党的能征善战的革命军队。

今年是红军长征胜利70周年，中央要求全面宣传各个方面红军的长征。这自然也包括红四方面军的长征历史贡献，从而对整个红军的长征历史有一个正确的认识。

三、党的先进性之魂的长征精神

这些年来，中央一直重视宣传红军长征精神，并不断对它的内涵进行概括。1996年10月22日，在纪念红军长征胜利60周年大会上，江泽民代表中央讲话，对长征精神作了进一步升华。他讲了红军长征精神的五个方面，即：把全国人民和中华民族的根本利益看得高于一切，坚定革命的理想和信念，坚信正义事业必然胜利的精神；为了救国救民，不怕任何艰难险阻，不惜付出一切牺牲的精神；坚持独立自主，实事求是，一切从实际出发的精神；顾全大局、严守纪律、紧密团结的精神；紧紧依靠人民群众，同人民群众生死相依、患难与共、艰苦奋斗的精神。这个内涵非常丰富，每个人都会有自己的理解和感受。这里，根据我走长征路的体验和采访一些老红军的认识，对红军长征精神作点解读。

(一)对革命的无限忠诚和对党的坚定信念，是红军长征精神的根本要义

前已指出，红军长征，首先是革命与反革命两种力量、光明与黑暗两种命运的大搏斗。在这场惊心动魄的搏击中，共产党内部的指导思想也有尖锐斗争。同时，极端恶劣的自然环境，使红军一再面临着能否克服艰难险阻、经受饥寒伤病折磨的严重考验。这样，红军长征，既要同围追堵截的几十万国民党军浴血奋战，又要与党内的错误思想展开斗争，还要克服无数道大川高山天然屏障的阻隔困扼，特别是爬雪山过草地极端恶劣的自然环境所造成的那种世所罕见的艰难困苦。广大红军将士靠什么来战胜敌人、克服险阻、度过艰难？首要的一条就是对革命事业的无比忠诚和对党能够领导革命胜利的坚定信念。这是战胜敌人克服险阻、度过艰难的原动力，是派生长征精神其他要义的初始源泉，因而也可以说是整个长征精神的精神之源。

(二)不怕任何艰难险阻，不惜付出一切牺牲，是红军长征伟大精神状态的集中体现

这是红军在长期革命斗争中基于理想、信念所铸成的革命英雄主义气概和英勇顽强的战斗作风。有了这种精神状态，在正确思想路线的指导下，长征就能取得胜利。没有这种精神状态，长征不可能取得胜利，也就没有长征精神。各路红军都遭受国民党军队的围追堵截，与数倍于己的敌人进行过生死决战，尽管有巨大牺牲，但最后都摆脱了敌人的围堵。红一、二、四方面军都过了雪山草地，特别是红四方面军和编入其序列的原红一方面军部分指战员，有的是三次走雪山草地，每次都有不少同志长眠在那里，但幸存者都胜利地到了陕北，还有不少老红军活到今天。我问过一些老红军：你们在与敌人作战时，在过雪山草地时，想没有想过生死问题？他们回答说：在那种特殊环境下，早将生死置之度外。我们参加红军，最初是为了找条活路，以后受教育才懂得革命道理。我们现在吃苦，是为了子孙后代不再吃苦。我们牺牲了，是为了解放天下穷苦人，这种牺牲值得。因此，打仗个个奋勇争先，不怕死。毛主席讲的“一不怕苦，二不怕死”，实际上当时就是这么做的。我们长征就是“一不怕苦，二不怕死”的革命进行曲。老红军的这些话说得多好啊！红军指战员有了这种精神状态，在中央的正确领导下，当然能无往而不胜。

(三)实事求是的思想路线和机动灵活的战略战术，是红军长征精神得以发挥的正确指南

对革命的忠诚和对党的坚信，不怕艰难困苦和流血牺牲的这种精神，是红军将士作为革命军人的基本素质。仅有这种精神，并不能使革命取得胜利。在错误路线指导下，红军将士并不知道其错误，也能发挥这种精神，并能谱写出天惊地撼的英雄史诗，如湘江之战；但是其结局是异常惨烈的。只有在正确的路线和战略战术的指导下，上述那种精神才能结出灿烂之果，引导革命取得胜利。因此，这是红军长征精神的题中应有之义。红军长征能够胜利会师陕北，找到开辟新局面的落脚点，要归功于遵义会议确立毛泽东在党中央和红军的实际核心领导地位，从而红军长征才有了一套正确的思想路线、军事路线和战略战术，使红军最终摆脱几十万国民党军的前堵后追，变被动为主动，指战员的战斗力能得到充分发挥，仗打得虎虎有生气，取得一个又一个的胜利。

(四)顾全大局、严守纪律、紧密团结、互助友爱的高尚品德，是红军长征精神转化成凝聚力、战斗力的一个重要条件

红军是无产阶级政党领导的革命军队。这支军队与其他军队的一个重要区别，就在于它有严格的组织纪律性，能够顾全大局，服从整体利益，紧密团结，互助友爱。因而它具有其他军队所没有的巨大的凝聚力和战斗力。长征是四支军队先后一起长征。这几支军队怎样互相接应、互相配合、互相支援，这在整个长征途中的始发阶段和最后会师阶段表现得非常突出。没有这一点，就不可能取得红军长征的伟大胜利。当然，其间中央红军与红四方面军会师后，由于张国焘的分裂主义，致使红四方面军一度南下，不仅影响了中央的战略部署，而且红四方面军本身也受到很大损失。但是，由于以毛泽东为实际核心的党中央正确地把握了党内斗争原则，还有其他各方面的努力，张国焘不得不回师北上，最后实现了三个方面军的大会师，从而宣告长征胜利结束。再则，从广大红军将士来看，在整个长征途中，特别是在遇到艰难险阻，在同极其恶劣的自然环境比如过雪山草地的过程中，这种团结互助、为了援救同志宁可牺牲自己的崇高品德，表现得十分突出。这充分表现出红军的无私无我的阶级友爱。

(五)紧紧依靠人民群众，获得人民群众的支援与帮助，是红军长征精神得以形成的重要的外部条件

红军是人民的军队，红军脱离了人民就无法生存。红军进行长征也是如此。没有粮食，没有必要的物质条件，任何精神力量都难以发挥。红军在离开中央苏区踏上漫漫的长征旅途时，苏区人民给予红军以巨大的支援。红军经过雪山草地，很好地执行了民族政策和军队纪律，得到少数民族群众的支持，从而得以征服长征途中的艰难险阻。因此，将“紧紧依靠人民群众，同人民群众生死相依、患难与共、艰苦奋斗的精神”，作为长征精神的一个内容，是完全必要的。

红军长征已成历史，但红军长征精神是永存的。胡锦涛最近指出：“只有铭记历史，特别是铭记我们党领导人民创造的中国革命史，才能深刻了解过去，全面把握现在，正确创造未来。”长征是中国共产党创造的惊天地泣鬼神的英雄史诗，是党的85年波澜壮阔历史中最惊心动魄、也最精彩感人的篇章。红军长征精神是中国共产党人先进性之魂的集中反映，是中华民族精神之魂的最高体现，因而也是中国共产党取之不竭的宝贵的精神资源。这种精神，无论岁月如何更替，条件如何变化，都要发扬光大。建设中国特色社会主义事业，是正在进行的新长征，尽管已取得很大成就，但仍不过是新的万里长征第一步。因此，仍需要弘扬红军长征精神，使新的万里长征发出更加灿烂的光辉。

党的八大与党领导的 20 世纪中国的两次伟大革命*

毛泽东在党的七大指出：要准备革命转变，夺取像北平、天津这样大的中心城市。“我们一定要在那里开八大，有人说这是机会主义；恰恰相反，八大如果还在延安开，那就近乎机会主义了。”①历史的发展像毛泽东所预言的那样，11 年后，中国共产党果真在北京召开了第八次全国代表大会。

在八大召开的 36 年之后，江泽民在党的十四大指出：在我们党的历史上先后进行过两次伟大的革命。第一次是以毛泽东为核心的第一代中央领导集体进行的新民主主义

---

* 这是作者 1996 年 9 月 15 日在中共中央党史研究室纪念八大召开 40 周年学术讨论会上的发言。本文提出一个观点：党的八大可以成为两次伟大革命的交汇点，但历史的发展拐了个弯，使这个可能性没能变成现实。论文讲了四个问题：(一)召开八大的 1956 年在世界和中国发展的历史坐标上；(二)八大与中国共产党领导的第一次伟大革命的关系；(三)八大与中国共产党领导的第二次伟大革命的关系；(四)八大的不足与两次伟大革命没能实现交汇的历史原因。原载《中共党史研究》1996 年第 6 期和 1997 年第 1 期。收入本书时有个别文字改动。

① 中共中央文献研究室编：《毛泽东在七大的报告和讲话集》，北京：中央文献出版社 1995 年版，第 137 页。

革命，并在革命胜利后建立起社会主义基本制度，把100多年受尽外国侵略欺凌的半殖民地半封建的旧中国变成了独立的人民当家作主的社会主义新中国。第二次是以邓小平为核心的第二代中央领导集体在十一届三中全会以来，以过去革命取得的成功和社会主义建设取得的成就为基础，进行改革开放，进一步解放和发展生产力，“把中国由不发达的社会主义国家变成富强民主文明的社会主义现代化国家”①。目前的中国正在进行这场伟大的革命。

党的八大与中国共产党在20世纪进行的这两次伟大的革命是什么关系呢？我有一个不成熟的看法：党的八大是可以成为这两次伟大革命的交汇点的，但是后来历史的发展拐了个弯，使这个可能性没能变成现实。这里，试就这个问题作些探讨。

一、召开八大的1956年在世界和中国发展的历史坐标上

对于50年代中国共产党的历史，一个时期人们比较感兴趣于1956年以后。1956年后的几年在党的历史上是很沉重的，应当反思作为借鉴。但是，1956年在党和国家的历史发展上也有重要地位，同样应当加强研究。就研究八大来说，它更具有不可替代性。

从世界范围看，在1956年至少有这样三件大事对于八大和党的其他决策产生有不可忽视的影响。

一是国际形势趋于缓和。第二次世界大战后不久，出现冷战态势。冷战没维持多久，出现了朝鲜战争那样的局部“热战”，一打就是三年，最后还是不得不转向“冷战”。民族解放运动的兴起进一步推动

① 中共中央文献研究室编：《十四大以来重要文献选编》上册，北京：人民出版社1996年版，第3页。

世界格局向有利于和平方面转变。1954年日内瓦会议和1955年万隆会议的成功召开，说明反对战争、和平共处越来越成为许多国家人民的强烈愿望。国际形势日趋缓和的走向渐渐显露出来。这为中国开展大规模经济建设提供了有利的国际环境，是八大召开的重要外部条件。

二是世界性的新科技革命潮流。战争是科技发展的催生婆。在二次大战中，用于军事目的的科学技术有重大突破。二次大战后，用于和平目的的科学技术飞快发展。作为这个时期新科技发展重要标志的原子能的和平利用，带动了一大批新兴产业的涌现。各种新材料、新技术、新工艺、新流程和新设备的争相面世，为生产力的飞跃开辟了从未有过的宽广前途。科学技术正在经历着革命性变革，并使世界的面貌发生了巨大变化。战争使资本主义经济遭到严重破坏，新科技革命使资本主义世界的经济逐渐得到调整、恢复，并进入一个新的发展时期。社会主义国家也在利用科技革命的成果医治战争创伤，努力恢复和发展经济。这种环境为我国经济和社会的发展带来了机遇。中共中央密切注视着新科技革命的潮流，1956年1月召开全国知识分子问题会议，发出向现代科学进军的号召，随后制定了12年科学发展规划。这对于八大尊重科学、尊重人才，确立正确的政治路线不能不产生一定影响。

三是苏共二十大的召开。斯大林领导苏联的党和国家长达近30年之久，在工作中有很大功劳，也犯有严重错误。1956年2月召开的苏共第二十次全国代表大会，在面对战后的新形势提出一系列新的国际国内政策的同时，赫鲁晓夫作的《关于个人崇拜及其后果》的秘密报告，把斯大林一棍子打死，在世界上产生了巨大影响。中共中央政治局研究了苏共二十大的文件和赫鲁晓夫的秘密报告，于同年4月以

《人民日报》编辑部名义发表了《关于无产阶级专政的历史经验》长文，一方面对苏共二十大的那些具有积极意义的决策给予肯定评价；另一方面对全盘否定斯大林的错误倾向表明了中国共产党的原则立场。文章对斯大林的个人崇拜及其发生的原因进行了辩证的分析，认为这是国际共产主义运动的历史现象，主要应着眼于吸取教训。从苏共二十大召开获得的正面效应，对于中共八大的召开产生了积极影响。

从国内情况看，至少也有三个因素对八大的召开产生了重要影响。

首先，社会主义改造的基本完成。1953 年提出过渡时期总路线后，社会主义工业化和社会主义改造同时并举。但自 1955 年下半年反对右倾保守、掀起农业合作化高潮之后，对生产资料私有制的社会主义改造以从未有过的规模和声势迅猛展开。到 1956 年 6 月，全国加入农业合作化的农户占总农户的 91.7%；个体手工业者加入各种合作化的占其从业人员的 90%；私营工业已有占产值 99%和占职工总数 98%的企业实现了公私合营，私营商业也有 68%的户数和 74%的从业人员实现了改造。这意味着三大改造的任务已超前许多年基本完成。它产生了两个方面的影响，一是改造工作中由于急促加速的缺点和偏差遗留下许多问题；二是它表明我国的无产阶级和资产阶级之间的矛盾已基本解决。这为党在八大作出国内主要矛盾已发生变化，要实现党的工作重心转移提供了基本依据。

其次，既反保守又反冒进的建设方针的制定。在 1955 年下半年反“右倾保守”的高潮之中，中共中央根据毛泽东的意见曾决定：把反对右倾保守思想作为党的第八次全国代表大会的中心问题，要求全党在一切工作部门展开这个斗争。但是，随着反对“右倾保守”的政治空气的凝重，在农业生产和整个经济建设中出现了急躁冒进的倾向。到

1956年4月，已形成各条战线、各个行业盲目发展，造成基本建设规模过大、职工总数增长过快、生产秩序混乱、资金供应紧缺、货币发行量剧增，从而使整个国民经济出现全面紧张的局面，第一个五年计划的实施和第二个五年计划的制定受到严重影响。为扭转这个局面，党中央和国务院负责经济工作的周恩来、陈云等领导同志，从1956年初就开始进行反对急躁冒进的斗争。6月10日，刘少奇主持中央政治局会议，确认了5月中央会议讨论的我国经济发展要实行既反保守、又反冒进，在综合平衡中稳步前进的方针。6月20日，《人民日报》发表了宣传政治局会议精神的《要反对保守主义，也要反对急躁情绪》的社论。这样，经过几个月的努力，盲目冒进的势头得到了遏止。既反右倾保守，又反急躁冒进，实际上成为召开八大的一个重要指导思想。

第三，执政党建设的良好态势。随着中国革命的胜利，它的领导者中国共产党成为在全国范围执政的党。到1956年八大召开前，全国有党员1073万，比七大增加8倍；比1949年全国胜利时增加2倍。这就是说，90%以上党员是七大以后入党的、60%以上是新中国成立后入党的新党员。这既壮大了党的力量，同时又提出了加强党的建设的任务。对于执政党的建设，毛泽东早在七届二中全会上就提出两个“务必”①的思想和警惕“糖衣炮弹”的告诫。新中国成立后，为吸取李自成等农民起义军失败的教训，克服已经产生的腐败现象，先后开展的整风整党和“三反”运动，取得了较好的效果。对刘青山、张子

① 两个“务必”，即“务必使同志们继续地保持谦虚、谨慎、不骄、不躁的作风，务必使同志们继续地保持艰苦奋斗的作风。”见《毛泽东选集》第4卷，北京：人民出版社1991年版，第1438～1439页。

善事件的处理和对高岗、饶漱石事件的揭露，对加强党的建设，增进党的团结和统一起了警钟长鸣的作用。这为八大的召开提供了较好的党内氛围。

1956年在世界和中国发展的历史坐标上处于什么位置？有哪些特点？这无疑可以从这样那样的视角进行分析。但上述几点，对于中国共产党召开八大来说，起了难得的好作用。这是八大能够制定正确的路线，做出好的和比较好的决策，开成求实、民主、团结、奋进的大会的重要的客观基础。

二、八大与中国共产党领导的第一次伟大革命

刘少奇在八大的政治报告中开宗明义指出："从我们党的第七次代表大会以来，十一年已经过去了。我们的祖国在这十一年内经历了两次有世界意义的伟大历史事变。在1949年，我们党领导人民推翻了帝国主义、封建主义、官僚资本主义的反动统治，建立了中华人民共和国。在去年下半年和今年上半年，我们党又领导人民取得了农业、手工业、资本主义工商业的社会主义改造的全面的决定性的胜利。由于这两次胜利，我们国家的内外关系发生了一系列的根本变化。"①这里讲的两次有世界意义的伟大历史事变，就是后来十四大概括第一次伟大革命的基本内容。这就是说，八大的召开意味着中国共产党领导的第一次伟大革命已胜利完成，八大实际上担负着总结第一次伟大革命的任务。

八大与第一次伟大革命的关系，可以从这样三个方面作具体分析：

---

① 《刘少奇选集》下卷，北京：人民出版社1985年版，第202页。

(一)八大是第一次伟大革命 20 年连续辉煌的鼎盛时期

第一次伟大革命从建党到八大历时 35 年。其间，1935 年 1 月的遵义会议确立毛泽东在党中央的领导地位，是这次革命的一个生死攸关的转折点。在遵义会议前 14 年，虽然有过大革命时期的辉煌，但却连续遭受两次严重失败。特别是王明路线在中央长达 4 年之久的统治，使中国革命濒临绝境：不仅丢掉了经过艰苦卓绝斗争开辟的一个又一个革命根据地去进行“长征”，而且在“长征”中还屡遭挫折，红军力量损失惨重。遵义会议后，在毛泽东的正确领导和指挥下进行的长征，局面大为改观：不仅迅即摆脱了前堵后追的被动，打了一个又一个振奋军心的胜仗，而且克服了像过雪山草地那样的巨大困难，实现了三大主力的会师，胜利到达陕北，使中国革命有了新的立足点和出发点。自此以后，第一次伟大革命由挫转顺，由危转安，由小转大，由弱转强，取得了连续 20 年的辉煌胜利。

先是首创抗日战争的辉煌。在遵义会议后形成的以毛泽东为核心的第一代中央领导集体，抓住全民族要求抗日的历史机遇，果断地实行战略转变，建立以国共合作为基础的抗日民族统一战线，团结全国人民进行伟大的抗日战争。经过 8 年英勇抗战，中华民族取得了自 1840 年以来抗击外国侵略者的第一次全面胜利。中国共产党是这次抗日战争的中流砥柱，并且通过抗日战争得到了空前的发展与壮大。这次辉煌使中国共产党成为决定中国命运的强大政治力量，为领导人民取得新民主主义革命的全面胜利奠定了坚实基础。

再创解放战争的辉煌。抗战胜利后，中国共产党一方面顺应广大人民的愿望，力争同蒋介石国民党继续合作，努力实现和平建国的局面；另一方面也做好了蒋介石翻脸不认人的准备。毛泽东在七大结束时讲了 17 个方面的困难，就有这个意思。蒋介石发动内战之初，党所领导的解放区和军队确实非常困难。放弃延安，转战陕北是迫不得已而为之。但是到第二年由战略上的防御转入进攻后，局面很快扭转过来。以毛泽东为首的党中央，牢牢地掌握了战争主动权。第三年战略决战，三大战役加渡江战役，打得那样漂亮，在中国乃至世界的战争史上都是罕见的。原来国内外朋友都担心共产党打不赢。中共中央对胜利充满信心，并准备打 5 年的战争，结果仅有 3 年就结束了，这是一个奇迹。

三创新中国建立初期的辉煌。从新中国建立到八大的 7 年间，国民经济的恢复，经济建设的成就，社会面貌的变化，同二次大战后的发展中国家乃至发达国家相比较，都属于前列。新中国的进步举世瞩目。中国人民从未有像这几年雄赳赳、喜洋洋、高昂地抬起了头。社会主义改造工作尽管有这样那样的缺点和偏差，但是多少年梦寐以求的社会主义基本制度毕竟建立起来了。在一个几亿人口的大国实现这样异常复杂、困难和深刻的变革而没有出现大的社会动乱和生产力的破坏，这本身就称得上历史的惊人之笔。

召开八大，就是对发生在第一次伟大革命的两次有世界意义的伟大历史事变的连续辉煌胜利(当然，主要是七大以来)进行总结。八大的总结本身也是辉煌的。邓小平指出："一九五六年召开的党的第八次全国代表大会，分析了生产资料私有制的社会主义改造基本完成以后的形势，提出了全面开展社会主义建设的任务。八大的路线是正确的。"①八大是第一次伟大革命连续 20 年辉煌的顶点。

(二)八大前后，第一次伟大革命经历了一次新的思想解放运动

周扬在纪念五四运动 60 周年时曾讲过三次思想解放运动的观点，

① 《邓小平文选》第 3 卷，北京：人民出版社 1993 年版，第 2 页。

即五四运动、延安整风运动和关于真理标准问题的讨论。我想，就社会影响力来说，这三次可能是“最大当量”的(请允许我借用化学的爆炸力概念来形容)。若要讲“次大当量”的，还有一些。比如，在周扬所说的二、三次之间，还可以再加八大前后由于苏共20大反对个人崇拜引发的一次。

为什么说八大前后反对斯大林的个人崇拜，引发了中国共产党的思想解放运动呢？延安整风那次思想解放运动，批判王明路线，破除对共产国际的迷信，强调把马列主义理论与中国具体实际相结合，解决了中国怎样革命的思想路线问题。新中国成立以后，怎样搞经济建设？没有实践经验。当时是两大阵营格局，在外交上倒向苏联一边，搞经济建设没有经验就只好照抄照搬苏联的。这样就在不少实际工作部门中产生了建设中的教条主义。但是苏联的情况，无论其历史、文化和经济的基础都与中国的情况很不一样，即使成功的经验搬到中国来也不一定成功，何况苏联经验中还有不少明显不合适的。对此，毛泽东很不满意，心情不舒畅。这种情况，在斯大林去世后虽然有所改变，但只是在苏共二十大批判斯大林的个人崇拜，揭露苏联社会主义建设中的错误后，才对有关社会主义的许多问题重新思考。对于赫鲁晓夫的秘密报告，毛泽东除认为捅了娄子，在内容和方法上都有严重错误外，还认为它揭了盖子，表示苏联、苏共、斯大林并不是一切都正确，这就破除了迷信，有利于反对教条主义。他在1956年3月主持起草《关于无产阶级专政的历史经验》文章的中央政治局会议上指出：“不要再硬搬苏联的一切了，应该用自己的头脑思索了。应该把马列主义的基本原理同中国革命和建设的具体实际结合起来，探索在我们国家里建设社会主义的道路了。”[1]半年之后，在八大期间，毛泽东的这个思想更加明确。他接见南斯拉夫代表团说：对斯大林的批评是好的，它打破了神化主义，揭开了盖子，这是一种解放，一场解放战争。大家都敢讲话了，使人能够想问题了，可以自由思考，独立思考了。周恩来对外国朋友也说：过去斯大林的观点是压倒一切的，现在打倒了偶像，也就是中国人说的破除迷信以后，各国共产党的思想都动起来了，不沉闷了。打倒了个人崇拜，大家的思想都解放了。这对于各国共产党人来说是一个很大的进步，这是共产党的思想解放。

毛泽东、周恩来所讲的苏共二十大批判斯大林的个人崇拜之后引发的思想解放的巨大作用，在当时的报刊上虽没有作大张旗鼓的宣传，但是对于党的指导思想所起的这个作用却是实际的。它不是抽象地存在于理论分析中，而是具体体现在对社会主义的认识和探索的各个方面。这里仅举数例。

比如，《论十大关系》，不就是破除迷信、解放思想直接引发的巨大成果吗？这篇讲话充满了解放思想的气息，体现了独立思考，从各方面考虑如何按照中国情况来办事的精神。它批评了那种“以为社会主义就了不起，一点缺点也没有”[2]的陈旧观念，对国内最重要的政治经济关系提出的一系列方针政策，使探索适合中国情况的社会主义建设道路有了一个良好开端。

再如，人们知道的在八大之后的1956年12月，毛泽东会见民主党派负责人讨论如何搞活经济的问题。他提出只要社会需要，可以允许雇工，让资本家开设私营大厂，让华侨来投资，订个条约，20年、

① 吴冷西：《忆毛主席》，北京：新华出版社1995年版，第6～7页。

② 《毛泽东著作选读》下册，北京：人民出版社1986年版，第740页。

100年不没收。开投资公司，可以国营，也可以私营。可以消灭资本主义，又搞资本主义。这段议论就是从批判斯大林结束新经济政策太早讲起的。这就是思想解放之果。尽管随后没有将这些想法付诸实践，但这些话至今听起来还是振聋发聩。刘少奇的想法比毛泽东还明确。他在这年底的全国人大常委会上说：如果资本家要盖工厂，可以批准。“我们国家有百分之九十几的社会主义，有百分之几的资本主义，我看也不怕”。“有这么一点资本主义，一条是它可以作为社会主义经济的补充，另一条是它可以在某些方面同社会主义经济比较”。①第二年3月，刘少奇在湖南视察时还说：我们现在有一种迷信思想，“‘我是社会主义，就比私人资本主义先进’。这种迷信思想要不得，一定要去掉，实际上现在在某些方面社会主义比私人资本主义落后。只要我们去掉这种迷信思想，我们有人有钱，社会主义的名声又好，靠这样多的优越条件，再加上学习私人资本主义的先进经验，社会主义就一定会竞争赢资本主义。否则，就是资本主义优越于社会主义。”②这些议论，尽管是针对实际工作中的一些具体问题发挥的，但是所触及的却是一个重大的理论问题。在40年前，这样认识社会主义与资本主义的关系，能说不是思想上的很大解放吗？

因此，不应当低估这次思想解放的作用。可以不可以说，没有这一次的思想解放运动，就不可能有我们所知道的八大前后对社会主义建设道路的那些探索？我以为是可以这样说的。当然，这次思想解放运动在规模性、持续性和深刻性上，与那三次不完全在同一个层面

① 中共中央文献研究室编：《刘少奇论新中国经济建设》，北京：中央文献出版社1993年版，第326～327页。

② 中共中央文献研究室编：《刘少奇论新中国经济建设》，北京：中央文献出版社1993年版，第333页。

上。但是在党的历史上，这毕竟是一次重要的思想解放运动。

(三)八大前后，第一次伟大革命的理论成果——毛泽东思想得到新的发展

中国共产党在20世纪领导的两次伟大革命，有两大理论成果。第一次伟大革命的理论成果就是毛泽东思想，它在七大被确定为全党的指导思想，新中国成立以后还在继续发展。

当然，八大没有使用“毛泽东思想”的提法。但是八大不提“毛泽东思想”，不存在党内有什么争论的问题。事实上，自1948年11月以后，毛泽东就将送他审阅的文件中有“毛泽东思想”的字样删去，或改为别的说法。对此，在一些干部中难免发生疑问。1954年12月，中央宣传部根据中央书记处指示起草了一个通知(经毛泽东修改，刘少奇、周恩来、朱德、陈云、邓小平传阅后发出)，对如何解释毛泽东思想问题指出：“毛泽东同志曾指示今后不要再用‘毛泽东思想’这个提法，以免引起误解，我们认为今后党内同志写文章做报告时，应照毛泽东同志的指示办理。”“在写文章做讲演遇到需要提到毛泽东同志的时候，可用‘毛泽东的著作’等字样。”后一句话是毛泽东本人加写的。正是根据这样的精神，10个月后，即1955年10月在由胡乔木执笔写成的八大新党章的修改稿初稿中，已经没有“毛泽东思想”的提法了。[①] 对于毛泽东为什么一再不用“毛泽东思想”的提法，包括八大不提“毛泽东思想”，胡乔木在生前有一个解释。他说：通过延安整风，毛泽东思想在全党的指导地位确定了。那时为什么要提毛泽东思想？有这个需要。从一定意义上说，提毛泽东思想是对着苏共的。共产国

① 齐得平：《中共八大未提“毛泽东思想”的若干情况》，见《中共党史研究》1996年第5期。

际尽管解散了，但是共产国际的影子、它对中国共产党的影响始终没有断。“为什么八大没有提毛泽东思想？也是因为苏联的关系。苏联始终拒绝承认毛泽东思想，在苏联报刊上绝口不提毛泽东思想。凡是中共文件中提了的，他们刊用的时候都给删掉。这成了一个禁区。”①既然苏共是如此态度，而中国的革命和建设又离不开苏联的帮助，即使斯大林去世后也是这样。从大局出发，必须搞好与苏联的团结。这在当时是首先要考虑的。因此，有10多年的时间没有提“毛泽东思想”。直到60年代初，中苏两党、两国关系恶化了，中共中央才恢复使用“毛泽东思想”的提法。

八大不提“毛泽东思想”，也不等于毛泽东思想在八大时期没有发展。事实上，在八大前后，包括八大本身，对毛泽东思想有很大发展，毛泽东思想关于社会主义革命和社会主义建设理论的主要内容，比如社会主义时期的人民民主专政的理论、社会主义改造的理论、社会主义建设道路探索的思想理论，加强执政党建设的思想理论，社会主义基本矛盾的理论和正确处理人民内部矛盾的理论等，就是在这个时期或提出、或得到丰富与发展、或加以总结与升华的。毛泽东的《论十大关系》和《关于正确处理人民内部矛盾的问题》，刘少奇在八大的政治报告，周恩来在八大关于发展国民经济的第二个五年计划的建议的报告，邓小平在八大关于修改党章的报告，陈云、董必武、彭德怀、李富春、薄一波等在八大的发言，以及八大关于政治报告的决议和八大党章，是这个时期体现毛泽东思想新发展的有较大影响的文献。肯定以这些为代表的文献对发展毛泽东思想的贡献，不是说就只有这些文献才发展了毛泽东思想，也不是说这些文献就没有缺陷，但

① 《胡乔木回忆毛泽东》，北京：人民出版社2003年版，第10～11页。

从总体而言是达到了那个时期所能达到的高度的。

纵观毛泽东思想在第一次伟大革命中发展的历史，同任何事物的发展一样，也呈曲线状，而不是直线上升式。对于这种曲线状，学界有不同的表述方式。一是波浪式的向前发展。这是毛泽东本人的语言。它有别于列宁讲否定之否定规律时使用的“螺旋式上升”说法。它的优点是“中国化”，更为通俗、更加形象，更能为中国人所理解。二是将水平曲线的高位部分称为“高潮”，如发展经历了几个高潮云云。这是波浪式的另一种说法，为了突出“浪尖”状，将其改为“高潮”，更具恢宏气势。三是将水平曲线的高位部分称为“高峰”。这是将曲线由“水”状改为“山”状的一种形象的表述法。所要说明的那个实质没变，只是将“潮”形换成了“峰”形。前两个月，在研讨毛泽东哲学思想的发展时，我试着提出一种“高原”说，即想将“高峰”形改为“高原”形。所谓“高原”，顾名思义，即不是单个高山，而是高山群体；也不只是一个尖尖的山峰，而是大面积的突出“峰”状。或者说，它不仅有高度，还有广度、长度，其三维空间优于“高峰说”。如果将空间坐标置换成时间坐标，那么经历“高原”需比经历“高峰”的时间长，更能说明持续过程。

我以为，就毛泽东思想发展的曲线而言，它的高部形成的是两个“高原”状。毛泽东思想发展的第一“高原”，就是延安时期。其代表作，仅举毛泽东个人，就有哲学、军事、政治、文艺等诸多方面的一大批名著。在这个时期形成了较为完整的第一代中央领导集体的核心。这个核心的其他成员，对作为党的集体智慧结晶的毛泽东思想的多方面展开也作出了不可替代的贡献。这是毛泽东思想得到系统总结而成熟的时期。这个时期历经 10 年左右，形容为“高原”也许比“高峰”更合适一些。当然，取“高原”说，并不排斥其他表述。上述几种形容法，可以兼容。取哪种说法，与研究者的语言习惯很有关系，这不是重要问题。如果把延安时期或者说抗日战争时期、解放战争时期，视为毛泽东思想发展的第一“高原”，那么，从新中国成立到八大前后，则是毛泽东思想发展的第二“高原”。作为理论体系，毛泽东思想的大架构，在七大已经明确了。它的主要内容是关于中国怎样进行革命并夺取胜利的理论政策、战略策略。新中国成立以后，随着实践发展，毛泽东思想的理论内容也在发展。到八大前后，就形成了上述关于社会主义革命和社会主义建设的诸多思想理论。这就把毛泽东思想发展到一个新的“高原”状。这就是毛泽东思想发展的第二“高原”。这是第一次伟大革命在八大时期的巨大理论收获。与革命实践的辉煌相同步，也展现出了理论的辉煌。

三、八大与中国共产党领导的第二次伟大革命

第二次伟大革命的起点，现在看来是1978年底的十一届三中全会。但是从历史的走向而言，这个起点很有可能是1956年的八大。有谁能料，后来的历史发生了大曲折，这个理论的起点没能变成历史的现实。那么，应当怎样认识党的八大与第二次伟大革命的关系呢？我以为，主要表现为下述四个方面：

（一）社会主义初级阶段的历史起点

社会主义初级阶段理论的提出，是从《历史决议》到十三大党的理论建设的一个重大成果。它明确了我国经过这些年的建设之后所处的历史方位，为制定和执行党的路线和政策提供了带根本性的依据。提出这个理论，蕴含了对几十年历史经验的深刻反思，也有许多思想的孕育和积累。根据这个理论来看我国社会主义发展的历史进程，社会主义初级阶段始于何时呢？也就是说，它的历史起点在哪里？不在别

处，正在八大。因为它是我国社会主义改造基本完成，进入社会主义全面建设阶段的历史界碑。社会主义改造的超前完成，虽然表现了一定的急性病，如邓小平所说，搞革命的人最容易犯急性病，“用心是好的，想早一点进入共产主义”①，但是毛泽东在当时毕竟将进入社会主义与建成社会主义作了严格区分，这又表现了理论上的清醒。

毛泽东在1956年1月的全国知识分子问题会议上说：现在已经进入社会主义，对不对呢？比如北京市，我说是进入了，你说还没进入？比如北京这么一个城，火车从天津开进了城没有呢？进了城了。完成了没有呢？还没有。这个社会主义社会已经进入，尚未完成。是不是这样？全国都是这样②。按照传统标准，消灭了生产资料私有制，消灭了剥削制度，就意味着是社会主义了。当时已经基本完成了社会主义改造，全国都在敲锣打鼓，隆重庆祝进入社会主义。毛泽东当时不可能超越这个传统标准。尽管他对召开大会宣布、举行隆重庆祝这样的具体做法不一定赞同，但他不能不对这个为之长期奋斗的新的社会制度的到来感到异常兴奋。庆幸的是，他在兴奋状态中发表的上述讲话，对后来继续为建设社会主义而奋斗留下了很大余地。至于1958年搞“大跃进”、人民公社化运动、要准备进入共产主义等等，那是陷入了超越阶段的一种狂症，另当别论。毛泽东在1956年初对社会主义的进入与建成作的可贵区分，也为后来提出社会主义初级阶段问题留下了理论余地。十三大报告指出：“我国从五十年代生产资料私有制的社会主义改造基本完成，到社会主义现代化的基本实现，

---

① 《邓小平文选》第3卷，北京：人民出版社1993年版，第139～140页。

② 毛泽东在中共中央召开的关于知识分子问题会议上的讲话，1956年1月20日。

至少需要上百年时间，都属于社会主义初级阶段。”①毛泽东当时讲的进入社会主义，准确地说，就是进入了社会主义初级阶段。八大作为党和国家历史发展的一个界碑，自然成了我国进入社会主义初级阶段的历史起点，尽管它没有能够成为第二次伟大革命的历史起点。

(二)十一届三中全会路线的历史参照

十一届三中全会的路线是什么？实际上就是党在社会主义初级阶段的基本路线。其主要内容，概括地说就是“一个中心、两个基本点”。换句话说，“十一届三中全会路线”是“党在社会主义初级阶段的基本路线”的简称，“党在社会主义初级阶段的基本路线”则是“十一届三中全会路线”的全称。这条路线的内容无疑有一个丰富、完善的过程，到十三大作了规范性的表述。但是，它的基本思想在十一届三中全会期间就已事实上存在了。江泽民在十四大报告中指出：“我们党在十一届三中全会上毅然抛弃‘以阶级斗争为纲’这个不适用于社会主义社会的‘左’的错误方针，把党和国家的工作中心转移到经济建设上来。这是政治路线的拨乱反正。在确定工作中心转移的同时，作出了实行改革开放的伟大决策，并针对拨乱反正过程中出现的错误思潮，旗帜鲜明地强调必须坚持社会主义道路、坚持人民民主专政、坚持中国共产党的领导、坚持马克思列宁主义毛泽东思想。‘一个中心、两个基本点’的思想开始形成，奠定了新时期党的基本路线的基础。”②这也说明了十一届三中全会路线的形成情况。

那么，十一届三中全会路线的提出有无历史的参照呢？有。其中

---

① 中共中央文献研究室编：《十三大以来重要文献选编》上册，北京：人民出版社1991年版，第12页。

② 中共中央文献研究室编：《十四大以来重要文献选编》上册，北京：人民出版社1996年版，第4～5页。

最重要的，就是党的八大及其前后的正确决策。十一届三中全会明确指出："会议认为，毛泽东同志一九五六年总结我国经济建设经验的《论十大关系》报告中提出的基本方针，既是经济规律的客观反映，也是社会政治安定的重要保证，仍然保持着重要的指导意义。"①就邓小平来说，他在十一届三中全会时期讲的"一个中心"、"两个基本点"的内容，就是从恢复八大时期的路线和政策来提出问题的。在被视为十一届三中全会的主题报告《解放思想，实事求是，团结一致向前看》中，他呼吁的解放思想、开动脑筋、实事求是、一切从中国的实际出发，不也体现了对1956年八大前后思想解放运动的历史回应吗？他要求努力实现党的工作重心的转移，高级干部带头钻研现代化经济建设，不使我们感到回到了八大的那个历史氛围吗？他提出的注意研究和解决管理方法、管理制度和经济政策方面的问题，实际上包括了重申《论十大关系》和八大制定的一些政策。随后，他在《坚持四项基本原则》中讲的"四个坚持"和提出的我国社会的基本矛盾、主要矛盾、中心任务等，既包含了八大政治报告和修改党章报告中的思想，也恢复了《关于正确处理人民内部矛盾的问题》中的科学思想。从理论认识上说，"一个中心"、"两个基本点"的基本内容，就是从恢复包括八大时期、而且主要是八大时期的正确思想起步的。从实践上看也是如此。拨乱反正、改革开放的实际进程，从恢复和继承新中国成立以来特别是八大的路线和政策开始向前推进，而随着实践的发展不断地加以超越。《历史决议》指出："'八大'的路线是正确的。它为新时期社

---

① 中共中央文献研究室编：《三中全会以来重要文献选编》上册，北京：人民出版社1982年版，第5页。

会主义事业的发展和党的建设指明了方向。”①这既是为八大路线恢复名誉，也在一定意义上反映了八大路线与十一届三中全会路线的历史关系。胡乔木在关于叶剑英在建国30周年讲话起草情况的说明中指出：“在经济方面我们现在所执行的政策基本上没有超出《论十大关系》的范围。政治上也都是按照毛主席在八大提出的去做的。”②这也说明了两者之间的关系。

（三）邓小平建设有中国特色社会主义理论的历史因素

八大前后，在破除对苏联经验的迷信之后，对于在中国怎样建设社会主义进行了实际上是全方位的探索。那个时期的实践，有如上述，是十一届三中全会以后探索有中国特色社会主义建设道路的先声；在理论上则为后来邓小平建设有中国特色社会主义理论的形成孕育了思想胚胎。

这里不妨就八大时期以毛泽东为核心的第一代中央领导集体对于怎样建设社会主义所获得的思想认识，同十一届三中全会后逐步形成的邓小平建设有中国特色社会主义理论进行一些方面的极其概略的比较。这种比较丝毫无意要论证邓小平理论在八大那时早已有之，只是为了说明当时的好的和比较好的思路、思想观点和实践经验，与邓小平理论的内容之间有某种渊源关系，即怎样被继承而又怎样得到发展的关系。

关于建设社会主义思想路线。把马克思主义与中国实际相结合，在延安整风之后经过七大就被确立为党的指导思想。建设社会主义，

---

① 中共中央文献研究室编：《三中全会以来重要文献选编》下册，北京：人民出版社1982年版，第802页。

② 《胡乔木文集》第2卷，北京：人民出版社1993年版，第125页。

也要解放思想，实事求是，走中国自己的路，这个指导思想在批判斯大林的个人崇拜之后，从《论十大关系》开始的探索就是明确的。在八大政治报告中也对这条思想路线进行了分析。后来成为邓小平理论的思想路线的基本内涵，同八大时期的思想路线是一脉相承的。

关于社会主义社会发展阶段。社会主义初级阶段的思想在八大时期没有。但是当时对于中国建设社会主义的基本国情还是有一定认识的。毛泽东从哲学角度谈论过共产主义(包括社会主义)要分阶段的意见。到50年代末，他进一步认为，社会主义可能分为不发达的和比较发达的两个阶段。当然，这些思想都没有成为制定政策的依据，与十一届三中全会后的情况不能同日而语。

关于社会主义的根本任务。八大对于社会主义的主要矛盾和主要任务还是有一定认识的。八大关于政治报告的决议和《关于正确处理人民内部矛盾的问题》已有了我们国家的“根本任务”是要“在新的生产关系下保护和发展生产力”的思想。毛泽东甚至说过，我们上半个世纪搞革命，下半个世纪搞建设。可惜，这些好思想没有坚持下去。

关于社会主义建设的发展战略。在八大之前，周恩来提出过初始形态的四个现代化思想①。这个思想写进了八大的党章。在八大以后的《关于正确处理人民内部矛盾的问题》中，毛泽东提出工业、农业和科学文化的三个现代化，随后加上国防现代化，从而形成了比较完整的现代化思想。这个时期也有了“两步走”的战略步骤的安排，即第一步用三个五年计划打下现代化的基础，第二步是用10个至20个五年计划来建成伟大的社会主义国家。到80年代前期，这个“两步走”的

① 周恩来在1954年的政府工作报告中提的四个现代化是：现代化的工业、现代化的农业、现代化的交通运输业和现代化的国防。

设想在邓小平的思想里进一步明确起来。邓小平理论的发展战略就是以这些设想为基础发展起来的。

关于社会主义经济建设方针。从《论十大关系》到《关于正确处理人民内部矛盾的问题》，已明确地提出了“中国工业化的道路”。八大的经济建设方针符合当时中国的实际。关于工业和农业的关系、既反右倾保守又反急躁冒进以及综合平衡等思想，对于邓小平理论的社会主义经济建设方针的形成起了积极作用。

关于社会主义经济体制改革。《论十大关系》的一个重要内容，就是讲经济体制改革。八大时期在这方面进行的许多探索，成为了十一届三中全会以后改革的前奏曲。刘少奇在1957年春天提出的关于社会主义经济既要有计划性又要有多样性、灵活性的思想，已模糊地涉及计划与市场的关系。陈云关于所有制、生产和流通方面的“三个主体、三个补充”的改革构想，对十一届三中全会以后的改革起了有力的准备作用。

关于社会主义民主政治建设。扩大民主，建设民主政治，是八大讨论的重要议题之一。毛泽东强调大会发言对工作要有批评，自我批评，净讲一套歌功颂德，没有生气。八大充分体现了党内民主。对于党和国家的领导制度，八大也有一些改革设想。毛泽东已明确提出不当国家主席，在适当时候不当党的主席，只当名誉主席；取消领导职务的终身制已在中央的考虑之中。和民主党派的长期共存、互相监督问题也是在这个时期提出的，共产党领导的多党合作体制和政治协商制度已有了相当基础。邓小平的政治体制改革理论吸取了当时的许多好的思想。

关于社会主义精神文明建设。这个概念及其内涵的规定，在八大时期没有。但是，有关精神文明建设的若干重要思想和要求在那时已经有了。从文化教育层面说，1956年1月召开的知识分子问题会议，体现了尊重知识、尊重人才的精神。关于我国知识分子的绝大多数已成为工人阶级的一部分，号召向现代科学进军，就是在这次会上提出的。随后还提出了“百花齐放，百家争鸣”的方针。从思想道德层面看，马克思主义的指导地位，加强思想政治工作，对广大人民特别是青年进行思想、道德、文化、纪律等方面的教育，这些内容在那时已摆到了比较重要的位置。

关于社会主义建设的政治保证。这是中国共产党一贯强调的。八大政治报告有专门一节就是分析政治保证问题的。《关于正确处理人民内部矛盾的问题》发表稿关于鉴别香花毒草的“六条标准”，被视为四项基本原则的雏形。当然，它的内涵是随着后来实践的发展而更加丰富和深刻的。

关于社会主义的对外开放和外交政策。我们国家从50年代末到70年代末的20年间，由于种种原因形成某种封闭的局面。但是在八大时期的思想是相当开放的。八大之前，毛泽东的《论十大关系》和《同音乐工作者的谈话》，表明了思想文化的开放政策。八大就是一个相当开放的大会。在实际工作中，无论从经贸还是文化的交流看，也是一种开放态势。至于外交，自新中国成立以来一直奉行独立自主的和平外交政策，到1954年已提出和平共处五项原则。八大政治报告及其决议，都强调要争取更长的和平时间，为经济建设创造有利的国际环境。

关于社会主义的依靠力量和领导核心。这也是共产党的一贯思想。在八大的三个报告和许多发言中，在毛泽东那时的讲话和著作中，对这个问题讲得还是比较充分的。当然，那时的思想内涵没有后来丰富和深刻。十一届三中全会以来新的实践经验对这个方面也作了很大发展。

关于祖国统一的构想。提出“一个国家，两种制度”，这是邓小平的又一个重大理论创造和统一祖国的政治战略。但是，这个构想的基本内容在八大前后已经有了。在1955年，提出了用和平方式解放台湾的问题。从1956年开始，大陆和台湾的关系有所松动。八大召开前，周恩来提出可以进行第三次国共合作。八大开过后，毛泽东明确表示，如果台湾和平统一，“一切可以照旧”，台湾可以继续搞“三民主义”。后来又提出了一些具体设想。邓小平的“一国两制”构想，就是对这些思想胚胎的继承和发展。

上述比较无疑是欠全面的。一是进行比较的内容不可能在较短的篇幅里作更为周到、缜密的分析；二是有相当重要的内容没作比较，如社会主义市场经济理论等，因为当时没有；三是为了说明历史渊源，比较时着重讲两者的连续性、继承性一面，而对后来的发展和飞跃一面讲的较少，但这里绝没有要贬低和否定这一面的意思。前面的定位交代已很清楚，这种比较是说明“历史因子”，而不是“因袭历史”。

（四）为第二次伟大革命的干部所做历史准备

从七大到八大，党的地位、任务和成分都发生了很大变化。为了适应这个变化，需要选举新的中央委员会。八大中央比七大中央扩大了一倍多。它的绝大多数都是各个方面的优秀领导干部，经受了后来历史发展的严峻考验。从组织路线方面说，八大为十一届三中全会后第二次伟大革命的开展作了重要的干部准备。从十一届三中全会起的一项重要工作，就是与恢复正确的思想路线和政治路线相适应，在组织路线上也拨乱反正，平反冤假错案，解放干部，并让他们重新走上领导岗位。其中许多都是八大时期的重要领导干部。

八大为第二次伟大革命所作的干部准备，主要表现在两个方面：

第一，为第二代中央领导集体准备了核心成员。尽管经历了“文化大革命”时期惊心动魄的斗争，但仍然是比较成功地实现了由第一代中央领导集体向第二代中央领导集体的转变。

第一代中央领导集体到党的八大得到了充实。在酝酿中央领导机构成员时，毛泽东在八大预备会议期间召开的七届七中全会上，就设中共中央副主席和总书记的问题发表了谈话，其中一个重要内容是推荐邓小平和陈云。毛泽东说，总书记准备推举邓小平，他本人说不行，“我可以宣传宣传”。毛泽东宣传邓小平的优点，连着讲了七个“比较”好，即比较公道、比较有才干、比较能办事、比较周到、比较顾全大局、比较厚道、处理问题比较公正。“他说他不行，我看行。”毛泽东还把邓小平同他本人相比较说：邓小平不是没有缺点，也不是样样事都办得好，但是他犯了错误对自己很严格。① 对于陈云，毛泽东的评价也很高：“我看他这个人是个好人，他比较公道、能干，比较稳当，他看问题有眼光。我过去还有些不了解他，进北京以后这几年，我跟他共事，我更加了解他了。不要看他和平得很，但他看问题尖锐，能抓住要点。所以，我看陈云同志行。”毛泽东还特地指出，他是工人阶级出身。“不是说我们中央委员会里工人阶级成分少吗？我看不少，我们主席、副主席五个人里头就有一个。”②

毛泽东为什么向全党推荐邓小平和陈云进入新的中央领导核心呢？除了有上面的那些优点，还因为“他们是少壮派”，“对于我们这

---

① 毛泽东在中共七届七中全会第三次会议上的讲话，1956年9月13日，参见《党的文献》1991年第3期。

② 毛泽东在中共七届七中全会第三次会议上的讲话，1956年9月13日，参见《党的文献》1991年第3期。

样的大党，这样的大国，为了国家的安全、党的安全，恐怕还是多几个人好。”在他看来，多几道“防风林”，“提前见马克思，那末总还有人顶着，我们这个国家也不会受影响。”①历史的发展正像毛泽东所预料的，第一代领导核心的其他成员“见马克思”之后，以邓小平为核心、陈云等鼎力相助的第二代中央领导集体在十一届三中全会后迅即组成。从这个意义上说，八大为党的两代中央领导集体的交接奠定了难得的基础。

第二，为第二次伟大革命准备了大批高层领导干部。在酝酿八大中央委员会的组成人员时曾规定了一个提名原则，即主要是提“三八”式以前的干部，“三八”式干部一般不选。毛泽东在七届七中全会开幕的会上对选举中委讲到，这次选举中委，“三八”式一般不选。“三八”式确有大批优秀干部，但牵连太多，我们现在的方针是说服他们，让他们等几年，这样他们更成熟，更孚众望。现在还是让“三八”式以前的什么式的掌一下中央委员会的权。在八大预备会议上，毛泽东还用“名落孙山”的典故开导一些同志说：我们这个名单大概只管到二十世纪。“也许是孙山以内的人将来起很大作用”，也许“今天没有列上名单的同志，即名落孙山的同志，很可能是将来在中国起很大作用的同志”②。根据已确定的原则选举的中委，绝大多数是“老资格”。经历“文化大革命”的劫难，许多人故去，个别人上了林彪、“四人帮”的贼船，有的身体不行了。但是，在十一届三中全会后重新走上领导岗位的八大中央委员，据不完全统计，占八大中央委员总数的三分之一以

① 毛泽东在中共七届七中全会第三次会议上的讲话，1956年9月13日，参见《党的文献》1991年第3期。

② 毛泽东在八大预备会议第二次全体会议上的讲话，1956年9月10日，参见《党的文献》1991年第3期。

上；属于候补中央委员的，占其总数的五分之二。他们在第二次伟大革命的历史洪流中进入了高层领导，或在中央，或在地方，都发挥了重要领导作用。就是那些没有被选进八大中央委员会的“名落孙山”的“三八”式的优秀干部，在第二次伟大革命中也都纷纷走上重要领导岗位，同那些“老资格”一起，成为推进第二次伟大革命的中流砥柱。他们发挥了承上启下、继往开来的巨大历史作用。

四、八大的不足与两次伟大革命没能实现交汇的历史原因

充分肯定八大的历史地位，并不等于八大没有缺陷。邓小平指出：“由于当时党对于全面建设社会主义的思想准备不足，八大提出的路线和许多正确意见没有能够在实践中坚持下去。”①这就说明，要历史地辩证地认识八大、研究八大。

从新中国成立到八大仅仅 7 年。党对于什么是社会主义和怎样建设社会主义的认识，较多地来自于马列本本的概念和苏联模式的经验。虽然有一些实践经验，在破除迷信、解放思想之后也有过一些新的观念、新的设想，提出了一些新的方针、新的政策，但是其中有的或不完整，或不稳定，因而不能没有一定的历史局限。

比如，八大决议关于主要矛盾的表述。在正确地提出国内主要矛盾是人民对于经济文化迅速发展的需要同当前经济文化不能满足人民需要的状况之间的矛盾后，又将这个“矛盾的实质”归结为“先进的社会主义制度同落后的社会生产力之间的矛盾”，这种表述容易引起歧义。因为从历史唯物主义原理讲，生产力是最活跃的因素，生产关系

① 《邓小平文选》第 3 卷，北京：人民出版社 1993 年版，第 2 页。

和社会制度都有些滞后性。只有生产关系去适应生产力发展的要求，不能提出要生产力去适应生产关系变化这样的问题。这就是说，生产关系和社会制度不可能跑到生产力前面去。讲先进的制度与落后的生产力发生矛盾，不符合历史唯物主义基本原理的规范表述。从毛泽东个人的思路看，他历来认为生产关系需要不断调整，甚至进行变革，不存在一种生产关系已很先进了，只需等待生产力赶上去适应生产关系的要求这种情况。在他看来，已经建立起来的社会主义的生产关系同生产力的发展是既相适应，又存在矛盾的。这种矛盾主要是由于生产关系在某些方面的不完善造成的。因此，作为社会主义的主要任务，既要发展社会生产力，又要改革生产关系和上层建筑，使之不断完善，适应生产力发展的需要。八大决议的这个理论表述的疏漏，当即被毛泽东敏锐地抓住，提出了批评。在这一点上，毛泽东的批评是有道理的。应当指出，毛泽东在当时只是批评这句话有毛病，并没有反对八大关于主要矛盾的基本精神。关于知识分子问题，八大虽然肯定了知识界的进步，认为它“已经改变了原来的面貌，组成了一支为社会主义服务的队伍”①，但是它不仅没有重申半年多前关于知识分子的绝大多数已成为“工人阶级的一部分”的观点，而且仍把知识分子列为“资产阶级和小资产阶级”范畴。这个认识的变化又成为半年多后发生反右派斗争严重扩大化的认识根源之一。在民主与法制问题上，八大虽然提出了扩大民主和健全法制的任务，发出了十一届三中全会以前在这方面的最强音，但是对于这个问题的极端重要性缺乏认识，未能把发展和完善社会主义民主当作战略目标，因而民主的制度化、法制化问题在长时期内一直是我们国家政治生活的薄弱环节。

---

① 《刘少奇选集》下卷，北京：人民出版社1985年版，第203页。

八大对于全面建设社会主义思想准备不足，更为重要的，是表现在对于建设社会主义前进道路上将会遇到的困难、曲折和艰险，远没有像在七大时那样对于完成民主革命任务的困难程度有充分的认识，也缺乏实际的经验。这突出地表现在两个问题上：

一是关于阶级斗争问题。八大认为，我国的无产阶级同资产阶级之间的矛盾基本解决后，“革命的暴风雨时期已经过去了”①。继续存在的阶级斗争主要表现为：解放台湾；彻底完成社会主义改造，最后消灭剥削制度；继续肃清反革命残余势力。这就表明，八大对于新形势下的阶级斗争的范围、性质、特点及规律缺乏明确的认识。阶级斗争的实际状况远比八大的这种认识复杂得多。随后发生的国外的匈牙利事件，特别是国内的大鸣大放后引起的政治波澜，完全出乎党的领导人的意料。尽管这个时期已经提出了严格区分两类矛盾的理论，也在着手加强民主政治建设，但是直面敌我矛盾和人民内部矛盾的交错，阶级斗争因素与非阶级斗争因素的混杂，党对于国内政治形势作了错误的估计，对于突发事件作了过度反应，不仅认为国外和国内的突发事件都是阶级斗争，而且认为国内的阶级斗争是与国外的阶级斗争相呼应的。在这种思想的支配下，对于国内的突发事件既夸大了大鸣大放运动中的阶级斗争成分，又夸大了阶级斗争成分中的敌我矛盾比重。这样，党的领导人的指导思想就发生了逆转，在八大时以为基本结束了的阶级斗争，这时看来远没有结束，而且还需要发动大规模的急风暴雨式的群众性的阶级斗争来解决大鸣大放问题。到 1957 年 10 月的八届三中全会，完全地否定了八大决议关于主要矛盾的论断，重新肯定两个阶级、两条道路的斗争是我国社会的主要矛盾。1959

① 《刘少奇选集》下卷，北京：人民出版社 1985 年版，第 253 页。

年庐山会议上彭德怀的“意见书”，又是一个突发事件，也作了错误反应，进一步强化了两个阶级的斗争是主要矛盾的观点，并把它引入党内。经过1962年的八届十中全会，这个观点更加系统化和理论化。这样，1956年的八大路线实际上就被否定了。

二是关于经济建设问题。八届三中全会虽然否定了八大关于主要矛盾的论断，但并没有同时否定经济建设是党的主要任务，而且认为在取得了政治战线和思想战线上的社会主义革命的基本胜利之后，党的工作的着重点要转移到技术革命和文化革命方面。就毛泽东来说，他从来没有像在1958年那样全力以赴地抓经济建设。但是他对于经济建设的速度和方法却坚持自己的一套。八大前确定的反冒进方针，他是不满意的，但服从了政治局大多数同志的意见。经过反右派斗争后，他以所谓反冒进为右派进攻提供口实为由，重新提出发展速度问题，并在1958年初的南宁会议、成都会议上大批反冒进。毛泽东认为，不仅建设要加快，大干快上，超英赶美，而且可以大搞群众运动。他批评反冒进说：打仗可以发动群众，社会主义建设，群众可以发动得更充分。“搞工业、农业，比打仗还厉害些，我就不相信。”抽象地讲，毛泽东的看法，不能说没有一点道理。问题在于经济建设的规模和速度都要从客观实际出发来确定，而不能仅凭主观的良好愿望来规划。无论搞工业还是农业都要依靠群众，这也是无疑义的，但是首先要尊重客观经济规律，正确处理政治与技术、群众与专家的关系，不能只强调这一面，否定那一面。毛泽东大批反冒进，恰恰是这种历史效应。特别是它造成的那种政治氛围，产生的那种政治压力，实际上是把他本人长期倡导的实事求是的思想路线和作风批掉了。八大确定的关于经济建设的一系列正确方针政策，因而也被否定了。在三年“大跃进”运动以后，面对国民经济的巨大困难，尽管提出了实行调整的“八字方针”，但始终没有再肯定八大，要求回到八大的路线上来。

阶级斗争和经济建设这两个问题，在1957年反右派斗争以后长期困扰着中国共产党。不能正确处理这两个问题及其关系，是中国共产党没有弄清什么是社会主义和怎样建设社会主义的主要表现。但是应当说，在50年代末到60年代初的错误认识，主要是受以往经验的困扰而得出的。自中苏大论战、国际共运大论战展开后，情况就发生了变化。当时论战的一个基本问题，就是如何理解过渡时期？社会主义是否是过渡时期？在这个时期究竟有无阶级斗争？等等。这就不能仅凭经验，而要去找理论根据。各方都到马列著作中去找理论根据。为了压倒对方，证明自己的“正确”，就难免对马列著作缺乏客观的、实事求是的理解。中国共产党方面也有既把马列著作(特别是列宁的著作)中的某些论点教条化，又作了某些曲解的问题。在经典著作中“找到”的理论根据，反过来强化了原来的错误理论观点。最初，接受斯大林的观点，党持“小过渡”论，即进入社会主义以前是过渡时期。这以后逐渐地转变为“大过渡”论，即直到进入共产主义社会高级阶段以前，都属于无产阶级专政的过渡时期。按照“大过渡”论，在这整个社会主义历史时期，两个阶级、两条道路的斗争始终都是主要矛盾。这样，原来的凭政治经验而否定八大关于主要矛盾论断的观点，到这时就有了“充足的”理论根据。“文化大革命”爆发后，它具备了似乎更为完整的理论形态，这就是无产阶级专政下继续革命的理论。根据这个理论，八大路线不仅被彻底否定，而且被作为修正主义路线在九大、在十大大加挞伐。这种情况只是在十一届三中全会拨乱反正之后，才得到根本改变。在新的历史时期，八大路线被恢复，并得到了巨大发展。一场新的伟大革命的洪流在中国大地上汹涌澎湃地展开。

怎样认识这段历史的曲折呢？一般地讲，谁都希望历史直线发展。就毛泽东而言，他懂得历史的发展是“之”字形。新中国成立后，他多次告诫全党，努力把马克思主义基本理论与中国具体实际相结合，希望搞社会主义比搞革命少犯错误，少走弯路。就是在八大的预备会议上，他还说：“我们希望建设中所犯的错误，不要像革命所犯的错误那么多、时间那么长。我们搞建设，是不是还要走那个老路呢？是不是还要经过十四年，也要栽那么多筋斗呢？我说可以避免栽那么多筋斗。”①但是，历史的发展有自己的规律走向和运动轨迹。其曲折，不是人们想避免就能避免的。掌握了规律，“之”字形的曲折可以小点；不认识规律，“之”字形的曲线则是大号的。两次伟大革命在八大交汇的可能性没能转化成现实性，第二次伟大革命的历史起点后移至1978年十一届三中全会，虽然与主观因素有密切关系，但放在历史的长河中看，又具有一定的客观性。这就是党对于社会主义的认识，实际上是处在幼年阶段。

说中国共产党在七大时期就成熟了，并不等于说成熟以后就不犯错误。说以毛泽东为核心的第一代中央领导集体是成熟的，也不等于说对所有问题的认识和处理都是成熟的。事实上，那时的实践主要是民主革命的实践。说是成熟的，主要是指对中国民主革命的规律和特点的认识；当然，也有一些上升到一般的理论和方法。搞社会主义，对于我们那个时候的党来说，是陌生的、不懂得的东西，哪里谈得上什么成熟！这样，在探索实践中就难免不犯错误，甚至是大错误。

历史的发展往往表现出惊人的相似之处。中国共产党在新中国成

---

① 毛泽东在八大预备会议第二次全体会议上，的讲话，1956年9月10日，参见《党的文献》1991年第3期。

立后搞社会主义的历史发展曲线，同民主革命时期历史发展的曲线有如“似曾相识燕归来”。研究历史最忌讳将历史简单类比，但科学的比较却有助于发现和深入认识历史现象。中国共产党搞民主革命的历史发展曲线，按照毛泽东的说法，经历过两次胜利和两次失败。第一次胜利是1924年至1926年的北伐战争。接着就是1927年大革命的失败。20年代末和30年代初的土地革命战争曾经取得了很大胜利，但后来三次“左”倾错误的接连统治，特别是王明路线，使革命遭到惨重失败。1935年1月的遵义会议，有如前述，是民主革命历史发展的伟大转折。这以后，党领导的革命事业从胜利走向胜利。社会主义时期历史发展的曲线是什么状况呢？从新中国成立到八大，前已指出是个辉煌时期。“八大以后，我们取得了社会主义建设的许多成就，同时也遭到了严重挫折。”①如同遵义会议对民主革命的发展所起的作用一样，十一届三中全会是新中国成立以后社会主义时期历史发展的伟大转折。民主革命的曲折发展教育全党掌握了民主革命的规律。八大以后二十多年的曲折发展同样深刻地教育了全党。十一届三中全会以后的历史发展，同遵义会议以后的历史发展也很相似，都是党的事业发展的长时期的辉煌。为什么会出现曲折和重新走向辉煌呢？也都是一个道理，即对客观规律的认识由必然王国逐渐走向自由王国。对于十一届三中全会以后的辉煌与八大的关系，邓小平明确指出：从十一届三中全会以来，我们党在经济、政治、文化等各方面的工作中不仅恢复了正确的政策，而且研究新情况、新经验，制定了一系列新的正确政策。“和八大的时候比较，现在我们党对我国社会主义建设规律的认识深刻得多了，经验丰富得多了，贯彻执行我们的正确方针的自觉

① 《邓小平文选》第3卷，北京：人民出版社1993年版，第2页。

性和坚定性大大加强了。”[①]这就是说，如同遵义会议标志着中国共产党对民主革命规律的认识在走向成熟一样，十一届三中全会以后，中国共产党对于社会主义发展规律的认识也在走向成熟。应当指出的是，这个成熟不是一劳永逸的。在这个问题上成熟了，碰到新的问题又不成熟；这一代人成熟了，新一代人会自然成熟吗？不一定。这里没有“遗传密码”。因此，仍然需要“学习、学习、再学习”，“奋斗、奋斗、再奋斗”。

现在，中国共产党正面临着世纪之交的伟大时刻。这个世纪之交，也要将继承和发展了八大路线的十一届三中全会的路线，即“一个中心、两个基本点”的基本路线向下世纪交接。邓小平说：“不坚持社会主义，不改革开放，不发展经济，不改善人民生活，只能是死路一条。基本路线要管一百年，动摇不得。”[②]这是一个很重要的政治嘱托。要实现这个嘱托，一个重要方面就是要“以史鉴今”，吸取八大路线未能坚持下去的深刻教训。纪念八大，研究八大，就是要认真总结这个教训，不断增强坚持“一个中心、两个基本点”的基本路线的自觉性和坚定性。我们相聚研讨的根本目的就在这里。我们也一定能为实现这个目的作出应有的贡献。

---

① 《邓小平文选》第 3 卷，北京：人民出版社 1993 年版，第 2 页。

② 《邓小平文选》第 3 卷，北京：人民出版社 1993 年版，第 370～371 页。

从党的历史发展看马克思主义中国化的基本经验*

中国共产党从建党伊始就致力于马克思主义中国化，即马克思主义与中国实际相结合。尽管其思想的孕育、概念的提出和明确为党的理论和实践活动的指南，经历了一个历史过程，但一部波澜壮阔的中国共产党史，实际上就是马克思主义中国化史。党在革命和建设的征途上，无论胜利与挫折，成功与失利，归根结底，在于是否坚持和正确地运用马克思主义中国化这个理念。80 多年来，中国共产党正确地坚持和运用马克思主义中国化，实现了两次历史性的飞跃(第一次发生在新民主主义革命时期，第二次发生在改革开放新时期)，在实践上探索出两条有中国特色的道路，即中国特色的革命道路和中国特色的社会主义道路；在理论上创立了作为党的指导思想的三大理论成果——毛泽东思想、邓小平理论和“三个代表”重要思想。十六大以

* 北京市邓小平理论和“三个代表”重要思想研究中心和武汉大学于 2007 年 6 月 8 日在武汉大学召开《马克思主义中国化论坛·2007》研讨会，这是作者提交的论文。大会发言讲了主要观点。本书收入时有个别文字改动。

来，以胡锦涛为总书记的党中央继续推进马克思主义中国化事业，丰富和发展马克思主义中国化理论。目前，我们国家发生了翻天覆地的巨大变化，多少年来一个贫穷落后的弱国发展成为世界瞩目的政治大国和经济大国，中国人民正在向全面建设小康社会和构建社会主义和谐社会的宏伟目标迈进。

中国共产党坚持马克思主义中国化，既然在理论上和实践上都取得了伟大成就，那么它的基本经验是什么？这可以从不同的学科，也可以从不同的视角进行总结。由龚育之和我作为首席专家共同主持的“马克思主义中国化的历史进程和基本经验”课题组，主要从党的理论和历史的发展相结合这个视点展开研究，对基本经验的归纳也兼顾马克思主义中国化的理论和实践两个层面。在去年第一届马克思主义中国化论坛研讨会上，我以《马克思主义中国化的基本历程》为题，汇报了课题组对“马克思主义中国化的历史进程”的一些看法。这里，根据课题组两年多来对“马克思主义中国化的基本经验”讨论形成的共识以及我个人的理解，与大家就这个问题共同研讨。

基本经验之一：真正地了解中国实际，一切从中国国情出发

中华大地是中国共产党的母体。中国共产党自诞生之日起，她的创始人就具有马克思主义与中国实际相结合的意识。但中国的实际是什么，怎样从中国的实际出发来制定正确的革命理论、路线、方针和政策，其认识和实践都并非径情直遂。大革命的失败和土地革命战争的严重挫折，与那时党的主要领导人对中国的实际国情缺乏深入的认识，以及与此相联系对中国社会各阶级在中国革命中的地位和作用不能正确地加以把握有密切关系。这样，中国革命的性质与特点、发展

规律和前途、革命的领导力量、依靠和团结力量，以及革命的对象等一系列根本问题都不能得到正确解决。

毛泽东既不是有“中国化”思路的第一人，也不是最早提出中国国情问题的领导人。① 但是，对于中国国情认识得最全面、最深刻，对于马克思主义中国化问题论述得最精辟、运用得最有成效的，在那段历史时期，非毛泽东莫属。

什么是中国国情？它既不仅仅指自然地理状况，也不仅仅是社会阶级关系，而乃涵盖自然和社会、现实和历史等诸多要素的总和。它包括社会面貌、经济结构、阶级关系、政治斗争、文化教育等方面，还有自然状况、人口构成、民族传统、宗教信仰、历史发展等内容。认识这样复杂的国情，从而在总体上把握住中国的社会性质和革命的发展规律，制定正确的理论、路线和方针政策，显然，不是幼年的中国共产党所能胜任的。毛泽东在了解中国国情、把握中国社会的性质和特点、认识中国革命的发展规律方面优于其他领导人，一个重要原因在于他从青年时代始就注重了解社会状况，投身革命斗争后一直非常重视对中国社会实际进行系统的、周密的调查研究。这一特质使他

① 据近两年的研究资料称：在五四运动后，中国的思想界已认识到引进外国的学说都要与中国的实际相结合，因而“中国化”的概念早在1922年就在出版物中有了；至30年代前期，“中国化”一语已使用得相当广泛，这样那样的“中国化”说法屡见报端。关于认识中国国情，早在建党前的1920年12月间，刘仁静在与恽代英的通信中说过：我们的任务，在寻求一个适合国情，而又合于共产主义的方针来。在1927年大革命失败前，瞿秋白指出：“革命的理论永不能和革命的实践相离”，“应用马克思主义于中国国情的工作，断不可一日或缓”。（参看《党史研究与教学》2006年第5期发表张静如的《关于“中国化”》；《中国特色社会主义研究》2006年第1期发表鲁振祥的《“马克思主义中国化”解读史中若干问题考察》；《少年中国》，1921年3月15日，第2卷第9期。）

在中国共产党领导层的灿烂群星中很快脱颖而出。在他的学友一批批“出洋”时，他却选择留在国内，要先把自己的国家了解清楚，“吾人如果要在现今的世界稍为尽一点力，当然脱不开‘中国’这个地盘。关于这地盘内的情形，似不可不加以实地的调查，及研究。”①这不就是要了解中国国情吗?! 在那时的莘莘学子中，有这样宏大抱负者是绝少的。

毛泽东在1921年7月参与建党到1934年10月参加长征前的13年间，在从事工人运动、农民运动和武装斗争的时候，几乎每年都抽时间，到工人、农民、或红军战士中进行调查，了解方方面面的社会实际。这里特别需要提及的是他在中央苏区时期所做的以1930年5月寻乌调查为代表的一系列农村调查，使他获益匪浅。其调查对象除工农基本群众和苏维埃政权的干部外，还有学校教员、杂货铺主、商会会长、破产地主，以及前清秀才、钱粮师爷和县衙狱吏等各色人物；调查内容既包括县、乡、村的历史沿革、地理位置、自然风貌、水陆交通、土特产品、货物流向、宗祠族权、家庭伦理、土地关系、剥削方式等，也涉及中央苏区的行政区划、政治制度、经济关系、人口成分、阶级状况、土地斗争、商业往来、税收制度、文化教育、世俗习尚、风土民情等。“麻雀虽小，五脏俱全”。这些调查使毛泽东通过了解南中国城镇乡村的社会历史面貌，以斑窥豹、由点及面，对深入认识中国社会，了解中国的历史和现实国情，形成中国特色革命道路的理论产生了深刻影响。

将近6年中央苏区的革命斗争，既是以毛泽东为代表的中国共产

① 中共中央文献研究室、中共湖南省委《毛泽东早期文稿》编辑组编：《毛泽东早期文稿》，长沙：湖南出版社1995年版，第474页。

党人探索农村包围城市、武装夺取全国政权的中国特色革命道路的重要实践基础，又为新民主主义革命理论的形成作了重要准备。井冈山斗争开创的“井冈山道路”代表了中国革命的新方向，但由于只有一年零三四个月，许多重要的思想理论不可能迸发。而中央苏区是土地革命战争 10 年党遭受艰难困苦最长的一段时间，尽管党的指导思想犯了“左”的严重错误，毛泽东一再受到排挤打击，但“艰难困苦，玉汝于成”，它锻炼和磨砺了以毛泽东为代表的中国共产党人。经过多年的武装斗争、土地革命和根据地建设“三位一体”的革命实践，毛泽东的许多思想理论得到展开，特别是关于中国革命道路的理论在这个时期发展起来。与此相联系，关于土地革命、根据地建设、党的建设和人民军队建设等思想理论也初步形成。这标志着新民主主义革命理论已具雏形。他提出的反对“本本主义”，强调共产党的正确而不动摇的斗争策略是要在实际经验中才能产生，中国共产党人的思想路线是“从斗争中创造新局面的思想路线”，需要时时了解社会情况和进行实际调查等，表明他不仅在实际运用上而且在理论指导上，初步解决了如何把马克思主义与中国实际相结合这样一个根本原则。这为明确提出党的实事求是、一切从实际出发的思想路线奠定了坚实基础。

有了在井冈山和中央苏区对中国特色革命道路的实践和理论的艰苦探索，再加上在红军长征途中的遵义会议上实际确立了毛泽东在全党全军的领导地位，这就为在抗日战争时期以毛泽东为核心的中央领导集体实现马克思主义中国化第一次历史性飞跃提供了政治的和组织的保证。通过对中国革命的两次胜利和两次失败的比较，通过对抗日战争异常复杂的矛盾斗争和异常丰富的实践经验的总结，以毛泽东为代表的中国共产党人对中国的历史和现实国情，进而对中国革命的特点和规律有了更为深刻和完整的认识。毛泽东指出：过去一部分同志在中国革命的伟大斗争中跌下了或跌下过机会主义的泥坑，就在于对中国的历史状况和社会状况、对中国革命的特点和规律不了解。而为要认识中国现存社会的性质是什么，就必须对中国社会的过去状况现在状况加以科学的具体的分析，懂得它既不同于独立的封建社会，也不同于独立的资本主义社会，然后才可说它是一个半殖民地的(半独立的)半封建的社会；若要认识中国革命的性质是什么，就必须从中国社会是特殊的半殖民地半封建的社会这一点出发，加以科学的分析，然后才可作出综合的结论，“说现时的中国革命是无产阶级领导的反帝反封建的建立各个革命阶级联合专政的新民主主义的革命”。“所以，认清中国社会的性质，就是说，认清中国的国情，乃是认清一切革命问题的基本的根据”。①

基于这样的认识基础，毛泽东首先对“农村包围城市”的中国特色革命道路作了理论概括。他在党的六届六中全会上指出：在半殖民地半封建的中国，中国的革命不是先占城市后取乡村，而是走相反的道路。这个相反的道路，就是共产党要利用城市不能完全统制乡村，而广大的人力物力又在乡村；国家疆域大，有回旋余地这样一些有利条件，组织人民进行“长期的广大的战争，去反对占领城市的敌人，用犬牙交错的战争，将城市包围起来，孤立城市，从长期战争中逐渐生长自己的力量，变化敌我形势，再配合之以世界的变动，就能把敌人驱逐出去而恢复城市”。这就是乡村能够最后战胜城市的道路。② 随

① 中共中央文献研究室编：《毛泽东文集》第2卷，人民出版社1993年版，第345～346页；《毛泽东选集》第2版第2卷，北京：人民出版社1991年版，第633页。

② 中央档案馆编：《中共中央文件选集》第11册，中共中央党校出版社1991年版，第590～591页。

后，他在《新民主主义论》和《论联合政府》等著作中，进一步回答了什么是新民主主义革命和怎样进行新民主主义革命的一系列根本问题，精辟地论述了新民主主义革命的对象、任务、领导权、动力、前途、发展阶段、总路线，以及新民主主义社会的经济、政治、文化的基本纲领和政策等，从而创立了具有中国革命特色的新民主主义理论。它是马克思主义中国化第一次历史性飞跃的核心理论，也标志着作为党的指导思想的毛泽东思想理论体系最终形成。在这个理论指导下，中国共产党不仅为中华民族在近代第一次全面打败外国侵略者作出巨大贡献，而且取得解放战争的辉煌胜利，创建了新中国。

党对中国国情的认识不是一蹴而就的。在革命战争年代要正确认识中国国情，在新中国成立后的建设时期还要对中国国情进行再认识。从新中国成立到十一届三中全会前的 29 年，社会主义建设既有胜利也有挫折，但无论胜利还是挫折，都有一个是否正确把握中国国情和所处的历史方位问题。新中国成立后的头 7 年和上个世纪 60 年代前期的纠“左”是对国情认识比较清醒的时候，因而国家的发展比较顺利。50 年代后期连续 3 年的“大跃进”和 10 年“文化大革命”两次全局性的严重失误，都与不能正确认识中国国情和所处的社会主义历史方位有密切关系。正因为如此，在十一届三中全会对党的思想政治路线拨乱反正之后，以邓小平为核心的中央领导集体十分强调重新认识中国国情。邓小平早在 70 年代末 80 年代初指出：我们国家的基本国情，一是底子太薄，是世界上很贫穷的国家之一；二是人口多、耕地少，在生产还不够发展的条件下，吃饭、教育和就业都成为严重问题。要使中国实现现代化必须考虑这两个重要特点。党的十一届六中全会通过的《关于建国以来党的若干历史问题的决议》对我国的基本国情作了理论提升，明确指出我国的社会主义制度还是处于初级阶段，社会主义经济建设必须从我国国情出发。在党的十三大前后，邓小平进一步总结党的历史经验教训指出：从一九五七年下半年开始，我们就犯了“左”的错误，制定的政策超越了社会主义的初级阶段。社会主义初级阶段就是不发达的阶段，“一切都要从这个实际出发，根据这个实际来制订规划”。①

党的十三大阐发邓小平的思想，对我国国情进行全面分析，对社会主义初级阶段理论作了深刻论述。10 年之后，党的十五大在深入总结建国近半个世纪建设社会主义的历史经验，特别是近 20 年改革开放和社会主义现代化建设的成功经验的基础上，进一步丰富了社会主义初级阶段理论。十五大报告指出：我们讲一切从实际出发，最大的实际就是中国现在处于并将长期处于社会主义初级阶段，要在这个阶段去“实现工业化和经济的社会化、市场化、现代化”任务。2007 年 2 月，温家宝发表《关于社会主义初级阶段的历史任务和我国对外政策的几个问题》一文，再次提出要深刻认识国情和我国所处的社会主义初级阶段的长期性，还论述了党在这个阶段的两大任务和两大改革，强调：这是我们党提出科学理论和制定正确路线方针政策的基本依据，也是做好各项工作的重要前提，从而进一步丰富了社会主义初级阶段理论。

社会主义初级阶段理论的提出和丰富，是党实现马克思主义基本原理与中国具体实践相结合，即马克思主义中国化第二次历史性飞跃的重要标志。邓小平在党的十二大提出走自己的道路，建设有中国特色的社会主义之后，十三大在总结新中国成立三十多年来正反两方面经验和研究国际经验的基础上，明确提出中国共产党在将马克思主义

① 《邓小平文选》第 3 卷，北京：人民出版社 1993 年版，第 252 页。

与中国实际相结合的过程中实现了两次历史性飞跃，第二次历史性飞跃就是从十一届三中全会“开始找到一条建设有中国特色的社会主义的道路，开辟了社会主义建设的新阶段”。① 十五大在丰富和发展社会主义初级阶段理论的同时，进一步指出：“第二次飞跃的理论成果是建设有中国特色社会主义理论，它的主要创立者是邓小平，我们党把它称为邓小平理论。”“在当代中国，只有把马克思主义同当代中国实践和时代特征结合起来的邓小平理论，而没有别的理论能够解决社会主义的前途和命运问题。”②这样，基于对中国国情再认识提出的社会主义初级阶段理论，就成为了开辟中国特色社会主义道路的重要基石。一切从中国的真实国情出发的思想路线，是马克思主义中国化事业胜利向前的根本保证。

基本经验之二：继承优秀历史文化，创造民族形式，形成中国特色、中国作风、中国气派

马克思主义中国化，无疑首先是民族化。这既是运用马克思主义于各民族国家具体实际的必然要求，也是马克思主义中国化的一条基本经验。所谓民族化，内涵也很丰富。根据党走过的80多年历程来看，它至少应当包括：研究民族的现实斗争内容，继承民族的优秀历史文化，创造民族的特殊形式，形成民族的特色风格。上面讲的国情问题，换一个视角来看，就是民族化的现实内容。马克思主义中国化是相对于马克思主义教条化而提出的。上个世纪20年代末30年代初

① 中共中央文献研究室编：《十三大以来重要文献选编》上册，北京：人民出版社1991年版，第56页。

② 中共中央文献研究室编：《十五大以来重要文献选编》上册，北京：人民出版社2000年版，第9、10页。

的“左”倾教条主义者所犯的错误，首先就是不真正地研究中国国情（即民族的现实内容），照搬照抄外国经验。民族的形式和民族的内容是很难割裂的。因此，讲马克思主义中国化，要兼顾这两个方面。这里着重讲继承民族的优秀历史文化，创造民族的特殊形式，形成民族的特色风格。

中国共产党人在实现马克思主义中国化过程中，很注重继承民族的优秀历史文化。马克思主义既是意识形态，也是文化形态。作为意识形态，它有其鲜明的阶级性和政治性，是一个完全崭新的世界观，因而也成为中国共产党的指导思想；作为文化形态，它又有对人类优秀历史文化的继承性和共通性，即继承人类文明的优秀成果，与各民族国家的历史文明连接相通。如列宁指出的，马克思主义这一革命无产阶级的思想体系能够赢得世界历史性的意义，一个重要原因是它“吸收和改造了两千多年来人类思想和文化发展中一切有价值的东西”。① 马克思主义与中华文化能息息相通。有五千年从未中断过灿烂文化的中华民族，在人类历史上独领风骚千年以上，为世界文明的发展做出过卓越贡献。中华文化源远流长、博大精深，一个重要原因在于它有极大的包容性，善于接纳和吸收外来文化。尽管马克思主义属于西方文化，与中华文化有很大差异，但两者都有的博大的汲纳性，使它们能够融合相通、共存共荣，而不是互相排斥、或一方吃掉另一方。中国共产党人既信仰马克思主义，也担当中华文明传人的历史责任。毛泽东说得好：今天的中国是历史的中国的一个发展。我们是马克思主义的历史主义者，不应当割断历史。从孔夫子到孙中山都应当给以总结，承继这一份珍贵的遗产，用以帮助指导当前的伟大革

① 《列宁选集》第 4 卷，北京：人民出版社 1995 年版，第 299 页。

命运动。

毛泽东谙熟中国历史文化。他从小就博览群书，“四书”“五经”、经史子集等经典古籍都用心攻读过。他在中学写的论商鞅变法习作，被老师嘉奖为“才气过人，前途不可限量”，“练成一色文字，自是伟大之器，再加功候，吾不知其所至”。① 如果说中国历史文化可分为主流经典文化和非主流草根文化，那么，他不仅熟悉上述主流经典文化，而且对非主流的草根文化也有浓厚兴趣。被称为“杂书”的《水浒传》《西游记》《封神榜》《三国演义》等名著中的人物故事，他能如数家珍一一道来。他酷爱读书，包括中国历史文化方面的书籍，即使在戎马倥偬的战争年代，都没有间断过。他将马克思主义与中国实际相结合，也包括用马克思主义去解读和运用中国历史文化为革命服务。他读过的上述两方面的书籍，或者说喜欢的两种文化，都对他的马克思主义中国化事业发生了重要影响。大革命失败后，他率领秋收起义队伍攻打长沙未果，随即转移“上山”，结交绿林，落脚井冈，创建了党领导的第一块革命根据地。这固然是他运用马克思主义理论正确地分析革命情势，审时度势的结果，但这样被“逼上梁山”，“沦为草寇”——实际上开始了工农武装割据、农村包围城市革命道路的探索。不言而喻，这是历史上的草根文化的深厚影响。

如果说毛泽东在造反打仗时，草根文化对他开创中国特色革命道路的影响十分明显，那么到陕北后，中国古代经典文化所起的作用则越来越突出。他说：“过去我们都是干武的。现在我们不但要武的，

① 中共中央文献研究室编：《毛泽东传》(1893—1949)，北京：中央文献出版社1996年版，第13页。

我们也要文的了，我们要文武双全。”①随着抗日战争的爆发和抗日民族统一战线的建立，他要着手对中国革命经验进行系统总结，以指导各根据地的抗战和建设。这样，过去攻读过的古代经典文化，特别是历史上的军事、哲学、政治、经济、文化和伦理等思想，都在他的著作中打上了深刻烙印。人们所熟悉的他对典籍“实事求是”的新解，使之成为党的正确思想路线的通俗表达，就是成功地运用马克思主义批判地继承古代经典文化的范例。他认为，中国几千年的文化主要是封建文化，对封建文化一定要作具体分析：一是封建时代产生的文化，既有封建主义的东西，也有人民的东西、反封建的东西，要把封建主义的东西和非封建主义的东西区别开来；二是即使是封建主义的东西也不全是坏的，在封建主义发生和向上发展的时期，它的很多东西还是不错的；三是反封建主义的文化固然比封建主义的好，但也不是全部可以不加区别地加以利用，那时流传在民间的作品多少带有封建统治阶级的影响。因此，他很强调对历史文化既要充分利用，又要取批判态度，不能无批判地兼收并蓄。“必须将古代封建统治阶级的一切腐朽的东西和古代优秀的人民文化即多少带有民主性和革命性的东西区别开来”；“剔除其封建性的糟粕，吸收其民主性的精华”。② 他提出的上述分析原则和批判继承的标准，成为中国共产党对待中国历史文化的指针。

毛泽东用马克思主义“化”中国历史文化的目的，不是对中国旧传统的复归，而是要创造中华民族的新文化。中国共产党闹革命，就是

---

① 中共中央文献研究室编：《毛泽东文集》第 1 卷，北京：人民出版社 1993 年版，第 461 页。

② 《毛泽东选集》第 2 卷，北京：人民出版社 1991 年版，第 708、707 页。

为了建设一个新社会和新国家，在这个新社会和新国家里，不但有新政治、新经济，还要有新文化。这个新文化是民族的、科学的、大众的文化。所谓民族的，即是反对帝国主义压迫，坚持中华民族的尊严和独立的、带有民族特性的、革命的民族文化。所谓科学的，即是反对一切封建思想和迷信思想，坚持实事求是，坚持客观真理，坚持理论和实践相统一的文化。所谓大众的，即是民主的，为广大工农群众服务的，并逐渐为他们所掌握的文化。这就是说，新文化不仅有革命的内容——在新民主主义革命时期是新民主主义的内容，在社会主义时期是社会主义的内容，而且还要有民族的形式。这个民族形式的创造，一个重要方面就是通过批判地继承中国历史文化而获得。这个民族形式应当是"新鲜活泼的、为中国老百姓所喜闻乐见的中国作风和中国气派"。[①] 毛泽东的许多著作在创造民族形式，形成中国特性、中国作风、中国气派方面，为中国共产党开创新文风树立了榜样。比如，"一报告"(《湖南农民运动考察报告》)、"反对两主义"(《反对本本主义》《反对自由主义》)，战争"三论"(《中国革命战争的战略问题》《抗日游击战争的战略问题》《论持久战》)，后"三论"(《实践论》《矛盾论》《新民主主义论》)，前"三论"(《论新阶段》《论联合政府》《论人民民主专政》)，"老三篇"(《纪念白求恩》《为人民服务》《愚公移山》)，整风"三论"(《改造我们的学习》《整整党的作风》《反对党八股》)，"两讲话"(《在延安文艺座谈会上的讲话》《在中国共产党第七届中央委员会第二次全体会议上的报告》)和"五评白皮书"(《丢掉幻想，准备斗争》《别了，司徒雷登》《为什么要讨论白皮书?》《友谊，还是侵略?》《唯心历史观的破产》)等，都不仅使马克思主义与中国优秀历史文化的结合达到

① 《毛泽东选集》第2卷，北京：人民出版社1991年版，第534页。

了水乳交融的地步，而且开创了一代新的文体，成为展现马克思主义中国化文风的范文。事实上，我们至今常用的许多话语都源于毛泽东的科学著作；我们至今的许多观念和认知方式也源于作为文化形态的毛泽东思想。毛泽东思想是中国共产党创造的民族的、科学的、大众的新文化的高度发展。如刘少奇所说：它"完全是马克思主义的，又完全是中国的"，使马克思主义从欧洲形式变为中国形式，"是马克思主义民族化的优秀典型"。①

在改革开放和社会主义现代化建设新时期，邓小平作为20世纪继孙中山、毛泽东之后又一个深刻改变中国历史进程的伟人，十分强调"要懂得些中国历史，这是中国发展的一个精神动力"。② 基于这个观念，他积极主张继承民族的优秀历史文化，使马克思主义具有鲜明的中国特色。这个思想集中地展现在这样几个方面：一是明确提出"中国特色"概念，反复宣传：中国搞社会主义，一定"要有中国的特色。我们坚信马克思主义，但马克思主义必须与中国实际相结合。只有结合中国实际的马克思主义，才是我们所需要的真正的马克思主义。"③二是进一步提升了对毛泽东赋予新意的"实事求是"思想的作用，认为它是整个马克思主义理论和毛泽东思想的精髓，是毛泽东思想的出发点、根本点，毛泽东所以"能把中国革命引导到胜利，归根到底，就是靠这个"，因此，"要提倡这个，不要提倡本本"。④ 这样就将"实事求是"提升到过去从未有过的高度，从而使党的马克思主义

① 《刘少奇选集》上卷，北京：人民出版社1985年版，第333、335页。

② 《邓小平文选》第3卷，北京：人民出版社1993年版，第358页。

③ 《邓小平文选》第3卷，北京：人民出版社1993年版，第213页。

④ 《邓小平文选》第2卷，北京：人民出版社1994年版，第126页；第3卷人民出版社1993年版，第382页。

思想路线更加“中国化”。对此，邓小平所作的提升功不可没。三是以具有草根文化特征的“猫论”和“摸论”，来探索改革开放的艰险路子。一个时期的舆论对这两论有很多曲解，实际上无论“猫论”还是“摸论”，都是坚持从实际出发的实事求是的思想路线，其说法不过是让老百姓听得懂的形象通俗表达。邓小平、陈云都没有收回这两个说法，因为它植根于广大群众之中，有深厚的实践基础和大众化特色。四是强调建设汲纳了中国历史文化精华、具有中国特色的社会主义精神文明。他认为，要划清文化遗产中民主性精华同封建性糟粕的界限，在坚决反对封建主义影响的同时要吸收和发展民族文化中一切好的东西，教育人民成为“四有”人民，教育干部成为“四有”干部；培育“四有”新人，是社会主义精神文明建设的根本任务。五是赋予传统文化精华的“小康”思想以全新的时代内涵，提出建立“小康社会”作为“中国式的现代化”一个阶段性目标。这个目标在上世纪末已经初步实现，目前正在为实现“全面建设小康社会”的新目标而奋斗。这个古为今用的“新概念”，对于鼓舞全国人民建设中国特色社会主义起了极大的动员作用。邓小平以自己的质朴风格，在使马克思主义中国化具有浓郁的民族形式和鲜明的特色风格方面，同样为中国共产党人树立了典范。

20 世纪 90 年代后期至党的十六大前，以江泽民为核心的中央领导，也十分重视继承和弘扬中国优秀的传统文化，努力使马克思主义中国化具有鲜明的民族特色，并将其视为发展社会主义先进文化的重要资源，以丰富治党治国经验。这个思想集中地体现在这样三个方面：一是提出中国特色的社会主义文化是民族的、科学的、大众的文化，即当代中国的先进文化。这既是对毛泽东讲的新民主主义文化内涵的延伸，又赋予其与时俱进的新的要求。江泽民指出：我们的文化建设不能割断历史，对民族传统文化要取其精华、去其糟粕，并结合时代的特点加以发展，推陈出新，使之不断发扬光大。二是提出要大力弘扬民族精神，并概括了其丰富的内涵。江泽民在多次讲话中说：民族精神是一个民族赖以生存和发展的精神支撑。一个民族，没有振奋的精神和高尚的品格，不可能自立于世界先进民族之林。我们必须不断地增强全民族的精神力量。中华民族在长期的历史发展中，积千年之精华，形成了以爱国主义为核心的团结统一、爱好和平、勤劳勇敢、自强不息的伟大民族精神。这个民族精神，博大精深，根深蒂固，是中华民族生命机体中不可分割的重要成分。这个民族精神，同党领导人民在长期革命、建设和改革中形成的优良传统和时代精神结合一起，是中华民族生生不息、发展壮大的强大精神动力。三是提出“以德治国”与坚持依法治国相结合，将传统的道德力量作为建设社会主义法治国家的一个重要手段。我国封建社会有讲法治和德治的传统。江泽民将其作为治理国家的历史借鉴。他认为：法治和德治从来都是相辅相成的。我们坚定不移地实施依法治国的基本方略，同时要充分发挥以德治国的重要作用。只有将这两方面的工作都抓好，才能保证社会的良好秩序和国家的长治久安。这些思想对于使马克思主义具有民族形式，形成民族特色，起了重要作用。

十六大以来，以胡锦涛为总书记的党中央在继承和弘扬中国优秀的传统文化，推进马克思主义中国化方面也作了巨大努力。比如，人们所知道的强调科学发展观要“以人为本”；提出构建社会主义和谐社会的“和谐”，乃延绵不断的中华文明的脉根；赋予全心全意为人民服务思想以新的内涵，强调权为民所用、情为民所系、利为民所谋，等等。这些都说明以胡锦涛为总书记的党中央完全承继了老一辈革命家的优良传统。

80多年来，中国共产党正是这样一代代地薪火相传，使马克思主义与中国的优秀历史文化相融合，使这个被称为异域文化的“幽灵”在中华神州大地安身立命。这样马克思主义中国化的结果，完全变成了中国化的马克思主义，成为当代中国最根本的“国学”。

基本经验之三：坚持世界眼光，吸收人类文明一切优秀成果

中国是世界的中国。先进的中国人历来都有世界眼光。在古代，铸就汉唐盛世，这是一个重要原因。在1840年禁运鸦片的战争失败后，中国屡遭外国列强的欺凌和侵略，先进的中国人为了改变国家命运，不断地向西方国家寻找真理。经过千辛万苦，在20世纪初，经过俄国十月革命的中介，终于找到马克思主义作为观察和改变国家命运的工具。中国共产党以马克思主义作指导思想，正是坚持世界眼光的体现。就马克思主义理论而言，它作为“世界历史”的产物，本身就是从人类知识的总和中产生出来的，因而是世界文明的伟大成果。中国共产党人坚持马克思主义中国化，绝不是与世隔绝，脱离世界文明轨道，搞狭隘的民族主义。恰恰相反，中国共产党人具有世界眼光，是正确地坚持马克思主义中国化的必然要求。党的80多年的历史经验证明，正确地坚持马克思主义中国化的时候，是党坚持世界眼光，能充分吸收人类文明一切优秀成果的时候；没有科学的世界眼光，不能吸收人类文明一切优秀成果，也是马克思主义中国化不能正确坚持的时候。因此，中国共产党运用马克思主义研究中国问题，绝不能离开世界发展的大背景；马克思主义中国化，一定要与世俱进，汲纳当今世界文明的一切优秀成果。

在党的主要领导人中，首先是毛泽东坚持世界眼光，善于吸收人

类文明优秀成果，为党树立了光辉典范。毛泽东虽然没有出国留洋，但还在东山小学堂读书时，就关注世界发生的大事。他读过《世界英雄豪杰传》，崇拜华盛顿、林肯、拿破仑、彼得大帝等人。在走出乡关到长沙求学后，通过阅读大量18世纪19世纪资产阶级民主主义的著作，比较系统地接受了西方近代思想文化的启蒙教育。在革命战争年代，通过广泛收集报刊来了解世界发展态势。到延安后，通过各种渠道获得世界的信息十分便利。他身居窑洞，眼观世界，运筹中国革命。他的马克思主义中国化的代表作，无不坚持世界眼光来分析中国革命的特点和规律。比如《新民主主义论》，就是明确地将中国革命作为世界革命的一部分来论述的。尽管在大革命时期已提出这一命题，但是对其理论意义没有展开发挥。到了抗日战争时期，世界形势发生了很大变化。随着第二次世界大战的爆发，中国战场成为世界反法西斯战争的东方主战场，中国革命的世界意义与10多年前大不相同了。由于党领导的革命力量已形成伟大的独立的政治力量，中国革命成了世界革命的伟大的同盟军。在毛泽东看来，“这是一个绝大的变化，这是自有世界历史和中国历史以来无可比拟的大变化”。① 正由于有了这样的世界眼光，毛泽东才在这时提出了完整的新民主主义革命理论，从而也形成了作为马克思主义中国化伟大理论成果——毛泽东思想的核心理论。

毛泽东在坚持世界眼光，通过深刻地论述中国革命和世界革命关系，形成完整的新民主主义理论的同时，还提出了正确对待包括外国进步文化在内的人类文明优秀成果的两条原则。一是应当尽量吸收进

① 《毛泽东选集》第2版，第2卷，北京：人民出版社1991年版，第669页。

步的外国文化，作为自己文化食粮的原料，以为发展中国新文化的借镜；即使各资本主义国家启蒙时代的文化，凡属我们今天用得着的都应该吸收，反对盲目的排外主义。二是应当以中国人民的实际需要为基础，批判地吸收外国文化，反对简单搬用的方针，必须摒弃一切腐朽的东西。他说："一切外国的东西，如同我们对于食物一样，必须经过自己的口腔咀嚼和肠胃运动，送进唾液胃液肠液，把它分解为精华和糟粕两部分，然后排泄其糟粕，吸收其精华，才能对我们的身体有益，决不能生吞活剥地毫无批判地吸收。所谓'全盘西化'的主张，乃是一种错误的观点。形式主义地吸收外国的东西，在中国过去是吃过大亏的。"①

新中国成立后，毛泽东在探索适合中国情况的社会主义建设道路过程中，进一步阐发了正确对待人类文明优秀成果的科学态度，更加充分地显示了他那有容乃大的世界眼光。新中国成立之初，他就说过：我们这个民族，从来就是接受外国的先进经验和优秀文化的。在封建时代，唐朝兴盛的时候，我国曾经和印度发生密切的关系。唐三藏法师万里长征去取经，比后来人学外国困难得多。在近代从中日甲午战争到辛亥革命期间，中国学习西方资本主义的文化科学有一个很大的高潮。那一次学习对我们国家的进步有很大的帮助，给我们留下了很大一批自然科学家。在1956年八大前后，毛泽东有三次谈话集中地阐发了正确对待外国文化的思想。首先是在《论十大关系》中，他提出：我们的方针是，一切民族、一切国家的长处都要学，政治、经济、科学、技术、文学、艺术的一切真正好的东西都要学。但是，必

① 《毛泽东选集》第2版，第2卷，北京：人民出版社1991年版，第707页。

须有分析有批判地学，不能一切照抄，机械搬运。对外国的东西不加分析地一概排斥和一概照搬，都不是马克思主义的态度。随后在《同音乐工作者的谈话》中，他说：近代文化，外国比我们高明，要承认这一点。应该学习外国的长处，来整理中国的东西，创造出中国自己的、有独特的民族风格的东西。“向古人学习是为了现在的活人，向外国人学习是为了今天的中国人”。中国的和外国的东西有机地结合，“会使我们自己的东西有一个跃进”。[①] 过了几年，这个思想被概括为“古为今用，洋为中用”的方针。还有一次，是他在八大期间同一个外国代表团说：中国是世界和人类的组成部分，中国不自私自利。中国是一块白纸，你们可以在这张纸上写字，你们的科学和文化可以驰骋在这张纸上。在中国人民生活的这块土地上，各国人都有份。不难看出，在新中国成立的头几年，毛泽东的思想非常开放，胸怀如海洋般的宽广。正因为那时他不仅对古今问题，而且对中外问题都有这样正确的态度，所以，马克思主义与中国实际的第二次结合，即社会主义建设的马克思主义中国化有了良好开端。

十一届三中全会后，邓小平作为中国共产党实际的主要领导人，能实现伟大的历史转折，成为改革开放和社会主义现代化建设的总设计师，创建邓小平理论，开辟出中国特色社会主义道路，与他具有深邃的世界眼光，善于吸收人类文明一切优秀成果有极其密切的关系。他年轻时在法国和苏联6年多的求学经历，对他形成开放的心态，正确地对待外国的科学文化和坚持世界眼光具有深刻影响。在改革开放新时期，他提出建设中国特色社会主义的理论和政策的一切出发点，

① 中共中央文献研究室编：《毛泽东文集》第7卷，北京：人民出版社1999年版，第82页。

无不从对中国和世界进行比较这个视点来考虑。他坚持马克思主义中国化思想的世界眼光处处闪现。比如在这样几个问题上就非常突出：一是通过对国际形势的深刻观察，及时地改变了过去对于世界发展走向的判断，提出和平与发展是当今时代两大主题的著名论断，为确立党在新时期的中心任务和制定党在社会主义初级阶段的基本路线，提供了重要的外部环境根据。二是通过总结中国长期停滞落后的历史教训和当代各国发展的经济规律，深刻地认识到中国的发展离不开世界，要坚定不移地实行改革开放政策长期不能改变，“即使是变，也只能变得更加开放。否则，我们自己的人民也不会同意”。① 三是通过对社会主义经济和资本主义经济的比较研究，认为计划和市场都是发展经济的手段和方法，而不是社会主义与资本主义的本质区别，从而为将社会主义制度与市场经济相结合，建立社会主义市场经济体制奠定了理论基础。四是通过对世界各国经济和科学技术发展的长期关注和观察，认为世界新科技革命蓬勃发展，我们国家要赶上世界先进水平必须从科学和教育着手，明确提出科学技术是第一生产力的著名论断，从而为党和国家确立科教兴国的发展战略奠定了理论基础。五是通过对世界上一些国家的社会文明的考察，明确提出社会主义要赢得与资本主义相比较的优势，就必须大胆吸收和借鉴人类社会的一切文明成果，包括当今世界资本主义发达国家能用以为社会主义服务的积极成果，使我们国家的物质文明建设和精神文明建设都超过他们，这才是有中国特色的社会主义，从而为中国特色社会主义的发展指明了方向。我们完全可以说，没有世界眼光，不善于吸收人类文明的一切优秀成果，就不可能有开辟了社会主义建设新阶段的中国特色社会

① 《邓小平文选》第 3 卷，人民出版社 1993 年版，第 79 页。

主义道路，也不可能有被誉为当代中国马克思主义的邓小平理论。

以江泽民和胡锦涛为代表的新一代领导人，都就读于著名的高等学府，具有丰富的现代科学文化知识；在走上领导岗位后，经常出访国外，亲身感受了世界各国的文明发展状况，因而不仅继承了毛泽东、邓小平等老一辈革命家的将马克思主义与中国实际相结合的思想，并且根据时代的进步和世界各国多样化文明的发展，拓宽了马克思主义中国化的世界眼光，使在马克思主义中国化思想指导下的中国特色社会主义事业有了新的巨大发展。这主要表现为：一是丰富了马克思主义中国化理念的内涵。从十三大开始，党就强调讲“马克思主义基本原理与中国具体实际相结合”的时候，要“研究国际经验和世界形势”；从十四大起，就将“马克思主义基本原理与中国具体实际相结合”的表述扩展为“马克思列宁主义的基本原理与当代中国实际和时代特征相结合”，从而在马克思主义中国化理念中明确地注入了“当代化”元素。二是在概括邓小平理论的特点时，明确提出坚持用马克思主义的宽广眼界观察世界，强化了“世界眼光”意识，不但为正确分析不断急剧变化和扑朔迷离的世界形势提供了指南，而且为放眼世界来研究中国特色社会主义的问题提供了更多的参照。“三个代表”重要思想以及科学发展观和构建社会主义和谐社会等重要理论观点的提出，都反映了当代世界和中国的发展变化对党和国家工作的新要求。从某种意义上说，这也是坚持用马克思主义的宽广眼界观察世界的产物。这些思想理论的提出，都吸收和借鉴了当今世界各国包括资本主义发达国家的一切反映现代化生产规律的先进经营方式和管理方法等属于人类文明的优秀成果。三是以江泽民为核心的第三代中央领导和以胡锦涛为总书记的党中央，这些年来面向世界政治、经济、科技、文化、军事等领域的挑战而提出的一系列应对战略，诸如加强制度建设，实现社会主义民主政治的制度化、规范化和程序化；明确以信息化带动工业化的新型工业化道路；推进国有企业建立和完善现代企业制度，发展股份制和混合制经济，建立社会保障体系和社会信用体系；加入世贸组织参与国际竞争，实施“引进来”和“走出去”相结合的对外开放布局；发展面向现代化、面向世界、面向未来的先进文化；实行科技强军，积极推进中国特色的军事变革；积极开展多边外交，积极推动建立国际政治经济新秩序，提倡国际关系民主化和发展模式多样化等等，都渗透了对于当代世界基本动向的科学分析和诸多领域现代化发展的最新动态的及时掌握。这些年来，中国特色社会主义事业的蓬勃发展，充分说明马克思主义是个开放的理论，马克思主义中国化是个开放的理念。它能汲纳和融合人类文明的一切优秀成果。

基本经验之四：让马克思主义理论掌握群众，使之成为改造中国的强大物质力量

马克思在刚刚成为“马克思”时就说：哲学家们只是用不同的方式解释世界，而问题在于改变世界。这虽然讲的是马克思主义哲学的特性，实际上马克思主义的全部理论都具有这样的品格。马克思主义既然不只是解释世界，而主要是改变世界，即推翻旧世界、建设新世界的理论，那么，这个任务就不是少数哲学家、理论家和政治家、革命家们等精英人物能胜任的，而必须动员千百万人民群众来参与。这就要将理论交给群众，让群众掌握理论，使之成为他们手中的武器。马克思说得好：批判的武器当然不能代替武器的批判，物质力量只能用物质力量来摧毁；但是理论一经掌握群众，也会变成物质力量。理论只要说服人，就能掌握群众；而理论只要彻底，就能说服人。所谓彻底，就是抓住事物的根本。马克思主义就是抓住事物的根本——揭示

了人类历史发展规律，特别是资本主义社会特殊运动规律的理论，必能为群众所掌握。马克思、恩格斯在认识群众和理论的关系后，强调“历史活动是群众的事业，随着历史活动的深入，必将是群众队伍的扩大。”①随着对唯心主义英雄史观的进一步批判，愈益明确人民群众是创造历史的主人，创立了作为历史唯物主义基本理论的群众史观。正是这个群众史观，使马克思主义不断为群众所掌握，变成推翻旧世界、建设新世界的强大物质力量。一个个由人民群众当家做主的新社会涌现出来。

马克思主义刚传到中国，先进的知识分子就将它与工农群众相结合。中国共产党诞生后致力于宣传马克思主义，既让群众掌握马克思主义，又让马克思主义掌握群众，使广大人民群众创造历史的活动由自发上升为自觉，从而更具主动性和创造性。以毛泽东和邓小平为主要代表的中国共产党人，领导中国人民不断推进马克思主义中国化事业，实现两次历史性飞跃，取得两次伟大革命的胜利，使神州大地发生翻天覆地的巨大变化，这是一条基本经验。

先看以毛泽东为主要代表的中国共产党人，怎样让马克思主义理论掌握群众，使之成为改造中国的强大物质力量。这主要表现为：

——一是对马克思主义的群众史观作了进一步提升，毛泽东明确指出“人民群众是历史的创造者”，强调“人民，只有人民，才是创造世界历史的动力”，从而规定中国共产党的宗旨是全心全意为人民服务的政党，它的一切言论行动必须以最广大人民群众的最大利益、为最广大人民群众所拥护为最高标准。有了这样的理论提升，不仅更加

① 《马克思恩格斯全集》第 2 卷，北京：人民出版社 1961 年版，第 104 页。

明确党的性质和宗旨，而且进一步明确了让马克思主义掌握群众和让群众掌握马克思主义的目的性。

——二是明确提出有无群众观点，是共产党同其他非无产阶级政党的根本区别，并对群众观点作了精辟概括。刘少奇将毛泽东的群众观点概括为这么四点：第一，一切为了人民群众的观点，即一切从人民的利益出发，而不是从个人或小集团的利益出发，一刻也不脱离人民群众；凡是为了个人利益或小集团利益而损害人民利益的行为都是错误的。第二，一切向人民群众负责的观点，即向人民负责与向领导机关负责从根本上说是一致的，如果发现自己的领导机关或领导人有缺点错误时应当开展批评，这既是对人民负责的精神，也是对党负责的态度。第三，相信群众自己解放自己的观点，既然人民群众是历史的创造者，那么人民群众的创造力就是无穷无尽的，要充分发动群众为自己的利益而斗争，去创造自己的幸福生活，反对恩赐的观点和代替群众斗争的观点，依靠人民群众的自觉与自动，去实现自己解放自己的伟大事业。第四，向人民群众学习的观点，即教育者必须先接受教育，教育群众必须先向群众学习，甘当群众的小学生。群众的知识和经验是最丰富最实际的，只有先虚心向群众学习，把群众的知识和经验集中起来，化为系统的更高的知识，才能够具体地去启发群众的自觉，指导群众的行动。毛泽东这样系统的群众观点，就是党的群众路线理论。这为让马克思主义理论掌握群众，使之成为改造中国的强大物质力量奠立了深厚的理论根基。

——三是形成了一整套群众路线的工作方法。毛泽东的群众路线思想包括两个部分，除了上述基本理论外，还有怎样让马克思主义掌握群众的工作方法。共产党既然是全心全意为人民服务的，那么要服务好，就要实行正确的领导，代表最广大人民群众的根本利益。这就是“将群众的意见（分散的无系统的意见）集中起来（经过研究，化为集中的系统的意见），又到群众中去作宣传解释，化为群众的意见，使群众坚持下去，见之于行动，并在群众行动中考验这些意见是否正确。然后再从群众中集中起来，再到群众中坚持下去。如此无限循环，一次比一次地更正确、更生动、更丰富。”①这个“从群众中来，到群众中去”的工作方法，就是宣传群众、组织群众、让马克思主义理论掌握群众，使之成为改造中国的强大物质力量的根本方法。

——四是重视马克思主义理论教育，努力将马克思主义通俗化，使之更易于为广大群众所掌握。毛泽东强调革命理论是一切革命者都应当学习的科学，有文化的干部还要多读些马克思主义经典著作，提高全党的马克思主义水平。他提倡读马克思主义的书，要理论联系实际，不应当只是学习马克思主义的词句，而应当学习他们观察问题和解决问题的立场、观点和方法，用以研究中国的现状和历史，分析中国革命和建设中的问题。他特别强调学习马克思主义哲学，认为这是马克思主义理论的基础，是讲宇宙观和方法论的，不学通这个东西，就没有共同的语言、没有共同的方法，容易犯错误。他要求让哲学从哲学家的课堂上和书本里解放出来，变为群众锐利的武器。为此，他大力推动做马克思主义哲学通俗化、普及化的工作，号召广大理论工作者运用通俗易懂的语言，形象生动、深入浅出地说明比较抽象难懂的哲学理论，从而更好地实现物质变精神、精神变物质的飞跃。

以毛泽东为主要代表的中国共产党人，正是通过上述路径使马克思主义理论更好地掌握广大人民群众，转化成改造中国的强大物质力量，成为领导第一次伟大革命取得胜利的一个重要因素。

---

① 《毛泽东选集》第3卷，北京：人民出版社1991年版，第899页。

十一届三中全会后，世界形势和我国的情况发生了巨大变化。以邓小平为主要代表的中国共产党人，在拨乱反正实现伟大历史转折的同时，也努力让马克思主义理论掌握群众，使之成为改造中国的强大物质力量。在十三届四中全会以后和十六大以来，以江泽民和胡锦涛为主要代表的中国共产党人，遵循毛泽东、邓小平等老一辈革命家的思路，做好这方面的工作。这涉及宏观的和微观的，带有把握根本方向的和直接管理性的，还有属于理论层面的和实际操作层面的等诸多管道。其中最重要的有这样几点：

——一是根据中国共产党对探索社会主义建设道路经验教训的总结，更加强调要将马克思主义基本原理与当代中国实际和时代特征相结合，强调“马克思主义必须是同中国实际相结合的马克思主义，社会主义必须是切合中国实际的有中国的社会主义。”①为此，党和国家先是将作为当代中国马克思主义的邓小平理论规定为指导思想，在十六大又将“三个代表”重要思想写在了党的旗帜上，十六大以来还有马克思主义中国化的创新理论。这就为让群众掌握马克思主义，有了更为直接的指南和更加明确的方向。

——二是根据我国建设了几十年的社会主义还比较贫穷落后，广大人民群众还不太富裕，在欠发达地区连温饱问题都没有解决的实际情况，强调建设中国特色社会主义是大力发展生产力的社会主义；是通过一部分人、一部分地区先富裕起来，最终达到共同富裕的社会主义；是以人为本，科学发展，构建和谐社会的社会主义等。基于这样的认识，党制定的在社会主义初级阶段的基本路线和一系列基本政策，都立足于让广大人民群众尽快摆脱贫穷、走向富裕，脚踏实地奔

① 《邓小平文选》第3卷，北京：人民出版社1993年版，第63页。

向全面建设小康社会的宏伟目标。这样，才能更好地代表最广大人民群众的最大利益，从而让马克思主义理论掌握群众，使之成为改造中国的强大物质力量，具有极为广泛和深厚的群众基础。

——三是根据在新的历史条件下出现的新情况，为加强马克思主义理论武装和理论建设进行了坚持不懈的努力。还在改革开放初期，邓小平就指出：对马克思主义的信仰，是中国革命胜利的一种精神动力，决不允许在这个根本立场上有丝毫动摇。在苏联东欧剧变之后，面对敌对势力以种种手段和方式加紧对我国施行“西化”、“分化”的政治图谋，邓小平强调要两个文明建设一起抓，都要硬，如果说过去有失误，就是一手硬、一手软，放松了思想政治教育。为此，党更加强调对马克思主义的信念教育，大力加强理论建设和理论武装。建设社会主义精神文明，更加强调以马克思主义为指导；思想道德建设，更加强调理想信念教育；宣传思想工作，更加强调以科学的理论武装人、以正确的舆论引导人、以高尚的精神塑造人、以优秀的作品鼓舞人，努力培养和造就一代又一代社会主义新人；十六大以来，党中央大力狠抓马克思主义理论研究和建设工程等一系列加强理论建设的工作。这些努力都为让马克思主义理论掌握群众，使之成为改造中国的强大物质力量发挥重要的政治优势和思想保证作用。

——四是根据改革开放，实行从计划经济到发展社会主义市场经济的社会大变革后出现的新形势，让马克思主义理论掌握群众的思想政治教育和理论宣传工作不断与时俱进，采取容易为群众所接受、所欢迎的方式方法来开展。随着社会经济成分、组织形式、物质利益、就业方式的日益多样化，社会不同阶层和群体的利益要求的差别也愈趋明显。思想政治教育和理论宣传越来越注意区分层次，针对不同特点，努力把先进性的要求同广泛性的要求结合起来，把理想信念教育的理论性与人民群众日常工作和生活的实践性统一起来。同时，充分运用面向大众的宣传媒体和文化设施，以及信息网络技术等教育资源和现代化手段，以春风化雨、生动活泼的形式，弘扬主旋律，提倡多样化，让马克思主义理论掌握群众的宣传教育，润物无声，潜移默化。从而，最广泛地团结全国各民族、各阶层人民，为改造中国凝聚最强大的物质力量。

邓小平说：改革是中国的第二次革命。近 30 年来，中国共产党领导全国人民进行第二次伟大革命不断取得新的胜利，上述各种举措让马克思主义理论掌握群众，使之转化为改造中国的强大物质力量，是一个不可或缺的重要因素。

基本经验之五：解放思想，与时俱进，反对错误倾向，不断总结实践经验，实现理论创新

马克思、恩格斯一方面摄取德国、英国和法国等国家先贤们的丰富的理论资源，广泛继承人类文明的优秀成果；另一方面又与时俱进，适应世界历史发展和各国工人阶级斗争的需要，解放思想，创立了严谨缜密的和决不同任何思想迷信与反动势力相妥协的科学理论。马克思、恩格斯创立的马克思主义，把伟大的认识工具给了人类，特别是给了工人阶级，是人类思想史上空前的理论创新。当然，马克思主义在创立过程中经历了十分艰苦的斗争，既要反对为资产阶级政府当局辩护的御用思想家们所进行的攻击和诋毁，还要反对工人运动内部的各种派别和思潮的错误理论，从而开辟前进的道路。正如历史上一切正确的东西都是在同错误的东西作斗争中发展起来的一样，马克思主义既是在同资产阶级的“围剿”斗争中，又是在同工人运动内部的各种机会主义斗争中发展起来的。

马克思主义中国化的发展历程，同马克思主义本身的发展历程极为相似。马克思主义传播到中国后，既遭到反动政府将其视为“洪水猛兽”的剿灭，又受到思想界将其看作“另类”的围攻。在中国共产党内，它虽是指导思想，但如何对待这个指导思想也有一番异常艰辛的斗争。可以说，中国共产党的马克思主义中国化过程，是在同把马克思主义教条化、共产国际决议和苏联经验神圣化的斗争中实现的。

当然，形成这样的局面有一定的历史原因。中国共产党从成立之日起，直至共产国际在1943年6月正式解散的长达22年间，都一直是它所隶属的一个支部。共产国际对中国共产党不是一般的指导关系，而带有领导与被领导的上下级关系的意向。苏联共产党从理论上说与中国共产党都属共产国际领导，是平级的兄弟党关系，但由于共产国际总部在莫斯科，其活动经费由当时唯一掌握政权、具有财政来源的苏联共产党供给(联共(布)中央以支援世界革命的名义也给其他共产党，包括中国共产党在内以一定经费和物质的供给)；共产国际的主要领导人在相当长时间由苏联共产党的负责人担当，共产国际的重要决策都先经过联共(布)中央政治局讨论决定，共产国际总部实际上由联共(布)中央和斯大林控制。这样，联共(布)中央和中共中央在实际上具有某种父子党关系味道。共产国际总部(及其驻华代表和机构)和联共(布)中央都可以给中共中央下达指示。既然共产国际是上级领导，那时的中共中央对上级领导的指示在通常的情况下都是服从和执行，很少去怀疑它有错误；即使是错误的，也很少提出反对意见。在那时的中国共产党看来，苏联革命成功了，就以为联共(布)中央和斯大林的指示都是符合马克思列宁主义的，因而也要服从和执行。在毛泽东成为中共中央领导核心以前的10多年间，上述这种组织观念和认识水平，就决定了中共中央对于共产国际和联共(布)中央的指示，一般都取带有相当大盲目性的绝对服从和执行的态度。

陈独秀作为新文化运动的领袖和中国共产党的创始人，在文坛和政坛叱咤风云，是有独立性格的。从党的一大到五大，他作为中共中央的主要领导人，对于如何领导中国革命也有自己的一定见解，但是，毕竟那时的中国共产党处于幼年时期，包括陈独秀在内的领导人，还缺乏足够的理论准备和实践经验，对中国革命的特点和规律不可能有完整的深刻的认识，也没有能力独立地运用马克思列宁主义，去妥善地解决中国革命的许多重大理论问题和实际问题。这就不可能不完全接受和执行共产国际和联共(布)中央的指导。他们对中国革命的指导，既有许多正确的，也有不少错误的。而在第一次国共合作共同领导北伐的大革命后期，当中国革命处于紧急关头之时，共产国际和联共(布)中央的指导，在主要方面是错误的。陈独秀执行他们不符合中国革命发展实际情况的错误指导，企图以妥协让步和束缚工农运动等措施来拖住正在叛变革命的国民党右派势力，结果使党放弃了对于农民群众、城市小资产阶级和中等资产阶级的领导权，特别是对于革命军队的领导权。这是大革命遭致失败的一个重要原因。

在大革命时期，毛泽东曾对工农运动、土地革命、军事行动、战略方向、国共关系和党的领导等一系列问题都发表了很重要的意见，但许多意见没被采纳。大革命失败后，以毛泽东为主要代表的中国共产党人开始对中国革命新道路的探索，从此，马克思主义中国化的历程进入了一个新阶段。在土地革命战争前期，中共中央的主要领导人和实际负责人瞿秋白、李立三和王明、博古等，由于各方面的原因，逐步地把马列主义教条化、把共产国际决议和苏联经验神圣化的错误倾向推到极致。如果说陈独秀犯的是右的错误，那么他们犯的三次“左”的错误，一次比一次厉害，给革命造成的损失一次比一次严重。

毛泽东的许多思想理论就是在同他们的斗争中，不断运用马克思主义基本原理总结井冈山斗争特别是中央苏区斗争的经验而形成和发展起来的。毛泽东当时的思想非常解放，明确提出要反对那种开口闭口“拿本本来”的本本主义，反对那种“以为上了书的就是对的”落后思想，反对那种将马克思当成“先哲”一类的神秘观念，反对那种单纯建立在“上级”观念上的完全无异议地执行上级指示的盲目态度。毛泽东这样的解放思想、不唯书、不唯上的态度，当然不为执行“左”倾错误路线的中央领导人所喜欢。他的许多正确思想没有被他们采纳，且被斥责为“狭隘经验论”、“富农路线”、“游击习气”，“典型的右倾机会主义”云云，因而，先后被排挤出党、军、政的领导岗位。在第五次反“围剿”战争遭到严重失败，特别是在长征途中的湘江战役使中央红军濒临绝境后，遵义会议改组中央领导机构，毛泽东被选为中央政治局常委，开始形成以他为核心的第一代中央领导集体，这才实现了党的历史上第一次伟大转折。

在红军长征到达陕北后，随着抗日战争的爆发，国内的政治形势和阶级关系发生了巨大变化。国共两党重新合作，共同抵抗日本帝国主义的侵略。但是，当时的政治局面异常错综复杂，战争形势的发展瞬息万变。在抗日战争进入新的发展阶段后，为了提高全党的马克思主义思想政治水平，应对各种复杂关系，坚决贯彻中央的路线和方针政策，夺取抗日战争的胜利，中共中央决定开展整风运动，通过总结历史经验，批判过去的“左”右倾错误，特别是王明教条主义错误对革命事业的危害，在全党进行一次普遍的马克思主义教育。在整风运动中，毛泽东非常强调解放思想，正确地对待马克思主义。他指出：“我们历史上的马克思主义有很多种，有香的马克思主义，有臭的马克思主义，有活的马克思主义，有死的马克思主义，把这些马克思主义堆在一起就多得很。我们所要的是香的马克思主义，不是臭的马克思主义；是活的马克思主义，不是死的马克思主义。”一定“要分清创造性的马克思主义和教条式的马克思主义”，“宣传创造性的马克思主义”，“使中国革命丰富的实际马克思主义化”。[①] 通过整风运动，全党解放了思想，破除了把马列主义教条化、把共产国际决议和苏联经验神圣化的教条主义，端正了思想路线。同时，毛泽东通过深入总结中国革命的历史经验和抗日战争实践的新鲜经验，其思想理论得到进一步展开和更加成熟。延安时期，对于毛泽东来说，是他的思想空前活跃，发表著述最多的时期。《毛泽东选集》四卷的三分之二的著作都是在这个时期发表的。有了这样的精神状态来深入总结中国革命的经验，在那时明确农村包围城市、武装夺取全国政权的中国特色的革命道路，毛泽东思想实现伟大的理论创新，成了历史的必然。

新中国成立后，毛泽东思想在继续发展。毛泽东个人的思想仍然非常解放、与时俱进，要继续丰富马克思主义理论。他多次指出：马克思这些老祖宗的书必须读，他们的基本原理必须遵守。但是，任何国家的共产党和思想界，都要创造新的理论，写出新的著作，产生自己的理论家，来为当前的政治服务，单靠老祖宗是不行的。“现在，我们已经进入社会主义时代，出现了一系列的新问题”，“不适应新的需要，写出新的著作，形成新的理论，也是不行的”。“马克思主义一定要向前发展。要随着实践的发展而发展。停止了，老是那么一套，它就没有生命了。”[②]毛泽东已提出要将马克思列宁主义与中国实际

① 中共中央文献研究室编：《毛泽东在七大的报告和讲话集》，北京：中央文献出版社 1995 年版，第 136 页；《毛泽东文集》第 2 卷，第 373～374 页。

② 中共中央文献研究室编：《毛泽东文集》第 8 卷，北京：人民出版社 1999 年版，第 109 页；第 7 卷，第 281 页。

“第二次结合”，即与中国的社会主义建设实践相结合。党对适合中国情况的社会主义道路的探索，尽管后来偏离了正确轨道，发生了两次全局性的严重失误，但仍对如何建设社会主义积累了不少好的和比较好的思想观点和方针政策，社会主义基本制度在中国初步地建立起来。

十一届三中全会后，以邓小平为核心的中央领导集体在实现党的历史上又一次伟大历史转折，进行改革开放和现代化建设的过程中，继续强调解放思想，实事求是，反对“左”的和右的错误倾向，努力开辟中国特色社会主义道路，丰富和发展马克思主义理论。在反对“两个凡是”错误方针、开展实践是检验真理唯一标准的大讨论时，邓小平指出：一个党，一个国家，一个民族，如果一切从本本出发，思想僵化，迷信盛行，那它就不能前进，它的生机就停止了，就要亡党亡国。现在再不实行改革，我们的现代化事业和社会主义事业就会被断送。在改革开放全面展开后，他指出：在中国建设社会主义这样的事，马克思的本本上找不出来，列宁的本本上也找不出来，我们要解放思想，独立思考，从自己的实际出发来制定政策。不以新的思想、观点去继承、发展马克思主义，不是真正的马克思主义者。真正的马克思主义者“必须根据现在的情况，认识、继承和发展马克思列宁主义”。① 以邓小平为主要代表的中国共产党人，坚持用马克思主义的宽广眼界观察世界，在和平与发展成为时代主题的新的历史条件下，在总结我国社会主义胜利和挫折的历史经验与改革开放和现代化建设的新鲜经验的基础上，同时还借鉴其他社会主义国家兴衰成败的经验教训，创立了邓小平理论，把对社会主义的认识提高到新的科学水

① 《邓小平文选》第3卷，北京：人民出版社1993年版，第291页。

平，成为马克思主义的新社会主义观。

邓小平理论在形成和发展过程中，坚持两条战线斗争，反对“左”的和右的错误倾向。邓小平不断指出：解放思想，要批判“左”的错误思想，也要批判右的错误思想。现在有右的东西影响我们，也有“左”的东西影响我们，但根深蒂固的还是“左”的东西。因此，他强调：“中国要警惕右，但主要是防止‘左’。”[①]邓小平的这个论断自提出后，一直有不同意见。应当怎样认识这个问题呢？我以为应当历史地辩证地看待这个重要论断。

——第一，这是对党的历史经验的正确总结。在历史上，中国共产党犯的主要错误是“左”的错误。如前所述，在民主革命时期就犯了三次“左”的错误，比右的错误的时间更长，危害更严重。在新中国成立以后，过去被批判为犯的右的几次路线错误都不存在了，而从1957年反右派斗争开始就犯“左”的错误，“这一‘左’，直到1976年，时间之长，差不多整整二十年。”“说深一点，社会主义时期我们的失误主要来自‘左’的方面”。还说：“建国后，从一九五七年到一九七八年，我们吃亏都在‘左’。”[②]当然，邓小平对“左”的错误作了具体分析，指出犯错误的人都是搞革命的，搞革命的人最容易犯急性病。用心是好的，想早一点进入共产主义。这就往往不能冷静地分析主客观方面的情况，从而违反客观世界发展的规律，因而犯了性急的错误。但是，邓小平对“左”的危害的认识并没有因为其主观动机而低估。他说：“左”的东西在我们党的历史上可怕呀！一个好好的东西，一下子被他

① 《邓小平文选》第3卷，北京：人民出版社1993年版，第375页。

② 《邓小平文选》第3卷，北京：人民出版社1993年版，第254、253、249页。

搞掉了。右可以葬送社会主义，“左”也可以葬送社会主义。

——第二，这是对改革开放以来出现的两种倾向的科学认识。十一届三中全会后，拨乱反正，改革开放，一直有“左”的干扰和右的干扰。邓小平也十分关注这两方面的干扰，坚持反对这两种倾向，即有“左”就反“左”，有右就反右。但是“左”的干扰更多，经常冒出来，就不能不主要反“左”。他说：搞社会主义，搞四个现代化，既有“左”的干扰，也有右的干扰，但最大的危险还是“左”。为什么会这样呢？他分析指出，这是因为“左”的错误的根子很深，已经形成了一种习惯势力，旧的一套搞惯了，总爱留恋过去，要改不容易。再则，“左”带有革命的色彩，好像越“左”越革命。“有些理论家、政治家，拿大帽子吓唬人的，不是右，而是‘左’。”①因此，他强调要警惕右，但主要是防止“左”。

——第三，这是基于对历史经验和新鲜经验把握的一种战略估计。邓小平的这个论断既有上述背景，也有一定前提，即是有范围、有对象、有一定内涵的。十四大报告对此作了解读，指出“在把握‘一个中心、两个基本点’的问题上，在党内特别是领导干部中要警惕右，但主要是防止‘左’。”“改革开放要探索和开辟新的道路，突破束缚生产力发展的体制和观念，阻力主要来自‘左’。现在明确要警惕右但主要是防止‘左’，目的在于使全党同志特别是领导干部深刻吸取历史教训，密切结合当前实际，联系自己的思想和工作，提高贯彻执行党的基本路线的自觉性和坚定性，解放思想，同心同德，把经济建设和各项事业搞上去。对思想认识问题和工作实践中的不同意见以至偏差，

① 《邓小平文选》第3卷，北京：人民出版社1993年版，第375页。

要实事求是地具体分析，不要随意说成是政治倾向上的‘左’或右。”①显然，这不是泛论，而是有明确指向的。为什么说是战略估计呢？是因为坚持改革开放，探索和开辟新的道路，突破束缚生产力发展的体制和观念，是一个长期的历史任务，具有战略性。邓小平说过：基本路线要管一百年，动摇不得。谁要改变十一届三中全会以来的路线、方针、政策，老百姓不答应，谁就会被打倒(邓小平讲这一点，是以坚持社会主义为前提的，至于要反对社会主义、推翻社会主义的，属于另一种性质的问题，不在此论之中)。所以，这不是对一时一事的估计，也不是对任何时候任何事件中主要错误倾向的固定估计。对特定时候特定事件中的主要错误倾向，那是要根据那时那事的实际情况来具体分析和判定的。邓小平的论断是总体战略指导上的估计。

在十三届四中全会后，以江泽民为核心的中央领导集体，也坚持解放思想，与时俱进，反对错误倾向，不断总结实践经验，实现理论创新。江泽民多次指出：创新是一个民族的灵魂，是一个国家兴旺发达的不竭动力，是一个政党永葆生机的源泉。理论创新就是要使党的基本理论不断吸取新的实践经验、新的思想而向前发展。为此，他很强调，要“自觉地把思想认识从那些不合时宜的观念、做法和体制中解放出来，从对马克思主义的错误的和教条式的理解中解放出来，从主观主义和形而上学的桎梏中解放出来。坚持科学态度，大胆进行探索，使我们的思想和行动更加符合客观实际，更加符合社会主义初级阶段的国情和时代发展的要求。”②在坚持解放思想、实事求是、与时

① 中共中央文献研究室编：《十四大以来重要文献选编》上册，北京：人民出版社1996年版，第15页。

② 江泽民：《论“三个代表”》，北京：中央文献出版社2001年版，第166～167页。

俱进的马克思主义思想路线的指引下，中国特色社会主义事业在各方面都取得了伟大的成就。

当历史进入新世纪之际，国际形势发生着深刻变化，我们国家进入了全面建设小康社会、加快推进社会主义现代化新的发展阶段。当代世界和中国的发展变化对党和国家的工作提出了新的要求。以江泽民为主要代表的中国共产党人，站在历史发展和时代要求的高度，敏锐地把握国际国内形势的发展变化，提出“三个代表”重要思想，通过大力发展先进生产力、社会主义先进文化和更好地代表最广大人民的根本利益，使中国共产党执政具有更加强大的物质基础、精神基础和群众基础。“三个代表”重要思想是把党的建设同当今世界和当代中国的发展趋势，同我国社会主义的自我完善和发展，同实现中国特色社会主义的宏伟目标和各项任务紧密联系起来的一个创举。它赋予党的性质和宗旨、党的指导思想和党的任务以鲜明的时代内容和时代特征，深化了对中国特色社会主义的认识，是对马克思列宁主义、毛泽东思想和邓小平理论的继承和发展，是马克思主义中国化理论的又一丰硕成果。

十六大以后，以胡锦涛为总书记的党中央，一再强调要继往开来、解放思想、与时俱进、开拓奋进，使党的全部理论和工作体现时代性、把握规律性、富于创造性。这几年来，新的党中央继承了以往三代中央领导集体不断理论创新的传统，根据历史发展到新世纪的新阶段，国际形势发生的新变化新特点，还有我国经济社会的发展处于一个新的历史起点和出现的新的矛盾，又作出不少重要决策，提出一个又一个重要战略思想。这些战略思想的内容非常丰富，包括关于建设社会主义新农村、建设资源节约型和环境友好型社会、建设创新型国家、树立社会主义荣辱观、建立社会主义核心价值体系、推动建设和谐世界、加强党的先进性建设和执政能力建设等。但在我看来，这些都属于某一个方面的“目”，还不是总揽全局的“纲”。真正属于总揽全局的“纲”，还是以人为本的科学发展观和构建社会主义和谐社会这两大战略思想。这些战略思想，是以邓小平理论和“三个代表”重要思想为指导，从全面建设小康社会、开创中国特色社会主义事业新局面的总要求出发，对我国改革开放和现代化建设的最新经验的科学总结；也是在新的国内外形势下，更好地推进我国经济社会发展，确保国家安全所进行的理论创新。因而，不仅有重大的政治意义，而且有深刻的理论意义。比如，科学发展观，是党在深刻总结我国长期以来经济建设中的经验教训，又充分吸收人类现代文明进步最新成果的基础上提出来的。它站在历史和时代的高度，把坚持以人为本和经济社会全面、协调、可持续发展统一起来，标志着党对社会主义现代化建设规律的认识更加深入。构建社会主义和谐社会思想是科学发展观思想的延伸。它的提出，使中国特色社会主义事业的总体布局更加完善，更有利于推动社会主义的多元文明的全面发展。

十六大以来的理论创新，也是对马克思主义中国化理论的重要发展。它主要表现为这么四个方面：一是对党关于社会主义发展理论的发展，是中国化的马克思主义发展理论的新形态；二是对马克思主义关于人的发展理论的发展，实现了从长期以来的以社会为本到以人为本的理念转变；三是对马克思主义执政党建设理论的发展，将加强党的先进性建设视为加强和改进党的建设的长期任务和永恒课题；四是对党和国家的外交政策和国际战略的发展，把对内坚持走中国特色社会主义道路同对外坚持走和平发展道路结合起来，进一步向世界展示中国和平、文明、负责任大国的形象。

马克思主义中国化走过的 80 多年历程的经验十分丰富，需要不断地深入研究和挖掘。仅上述论列的几点已告诉我们：马克思主义是个发展的理论，只要将它作为科学的世界观和方法论，科学地植根于一个国家的实践土壤，就会有强大的生命力。马克思主义与中国具体实践相结合，是一个不断结合的历史过程。这个结合应当是科学的、辩证的、和谐的结合。只要坚持这样的结合，马克思主义中国化的事业就会不断地向前发展，马克思主义中国化的理论就会不断地向前推进。

毛泽东说：中国应当是辩证法发展的国家。中国共产党只要坚持马克思主义中国化道路，就一定能使辩证法受益于最广大的中国人民，神州大地就一定能成为社会主义和谐社会。

石仲泉主要著作目录

(一)个人主要专著

《马克思与燕妮》(河北人民出版社 1980 年出版，2003 年第 3 次印刷)

《怎样看待我国的社会主义社会》(中共中央党校出版社 1984 年出版)

《毛泽东哲学批注集导论》(中共中央党校出版社 1988 年出版)

《我观毛泽东》(中共党史出版社 2004 年出版；改版前为《毛泽东的艰辛开拓》，中共党史出版社 1990 年第 1 版，1992 年出版增订本，1996 年出版新增订本)

《我观周恩来》(中共党史出版社 2008 年出版；改版前为《周恩来的卓越奉献》，中共中央党校出版社 1993 年第 1 版，1998 年第 3 次印刷)

《我观邓小平》(中共党史出版社 2004 年出版；改版前为《当代中国的邓小平理论》，湖北人民出版社 1998 年出版)

《我观党史》(济南出版社 2001 年出版，荣获第 12 届中国图书奖)

《三个代表思想：领航二十一世纪的中国》(广东教育出版社 2002

年出版）

《“三个代表”重要思想新论》（广东人民出版社 2004 年出版）

《长征行》（中共党史出版社 2006 年出版，当年两次印刷）

《我观党史二集》（中共党史出版社 2008 年出版）等

（二）与人主要合著

《〈关于建国以来党的若干历史问题的决议〉注释本》（人民出版社 1985 年出版；1986 年出版修订本）

《毛泽东的读书生活》（三联书店 1986 年第 1 版，目前已 8 次印刷；荣获国家图书奖、中国图书奖等）

《毛泽东思想新论大纲》（上海辞书出版社 1993 年出版）

《邓小平建设有中国特色的社会主义理论新论大纲》（上海辞书出版社 1994 年出版）等

（三）主编主要著作

《毛泽东思想方法导论》（中央文献出版社 1992 年出版）

《毛泽东研究述评》（中央文献出版社 1993 年出版）

《国外毛泽东思想资料选辑》（10 册）（中央文献出版社 1989～1993 年出版）

《邓小平论中共党史》（中共党史出版社 1997 年出版，2004 年第 2 次印刷）

《中共八大史》（人民出版社 1998 年出版）

《共和国缔造者》（画文丛书）（海南出版社 1999 年出版，荣获第 11 届中国图书奖）等